AF072298

L'enseignement de

ŚRĪ CAITANYA

Liste d'ouvrages du même auteur traduits en langue française

La Bhagavad-gītā telle qu'elle est
Le Śrīmad-Bhāgavatam
Le Śrī Caitanya-caritāmṛta
Le Livre de Kṛṣṇa
L'Enseignement de Śrī Caitanya
Le Nectar de la Dévotion
La Śrī Īśopaniṣad
L'Upadeśāmṛta
Antimatière et Éternité
Entretiens à Moscou: Conscience et Révolution
Solution pour un Âge de Fer
Par Delà la Naissance et la Mort
La Vie Vient de la Vie
Questions Parfaites, Réponses Parfaites
La Perfection du Yoga

De nombreux autres titres sont aussi disponibles en langue anglaise et plusieurs de ces ouvrages existent en plus de 80 langues.

www.krishna.com
www.blservices.com

L'enseignement de
ŚRĪ CAITANYA

Śrī Śrīmad
A. C. Bhaktivedanta Swami Prabhupāda
Acharya-fondateur du Mouvement International
pour la Conscience de Krishna

THE BHAKTIVEDANTA BOOK TRUST

Teachings of Lord Caitanya (French)

Les personnes intéressées par la matière du présent ouvrage sont invitées à s'adresser à l'un de nos centres (voir la liste à la fin du livre) ou à écrire à hkf@pamho.net

L'Enseignement de Śrī Caitanya fut publié pour la première fois en anglais en 1968.

Traduction: Denis Bernier
Édition: Pierre Corbeil

Copyright © 2008 The Bhaktivedanta Book Trust International, Inc.

www.krishna.com
www.bbt.info

ISBN 978-1-84599-054-1

Imprimé en 2008

nama oṁ viṣṇu-pādāya kṛṣṇa-preṣṭhāya bhū-tale
śrīmate bhaktivedānta-svāmin iti nāmine

Nous rendons notre hommage respectueux
à A.C. Bhaktivedanta Swami, qui, pour avoir
pris refuge aux pieds pareils-au-lotus du
Seigneur Kṛṣṇa, Lui est très cher sur cette terre.

Nous nous prosternons aux pieds pareils-au-lotus de notre bien-aimé maître spirituel et offrons cet ouvrage précieux à Sa Divine Grâce sur nos têtes inclinées. En quête de quelques fragments de verre, nous sommes venus à lui, et il nous a conféré un joyau sans prix. Il a ouvert nos yeux, aveuglés par les ténèbres de l'athéisme, de la spéculation intellectuelle et de la jouissance matérielle, à la glorieuse lumière de Śrī Caitanya Mahāprabhu. Ses propos spirituels et absolus sont des semences qui, dans nos cœurs, ont fait éclore la perfection de la vie humaine – la découverte que Dieu vit et que nous pouvons vivre avec Lui – la conscience de Kṛṣṇa.

Les Éditeurs

Dédié
au service sacré
de

Śrīla Saccidānanda Bhaktivinoda Ṭhākura

qui a introduit l'enseignement du Seigneur Caitanya
en
Occident
(à l'Université McGill, Montréal, Canada)
en 1896,
l'année de ma naissance.

A. C. Bhaktivedanta Swami

Remerciements

Je tiens à remercier Śrīman Brahmānanda Brahmacārī (Bruce Scharf), Śrīman Gargamuni Brahmacārī (Gregory Scharf) et Śrīman Satyavrata Brahmacārī (Stanley Moskowitz) pour leur aide financière à la publication du présent ouvrage. Je dois aussi mes remerciements à Śrīman Rāyarāma Brahmacārī (Raymond Marais), Śrīman Satsvarūpa Brahmacārī (Stephen Guarino) et Śrīman Madhusudana Brahmacārī (Michael Blumert), qui ont tapé et révisé le manuscrit. Sans oublier Śrīman Gaurasundara Dāsa Adhikārī (Gary McElroy) et son épouse, Śrīmatī Govinda Dāsī (Bonnie McElroy), qui voient toujours à mon bien-être personnel ; je leur suis très reconnaissant d'avoir réalisé les jolis dessins de cet ouvrage inestimable.

Gloire à tous les dévots engagés dans la pratique de la conscience de Kṛṣṇa. Je suis convaincu que Śrī Caitanya Mahāprabhu bénira de Sa miséricorde immotivée tous ceux et celles qui répandent la conscience de Kṛṣṇa.

A.C.B.
Le 14 mars 1968

Table des matières

Préface xiii
Prologue (La vie de Caitanya Mahāprabhu) xix
La mission du Seigneur Caitanya xxix
Introduction 1

PARTIE I

I Enseignement à Rūpa Gosvāmī 22
II Sanātana Gosvāmī 38
III Enseignement à Sanātana Gosvāmī 46
IV Le sage 51
V Comment approcher Dieu 55
VI Les formes de Kṛṣṇa 60
VII Les formes infinies du Divin 64
VIII Les *avatāras* 69
IX Les excellences de Kṛṣṇa 77
X La beauté de Kṛṣṇa 84
XI Le service du Seigneur 89
XII Le dévot 96
XIII Le service de dévotion empreint d'attachement 105
XIV L'extase du Seigneur et de Ses dévots 112

XV Explication du verset *ātmārāma* du *Śrīmad-Bhāgavatam* 122
XVI Conclusion de l'enseignement à Sanātana Gosvāmī 131

PARTIE II

XVII Śrī Caitanya, le Seigneur originel 146
XVIII Entretiens avec Prakāśānanda 153
XIX Suite des entretiens avec Prakāśānanda 163
XX Le but de l'étude du Vedānta 170
XXI Les *māyāvādīs* convertis 178
XXII Le *Śrīmad-Bhāgavatam* 185
XXIII Pourquoi étudier le *Vedānta-sūtra* 190
XXIV Entretiens avec Sārvabhauma Bhaṭṭācārya 205
XXV Réalisations personnelle et impersonnelle 211
XXVI Conversion du Bhaṭṭācārya 217
XXVII Le Seigneur Caitanya et Rāmānanda Rāya 225
XXVIII Relation avec le Seigneur Suprême 231
XXIX Le pur amour de Kṛṣṇa 236
XXX Les divertissements spirituels de Rādhā et Kṛṣṇa 241
XXXI La perfection suprême 247
XXXII Conclusion 263

L'auteur 273
Références 275
Glossaire 277
Guide de prononciation du sanskrit 283

Préface

Entre ce qu'enseigne Śrī Kṛṣṇa dans la *Bhagavad-gītā* et ce qu'enseigne Śrī Caitanya dans le présent ouvrage, il n'existe aucune différence ; en vérité, les enseignements du Seigneur Caitanya sont une démonstration pratique des enseignements contenus dans la *Bhagavad-gītā,* où Kṛṣṇa demande que tous s'abandonnent à Lui, assurant de Son entière protection l'âme qui se soumet ainsi. Et c'est là Son enseignement ultime. Certes, le Seigneur Suprême est déjà le Soutien de la création, à travers Son émanation plénière, Kṣīrodakaśāyī Viṣṇu, mais de façon indirecte. Or, c'est directement qu'Il prend Son pur dévot sous Son égide. Le pur *bhakta* est celui qui s'est pour toujours abandonné au Seigneur, comme l'enfant à ses parents ou l'animal à son maître. Cet abandon se manifeste en six étapes différentes, à savoir : 1) accepter tout ce qui est favorable à l'accomplissement du service de dévotion ; 2) rejeter tout ce qui lui est défavorable ; 3) posséder une foi ferme en la protection perpétuelle du Seigneur ; 4) se mettre sous la dépendance absolue de la miséricorde du Seigneur ; 5) rester en parfaite union d'intérêt avec le Seigneur, à l'exclusion de tout autre ; 6) garder une constante attitude d'humilité et de soumission.

Le Seigneur demande que l'on s'abandonne ainsi à Lui, suivant ces six critères ; cependant, des hommes de moindre intelligence et de pseudo-érudits interprètent mal ce commandement et enjoignent à tort les masses de les rejeter. À la fin du neuvième chapitre de la *Bhagavad-gītā* (9.34), le Seigneur nous demande clairement de toujours penser à Lui, de devenir Ses dévots, de n'adorer que Lui et de Lui offrir exclusivement notre hommage. Ce faisant, nous sommes assurés de Le rejoindre dans Son royaume absolu. Mais cela n'empêche pas nos « érudits », de nature démoniaque, d'égarer les masses, qu'ils orientent vers une vérité impersonnelle, éternelle, non née et non manifestée, plutôt que de les guider vers l'abandon à Dieu, la Personne Suprême. Les philosophes impersonnalistes, ou *māyāvādīs,* refusent de reconnaître en le Seigneur Suprême l'aspect ultime de la Vérité Absolue. Et pourtant, si l'on veut comprendre la nature du soleil, il faut bien, après en avoir étudié l'éclat, puis la structure, y accéder enfin, si possible, pour rencontrer face à face la divinité qui y règne. Avec leur savoir déficient, les *māyāvādīs* ne peuvent voir au-delà de la radiance du Brahman, que nous pouvons comparer à l'éclat du soleil. Or, les *Upaniṣads* confirment qu'avant de contempler le vrai visage de Dieu, la Personne Suprême, il nous faut dépasser cette radiance éblouissante qu'est le Brahman.

Aussi le Seigneur Caitanya nous enseigne-t-Il directement d'adorer Śrī Kṛṣṇa, apparu comme le fils adoptif du roi de Vraja. Il affirme en outre que la terre de Vṛndāvana a les mêmes vertus que Kṛṣṇa car, étant la Vérité Absolue, il n'existe pas de différence entre Son nom, Sa forme, Ses attributs, Ses divertissements, Son entourage et Sa personne même. Le Seigneur Caitanya souligne également que le mode d'adoration le plus élevé, reconnaissable comme la perfection ultime, est celui des *gopīs* de Vraja. Ces jeunes villageoises portent purement et simplement leur amour sur Kṛṣṇa, sans le moindre désir d'en retirer un quelconque profit, matériel ou spirituel. Enfin, Caitanya exalte le *Śrīmad-Bhāgavatam* comme le traité sans tache du savoir ultime, et rappelle que le but final de la vie humaine tient au développement d'un amour sans mélange pour Kṛṣṇa, Dieu, la Personne Suprême.

Tel est l'enseignement de Śrī Caitanya, enseignement où l'on retrouve sous tous ses aspects celui de Kapiladeva, artisan initial de la philosophie du *sāṅkhya,* ou *sāṅkhya-yoga.* Ce *yoga* authentique préconise la méditation sur la forme transcendantale du Seigneur. Il n'y est jamais question de méditer sur le vide ou le sans-forme. Et la contemplation de la forme toute spirituelle de

Viṣṇu n'exige pas qu'on ait recours à diverses postures en un lieu donné ou dans un contexte précis. Voilà pourquoi on la désigne comme le parfait *samādhi,* d'ailleurs reconnu par le Seigneur Lui-même à la fin du sixième chapitre de la *Bhagavad-gītā* (6.47), où Il dit que, de tous les *yogīs,* celui qui pense toujours à Lui en son cœur avec amour et dévotion est le plus grand.

Śrī Caitanya a enseigné aux masses la philosophie du *sāṅkhya,* ou de l'*acintya-bhedābheda-tattva,* selon laquelle le Seigneur Suprême et Sa création sont simultanément un et différents. Et Il a mis cette doctrine à la portée de tous en la véhiculant par le simple chant du Saint Nom du Seigneur. Le Saint Nom, enseigne-t-Il, est la manifestation sonore du Seigneur ; Celui-ci étant le Tout complet et absolu, il n'existe aucune différence entre Son nom et Sa forme toute spirituelle. Ainsi pouvons-nous, par le chant du Saint Nom, entrer en contact direct avec le Seigneur. La pratique de ce chant s'exerce en trois phases : 1) au début, le Saint Nom est chanté de manière impure et offensante, 2) puis s'effacent progressivement les offenses, les impuretés, 3) et enfin est atteint le niveau du chant purement spirituel. La première étape se voit encombrée d'aspirations multiples aux plaisirs et souffrances matériels. La seconde marque une purification progressive de toute souillure matérielle, et la dernière donne accès à l'amour de Dieu, au niveau tant convoité que Śrī Caitanya définit comme le zénith de la perfection humaine.

L'objet du *yoga* tient essentiellement à la maîtrise des sens, lesquels sont gouvernés par le mental. Il faut donc d'abord se rendre maître du mental en l'orientant vers la conscience de Kṛṣṇa. Les fonctions grossières du mental, liées à l'acquisition du savoir ou à l'activité sensorielle, se manifestent à travers les organes des sens, de concert avec la volonté qui, de pair avec le penser et le ressentir, en constituent les fonctions subtiles. Dès que le mental se fixe sur Kṛṣṇa (Son nom, Sa forme, Ses divertissements, Son entourage, etc.), toute activité – grossière ou subtile – devient aussitôt favorable. Ainsi, selon son état de conscience, on dira d'une personne qu'elle est pure ou souillée. La méthode que recommande la *Bhagavad-gītā* en vue de purifier la conscience consiste à fixer le mental sur Kṛṣṇa, ce qui se fait quand on s'entretient de Ses actes absolus, quand on nettoie Son temple ou simplement quand on s'y rend ; on peut aussi contempler Sa forme sublime merveilleusement parée, écouter le récit de Ses gloires, goûter la nourriture qui Lui a été offerte, respirer le parfum des fleurs et des feuilles de *tulasī* qui Lui sont présentées en offrande, rechercher la compagnie de Ses dévots, servir Ses intérêts et faire montre de colère envers ceux qui jalousent Ses dévots. Nul ne peut mettre un terme aux activités du mental ou des sens, mais les purifier demeure possible, par un changement de conscience dont la *Bhagavad-gītā* (2.39) clarifie le concept. Il arrive que l'être humain, s'il est victime d'une maladie, par exemple, voit se restreindre ses plaisirs sensoriels ; mais une telle restriction ne doit pas être confondue avec la véritable maîtrise des sens. Ignorant la juste méthode pour maîtriser le mental et les sens, les intelligences faibles mettent tous leurs efforts à les retenir, ou bien y renoncent, ou encore se laissent emporter par le torrent des plaisirs sensoriels.

Les huit étapes de la pratique du *yoga* – les principes régulateurs, les règles, les diverses postures, les exercices respiratoires, le détachement des sens de leurs objets, etc. – sont autant d'éléments d'une technique destinée à ceux qu'absorbe à l'excès le concept matériel de l'existence. Mais l'être d'intelligence conscient de Kṛṣṇa ne cherche pas, lui, à éteindre la vivacité de ses sens ; il préfère les employer au service de Kṛṣṇa. On ne peut détourner un enfant de ses jeux puérils en le forçant à ne plus agir, mais on peut l'intéresser à des activités d'un ordre supérieur. Selon le même raisonnement, s'efforcer de retenir ses sens à travers les huit phases du *yoga* n'est recommandé qu'aux êtres inférieurs ; les êtres plus intelligents préfèrent se consacrer aux activités supérieures de la conscience de Kṛṣṇa, et abandonner du coup toutes leurs basses activités matérielles.

Telle est la conscience de Kṛṣṇa, science absolue enseignée par le Seigneur Caitanya. Les adeptes de la vaine spéculation mentale tentent de se soustraire à toute attache matérielle ; mais chaque fois, leur mental, trop puissant, les fait à nouveau choir dans la recherche des plaisirs sensoriels. Or, celui qui absorbe son mental et ses sens dans la conscience de Kṛṣṇa échappe à un tel risque. Et le Seigneur Caitanya a Lui-même enseigné l'art d'atteindre ce but.

Avant d'adopter le *sannyāsa,* Il était connu sous le nom de Viśvambhara, ou Celui qui soutient l'univers entier et dirige tous les êtres. Vrai soutien et guide de tous, Il est apparu comme Śrī Kṛṣṇa Caitanya pour communiquer Son savoir sublime au genre humain. Il S'avère ainsi le parfait précepteur qui répond aux questions primordiales de la vie. Dans Son incomparable munificence, Il répand le pur amour de Kṛṣṇa ; en Lui reposent toutes grâces et toute fortune. Le *Śrīmad-Bhāgavatam,* la *Bhagavad-gītā,* le *Mahābhārata* et les *Upaniṣads* le confirment : Il est Dieu, la Personne Suprême, Kṛṣṇa Lui-même, digne de l'adoration de tous en cet âge de querelle. Il offre à chacun de Le rejoindre en Son mouvement de *saṅkīrtana,* sans qu'il soit besoin de posséder aucune qualification préalable ; il suffit d'agir selon Son enseignement pour atteindre le niveau parfait. Celui qui a la fortune de voir naître en lui une attirance pour les divers aspects de Sa manifestation aura mené sa vie à bien. Pour résumer, celui qui désire atteindre à la spiritualité peut facilement le faire en attirant sur lui la grâce de Śrī Caitanya, qui l'arrachera aux griffes de *māyā* (l'illusion). Les enseignements contenus dans cet ouvrage ne sont pas différents du Seigneur.

Accaparée par le corps matériel, l'âme conditionnée contribue par ses actes à prolonger l'histoire du monde. Or, l'enseignement de Śrī Caitanya Mahāprabhu peut aider l'humanité à mettre un terme à cette histoire tissée d'actions vaines et éphémères ; il peut l'élever au plus haut niveau, celui de l'activité spirituelle. En vérité, celle-ci ne s'ébauche que lorsqu'est brisé le joug de l'emprise matérielle, et constitue pour tout être l'ultime achèvement de la perfection. Le prestige engendré par l'effort visant à vaincre la nature matérielle n'est qu'illusion. La lumière du savoir qui émane des enseignements du Seigneur Caitanya peut nous guider efficacement sur le sentier du progrès spirituel. Chacun doit assumer le fruit de ses actes, bons ou mauvais : nul ne peut se dérober aux lois de l'existence matérielle. Et tant que l'on agit dans la sphère de l'action intéressée, tout effort en vue d'atteindre le but ultime de l'existence s'avère stérile. Je souhaite donc de tout cœur que de l'enseignement de Śrī Caitanya Mahāprabhu pointe un jour nouveau, qui marque le début d'une ère de spiritualité, ouvrant pour l'humanité le champ d'action de l'âme pure.

Oṁ Tat Sat

A.C. Bhaktivedanta Swami

Le 14 mars 1968
jour de l'avènement de Śrī Caitanya
Temple de Śrī Śrī Rādhā-Kṛṣṇa
New York, N.Y.

PROLOGUE

La vie de Caitanya Mahāprabhu

par Śrīla Ṭhākura Bhaktivinoda

Caitanya Mahāprabhu est né à Māyāpur, dans la ville de Nadia, tout juste après le coucher du soleil, le vingt-troisième jour du mois de Phālguṇa, en l'an 1407 de l'ère de Śakābda – soit le 18 février 1486 de l'ère chrétienne. Lors de Son avènement, il y avait une éclipse de lune, et comme le veut la coutume, les habitants de Nadia se baignaient dans les eaux de la Bhāgīrathī, s'écriant : *Haribol* (chantez les noms de Dieu). Son père, Jagannātha Miśra, était un pauvre *brāhmaṇa* védique et Sa mère, Śacī-devī, une femme exemplaire. Tous deux étaient issus de familles brahmaniques qui habitaient jadis Sylhet. Mahāprabhu était un enfant d'une rare beauté, et les dames de la ville vinrent Lui offrir divers présents. Le paṇḍita Nīlāmbara Cakravartī, Son grand-père maternel et astrologue réputé, prédit que l'enfant deviendrait, en temps et lieu, un personnage influent, d'où le nom qu'il Lui donna, Viśvambhara. Les femmes du voisinage, elles, Le baptisèrent Gaurahari à cause de Sa carnation d'or, et Sa mère L'appela Nimāi puisqu'Il était né près d'un arbre *nim*. Du fait de Sa grande beauté, tous languissaient de Le voir quotidiennement. En grandissant, Il devint un garçon espiègle et folâtre, et, à l'âge de cinq ans, Il fut inscrit à une école où en un rien de temps Il maîtrisa le bengali.

La plupart des biographes contemporains de Caitanya ont rapporté certaines anecdotes qui révèlent en fait Ses premiers miracles. À titre d'exemple, il est dit qu'encore bébé dans les bras de Sa mère, Il ne cessait de pleurer que lorsque les femmes du quartier et Sa mère s'écriaient *Haribol*. Cette vibration retentissait donc continuellement dans la maison, présage de la mission future de notre héros. On dit également qu'un jour, Il préféra manger de l'argile plutôt que les sucreries que Lui offrait Sa mère. Quand celle-ci Lui en demanda la raison, Il répondit qu'une sucrerie n'étant que de l'argile transformée, Il pouvait tout aussi bien Se nourrir d'argile. Étant la femme d'un *paṇḍita,* Sa mère Lui expliqua que chaque chose en son état propre est destinée à un usage spécifique. Ainsi la terre, sous forme de cruche, peut-elle servir de récipient pour l'eau, ce qui n'est pas le cas lorsqu'on en fait de la brique. De même, l'argile, sous forme de confiserie, peut servir de nourriture, mais pas autrement. Convaincu, l'enfant reconnut Sa sottise et promit d'éviter à l'avenir de commettre pareille erreur.

Un autre miracle a été rapporté. Un jour, un *brāhmaṇa* en visite chez Lui prépara son repas et récita une prière tout en méditant sur Kṛṣṇa. Entretemps, le jeune garçon s'avança et se mit à manger le riz que le *brāhmaṇa* avait fait cuire. Consterné, ce dernier cuisina de nouveau à la requête de Jagannātha Miśra. Mais l'enfant mangea une fois de plus la nourriture pendant que le *brāhmaṇa* l'offrait à Kṛṣṇa en méditant sur Lui. On parvint alors à convaincre le *brāhmaṇa* de recommencer une troisième fois. Cette fois, toute la maisonnée s'était endormie, et l'enfant Se montra au *brāhmaṇa* dans Sa forme de Kṛṣṇa pour le bénir, sur quoi le *brāhmaṇa* fut transporté d'extase à la vue de l'objet de son adoration. On raconte aussi que deux voleurs enlevèrent l'enfant afin de s'emparer des joyaux qui paraient Son corps, et que, chemin faisant, ils Lui offrirent des sucreries. L'enfant fit toutefois jouer Sa puissance d'illusion pour les dérouter, tant et si bien que les voleurs se retrouvèrent bientôt devant la maison de Son père. Craignant d'être démasqués, les malfaiteurs abandonnèrent l'enfant et s'enfuirent à toutes jambes.

Un jour d'Ekādaśī, nouveau miracle : l'enfant demande et obtient d'Hiraṇya et Jagadīśa toutes les offrandes qu'ils ont recueillies pour adorer Kṛṣṇa en ce jour de jeûne. À l'âge de quatre ans, assis sur des chaudrons mis aux ordures et jugés impurs par Sa mère, Il lui explique qu'il ne saurait être question de pureté ou d'impureté en ce qui concerne des chaudrons jetés après avoir servi pour la cuisine. Toutes ces anecdotes se rapportent à la tendre enfance du Seigneur, jusqu'à Sa cinquième année.

À huit ans, Il est admis au *ṭola* (école) de Gaṅgādāsa Paṇḍita à Gaṅgānagara, près du village de Māyāpur. En l'espace de deux ans, Il devient versé en grammaire et en rhétorique sanskrite. Ses lectures revêtent ensuite le caractère d'études personnelles sous Son propre toit, où Il découvre plusieurs livres importants appartenant à Son père, lui-même un érudit. Il appert qu'Il a lu la *smṛti* et le Nyāya par Lui-même, rivalisant ainsi avec Ses amis qui étudiaient sous la tutelle du célèbre Paṇḍita Raghunātha Śiromaṇi.

À peine âgé de dix ans, Caitanya était déjà passablement versé en grammaire, en rhétorique, en *smṛti* et en Nyāya. Puis, Viśvarūpa – Son frère aîné – quitte la maison pour embrasser l'*āśrama* (condition ou état) du *sannyāsī* (ascétisme). Malgré Son jeune âge, Caitanya console Ses parents en leur disant qu'Il les servira dans le but de plaire à Dieu. Peu après, Son père quitte ce monde, et Sa mère, désormais veuve et fort affligée, trouve réconfort auprès de Caitanya, toujours aussi heureux que satisfait.

C'est à l'âge de quatorze ou quinze ans que Mahāprabhu épouse Lakṣmīdevī, la fille de Vallabhācārya, également originaire de Nadia. On Le considère alors comme l'un des plus éminents érudits de Nadia, qui est à l'époque le siège par excellence de la philosophie du Nyāya et de l'érudition sanskrite. Sans même parler des *smārta paṇḍitas,* tous les *naiyāyikas* craignent à cette époque d'être confrontés à Lui dans un débat littéraire. Désormais chef de famille, Il Se rend au Bengale oriental – plus précisément sur les rives de la Padma – pour y mettre Son savoir à profit et amasser une somme rondelette.

Vers cette époque, Il commence à enseigner le vaiṣṇavisme de façon intermittente. Après en avoir inculqué les principes à Tapana Miśra, Il le prie d'aller s'installer à Bénarès. Durant Son séjour au Bengale, Son épouse – Lakṣmīdevī – quitte ce monde des suites de la morsure d'un serpent. À Son retour, Il trouve Sa mère en larmes et la console en l'instruisant sur l'incertitude de l'existence humaine. À sa requête, Il épouse ensuite Viṣṇupriyā, la fille du Rājā Paṇḍita Sanātana Miśra, et Ses camarades se joignent à Lui lors de Son retour de voyage (*pravāsa*). Telle était Sa renommée, qu'on Le considérait désormais comme le plus grand *paṇḍita* de Nadia. Keśava Miśra, du Cachemire, s'était attribué le titre de Grand Dig-vijayī, et il se rendit à Nadia dans l'intention d'engager un débat avec les *paṇḍitas* de l'endroit. Redoutant le prétendu champion, les professeurs de l'école de Nadia quittèrent alors la ville sous prétexte qu'on les avait invités ailleurs. Keśava rencontra cependant Mahāprabhu au Barokona-ghāṭa de Māyāpur, où il fut vaincu en moins de deux par le jeune homme. Mortifié, il se vit dans l'obligation de quitter les lieux, et Nimāi Paṇḍita devint ainsi le plus éminent érudit de l'époque.

À seize ou dix-sept ans, Il Se rend à Gayā avec nombre de Ses élèves et y reçoit l'initiation spirituelle d'Īśvara Purī, un *sannyāsī vaiṣṇava* disciple de l'illustre Mādhavendra Purī. De retour à Nadia, Nimāi Paṇḍita Se fait prédicateur religieux, et Sa nature spirituelle se manifeste avec une telle force, qu'Advaita Prabhu, Śrīvāsa et d'autres encore, qui avaient déjà embrassé la foi *vaiṣṇava* avant l'avènement de Caitanya, sont éblouis par la transformation du jeune homme. Il n'avait plus rien d'un *naiyāyika* combatif, d'un *smārta* argumentateur ou d'un rhétoricien critique. Il S'extasiait au son du nom de Kṛṣṇa et Se comportait tel un être divinement inspiré. Murāri Gupta rapporte même L'avoir vu révéler Ses pouvoirs divins dans la demeure de Śrīvāsa Paṇḍita, en présence de centaines de partisans, pour la plupart de doctes érudits.

C'est à cette époque qu'Il inaugure une école nocturne de *kīrtana,* dans l'enceinte de la résidence de Śrīvāsa Paṇḍita, avec Ses disciples les plus sincères. Il y enseigne, chante, danse et exprime une variété d'émotions spirituelles. C'est alors que Nityānanda Prabhu, qui prêchait le vaiṣṇavisme et avait parcouru l'Inde en tous sens, Se joint à Lui. Pour tout dire, une foule de prédicateurs *vaiṣṇavas* érudits de différentes régions du Bengale, tous d'une grande sincérité, viennent alors se joindre à Lui. Nadia devient ainsi le siège permanent d'une cohorte d'*ācāryas vaiṣṇavas,* ou saints maîtres, dont la mission consiste à spiritualiser l'humanité grâce à l'influence sans pareille de la foi dévotionnelle *vaiṣṇava.*

Le premier mandat confié par Śrī Caitanya Mahāprabhu à Prabhu Nityānanda et à Haridāsa, Ses compagnons intimes, fut le suivant : « Mes amis, parcourez les rues, frappez à la porte de tous les habitants de la ville, et demandez-leur de chanter avec dévotion le nom de Hari. Puis, le soir venu, rapportez-Moi les résultats de votre prédication. » Les deux apôtres accédèrent à Sa requête, et ne tardèrent pas à rencontrer Jagāi et Mādhāi, deux coquins de la pire espèce qui les insultèrent en entendant le message de Mahāprabhu, mais qui n'en furent pas moins convertis en peu de temps grâce à l'influence de la *bhakti* inculquée par leur Seigneur. Abasourdis, les habitants de Nadia s'exclamèrent : « Nimai Paṇḍita est non seulement un génie sublime, mais certes aussi un missionnaire du Tout-Puissant. » Jusqu'à Sa vingt-troisième année, Mahāprabhu enseigne Ses principes non pas qu'à Nadia, mais également dans chaque ville et village d'importance à proximité de Sa ville. Sous le toit de Ses partisans, Il fait des miracles, enseigne les principes ésotériques de la *bhakti* et chante en congrégation (*saṅkīrtana*) avec d'autres *bhaktas,* ou dévots du Seigneur. Ses disciples de Nadia commencent alors à chanter le Saint Nom dans les rues et les bazars, ce qui fait sensation et suscite des réactions variées dans les différents cercles de la ville. Les *bhaktas* sont au comble du bonheur, mais non les *smārtas,* des *brāhmaṇas* de caste qui, jaloux du succès de Nimāi Paṇḍita, se rendent auprès de Chand Cadi pour protester contre Lui et taxer Son attitude d'anti-hinduiste. Le cadi (gouverneur musulman) se rend alors à la demeure de Śrīvāsa Paṇḍita, y brise un *mṛdaṅga* (tambour employé pour le *saṅkīrtana*) et déclare que si Nimāi Paṇḍita ne cesse de promouvoir Sa religion peu orthodoxe, il se verra contraint de les islamiser, Lui et Ses sympathisants.

Dès que Mahāprabhu est informé de l'incident, Il enjoint les habitants de la ville de se présenter, le soir venu, une torche à la main. Ils accèdent à Sa requête, et Nimāi organise alors un cortège qu'Il divise en quatorze groupes de *saṅkīrtana* dont Il prend la tête. Arrivé à la résidence du gouverneur, Il S'entretient longuement avec lui et imprègne finalement son cœur de Son influence *vaiṣṇava* en le touchant. Le cadi fond aussitôt en larmes et reconnaît avoir ressenti un profond sentiment spirituel qui a dissipé ses doutes et fait naître en lui une extase religieuse des plus sublimes. Le cadi se joint alors au mouvement de *saṅkīrtana,* et tous s'émerveillent de la puissance spirituelle du Seigneur. Des centaines et des centaines d'hérétiques se rallient d'ailleurs à la cause de Viśvambhara à la suite de cette affaire.

Peu après, jaloux et de vile mentalité, certains *brāhmaṇas* originaires de Kulia cherchent querelle à Mahāprabhu et forment un parti antagoniste. D'un cœur tendre à souhait, mais non moins ferme dans Ses principes, Nimāi Paṇḍita déclare alors que la partisannerie et le sectarisme incarnent les pires ennemis du progrès, et que tant qu'Il habitera Nadia, au sein d'une famille donnée, Sa mission ne pourra être entièrement couronnée de succès. Aussi décide-t-Il de Se faire citoyen du monde en tranchant tout lien qui Le rattache à une famille, à une caste ou à une confession particulière ; armé de cette résolution, Il Se rend à Katva et embrasse, à l'âge de vingt-quatre ans, le *sannyāsa* sous l'égide de Keśava Bhāratī, qui est originaire de cette ville. Sa mère et Son épouse pleurent amèrement d'être ainsi séparées de Lui, mais bien que notre héros ait le cœur tendre, Il reste ferme dans Ses principes. Il quitte donc l'univers restreint de Son foyer pour l'infini monde spirituel de Kṛṣṇa et l'humanité entière. Après S'être fait *sannyāsī,* Il est amené à Se rendre chez Advaita Prabhu, à Śāntipura. Advaita s'arrange pour inviter tous Ses amis et admirateurs de Nadia, et conduit Śacīdevī auprès de son Fils. En L'apercevant dans la tenue du *sannyāsī,* joie et peine envahissent simultanément son cœur. En tant que *sannyāsī,* Kṛṣṇa Caitanya ne portait qu'un *kaupīna* (pagne) et un *bahir-vāsa* (vêtement extérieur). La tête rasée, Il tenait dans Ses mains un *daṇḍa* (bâton) et un *kamaṇḍalu* (pot à eau d'ermite).

Tombant aux pieds de Sa mère bien-aimée, son Divin Fils lui dit : « Mère ! Ce corps t'appartient et Je dois t'obéir. Permets-Moi d'aller à Vṛndāvana afin de poursuivre Ma quête spirituelle. » Après avoir consulté Advaita Prabhu, entre autres, la mère prie son Fils d'établir Sa résidence à Purī, cité du Seigneur Jagannātha, afin qu'elle puisse avoir de temps à autre des nouvelles de Lui. Mahāprabhu accède à sa requête et, quelques jours plus tard, quitte Śāntipura pour l'Orissa.

Ses biographes ont décrit de façon très détaillée le voyage de Kṛṣṇa Caitanya (nom qu'Il reçut après avoir adopté le *sannyāsa*) depuis Śāntipura jusqu'à Purī. Longeant les rives de la Bhāgīrathī jusqu'à Chatrabhoga – aujourd'hui situé à Thānā Mathurāpura, Diamond Harbour, 24 Parganas – Il voyage ensuite par bateau jusqu'à Prayāga-ghāṭa, dans le district de Midnapura. Puis Il traverse à pied Balasore et Cuttack en route vers Purī, et visite en chemin le temple de Bhūvaneśvara. À Son arrivée à Purī, Il admire Jagannātha dans le temple et loge chez Sārvabhauma Bhaṭṭācārya, à la requête de celui-ci.

Grand *paṇḍita* de l'époque dont les lectures sont sans limite et meilleur *naiyāyika* de son temps, Sārvabhauma est reconnu comme le plus grand maître de la philosophie védantiste de l'école de Śaṅkarācārya ; il est né à Nadia (Vidyānagara), où il a enseigné dans son *ṭola* la philosophie du Nyāya à d'innombrables élèves. Peu avant la naissance de Nimāi Paṇḍita, il déménage à Purī. Son beau-frère, Gopīnātha Miśra, lui présente le nouveau *sannyāsī*. Fasciné par Sa grande beauté, Sārvabhauma craint que le jeune renonçant ne puisse que difficilement honorer Ses vœux toute Sa vie durant. Gopīnātha, qui connaît Mahāprabhu depuis Nadia et Le vénère hautement, affirme cependant que le *sannyāsī* n'appartient pas au commun des mortels. Survient alors un échange passionné entre Gopīnātha et Sārvabhauma, après quoi ce dernier prie Mahāprabhu de bien vouloir entendre sa récitation du *Vedānta-sūtra,* ce qu'Il accepte tacitement. Sept jours durant, Caitanya écoute en silence l'exposé solennel du docte maître, qui finit par s'exclamer : « Kṛṣṇa Caitanya ! Il me semble que Vous n'entendez rien au *Vedānta,* car Vous gardez le silence malgré mon exposé et mes explications. » Caitanya répond qu'Il comprend fort bien les *sūtras*, mais qu'Il ne saisit guère à quoi riment les commentaires de Śaṅkarācārya.

Abasourdi, Sārvabhauma Lui demande : « Comment se peut-il que Vous saisissiez le sens des *sūtras,* mais non les commentaires qui les élucident ? Quoi qu'il en soit, s'il est vrai que Vous comprenez les *sūtras,* donnez-m'en donc Votre interprétation ! » Sur ce, Mahāprabhu explique tous les *sūtras* à Sa manière, sans reprendre les commentaires panthéistes de Śaṅkara. Grâce à son intelligence pénétrante, Sārvabhauma perçoit la vérité, la beauté et l'harmonie des arguments et explications de Caitanya ; il doit admettre que c'est la première fois qu'on lui explique de façon si simple les *Brahma-sūtras*. Il reconnaît également que les commentaires de Śaṅkara n'ont jamais offert d'explications aussi naturelles des *Vedānta-sūtras* que celles de Mahāprabhu. Aussi s'abandonne-t-il à Lui et devient-il Son disciple et défenseur. En l'espace de quelques jours, Sārvabhauma se métamorphose en l'un des meilleurs *vaiṣṇavas* de son temps. Quand la nouvelle se répand, tout l'Orissa chante les gloires de Kṛṣṇa Caitanya, et plusieurs centaines de personnes viennent à Lui pour devenir Ses disciples. Mahāprabhu songe ensuite à visiter le sud de l'Inde, accompagné d'un *brāhmaṇa* nommé Kṛṣṇadāsa.

Ses biographes nous ont laissé une description très détaillée de ce voyage. Se rendant d'abord à Kūrmakṣetra, Il y accomplit un miracle en guérissant un lépreux, Vāsudeva. Il rencontre ensuite Rāmānanda Rāya, alors gouverneur de Vidyānagara, sur les berges de la Godāvarī ; un entretien philosophique sur le thème de la *prema-bhakti* – la dévotion empreinte d'amour – s'ensuit. Il réalise un second miracle en faisant immédiatement disparaître, dès qu'Il les touche, les sept *tālas* (variété de palmier) transpercés par la flèche de Rāmacandra – le fils de Daśaratha – flèche qui mit aussi fin aux jours du grand Rājā Bali. Mahāprabhu prêche le vaiṣṇavisme et le *nāma-saṅkīrtana,* le chant des Saints Noms du Divin, durant tout le voyage. Parvenu à Raṅgakṣetra, Il passe les quatre mois de la saison des pluies sous le toit de Veṅkata Bhaṭṭa, dont Il convertit toute la famille *vaiṣṇava* – dans la lignée de Rāmānuja – à la *kṛṣṇa-bhakti.* Gopāla, le fils de dix ans de Veṅkata, partira plus tard pour Vṛndāvana, où il deviendra l'un des six Gosvāmīs, ou prophètes serviteurs de Śrī Kṛṣṇa Caitanya. Ayant appris le sanskrit auprès de son oncle Prabodhānanda Sarasvatī, Gopāla écrira de nombreux ouvrages sur le vaiṣṇavisme. Caitanya visite plusieurs sites du sud de l'Inde ; poussant jusqu'au cap Comorin, Il retournera à Purī deux ans plus tard, en passant par Pandarapura sur les rives de la Bhīma. Là, Il spiritualisera l'existence de Tukārāma, lequel deviendra dès lors lui-même prédicateur religieux. Celui-ci reconnaît ce fait dans ses *ābhāṅgas,* réunis en un volume par Satyendra Nath Tagore, fonctionnaire de Bombay. En cours de route, le Seigneur S'entretient également en plusieurs lieux avec des bouddhistes, des jaïns et des *māyāvādīs,* convertissant Ses détracteurs au vaiṣṇavisme, à l'adoration d'un Dieu personnel.

À Son retour à Purī, le roi Pratāparudra-deva et plusieurs doctes *brāhmaṇas* se rallient sous la bannière de Caitanya Mahāprabhu, alors âgé de vingt-sept ans. Dans Sa vingt-huitième année, le Seigneur visite le Bengale, S'enfonçant jusqu'à Gauḍa, dans le district de Malda, où Il rencontre Rūpa et Sanātana, deux éminents personnages. Bien qu'issus de la lignée brahmanique de Karṇātaka, les deux frères s'étaient pratiquement islamisés de par leur contact constant avec Hussain Shah, alors empereur de Gauḍa. Celui-ci les avait d'ailleurs rebaptisés Dabir Khās et Sākara Mallik ; il les appréciait hautement parce qu'ils connaissaient le perse, l'arabe et le sanskrit, en plus de servir loyalement l'État. Nos deux gentlemen, incapables de revenir à l'hinduisme, implorent par courrier l'aide spirituelle de Mahāprabhu durant Son séjour à Purī. Mahāprabhu leur répond qu'Il viendra les soustraire à leurs périls spirituels. Maintenant qu'Il Se trouve à Gauḍa, les deux frères se présentent devant Lui et réitèrent leur prière de longue date. Mahāprabhu les enjoint de se rendre à Vṛndāvana, où Il les retrouvera.

Caitanya retourne donc à Purī par Śāntipura et y rencontre à nouveau Sa chère mère. Après un court séjour à Purī, Il part pour Vṛndāvana, accompagné cette fois de Balabhadra Bhaṭṭācārya. Il visite ainsi Vṛndāvana, puis Prayāga (Allahabad), où Il convertit plusieurs musulmans au vaiṣṇavisme à l'aide d'arguments puisés dans le Coran. Leurs descendants sont aujourd'hui connus du nom de *vaiṣṇavas paṭhanas.* À Allahabad, Rūpa Gosvāmī rejoint Caitanya, qui l'instruit dans la spiritualité durant dix jours entiers avant de l'envoyer en mission à Vṛndāvana. Sa première mission consiste à rédiger des ouvrages théologiques expliquant de façon scientifique la *bhakti* et le *prema,* le pur service de dévotion et l'amour de Dieu. Seconde mission : redécouvrir les lieux où Śrī Kṛṣṇacandra a manifesté – à la fin du Dvāpara-yuga, l'Âge précédent – et pour le bien du monde pieux, Ses divertissements ou *līlās*. Lorsque Rūpa Gosvāmī quitte Allahabad pour Vṛndāvana, Mahāprabhu descend vers Bénarès, où Il réside chez Candraśekhara et accepte Son *bhikṣā* (repas) quotidien sous le toit de Tapana Miśra. C'est là que Le rejoint Sanātana Gosvāmī, qui reçoit Son enseignement spirituel pendant deux mois.

De tous les biographes, c'est Kṛṣṇadāsa Kavirāja qui nous a transmis le plus en détail l'enseignement de Caitanya à Rūpa et Sanātana. Kṛṣṇadāsa n'étant pas Son contemporain, il a acquis toutes ses informations auprès des Gosvāmīs, disciples immédiats de Mahāprabhu. Jīva Gosvāmī, neveu de Rūpa et Sanātana, nous a laissé son précieux ouvrage intitulé *Ṣaṭ-sandarbha,* et a philosophé sur les préceptes de son illustre leader, que nous avons recueillis et résumés à partir des ouvrages de ces nobles auteurs.

À Bénarès, Caitanya S'entretient avec les savants *sannyāsīs* de la ville chez un *brāhmaṇa* du Maharastra, qui les avait tous invités. Il accomplit un miracle, fascinant ainsi tous les *sannyāsīs* assemblés là. S'ensuit alors un dialogue avec Prakāśānanda Sarasvatī, leur leader le plus instruit. Après une courte controverse, ils s'en remettent à Mahāprabhu et reconnaissent avoir été fourvoyés par les commentaires de Śaṅkarācārya. Impossible, même pour les doctes érudits, de s'opposer longtemps au Seigneur, car quelque magie en Lui touche leur cœur, les faisant fondre en larmes pour leur plus grand bien spirituel.

Les *sannyāsīs* de Bénarès tombent bientôt aux pieds de Caitanya, implorant Sa grâce (*kṛpā*). Caitanya leur enseigne alors la pure *bhakti* et insuffle dans leur cœur un amour spirituel pour Kṛṣṇa qui les incite à délaisser tout sectarisme. Après cette merveilleuse conversion, tous les habitants de Bénarès se font *vaiṣṇavas* et célèbrent avec envergure le *saṅkīrtana* avec leur nouveau Seigneur.

Après avoir dépêché Sanātana à Vṛndāvana, Mahāprabhu retourne à Purī en traversant la jungle avec Son compagnon, Balabhadra. Celui-ci nous informe que Caitanya réalisa alors de nombreux miracles. À titre d'exemple, Il faisait danser tigres et éléphants au son du nom de Kṛṣṇa. Dès Sa trente et unième année, Mahāprabhu réside continuellement à Purī sous le toit de Kāśi Miśra. Puis, durant Sa quarante-huitième année, Il opère Sa Disparition lors d'un *saṅkīrtana* dans le temple de Ṭoṭa-Gopīnātha. Ces dix-huit années sont marquées par une piété et un amour permanents. Il S'entoure alors de nombreux disciples – tous des *vaiṣṇavas* du plus haut calibre – caractérisés par leur pureté et leur érudition suprêmes, leurs stricts principes religieux et leur amour spirituel pour Rādhā et Kṛṣṇa.

Svarūpa Dāmodara – autrefois nommé Puruṣottama Ācārya quand Mahāprabhu habitait Nadia – quitte Bénarès pour se joindre à Lui et devenir Son secrétaire. Aucune œuvre poétique ou philosophique ne peut être soumise à Mahāprabhu si Svarūpa n'en reconnaît aussi bien la pureté que l'utilité. Rāya Rāmānanda est Son second confident. Lui et Svarūpa chantent des hymnes appropriés aux sentiments exprimés par le Seigneur sur quelque facette du culte. Paramānanda Purī, lui, est Son ministre du culte. Ses biographes ont décrit des centaines d'anecdotes que nous ne jugeons pas nécessaire de relater ici. Mahāprabhu dort très peu. Chaque jour, chaque nuit, Ses émotions Le transportent toujours plus haut dans le firmament de la spiritualité, sous l'œil attentif de Ses admirateurs et disciples. Il fait acte d'adoration, communique avec Ses missionnaires à Vṛndāvana et S'entretient avec les hommes de religion qui Lui rendent une première visite. Chantant et dansant sans Se soucier de Sa personne, Il S'abîme souvent dans la béatitude. Tous ceux qui viennent à Lui Le voient comme l'infiniment fascinant Seigneur, apparu en ce bas monde pour le bien de l'humanité. Toujours affectueux envers Sa mère, Il lui envoie de temps à autre du *mahā-prasāda,* de la nourriture spirituelle, grâce à ceux qui vont à Nadia. De par Sa nature très avenante, Il incarne l'humilité même, et Son air adorable suscite la joie de tous ceux qui entrent en contact avec Lui. Il fait de Prabhu Nityānanda Son missionnaire responsable du Bengale et délègue six disciples – les Gosvāmīs – à Vṛndāvana pour qu'ils y prêchent l'amour. Il châtie tous ceux de Ses disciples qui dévient d'une vie de sainteté, ce qu'Il fait de façon marquée dans le cas de Haridāsa le jeune. Il ne manque jamais d'instruire adéquatement quiconque Lui en fait la requête. Son enseignement à Raghunātha dāsa Gosvāmī nous en offre un exemple frappant. Son comportement à l'endroit de Haridāsa Ṭhākura nous révèle combien Il aime les natures divines et défie les distinctions de caste dans la cause de la fraternité spirituelle de tous les êtres.

La mission du Seigneur Caitanya

Śrī Caitanya Mahāprabhu a donné à Ses disciples l'instruction d'écrire des livres sur la science de Kṛṣṇa. À ce jour, Ses fidèles ont perpétué cette tâche, si bien que la philosophie qu'Il a enseignée a été exposée et élaborée de la façon la plus détaillée, approfondie et cohérente qui soit d'entre toutes les cultures religieuses du monde, et ce, grâce à la tradition immuable de la succession disciplique. Mais le Seigneur Caitanya, pourtant un érudit de grande réputation dans Sa jeunesse, ne nous a Lui-même laissé que huit versets, intitulés *Śikṣāṣṭaka,* qui révèlent Sa mission et Ses préceptes. Voici ces huit prières suprêmes entre toutes, traduites par A.C. Bhaktivedanta Swami :

1

Gloire au saṅkīrtana de Śrī Kṛṣṇa. De nos cœurs il balaie toutes les impuretés accumulées au fil des ans, il éteint le feu brûlant de l'existence conditionnée, avec ses naissances et ses morts sans fin. Le Mouvement du saṅkīrtana *répand sur tous les humains la bénédiction la plus grande, épandant ses rayons comme la bienveillante lune. Âme du savoir spirituel, il fait croître l'océan de la félicité absolue et nous donne de savourer pleinement le nectar dont nous languissons sans cesse.*

2

Ton Saint Nom seul, ô Seigneur, peut combler les êtres de toutes les grâces. Or, des noms sublimes, Tu en possèdes à l'infini, tel Kṛṣṇa, ou Govinda, que Tu as investis de toutes Tes énergies spirituelles ; pour les chanter, aucune règle stricte. Dans Ton infinie miséricorde, ô Seigneur, Tu permets qu'on s'approche aisément de Toi par le chant de Tes Saints Noms ; mais dans mon infortune, je ne suis capable d'aucun attrait pour eux.

3

On devrait chanter le Saint Nom du Seigneur en toute humilité, en se considérant moins qu'un fétu de paille sur la route, en devenant plus tolérant que l'arbre, dénué de toute prétention et prêt à offrir à autrui ses respects. C'est dans un tel état d'esprit qu'on peut sans fin chanter le Saint Nom du Seigneur.

4

Ô Seigneur tout-puissant ! Je n'aspire nullement aux richesses, je ne rêve pas de jolies femmes et ne recherche pas non plus de disciples. Je désire uniquement m'absorber, vie après vie, dans Ton service de dévotion immotivé.

5

Je suis Ton serviteur éternel, ô Fils de Nanda Mahārāja, et cependant, pour quelque raison, me voilà tombé dans l'océan de l'existence matérielle. Je T'en prie donc, arrache-moi à cet océan de mort, change-moi en un atome de poussière sous Tes pieds pareils-au-lotus.

6

Quand donc, ô Seigneur, mes yeux se pareront-ils d'un flot incessant de larmes d'amour en récitant Ton Saint Nom ? Quand donc mes paroles s'étrangleront-elles en prononcant le Saint Nom, et quand donc tous les poils de mon corps se dresseront-ils au chant de Ton Nom ?

7

Je Te sens si loin de moi, ô Govinda, que chaque instant me semble douze années ou plus, et des torrents de larmes jaillissent de mes yeux. Toi absent, l'univers entier me paraît vide.

8

Kṛṣṇa demeure et demeurera toujours mon unique Seigneur, dût-Il m'écraser sous Son étreinte ou me briser le cœur par Son absence. Totale est Sa liberté d'agir à Sa guise en toutes circonstances. Il n'en reste pas moins l'éternel objet de mon adoration inconditionnelle.

Introduction

Produit de cinq conférences sur le Caitanya-caritāmṛta *– l'authentique biographie de Śrī Caitanya Mahāprabhu par Kṛṣṇadāsa Kavirāja Gosvāmī – données devant les membres de l'Association Internationale pour la Conscience de Kṛṣṇa à New York, du 10 au 14 avril 1967.*

Le mot *caitanya* traduit l'idée de principe vital. Vous et moi pouvons nous mouvoir, ce que ne peut une table, par exemple, étant donné qu'elle est privée de toute énergie vitale. Or, le mouvement et la résistance constituent des signes caractéristiques de la vie. *Caitanya* signifie « activité », *amṛta* se traduit par « immortel » et *caritra,* par « nature ». En fait, il n'existe aucune activité qui ne soit reliée à la présence du principe vital. Les signes d'immortalité (*amṛta*) de ce principe vital deviennent invisibles lorsqu'il se lie à la matière. Les mots *caitanya-caritāmṛta* pourraient alors se traduire par « la nature immortelle du principe vital ». Mais quelle en est la manifestation ? Cette immortalité n'est pas manifeste en vous et moi ; nul d'entre nous ne connaîtra l'immortalité tant et aussi longtemps qu'un corps matériel le recouvrira. Chaque être est doté d'énergie vitale, qui lui permet l'action. Nous sommes énergie vitale et donc, par nature, immortels ; mais la condition matérielle où nous nous trouvons empêche la manifestation de cette nature immortelle. La *Kaṭha Upaniṣad* souligne que la force vitale et l'immortalité sont communes à Dieu et à l'être distinct. Cependant, bien que Dieu et l'âme individuelle soient tous deux éternels, une distinction reste : malgré ses nombreuses activités, l'être vivant a tendance à déchoir, ce qui n'est pas le cas de Dieu. Tout-puissant, la matière n'influe pas sur Lui, elle qui, en vérité, n'est qu'une manifestation de Son énergie.

Citons ici un exemple approprié : lors d'un vol en provenance de San Francisco, l'avion survolait un véritable océan de nuages au-dessus duquel brillait le soleil. Quand l'avion est descendu vers New York au travers des masses nuageuses, tout baignait dans le gris ; mais le soleil n'en brillait pas moins au-delà des nuages. Aucune masse nuageuse ne peut recouvrir tous les États-Unis – un simple atome dans l'univers – que dire de la Terre entière. À haute altitude, les gratte-ciel nous semblent bien ténus ; de même, tout ceci est bien peu de chose aux yeux du Seigneur. L'être vivant infinitésimal que je suis a tendance à choir de sa position, mais pas Dieu, qui n'est pas plus sujet à tomber sous le joug de *māyā* que le soleil à être enseveli sous les nuages. Nous sommes toutefois portés à tomber sous l'emprise de *māyā*. Les *māyāvādīs,* ces philosophes impersonnalistes, soutiennent que Dieu subit comme nous l'emprise de *māyā* lorsqu'Il descend en ce monde. Voilà en quoi leur philosophie est erronée. Ainsi le Seigneur Caitanya n'est-Il pas l'un d'entre nous ; Il est Kṛṣṇa Lui-même, l'Être Suprême, et le nuage de *māyā* ne L'a jamais recouvert. Kṛṣṇa et Ses émanations – et même Ses dévots les plus évolués – échappent toujours aux griffes de *māyā*. Śrī Caitanya vint à seule fin de répandre la *kṛṣṇa-bhakti*. Il est Kṛṣṇa Lui-même, venu nous enseigner la façon dont nous pouvons L'atteindre. Il est comparable au maître qui, désirant aider un élève médiocre, prend lui-même la plume : « Fais comme ceci : A, B, C. » Dira-t-on que le professeur est lui-même en train d'apprendre l'alphabet ? Le Seigneur Caitanya est venu nous enseigner l'art de devenir conscient de Kṛṣṇa. C'est dans cette perspective qu'il nous faut aborder l'étude de Sa personne. Dans la *Bhagavad-gītā* (18.66), le Seigneur dit : « Laisse-là toutes ces sottises, et abandonne-toi simplement à Moi. » Et nous de répondre : « M'abandonner ? Renoncer ? Mais j'ai tant de responsabilités ! » Et *māyā* de renchérir : « N'en fais rien, sinon tu seras hors de mon emprise ; reste plutôt avec moi, que je te régale de coups. » *Māyā* nous régale bel et bien de coups, comme l'ânesse rue contre l'âne quand il l'approche en rut. De même, les chats se battent et gémissent sans fin au moment de s'accoupler. Tels sont les enseignements de la nature qui nous dupe. *Māyā* se déploie de bien des façons, et dans l'univers matériel, c'est la forme féminine qui représente sa meilleure arme d'asservissement. On capture l'éléphant de la jungle grâce à une femelle qui, dressée pour cela, l'entraîne dans un piège. Il va de soi que ces distinctions – mâle et femelle – ne valent que pour la vêture extérieure qu'est le corps. Nous sommes tous en fait des serviteurs de Kṛṣṇa. Mais l'attrait qu'exercent les femmes trop séduisantes nous asservit de ses lourdes chaînes. La vie sexuelle immodérée nous livre pieds et poings liés à *māyā*. Le Seigneur Caitanya renonça à cette *māyā* à l'âge de vingt-quatre ans, et ce, malgré les seize ans de Son épouse et les soixante-dix ans de Sa mère, Lui qui était le dernier représentant mâle de la famille. Bien qu'Il fût un *brāhmaṇa,* donc sans richesse, Il embrassa l'ordre du renoncement, le *sannyāsa,* sans Se préoccuper outre mesure de cette *māyā* qu'incarnent épouse et mère.

Celui qui aspire à devenir parfaitement conscient de Kṛṣṇa doit certes se délivrer des fers de *māyā ;* et s'il doit vivre à son contact, façonner son existence de telle sorte qu'il puisse à tout moment décliner ses avances illusoires. On comptait d'ailleurs de nombreux chefs de famille parmi les plus proches dévots du Seigneur Caitanya. Mais Il bannit Haridāsa le Jeune, un de Ses dévots renoncés et un important chanteur de *kīrtana,* qui avait laissé paraître un regard de concupiscence pour une jeune femme : « Tu vis avec Moi dans l'ordre du renoncement, et voilà que tu poses un regard lascif sur une femme. » Haridāsa le Jeune se suicida plus tard, en proie au désespoir d'être séparé de Caitanya. Lorsque d'autres dévots Le prièrent de pardonner à Haridāsa, le Seigneur répondit : « Allez vivre avec lui et pardonnez-lui ; Moi, Je resterai seul. » Et quand on Lui apprit que Haridasa s'était suicidé, le Seigneur Caitanya – Lui qui a conscience de tout – déclara : « Voilà qui est très bien. » Par contre, lorsqu'un dévot qui avait eu le don de Lui plaire L'informa que son épouse était enceinte, Caitanya demanda qu'on donne à l'enfant un nom propice. Il ne condamnait donc pas ceux qui avaient des rapports sexuels dans le cadre du mariage ; mais Il était aussi rude que la foudre envers les renonçants qui trichaient en « buvant sous l'eau lors de leurs ablutions par un jour de jeûne ».

Le *Caitanya-caritāmṛta* nous révèle donc comment fit Caitanya pour enseigner à tous l'art de devenir immortel, art également transmis par Kṛṣṇa et tous les grands réformateurs spirituels, mortifiés de voir les gens chercher à prolonger leur existence mortelle au lieu de faire en sorte que leur prochaine vie en soit une d'immortalité. Il convient ainsi de traduire *Caitanya-caritāmṛta* par « la nature immortelle du principe vital ». Or, le principe vital suprême est Dieu, la Personne Souveraine. Il existe un nombre infini d'êtres vivants, tous distincts les uns des autres. C'est une évidence : chaque être se distingue des autres par ses pensées et ses désirs ; de même, le Seigneur Suprême possède une identité qui Lui est propre, au même titre que vous et moi. Mais Il est le Maître, insurpassable. Nous voyons également en ce monde les êtres se surpasser les uns les autres, dans tel ou tel domaine. Comme tous, le Seigneur possède une individualité, mais entre tous, Il est le Suprême.

Kṛṣṇa est également appelé Acyuta – l'Infaillible. Dans la *Bhagavad-gītā,* on voit Arjuna succomber à l'illusion, mais non Kṛṣṇa, car Dieu est infaillible et dit à ce propos, toujours dans la *Gītā :* « J'apparais par Ma propre puissance interne. » Ce serait donc faux de croire que lorsqu'Il vient en ce monde, Il puisse être dépassé par l'énergie matérielle. Celle-ci ne peut rien ni sur Kṛṣṇa ni sur Ses incarnations ; Ils en demeurent parfaitement libres. Le *Śrīmad-Bhāgavatam* définit ainsi l'être divin : celui que n'influence en rien la nature matérielle. Même un simple dévot peut jouir de cette liberté. Rūpa Gosvāmī explique que, pour ne pas subir la souillure de la matière, il suffit d'avoir pour seule ambition de servir Kṛṣṇa. Mais comment servir ? Servir Kṛṣṇa demande plus qu'une méditation naïve – simple activité mentale – à savoir une pratique tangible, concrète, consistant à accomplir pour Lui un travail constructif, dans lequel on ne devra sacrifier aucune ressource. Tout ce qu'on possède ou dont on dispose – avions, missiles, etc. – doit être employé au service de Kṛṣṇa. Mais le simple fait de parler de la conscience de Kṛṣṇa à autrui constitue aussi un service au Seigneur. En définitive, de celui qui applique ainsi son mental, ses sens, ses paroles, ses richesses et ses énergies, on ne peut dire qu'il vit au sein de la nature matérielle. Que Kṛṣṇa, Ses émanations et Ses dévots n'appartiennent pas à l'univers matériel, cela ne souffre aucun doute, même si des sots prétendent le contraire. Les mots *Caitanya-caritāmṛta* signifient que l'âme est immortelle et que son activité dans le monde spirituel participe de la même immortalité. Les *māyāvādīs,* selon qui l'Absolu serait impersonnel, et donc dépourvu de forme, avancent qu'une âme réalisée n'a plus besoin de se livrer à la parole. Les *vaiṣṇavas* soutiennent, à l'opposé : « Non, c'est précisément à ce niveau que l'être commence d'avoir vraiment quelque chose à dire. Jadis, nous n'avions pour tout propos que des sottises ; maintenant, ébauchons de vrais discours, parlons de Kṛṣṇa. »

Les *māyāvādīs* tenteront d'étayer leur théorie en prenant l'exemple d'une cruche qui, vide, est sonore, alors qu'emplie d'eau, elle n'émet aucun son. Mais suis-je une cruche à eau ? Peut-on m'y comparer ? La logique veut qu'une analogie se mesure au nombre des similitudes qu'elle fait ressortir entre deux objets : plus ce nombre est élevé, meilleure est l'analogie. Or, comment comparer une cruche, objet inerte, à un être vivant, actif ? La méditation silencieuse à perpétuité ne convient donc pas ici. Pourquoi ? Il y a tant à dire au sujet de Kṛṣṇa que les vingt-quatre heures de la journée n'y suffisent pas. Un sot passera peut-être pour sage tant qu'il n'ouvrira pas la bouche, mais qu'il brise son silence, et son absence de savoir paraîtra. Enfin, le *Caitanya-caritāmṛta* montre qu'il y a d'innombrables merveilles à découvrir, simplement pour la glorification du Suprême.

Kṛṣṇadāsa Kavirāja Gosvāmī écrit : « J'offre l'hommage de mon respect à mes maîtres spirituels. » L'emploi du pluriel vient de ce qu'il s'adresse ici à la filiation spirituelle prise dans son ensemble. L'hommage n'est pas offert au seul maître spirituel, mais à la *paramparā,* à la succession disciplique tout entière. Hommage pluriel, donc, au *guru,* digne du plus grand respect. Après avoir offert son hommage à la filiation spirituelle, l'auteur le renouvellera pour tous les autres dévots, pour ses frères en Dieu, pour son maître spirituel ainsi que pour les émanations du Divin et la première manifestation de Son énergie, dont Kṛṣṇa Caitanya est la personnification globale. Il est Lui-même à la fois Dieu, le *guru,* le dévot et l'émanation du Seigneur. En tant que Nityānanda, Son compagnon, Il est une manifestation. Devenant Advaita, Il Se révèle comme une incarnation. En tant que Gadādhara, Il est l'énergie interne ; puis, sous la forme de Śrīvāsa, Il incarne l'être vivant qui est énergie marginale. Voilà pourquoi il ne faut pas « isoler » Kṛṣṇa en notre esprit, mais bien Le concevoir tel que l'enseigne Rāmānujācārya dans sa philosophie dite *śuddhādvaita,* où énergies, émanations et manifestations incarnent l'unité dans la diversité : l'ensemble de tout ce qui existe est Dieu.

Le *Caitanya-caritāmṛta* représente l'étape la plus avancée dans l'étude du savoir spirituel. Normalement, on doit d'abord étudier la *Bhagavad-gītā,* pour passer ensuite au *Śrīmad-Bhāgavatam,* puis au *Caitanya-caritāmṛta.* Car, bien que tous ces Écrits soient au même niveau, qui est celui de l'Absolu, il convient, dans le cadre d'une étude comparative, d'accorder la plus haute place au *Caitanya-caritāmṛta.* Chacun des versets en est parfait dans sa composition. Ainsi, il sied parfaitement ici d'offrir directement son hommage à Caitanya et à Nityānanda, que l'on compare au Soleil et à la Lune, à même de dissiper les ténèbres. Tous deux se sont ici levés ensemble à cette fin ; telle est la munificence de Caitanya.

Qui est Kṛṣṇa Caitanya ? Les *Upaniṣads* prêtent à la Vérité Suprême, Absolue, un caractère impersonnel, mais l'*Īśopaniṣad,* elle, en révèle la nature personnelle. On y lit, vers la fin, et après une description de l'Omniprésent : « Cher Seigneur, Tu Te caches derrière le voile du *brahma-jyotir*. Puis-je pénétrer celui-ci pour approcher Dieu, la Personne Suprême ? » Ceux qui en demeurent incapables sont freinés par cette radiance. Mais à la fin de l'*Upaniṣad,* un hymne est offert à la Personne de Dieu. Le Brahman impersonnel qui s'y trouve décrit est l'éclat irradiant du corps de Caitanya. Et le Paramātmā correspond à une manifestation partielle de Caitanya, le Seigneur Suprême, Dieu, maître des six excellences – richesse, renommée, puissance, beauté, sagesse et renoncement. Sachons qu'Il est Kṛṣṇa, que rien ne Le surpasse ni même L'égale, et qu'il n'y a rien à concevoir au-delà de Sa Personne Suprême. Rūpa Gosvāmī, dévot très proche du Seigneur Caitanya, de qui il reçut un enseignement personnel pendant plus de dix jours consécutifs, a composé ces lignes : « Il surpasse tous les *avatāras* de Kṛṣṇa, puisqu'Il offre ce qu'aucun d'eux – même Kṛṣṇa – n'a jamais offert avant Lui. » Se situant d'emblée au niveau spirituel, Caitanya donne comme point de départ l'abandon, ébauchant Son enseignement au point précis où prend fin l'existence matérielle, où l'on se défait de tout attachement matériel. Dans la *Bhagavad-gītā,* Kṛṣṇa commence par établir la différence entre l'âme et la matière, pour conclure par l'abandon de l'âme à Sa personne dans un sentiment de dévotion. Les *māyāvādīs* cloraient en ce point la question, quand c'est là justement où commence à se développer le sujet. Le *Vedānta-sūtra* ne proclame-t-il pas : « Maintenant nous pouvons parler. Maintenant nous pouvons nous enquérir de la Vérité Suprême et Absolue. » Rūpa Gosvāmī écrit pour sa part : « Ton incarnation les surpasse toutes. Quel don Tu offres ! La plus haute forme de service de dévotion. »

Quiconque croit en Dieu s'établit par là même dans le service de dévotion. Mais le simple fait de savoir que Dieu est grand, même si un tel savoir n'est pas à dédaigner, ne constitue pas une réalisation bien haute en soi. Caitanya, Lui, jouant le rôle d'*ācārya,* de haut précepteur, enseigne qu'il est possible de développer une relation personnelle avec Dieu, et d'ainsi se lier d'amitié avec Lui. On a vu, dans la *Gītā,* Kṛṣṇa manifester Sa forme universelle devant Arjuna, parce qu'Il le tenait pour Son ami très cher. Cependant, voyant Kṛṣṇa prendre l'aspect du Maître de l'univers, Arjuna se perd en prières, craignant qu'Il ne lui tienne rigueur de la désinvolture qu'il y aurait dans son amitié. Mais grâce au Seigneur Caitanya, un sentiment d'amitié profonde, sans limite, peut s'établir entre nous et Dieu, une amitié qui se place tout entière sous le signe de la liberté parfaite, hors de tout sentiment de vénération. On peut même s'unir au Seigneur dans le sentiment qui est celui d'un père pour son fils. Cette philosophie est particulière au *Śrīmad-Bhāgavatam.* Aucun autre écrit au monde ne fait voir Dieu comme le fils de Son dévot. De façon générale, Dieu apparaît comme le Père répondant aux prières de Ses fils. Caitanya est le premier à considérer Dieu comme un fils. Comment ? Dans le cadre du service. Le fils demande et le père pourvoit ; au lieu de recevoir, nous donnons. Yaśodā, la mère de Kṛṣṇa, dit au Seigneur : « Mange, mange bien, sans quoi Tu vas dépérir. » Et Kṛṣṇa dépend alors de notre bienveillance. Il y a là un sentiment d'amitié sans pareil qui vous laisse croire que vous êtes véritablement le père de Dieu.

Mais, par-dessus tout, une relation amoureuse peut être échangée avec Kṛṣṇa, amour si fort qu'Il S'avoue Lui-même incapable d'y répondre : « Comment vous rendre tout l'amour que vous Me portez ? Je n'ai rien à vous offrir en retour ! » L'amour des *gopīs* faisait leur obligé de Kṛṣṇa, qui ne voyait pas comment Il pourrait le leur rendre. Tel est le niveau d'excellence où se déploie le service de dévotion. Et c'est à Caitanya que nous le devons. Jamais auparavant *ācāryas* ou *avatāras* n'avaient offert un tel don.

« Le service de dévotion représente en soi la plus haute sphère, et c'est Toi qui l'as fait connaître dans toute sa gloire. Tu es Kṛṣṇa, mais Ta carnation est d'or. Tu es aussi Śacī-nandana, le fils de Śacī. Ceux-là qui entendront le récit du *Caitanya-caritāmṛta* Te garderont dans leur cœur, et ce sera chose facile que de comprendre Kṛṣṇa grâce à Toi. » Caitanya Mahāprabhu est donc venu pour nous livrer Kṛṣṇa. Rūpa Gosvāmī écrit ainsi : « Tu es la personne la plus charitable, car Tu donnes le pur amour de Kṛṣṇa, ou *kṛṣṇa-prema*. Voilà pourquoi je T'offre mon hommage. »

On parle parfois d'« amour de Dieu ». Or, l'étude de la philosophie *vaiṣṇava* nous permet de réaliser jusqu'où peut s'étendre cet amour. Quant à la connaissance théorique de l'amour pour le Divin, on peut la trouver dans maintes Écritures, venant des lieux les plus divers. Mais les écrits *vaiṣṇavas* en révèlent l'essence même et font voir comment il se développe. Et au sommet Se tient Caitanya Mahāprabhu, qui ne livre à la connaissance que le plus haut déploiement de cet amour.

Nous éprouvons déjà, dans une certaine mesure, le sentiment d'amour. Pourquoi ? Parce qu'il existe en Dieu, et tout ce qu'il nous est donné de connaître – même au sein de notre existence conditionnée – se retrouve en la Personne Suprême du Seigneur, source ultime de toute chose. L'amour véritable existe donc, au niveau de notre relation originelle avec le Seigneur Souverain ; mais sous les conditionnements que lui fait subir la matière, il apparaît dénaturé, imparfait. L'amour vrai est par nature constant et sans limite, mais le faible reflet qu'on en trouve dans l'univers matériel est mêlé d'inconstance et de souillure. C'est pourquoi qui désire connaître le véritable amour, l'amour spirituel – doit diriger ses sentiments vers l'objet ultime de tout amour : Kṛṣṇa, Dieu, la Personne Suprême. C'est là le principe sur lequel repose la conscience de Kṛṣṇa dans son tout.

Quand la conscience est voilée par la matière, nous laissons s'épancher notre force d'amour sur des objets indignes : un chien ou un chat au risque même de voir nos pensées se porter vers eux à l'instant de la mort, et de devoir par là renaître à leur image. Tout ce qui n'est pas empreint d'amour pour Kṛṣṇa conduit à la déchéance. Les Écritures hindoues insistent beaucoup sur la chasteté de la femme. Pourquoi ? Parce qu'à une certaine époque seuls les hommes pouvaient pratiquer les rites de la spiritualité. Aussi, si une épouse développait une grande affection pour son mari, à l'instant de la mort elle gagnait de bénéficier des mérites de son mari, ou pouvait reprendre naissance dans un corps d'homme et ainsi être capable de pratiquer les rites spirituels. Aujourd'hui la conscience de Kṛṣṇa ne fait pas de distinction entre hommes et femmes, ni ne fait de distinction de caste. Tous peuvent pratiquer ou participer au culte de la Murti et ainsi atteindre la plus haute perfection.

Mais comprenons bien que Kṛṣṇa, ou Dieu, n'est pas quelque entité obscure, dont l'accès ne serait réservé qu'à quelques initiés des plus rares. On parle d'amour de Dieu, fût-ce sommairement, dans tous les pays, dans toutes les Écritures du monde, nous dit Caitanya Mahāprabhu ; mais personne, hélas, ne sait vraiment en quoi il consiste. Or, les Écrits védiques ont ceci d'original, qu'ils tracent pour chacun la voie juste conduisant à l'amour de Dieu. Où ailleurs trouverons-nous des indications précises quant à la manière de porter son amour vers le Seigneur ? Sans compter que les Écritures non védiques ne précisent, ni même ne définissent au sens large ce qu'est Dieu, en Sa nature véritable. Même si elles encouragent formellement l'amour de Dieu, ces Écritures ignorent tout de l'art de le mettre en œuvre. Caitanya Mahāprabhu, Lui, S'est attaché à démontrer de façon pratique comment se développe un échange de sentiments amoureux avec le Seigneur. Prenant le rôle de Rādhārāṇī, c'est animé des mêmes sentiments qu'Elle que Caitanya porte vers Kṛṣṇa Son amour. Car Kṛṣṇa S'étonne à jamais de l'amour de Rādhārāṇī : « Comment peut-Elle Me combler d'un si grand bonheur ? » Il veut percer le secret de Sa bien-aimée et aussi comprendre Sa propre personne à travers les yeux de l'amour ; c'est pourquoi Il choisit de vivre les émotions de Rādhā. Voilà donc où gît le mystère de l'avènement du Seigneur Caitanya. Kṛṣṇa Lui-même S'absorbe dans le rôle, dans le sentiment de Rādhārāṇī, nous enseignant ainsi l'art d'aimer Kṛṣṇa. C'est ce qu'exprime la prière suivante : « J'offre mon hommage respectueux au Seigneur Suprême, empli des sentiments profonds de Śrī Rādhā. »

Ceci nous amène à préciser l'identité de Rādhārāṇī ainsi que la nature de Rādhā-Kṛṣṇa. Le couple Rādhā-Kṛṣṇa incarne le parfait échange d'amour. Mais il n'est pas question ici d'un amour ordinaire. Kṛṣṇa possède de très vastes énergies, dont les trois principales sont les énergies interne, externe et marginale. L'énergie interne se partage à son tour en trois divisions, appelées *saṁvit, hlādinī* et *sandhinī*. Et l'énergie dite *hlādinī* constitue plus précisément Sa puissance de félicité. Elle est présente en chaque être, puisque chacun cherche le bonheur sous l'une ou l'autre de ses formes. Il s'agit d'un penchant qui correspond à la nature profonde de l'être. Mais, conditionné par la matière, voilà qu'il cherche le plaisir à travers son enveloppe charnelle. C'est donc de la rencontre de ses sens matériels avec leurs objets qu'il espère extraire le bonheur. Il serait évidemment fautif de croire que Kṛṣṇa, qui Se situe toujours au niveau spirituel, puisse comme nous pourchasser le plaisir sur le plan de la matière. Kṛṣṇa définit l'univers matériel comme un lieu éphémère où règne la souffrance. Que Lui servirait alors d'y chercher Son bonheur ? Il est l'Âme Suprême, l'Être spirituel par excellence, et Son bonheur dépasse aussi tout entendement matériel.

Pour connaître la façon dont Kṛṣṇa obtient cette félicité, qui correspond à l'énergie *hlādinī,* il nous faut lire le dixième Chant (*Daśama-skandha*) du *Śrīmad-Bhāgavatam,* où l'on voit se déployer Sa puissance de joie à travers les Divertissements qu'Il partage avec Rādhārāṇī et les *gopīs* de Vraja. Hélas, des êtres privés d'intelligence se jettent sur ces Divertissements sans avoir parcouru les Chants qui précèdent. La concupiscence – dont nous voyons là un effet – recouvre la vision de l'homme du commun d'une souillure qui le rend généralement inapte à percer le mystère des étreintes de Kṛṣṇa avec Rādhārāṇī, ou celui de Sa danse *rāsa* en compagnie des *gopīs*. Abaissant Kṛṣṇa à leur niveau, il Le voit étreindre les *gopīs* comme un homme ordinaire étreint une jeune fille. Et il arrive même que des gens s'attachent à Kṛṣṇa parce qu'ils croient que Son culte encourage les rapports charnels. Cette mentalité concupiscente (*prākṛta-sahajiyā*) est le propre du matérialiste ; elle n'a rien de commun avec la *kṛṣṇa-bhakti,* ou l'amour pour Kṛṣṇa. Pour éviter de telles méprises, il faut comprendre la nature réelle de Rādhā-Kṛṣṇa, dont les Divertissements se déploient sous le signe de l'énergie interne du Seigneur. La puissance de félicité liée à l'énergie interne de Kṛṣṇa est très difficilement accessible à l'entendement, et elle le reste aussi longtemps qu'on ne développe pas sa connaissance du Seigneur. Kṛṣṇa ne peut trouver aucun plaisir en ce monde de matière, puisqu'Il possède Sa propre puissance de félicité. Et nous qui sommes partie intégrante de Son Être, nous possédons aussi une part de cette énergie, mais c'est dans le cadre de la matière que portent présentement nos efforts pour la manifester. Le Seigneur, Lui, ne S'engage jamais dans une si vaine démarche. C'est en Rādhārāṇī que réside l'objet de Son énergie de félicité, énergie qu'Il déploie en Elle pour ensuite accomplir, avec Elle, Ses Divertissements amoureux. En d'autres termes, Kṛṣṇa manifeste Son énergie interne dans la personne de Rādhārāṇī, ou encore : Il Se manifeste sous la forme de

Rādhā pour déployer Sa puissance de bonheur, sans prendre jamais le moindre plaisir à l'énergie externe. D'entre toutes les émanations et manifestations du Seigneur, au milieu de tous les *avatāras,* cette puissance de félicité règne et brille comme suprême.

Rādhārāṇī, par nature, n'est pas séparée de Kṛṣṇa ; Elle est Elle-même Kṛṣṇa, puisque fondamentalement, l'énergie et sa source ne font qu'un. Rādhā et Kṛṣṇa ne se conçoivent pas séparément. Voilà pourquoi la philosophie *vaiṣṇava* demande que l'on porte d'abord son hommage et son adoration à l'énergie interne et de félicité du Seigneur Suprême, et que l'on désigne toujours le Seigneur accompagné de Son énergie, par le nom de Rādhā-Kṛṣṇa. Il en va de même pour qui adore le nom de Nārāyaṇa, car Il est toujours précédé de celui de Lakṣmī. Qu'il s'agisse de Lakṣmī-Nārāyaṇa, de Sītā-Rāma ou de Rādhā-Kṛṣṇa, la puissance de félicité vient toujours en premier lieu.

Rādhā et Kṛṣṇa ne font qu'un, mais lorsque Kṛṣṇa désire accroître Son bonheur, Il manifeste, à partir de Sa propre personne, la forme de Rādhārāṇī. Et c'est dans leur échange d'amour spirituel que réside l'expression la plus profonde de la puissance de félicité de Kṛṣṇa. Bien que nous disions « lorsque Kṛṣṇa désire accroître Son bonheur », il est impossible de déterminer aussi exactement l'instant où Lui vient ce désir. Ce langage nous est imposé par le seul fait qu'en notre état conditionné, nous tenons pour acquis que toute chose a un commencement, une origine, tandis qu'au niveau spirituel et absolu, il n'existe ni début ni fin. Mais dans l'effort qu'il nous faut faire pour comprendre que Rādhā et Kṛṣṇa ne font qu'un tout en apparaissant comme deux entités distinctes, la question du moment où Ils sont devenus distincts vient aussitôt à l'esprit. Ainsi dirons-nous simplement que lorsque Kṛṣṇa désira jouir de Sa puissance de félicité, Il le fit en Se manifestant sous la forme distincte de Rādhārāṇī. Et que, plus tard, lorsqu'Il désira saisir Sa propre personne par l'entremise de Rādhārāṇī, et percer la gloire de Son amour pour Lui, Il S'unit de nouveau à Elle en la forme unique du Seigneur Caitanya.

Pourquoi Kṛṣṇa a-t-Il pris cette forme ? Parce qu'Il voulait connaître la gloire de l'amour de Rādhā : « Pourquoi Rādhā Me porte-t-Elle un tel amour ? Qu'y a-t-il en Moi qui La fascine tant ? Et de quel amour M'aime-t-Elle ? » On s'étonnera sans doute de ce que Kṛṣṇa, l'Être Suprême, puisse être attiré par l'amour de quiconque. Car si nous recherchons l'amour d'un compagnon ou d'une compagne, c'est que nous sommes imparfaits, incomplets. La puissance d'amour de la femme et le plaisir qu'elle donne manquent à l'homme, et c'est pourquoi il recherche une compagne. Or, il n'en va pas de même pour Kṛṣṇa : Il Se suffit entièrement à Lui-même. Aussi Kṛṣṇa S'étonne-t-Il : « Pourquoi suis-Je fasciné par Rādhārāṇī ? Et qu'y a-t-il en Moi qui L'attache tant à Moi ? Lorsqu'Elle reçoit Mon amour, que ressent-Elle ? » C'est donc pour goûter l'essence même de cet échange d'amour que Kṛṣṇa choisit d'apparaître, comme se lève la lune à l'horizon de l'océan. Et comme elle, qui fut créée lors du barattage de l'océan [de lait], Caitanya Mahāprabhu émergea du tourbillon des sentiments d'amour spirituels de Rādhā et Kṛṣṇa. En effet, Sa carnation était celle-là même de la lune. Ce langage imagé conduit au sens profond de l'avènement de Caitanya Mahāprabhu, qu'expliqueront les chapitres à venir.

L'auteur du *Caitanya-caritāmṛta* dépeint également les diverses manifestations du Seigneur Suprême. Après avoir offert ses respects au Seigneur Caitanya, Il présente son hommage à Nityānanda. Qui est Nityānanda ? Une manifestation de Saṅkarṣaṇa, Celui qui est à l'origine de Mahā-viṣṇu, l'une des formes de Dieu. Balarāma, la première émanation de Kṛṣṇa, Se déploie sous la forme de Saṅkarṣaṇa, de qui émane ensuite Pradyumna. Ainsi compte-t-on nombre de manifestations divines ; mais de toutes, la *Brahma-saṁhitā* le confirme, Govinda, le Seigneur Suprême, constitue l'origine. On peut ainsi Le comparer à la flamme d'une lampe où viendraient s'allumer des milliers d'autres lampes ; quel qu'en soit le nombre, la première flamme resterait toujours, dans son identité unique, l'origine de toutes les autres. De même, Kṛṣṇa Se multiplie en autant de flammes, qui portent le nom de Viṣṇu. Viṣṇu représente la plus grande lumière, et nous d'infimes, mais toutes émanent de Kṛṣṇa.

Lorsqu'il devient nécessaire de créer l'univers matériel, Viṣṇu Se manifeste en tant que Mahā-viṣṇu. Celui-ci, étendu sur l'océan Causal, engendre alors de Son souffle, par Ses narines, tous les univers qui flottent désormais dans l'océan Causal. Qu'on se rappelle l'image de Vāmana-deva, qui allongea Son pied jusqu'à en percer l'écorce de l'univers. Par la faille ainsi ouverte s'infiltra l'eau de l'océan Karaṇa, dont les Écritures nous enseignent que le Gange n'est qu'une goutte. Parce que venue de Viṣṇu, on la tient pour l'eau la plus sacrée, et tous les Hindous la vénèrent depuis l'Himalaya jusqu'au golfe du Bengale. Mahā-viṣṇu, allongé sur l'océan Causal, est une émanation plénière de Rāma. Quand nous disons : HARE KṚṢṆA, HARE RĀMA – Rāma désigne Saṅkarṣaṇa, mais aussi Nityānanda.

L'auteur du *Caitanya-caritāmṛta* décrit la manifestation matérielle comme un simple déploiement cosmique d'énergie éphémère tantôt manifestée, tantôt non manifestée, d'où son nom de *māyā*. Mais Kṛṣṇadāsa dit aussi : « au-delà de cette manifestation ». Et la *Bhagavad-gītā,* au chapitre huit, explique qu'il existe une autre nature, celle-là éternelle, au-delà du manifesté (*vyaktaḥ*) et du non-manifesté (*avyaktaḥ*). L'univers matériel possède un état manifesté et un état latent, ou non manifesté. Par-delà ceux-ci existe une autre nature, dite spirituelle. Nous reconnaissons en cette nature supérieure la force vitale, que décrit la *Bhagavad-gītā* et qui se manifeste dans le corps de chaque être. Le corps en lui-même est de nature matérielle, inférieure ; c'est la nature supérieure, spirituelle, manifestée par la conscience, qui anime l'univers. De même, au-delà de cette nature matérielle se trouve une autre nature, celle-là spirituelle, où tout est doté de conscience, au contraire de ce monde où les objets inanimés restent privés de conscience. Bien que cela dépasse notre entendement, dans le monde spirituel, terre et arbres – tout est conscient.

Personne ne peut concevoir l'étendue de la manifestation matérielle. Nous ne disposons, pour tout instrument de mesure, que de notre imagination ou de techniques imparfaites ; mais on apprend ici ce qui existe au-delà de cet univers. Les adeptes de l'empirisme peuvent se demander comment il serait possible – quand on est incapable d'évaluer les dimensions de notre univers ou même d'atteindre la planète la plus rapprochée – d'obtenir quelque information que ce soit au-delà de cette nature matérielle. On qualifie d'*acintya,* d'inconcevable, ce qui dépasse l'entendement ; et c'est pourquoi il est bien inutile d'arguer sur l'inconcevable. Comment pourrait-on débattre d'un sujet auquel ni notre énergie ni nos perceptions sensorielles limitées ne nous donnent accès ? Évitons donc d'argumenter. Mais comment peut-on connaître l'inconcevable ? En l'acceptant, tout simplement. La *Bhagavad-gītā* déclare : « Il faut le comprendre à travers la succession disciplique. » C'est ainsi que Brahmā, le premier être créé de l'univers, reçut l'enseignement de Kṛṣṇa, puis le transmit à son disciple Nārada, qui lui-même le fit connaître à son disciple Vyāsadeva. De Vyāsadeva à Madhvācārya, puis à Mādhavendra Purī et à Īśvara Purī, cette connaissance parvint enfin à Caitanya Mahāprabhu.

Certains se demanderont peut-être pourquoi Caitanya Mahāprabhu, s'Il est Kṛṣṇa en personne, avait besoin d'un maître spirituel. Il est bien entendu que Caitanya n'en avait nul besoin, mais comme Il jouait le rôle d'un *ācārya* (lequel enseigne comment agir dans la vie spirituelle), Il accepta Lui-même un maître spirituel. Kṛṣṇa en fit d'ailleurs autant, car telle est la voie juste. Si l'on désire connaître l'inconcevable, l'on se doit d'accepter la succession disciplique, car le savoir qu'elle véhicule vient du Seigneur et se transmet par voie descendante ; aussi est-il parfait. Prenons l'exemple d'un message confidentiel, confié par votre ancêtre à son fils cent générations plus tôt, et qui vous parvient enfin. Même si vous n'êtes pas en contact direct avec son auteur d'origine, vous pouvez néanmoins recevoir ce même message du fait qu'il a été transmis par une filiation ininterrompue.

Comment Brahmā a-t-il lui-même reçu ce savoir ? Le *Śrīmad-Bhāgavatam* nous le rapporte également : Brahmā est le premier grand érudit du fait que Kṛṣṇa, la personnification divine de la Vérité Suprême et Absolue, lui a inculqué le savoir spirituel en son cœur. Il existe donc une autre façon de recevoir la connaissance – par le cœur. De ces deux voies, l'une procède de Dieu sis dans le cœur de chacun en tant qu'Âme Suprême, et l'autre, du *guru,* du maître spirituel, lui-même une manifestation du Seigneur.

Ainsi l'information est-elle communiquée à la fois de l'intérieur et de l'extérieur. Il n'en tient plus qu'à nous d'être ouvert au message. Peu importe alors qu'il soit ou non d'inconcevable nature, pourvu qu'il soit ainsi reçu. Le *Bhāgavatam* abonde en détails sur les systèmes planétaires de Vaikuṇṭha, situés au-delà de l'univers matériel. De même, le *Caitanya-caritāmṛta* renferme un grand nombre de données, qu'il suffit d'assimiler ; il importe cependant de les recevoir à travers la *paramparā* (filiation spirituelle). La Vérité Absolue reste inaccessible à quiconque procède par la voie empirique. Il serait insensé de chercher à tout connaître par cette voie, car l'école de pensée védique fait passer le savoir véritable par le son, pour autant qu'il soit pur. Le son joue en effet un rôle primordial dans l'entendement védique. Même en ce monde, nous pouvons appréhender bon nombre de renseignements reçus depuis des milliers de kilomètres par l'intermédiaire des ondes radio ou du téléphone. Si vous êtes à San Francisco, soit à quelques milliers de kilomètres d'ici, dès que vous entendez : « Monsieur Untel à l'appareil », vous savez aussitôt de qui il s'agit. Le son le confirme. Votre informateur n'a pas à se trouver devant vous. Dès que vous entendez le son de sa voix, vous savez qui il est. Ainsi le son offre-t-il une preuve irréfutable, et c'est la raison pour laquelle le savoir spirituel se transmet de bouche à oreille. Nous savons donc qu'au-delà de la manifestation cosmique existent de vastes planètes, appelées Vaikuṇṭha, à côté desquelles la manifestation matérielle – qui ne se limite pourtant pas à notre univers mais en compte d'innombrables autres – apparaît comme un quart seulement de toute la création. De même que notre seul univers compte d'innombrables planètes, il existe des univers sans nombre qui, dans leur tout, ne forment qu'un quart de la création entière. Les trois autres quarts composent donc le monde spirituel, ou Vaikuṇṭha-loka. Là, chaque forme de Nārāyaṇa Se déploie en quatre émanations : Saṅkarṣaṇa (qui n'est autre que Nityānanda), Pradyumna, Aniruddha et Vāsudeva. Ces univers entourent le corps du Suprême, Viṣṇu, le Maître de la nature matérielle.

De même qu'un homme s'unit à son épouse pour procréer, le Suprême Mahā-viṣṇu joue le rôle d'époux auprès de Māyā. Ce que confirme la *Bhagavad-gītā* (14.4) : « Cette vaste nature matérielle est Mon épouse, et tous les êtres vivants sont nés de Moi. » Comment Viṣṇu entre-t-Il en contact avec Māyā ? La *Bhagavad-gītā* répond qu'Il lui suffit d'un regard : « Il posa Son regard sur la nature matérielle et la féconda ainsi. » Voilà une approche purement spirituelle. Nous ne pouvons procréer qu'en usant d'une seule partie de notre corps. Mais le Seigneur Suprême, Kṛṣṇa, ou Viṣṇu, peut féconder toute partie du corps à l'aide de tous les organes du Sien. Son simple regard suffit pour qu'il y ait conception. La *Brahma-saṁhitā* (5.32) nous explique pourquoi : le corps spirituel du Seigneur jouit d'une telle puissance, que chacun de Ses membres peut remplir les fonctions de n'importe quel autre. La main, par exemple, constitue notre seul organe du toucher. Mais Kṛṣṇa, Lui, peut vous toucher de Son regard. Nos yeux ne peuvent ni toucher, ni sentir, ils ne peuvent que voir. Kṛṣṇa, de Son regard, peut aussi bien sentir et goûter. Ainsi, lorsqu'on offre de la nourriture – ou *prasāda* – à Kṛṣṇa, on ne Le voit pas manger, mais Il n'en goûte pas moins l'offrande ; il Lui suffit pour cela d'y poser Son regard. Nous ne pouvons imaginer qu'il soit possible de manger sans porter les aliments à notre bouche. Nous ne pouvons concevoir que tout soit de nature spirituelle. Nous ne voyons pas Kṛṣṇa manger l'offrande que nous Lui présentons. Imaginons-nous simplement qu'Il accepte ce *prasāda* ? Pas du tout. Kṛṣṇa mange vraiment, mais Sa façon de manger diffère de la nôtre. Et notre façon de manger deviendra semblable à la Sienne lorsque nous serons établis au niveau purement spirituel, où chacune des parties du corps peut remplir les fonctions de n'importe quelle autre.

Vous avez peut-être vu cette illustration où l'on aperçoit Brahmā issu du nombril de Viṣṇu allongé, et Lakṣmī, la déesse de la fortune et l'énergie de Viṣṇu, qui Le sert, assise à Ses pieds. Viṣṇu n'a aucun besoin des services de Lakṣmī pour engendrer Brahmā. Comment peut-on alors croire qu'il y ait sexualité dans le monde spirituel ? Dans l'univers matériel, l'union charnelle est nécessaire pour engendrer un enfant ; mais dans le monde spirituel, il est possible de procréer sans limite et sans l'aide d'aucune compagne. Les rapports sexuels y brillent donc par leur absence. Viṣṇu engendre ainsi Brahmā, qui naît de Son ombilic sans l'aide de Son épouse. On compte plusieurs exemples révélant l'inconcevable nature de l'énergie spirituelle. Or, comme nous n'en avons aucune expérience, cela nous apparaît comme pure fiction. Nous pensons de la sorte parce que nous n'avons pas conscience de la puissance de l'énergie spirituelle, alors qu'elle peut tout accomplir du fait qu'elle jouit d'une totale liberté.

De tous les pores de Mahā-viṣṇu émanent des myriades d'univers embryonnaires qui se développent ensuite pleinement. De même, Son souffle produit d'autres univers lorsqu'Il exhale. Bien que nous n'ayons aucune expérience d'un tel phénomène en ce monde de matière, nous pouvons le rapprocher de celui de la sudation, de la respiration et du toucher, qui propagent les infections. Quand une personne souffre de la variole, par exemple, il suffit d'entrer en contact avec sa transpiration pour contracter cette maladie ; c'est là un fait scientifiquement démontré. Il n'y a donc rien d'impossible ; il suffit d'un peu de matière grise pour comprendre. Du corps spirituel de Mahā-viṣṇu émanent de multiples univers lorsqu'Il exhale ; et quand Il inhale, ils disparaissent tous. Ainsi en est-il de l'univers matériel. Imaginez un peu : en l'espace d'une seule respiration de Mahā-viṣṇu sont créés puis anéantis tous les univers ! C'est ce qu'enseigne la *Brahma-saṁhitā*. On peut toujours calculer l'âge de Brahmā, mais on ne saurait évaluer la durée fût-ce d'un seul jour de Mahā-viṣṇu. Nous savons en effet que douze des heures de Brahmā correspondent à 4 200 000 000 de nos années, et que sa vie entière s'écoule le temps d'une seule et unique respiration de Mahā-viṣṇu ! La puissance du souffle du Seigneur Suprême reste donc tout à fait inconcevable, sans compter que Mahā-viṣṇu ne représente qu'une manifestation partielle de Kṛṣṇa.

Puis vient Garbhodaka-śāyī Viṣṇu, de qui naît Brahmā. Dans la tige du lotus issu du nombril de ce Viṣṇu reposent des myriades d'univers. Et de même qu'une mère fait s'accroître le nombre de membres que compte une famille, Garbhodaka-śāyī Viṣṇu créa d'abord Brahmā qui, à son tour, créa tout ce qui existe dans l'univers, dont les espèces humaines et animales. Garbhodaka-śāyī Viṣṇu est l'émanation plénière de Mahā-viṣṇu, et Kṣīrodaka-śāyī Viṣṇu incarne l'émanation plénière de Garbhodaka-śāyī Viṣṇu. Ainsi ces deux émanations de Viṣṇu sont-elles présentes dans chaque univers. Kṣīrodaka-śāyī Viṣṇu, qui repose sur l'océan de lait de cet univers, en est le Maître et Soutien. Brahmā est donc le créateur, Viṣṇu le préservateur et, en temps voulu, Śiva sera le destructeur du cosmos.

Après avoir décrit les Seigneurs Caitanya et Nityānanda, Kṛṣṇadāsa Kavirāja dépeint Advaita Ācārya. À l'heure de nos prières matinales, nous chantons les noms du Seigneur Caitanya et de Ses compagnons : *śrī kṛṣṇa-caitanya prabhu nityānanda śrī advaita gadādhara śrīvāsādi gaura bhakta-vṛnda.* Tous émanent d'une seule et unique Entité. Advaita Ācārya est pour sa part une émanation de Mahā-viṣṇu. Vous avez sans doute vu l'illustration de Mahā-viṣṇu reposant sur l'océan Causal et duquel émanent de multiples univers lorsqu'Il exhale. Ce Mahā-viṣṇu, créateur originel de l'univers à travers l'énergie matérielle, S'incarne en Advaita Ācārya. Il est donc également Dieu, ou plus précisément une émanation de Sa personne. Le mot *advaita* signifie « non duel », et Advaita porte ce nom parce qu'Il ne diffère en rien du Seigneur Suprême. Il est également appelé *ācārya,* ou précepteur, pour avoir répandu la conscience de Kṛṣṇa. En cela, Il ne Se distingue en rien de Caitanya Mahāprabhu. Bien que Caitanya fût Kṛṣṇa Lui-même, Il parut tel un *bhakta* pour enseigner l'art d'aimer Kṛṣṇa. Et de même parut Advaita Ācārya, à seule fin de répandre la science de Kṛṣṇa. En Lui aussi, donc, le Seigneur S'est fait *bhakta*.

Kṛṣṇa Se déploie ainsi en cinq manifestations distinctes, qui toutes apparaissent avec Lui en tant que dévots du Seigneur Suprême. L'un d'eux – Advaita Ācārya – est une incarnation de Mahā-viṣṇu. Nityānanda Prabhu S'est également fait dévot. Mais Caitanya Mahāprabhu demeure la Source même où tous Ses dévots puisent leur énergie. Par suite, prendre refuge en Mahāprabhu pour développer notre conscience de Kṛṣṇa facilitera notre progrès sur cette voie. Dans ce contexte, il existe un très beau chant : « Ô Seigneur Caitanya, daigne me bénir de Ta grâce, car nul autre que Toi n'est aussi miséricordieux. Tu es venu délivrer toutes les âmes déchues, mais, sois-en sûr, Tu n'en trouveras pas de plus déchue que moi. Puisque telle est Ta mission, j'implore ardemment que Tu me délivres d'abord. »

L'auteur, Kṛṣṇadāsa, habitait à Vṛndāvana. Certains épisodes de sa vie sont décrits dans le cinquième chapitre du *Caitanya-caritāmṛta*. Grand dévot, il vécut d'abord auprès de sa famille à Katwa, un village situé dans le district de Burdwan, au Bengale ; mais parmi les membres de sa famille, tous également voués à l'adoration de Rādhā-Kṛṣṇa, s'éleva un jour une discorde, non pas sur des questions familiales, mais plutôt sur la pratique du service de dévotion, à la suite de quoi Nityānanda Prabhu lui conseilla, en songe, de quitter son foyer pour se rendre à Vṛndāvana. Malgré son âge avancé, il partit la nuit même et prit la route de Vṛndāvana. C'est là qu'il fit la rencontre de quelques-uns des six Gosvāmīs. À la requête des dévots de Vṛndāvana, Kṛṣṇadāsa Kavirāja Gosvāmī devint alors l'auteur du *Caitanya-caritāmṛta,* ouvrage qu'il entreprit au crépuscule de sa vie, mais qu'il put achever par la grâce du Seigneur Caitanya. Cet écrit – dont le titre peut se traduire par « la nature et les activités de l'éternel principe vital » – demeure à ce jour l'ouvrage le plus sublime et authentique qui soit sur la vie et l'enseignement de Caitanya.

Du fait qu'il vivait à Vṛndāvana, trois temples revêtent une grande importance dans son ouvrage, à savoir ceux de Madana-mohana, de Govindajī et de Gopīnātha, que visitaient tous les pèlerins. Quelque 300 ou 400 ans après la construction de ces temples, plusieurs autres furent érigés à la suite du développement de Vṛndāvana. Mais à l'époque où Kṛṣṇadāsa Gosvāmī y habitait, il n'existait que très peu de temples, dont ceux cités plus haut étaient les principaux. Habitant de Vṛndāvana, l'auteur se devait d'offrir son hommage aux *mūrtis* de ces temples ; se considérant comme un profane, il implora la miséricorde du Seigneur : « Aide-moi, je T'en prie, car je ne progresse que trop lentement dans la spiritualité. » Ainsi offrira-t-il d'abord son hommage à la *vigraha* de Madana-mohana, la *mūrti* qui – selon la voie dévotionnelle – nous aide à nous harmoniser avec la conscience de Kṛṣṇa. Notre premier devoir consiste à connaître Kṛṣṇa et le lien qui nous unit à Lui. Connaître Kṛṣṇa, c'est aussi se connaître soi-même, et ne se connaît pleinement que celui qui perçoit la relation qui l'unit à Lui. Or, c'est parce que l'adoration de la *vigraha* de Madanamohana nous donne de connaître notre relation avec Kṛṣṇa que Kṛṣṇadāsa Gosvāmī s'y attache d'abord.

Ce n'est qu'une fois établi dans notre relation avec Kṛṣṇa que se dessine notre véritable fonction. Or, Govinda, à qui l'auteur offre ensuite son hommage, représente l'aspect « fonctionnel » du Seigneur. Govinda réside dans le monde spirituel de Vṛndāvana, où la terre est faite de pierre philosophale, où les arbres sont appelés « arbres-à-souhaits », en ce qu'ils comblent tous les désirs, et où les vaches, dites *surabhis,* sont spirituelles et donnent du lait en abondance. Là, le Seigneur guide Ses troupeaux, et L'adorent des centaines de milliers de *gopīs,* toutes déesses de la fortune. Lorsque Kṛṣṇa descend en ce monde, cette même Vṛndāvana L'accompagne, comme le fait la suite d'un gouverneur ou d'un président – secrétaire, aides militaires, etc. – lorsqu'il se déplace. Accompagnant ainsi Kṛṣṇa lorsqu'Il paraît, la terre de Vṛndāvana est dite ne pas appartenir à l'univers matériel. C'est pourquoi les *bhaktas* y prennent refuge, en Inde, car elle constitue la réplique exacte de l'originelle Vṛndāvana. On doit par le fait même reconnaître que les arbres de Vṛndāvana sont des arbres-à-souhaits (*kalpa-vṛkṣas*). Certains diront alors : « Peut-on leur demander tout ce qu'on désire ? » Mais il faut d'abord devenir un dévot du Seigneur avant de pouvoir vérifier s'il s'agit bel et bien d'arbres-à-souhaits. Quoi qu'il en soit, ils existaient du temps des Gosvāmīs qui, pour leur part, n'habitaient chacun sous un arbre que pour une seule nuit, et voyaient tous leurs désirs comblés. Comment auraient-ils pu vivre ainsi, sous un arbre différent chaque soir, s'il s'était agi d'arbres ordinaires ? Tout cela peut sembler incroyable à l'homme du commun, mais au fur et à mesure de nos progrès dans le service de dévotion, nous pourrons réaliser toutes ces merveilles.

Un autre dévot, un *ācārya,* prie ainsi : « Quand mon mental sera purifié de tout désir impur de jouir de la matière, alors je pourrai voir Vṛndāvana ! » Vṛndāvana n'apparaît vraiment telle qu'elle est qu'à ceux qui ont cessé de poursuivre les plaisirs matériels. Tout est de nature spirituelle : telle sera notre révélation, révélation qu'on ne saurait d'ailleurs contester. En effet, plus nous devenons conscients de Kṛṣṇa, plus nous progressons et plus toute chose se révèle à nos yeux. En vérité, la Vṛndāvana de l'Inde est identique à celle du monde spirituel. Ainsi Kṛṣṇadāsa Kavirāja Gosvāmī décrit-il comment, sous les branches d'un arbre-à-souhaits, Kṛṣṇa et Rādhārāṇī sont assis sur un trône orné de précieux joyaux. Là, les amis intimes de Kṛṣṇa, ainsi que les *gopīs,* Les servent par leurs chants et leurs danses, tout en Leur offrant des noix de bétel et des boissons rafraîchissantes, et en Les parant de fleurs. On compte ainsi 108 *gopīs* dans l'entourage constant de Śrī Rādhā et Kṛṣṇa. Tout cela est décrit dans le *Caitanya-caritāmṛta.* Aujourd'hui encore, en Inde, on aime se détendre en prenant place sur des trônes-balançoires dont le va-et-vient s'avère très rafraîchissant. Chaque maison en est dotée, de sorte qu'au retour du travail, le soir venu, on s'y balance volontiers quelque temps pour se rafraîchir. Dans un même ordre d'idées, on célèbre en juillet (*Śravaṇa*) une cérémonie du nom de *Jhulana* où – non seulement à Vṛndāvana, mais partout en Inde – on suspend des trônes dans toutes les maisons. Après y avoir placé Rādhā et Kṛṣṇa, on les pare de fleurs pour ensuite les balancer au son du *kīrtana* accompagné de danses. Vous pouvez en faire autant ici si vous le désirez. La fête en question s'étend sur un mois entier ; on décore alors tous les temples, et les visiteurs se comptent par milliers. Généralement, à cette époque, tous se rendent à Vṛndāvana pour contempler Rādhā et Kṛṣṇa entourés de Leurs amis.

« J'offre mon hommage à Rādhā et Kṛṣṇa », dit Kṛṣṇadāsa. Ces formes *arcā* de Rādhā et Kṛṣṇa nous apprennent l'art de Les servir en personne. Madana-mohana établit simplement notre rôle de serviteur éternel du Seigneur, quand Govinda déjà nous engage concrètement à Son service, ce pourquoi on Le qualifie de « fonctionnel ».

Vient ensuite la Déité de Gopīnātha. L'auteur bénit ici le lecteur au nom de Gopīnātha, le maître et possesseur des *gopīs.* Le son de Sa flûte les faisait toutes accourir auprès de Lui, après quoi Il dansait avec elles. On trouve tous ces divertissements dépeints dans le dixième Chant du *Śrīmad-Bhāgavatam.* Certaines *gopīs* dormaient avec leur mari, d'autres étaient occupées à traire les vaches, d'autres encore prenaient soin de leurs enfants – bref, elles étaient toutes des jeunes filles très affairées. Or, dès qu'elles entendaient le son de la flûte de Kṛṣṇa, elles quittaient tout pour Lui.

Amies de Kṛṣṇa depuis leur plus tendre enfance, les *gopīs* étaient alors toutes mariées, car en Inde, on marie les jeunes filles dès l'âge de douze ans. Les garçons, eux, ne prennent pas épouse avant l'âge de dix-huit ans. Kṛṣṇa, alors âgé de quinze ou seize ans, n'avait donc pas encore d'épouse, ce qui ne L'empêchait pas d'attirer toutes ces jeunes filles hors de la demeure conjugale et de les inviter à danser avec Lui. Cette danse porte le nom de *rāsa-līlā.* Dès qu'Il jouait de Sa flûte transcendantale, toutes les *gopīs* Le rejoignait en un lieu nommé Vaṁśīvaṭa, qu'on peut toujours voir à Vṛndāvana. Site on ne peut plus sacré, les pèlerins vont y offrir leur hommage. On dit d'ailleurs que les arbres de l'époque de Kṛṣṇa s'y dressent encore. Ce qui, en soi, n'a rien d'impossible ni même de si étonnant. En effet, j'ai moi-même vu, dans la forêt Muir de San

Francisco, des séquoias qu'on dit sept fois millénaires. Kṛṣṇa est ainsi apparu voici 5 000 ans, et lorsqu'on dit que certains arbres de l'époque vivent toujours, cela n'est pas sans précédent, puisqu'il existe également de très vieux arbres ici même. L'arbre sous lequel Kṛṣṇa invitait de nuit les *gopīs* à venir participer avec Lui à la danse *rāsa* se dresse toujours au même endroit. C'est ce que nous apprend le *Caitanya-caritāmṛta.*

« Puisse Gopīnātha, Kṛṣṇa, le maître des *gopīs,* vous bénir. Soyez par Lui sanctifié. » Tout comme Kṛṣṇa fascina les *gopīs* du doux son de Sa flûte, l'auteur Le prie de charmer le mental du lecteur de Ses vibrations toutes spirituelles.

PARTIE I

CHAPITRE UN

Enseignement à Rūpa Gosvāmī

Śrīla Rūpa Gosvāmī, le frère cadet de Sanātana Gosvāmī, se rendit à Prayāga – aujourd'hui Allahabad – avec Vallabha, son plus jeune frère. Très heureux d'apprendre que Caitanya Mahāprabhu S'y trouvait, les deux frères allèrent voir le Seigneur, alors en route vers le temple de Bindu-mādhava. Śrī Caitanya chantait et dansait, suivi de milliers de gens. Certains pleuraient, ou riaient, d'autres dansaient, ou chantaient ; d'autres encore se prosternaient même sur le sol, offrant leur hommage au Seigneur. Mais tous, sans exception, chantaient très fort le Saint Nom : « Kṛṣṇa, Kṛṣṇa. »

Bien que située au confluent du Gange et de la Yamunā, on dit que Prayāga n'avait jamais été inondée jusqu'à l'apparition du Seigneur Caitanya, qui la submergea de vagues d'amour pour Kṛṣṇa.

Voyant cette foule considérable, les deux frères, Rūpa Gosvāmī et Vallabha, restèrent à l'écart pour contempler l'incroyable spectacle qui s'offrait à leurs yeux. Tout en dansant, le Seigneur levait les bras et S'écriait : « *Haribol ! Haribol !* » Tous étaient stupéfaits de voir Son merveilleux comportement, et il

Rūpa Gosvāmī et son jeune frère Anupama (Vallabha) rencontrent Śrī Caitanya à Prayāga (Allahabad)

serait bien difficile de décrire précisément la scène. Connaissant un *brāhmaṇa* du Deccan, le Seigneur Se rendit chez lui pour y honorer le *prasāda*. C'est là que Śrī Caitanya reçut la visite de Rūpa Gosvāmī et Vallabha. Se jetant au sol de tout leur long, les deux frères Lui offrirent de loin leur hommage en récitant divers versets sanskrits tirés des Écritures. Très heureux de voir Rūpa Gosvāmī, le Seigneur lui dit : « Cher Rūpa, relève-toi. » Puis, Il lui fit part de la miséricorde immotivée de Kṛṣṇa à son endroit, car Il l'avait délivré d'une existence matérialiste axée uniquement sur l'argent.

Acceptant les deux frères comme Ses dévots personnels, le Seigneur cita un verset des Écritures selon lequel un *brāhmaṇa* peut avoir étudié les quatre *Vedas* sans pour autant être compté parmi les dévots du Seigneur, alors qu'un pur dévot, même de très basse naissance, se voit d'emblée accueilli par Lui. Le Seigneur étreignit alors les deux frères et, dans Sa miséricorde sans bornes, posa Ses pieds pareils-au-lotus sur leur tête. Ainsi bénis, Rūpa et Vallabha offrirent des prières de leur cru révélant que Śrī Caitanya Mahāprabhu n'était autre que Kṛṣṇa Lui-même sous une forme au teint clair – Gaurāṅga –, et qu'Il était aussi le plus magnanime des *avatāras* puisqu'Il répandait l'amour pour Kṛṣṇa. Śrīla Rūpa Gosvāmī cita d'ailleurs un verset qu'on retrouva plus tard dans le *Govinda-līlāmṛta* : « Je m'abandonne aux pieds pareils-au-lotus de Śrī Kṛṣṇa Caitanya Mahāprabhu, l'infiniment majestueuse et miséricordieuse Personne Divine. Délivrant les âmes qui baignent dans l'ignorance, Il leur offre le plus grand don qui soit – l'amour de Kṛṣṇa – et les rend ainsi avides de la conscience de Kṛṣṇa. »

Après ces préambules, Vallabha Bhaṭṭa invita le Seigneur à franchir le Gange, invitation qu'Il accepta volontiers. Dès lors, Rūpa Gosvāmī Le suivit partout. Fuyant les grandes foules, le Seigneur pria Rūpa Gosvāmī de L'accompagner jusqu'au Daśāśvamedha-ghāṭa, sur la rive du Gange. C'est là qu'Il lui enseigna pendant dix jours toute la vérité sur Kṛṣṇa, les relations spirituelles et les principes du service de dévotion. Rien ne fut omis afin que Rūpa Gosvāmī puisse, dans le futur, transmettre la science de Kṛṣṇa dans son *Bhakti-rasāmṛta-sindhu*. Dès le premier verset de cet ouvrage, le Gosvāmī mentionne d'ailleurs ce fait, et témoigne de la grâce immotivée du Seigneur à son égard. Le Seigneur Suprême étant tout-puissant et conscient de tout, Sa grâce sans cause rend un être vivant apte à la recevoir. Sous le charme de l'existence conditionnée, les gens dans leur masse sont peu disposés à adopter le service de dévotion et à pratiquer la conscience de Kṛṣṇa. En fait, la plupart ignorent les principes même de la conscience de Kṛṣṇa, soit la relation éternelle qui nous lie à l'Être Suprême, le but ultime de la vie – le retour à Dieu, en notre demeure première – et la voie du retour au monde spirituel. Compte tenu de l'ignorance de l'âme conditionnée quant à ces questions, le Seigneur Caitanya, de par Sa grâce inconditionnelle, enseigna les principes du service de dévotion à Rūpa Gosvāmī qui, à son tour, transmit plus tard aux masses la science dévotionnelle.

Dans son prologue au *Bhakti-rasāmṛta-sindhu*, Śrīla Rūpa Gosvāmī décrit le Seigneur Caitanya en ces termes : « J'offre mon hommage respectueux aux pieds pareils-au-lotus du Divin, qu'on nomme Caitanyadeva, et dont l'inspiration éveille en mon cœur le désir d'écrire sur le service de dévotion. Voilà pourquoi j'ai entrepris de rédiger cet ouvrage sur la science dévotionnelle, intitulé *Bhakti-rasāmṛta-sindhu.* »

Au moment d'instruire Rūpa Gosvāmī pendant dix jours consécutifs, Śrī Caitanya Mahāprabhu lui dit d'abord : « Cher Rūpa, la science de la dévotion ressemble à un vaste océan ; il est impossible de t'en révéler toute l'étendue. Je tenterai néanmoins de t'en exposer la nature en t'en présentant une seule goutte, de telle sorte que tu puisses goûter et comprendre en quoi consiste réellement l'océan du service de dévotion. » L'univers (*brahmāṇḍa*) est peuplé d'innombrables êtres vivants qui, du fait de leurs propres actes intéressés, transmigrent d'une espèce à une autre et errent de planète en planète. C'est ainsi que leur emprisonnement dans la matière se perpétue depuis des temps immémoriaux. Ces êtres vivants sont des fragments infinitésimaux de l'Âme Suprême, fragments spirituels dont il est possible de connaître les dimensions. Le *Śrīmad-Bhāgavatam* (10.87.36) nous apprend en effet que l'âme distincte mesure approximativement un dix-millième de la pointe d'un cheveu, ce que confirment d'ailleurs les Védas, et plus précisément la *Śvetāśvatara Upaniṣad.*

L'infime magnitude de l'être distinct est également définie comme suit dans un autre passage du *Śrīmad-Bhāgavatam* (11.16.11) (il s'agit ici d'un énoncé de Sanandana – un des quatre Kumāras – lors d'un grand rituel d'offrande) : « Ô Vérité Suprême ! Si les êtres vivants n'étaient pas que des étincelles infinitésimales de l'Âme Suprême, chacun d'eux serait omniprésent et nul ne serait dominé par une force supérieure. Or, dès qu'on reconnaît en l'être distinct une infime partie intégrante du Seigneur Souverain, il devient manifeste qu'il est soumis à une énergie ou à une puissance suprême. Telle est sa condition intrinsèque, sa nature profonde, qu'il lui suffit d'accepter pour avoir accès à une liberté totale. » Quiconque se croit, à tort, l'égal de Dieu, l'Être Suprême, devient au contraire souillé par la doctrine de la non-dualité, et ses efforts pour transcender la matière restent vains.

Le Seigneur poursuivit Son enseignement en soulignant l'existence de deux classes d'êtres vivants : ceux qui sont éternellement libérés et ceux qui sont éternellement conditionnés. Ces derniers se subdivisent à leur tour en deux catégories – les êtres mobiles et les êtres immobiles. Les arbres, qui ne peuvent se déplacer, appartiennent à cette seconde catégorie. Les autres, appelés *jangama* (êtres mobiles), tels les oiseaux et les bêtes, se subdivisent encore en trois catégories : ceux qui volent dans l'air (les oiseaux ou *tiryaks*), ceux qui nagent dans l'eau (les êtres aquatiques) et ceux qui se déplacent sur la terre ferme (les humains et les autres animaux). D'entre les millions et les billions d'êtres terrestres, les humains ne représentent qu'une minorité, dont la plupart ne savent rien de la spiritualité, sont de mœurs impures et ne croient pas en l'existence de Dieu, la Personne Suprême. Bref, ils vivent comme des animaux. On peut donc les soustraire du nombre des êtres humains qui vivent de façon civilisée.

Toutes proportions gardées, on trouve à peine une poignée d'humains qui croient en les Écritures et en l'existence de Dieu, voire en une conduite saine. Or, ceux qui apprécient la valeur de tels principes sont appelés *ārya,* en ce qu'ils croient à l'évolution spirituelle. Parmi ceux qui prêtent foi aux Écritures et au progrès de la civilisation humaine, on reconnaît deux classes – les justes et les impies. Les premiers se livrent généralement à l'action intéressée, soit à des actes vertueux dont les fruits sont susceptibles d'accroître leurs plaisirs sensoriels. D'entre les masses qui appartiennent à ce groupe, très peu apprennent à connaître la Vérité Absolue. Ce sont les *jñānīs,* les philosophes, ou empiristes. Parmi des centaines de milliers de tels empiristes, seule une poignée atteindra effectivement la libération et comprendra à tout le moins théoriquement que l'être en soi n'est pas formé d'éléments matériels, mais qu'il est plutôt une âme spirituelle, distincte de la matière. La simple compréhension, fût-elle théorique, de cette doctrine suffit à nous ranger parmi les êtres dits « libérés », si ce n'est que l'âme vraiment libérée (*mukta*) est celle qui saisit sa condition intrinsèque de servante éternelle du Seigneur, dont elle fait partie intégrante. Et l'âme libérée qui s'engage avec foi et dévotion dans le service du Seigneur est désignée du nom de *kṛṣṇa-bhakta,* ou de personne consciente de Kṛṣṇa. Les personnes ainsi conscientes de Kṛṣṇa sont affranchies de tout désir matériel. Quant à celles qui n'ont qu'une connaissance théorique du fait que l'être distinct n'est pas fait de matière, elles peuvent encore nourrir certains désirs, bien qu'on puisse techniquement les classer parmi les âmes libérées. Leur principal désir : ne plus faire qu'un avec Dieu, la Personne Suprême. En général très attachées aux rites védiques et aux œuvres vertueuses, elles ne les accomplissent qu'en vue de jouir d'une prospérité toute matérielle. Même si certaines parviennent à transcender les plaisirs matériels, elles cherchent encore à tirer jouissance du monde spirituel en se fondant dans l'existence même du Seigneur Suprême. D'autres encore recherchent la perfection que procurent les pouvoirs surnaturels associés à la pratique du *yoga*. Tant et aussi longtemps que de telles aspirations hantent son cœur, une personne ne peut comprendre la nature du pur service de dévotion. Point de paix pour ceux et celles qui demeurent perturbés par de tels désirs. En vérité, aucune paix n'est possible à moins de renoncer à tout désir de perfection matérielle. Les dévots de Kṛṣṇa, qui ne désirent rien de tel, sont ainsi les seuls habitants sereins de l'univers matériel, ainsi que le confirme le *Śrīmad-Bhāgavatam* (6.14.5) : « Ô grand sage, parmi des millions d'êtres libérés et ayant acquis les pouvoirs du *yoga,* il est très rare d'en trouver un seul qui, totalement serein, se dévoue pleinement pour Dieu, la Personne Suprême. »

Le Seigneur explique ainsi que d'entre les myriades d'êtres qui errent en ce monde matériel, très rare et fortuné est celui qui, par la grâce de Kṛṣṇa et du maître spirituel, reçoit la semence de la dévotion. L'homme de piété ou de religion est généralement porté à vénérer différents dieux dans différents temples ; or, si par bonheur, et même à son insu, il offre son hommage au Seigneur Viṣṇu et se gagne la faveur d'un *vaiṣṇava* – un dévot du Seigneur –, il trouve aussitôt qualité pour approcher l'Être Suprême, Dieu. Ceci ressort clairement de la vie du grand sage Nārada, que retrace le *Śrīmad-Bhāgavatam.* Ayant servi des *vaiṣṇavas* au cours de sa vie antérieure, Nārada fut béni par ces dévots du Seigneur et acquit une grande sagesse, ainsi qu'en témoigne désormais son nom de Nārada Muni. Les *vaiṣṇavas* font normalement preuve d'une grande compassion envers les âmes conditionnées. Sans même y être invités, ils iront de porte en porte pour éclairer les gens et les soustraire aux ténèbres de l'ignorance, leur infusant sous diverses facettes la connaissance de leur nature intrinsèque, qui est d'être engagé dans le service de dévotion, ou la conscience de Kṛṣṇa. Ces dévots du Seigneur sont investis par Lui du pouvoir de transmettre aux masses la conscience dévotionnelle, ou conscience de Kṛṣṇa. Reconnus comme des maîtres spirituels avérés, c'est par leur grâce que l'âme conditionnée obtient la semence du service dévotionnel. La miséricorde immotivée de Dieu peut, en tout premier lieu, être appréciée lorsqu'on rencontre un maître spirituel authentique, à même d'élever l'âme conditionnée vers la plus haute dévotion. Voilà pourquoi le Seigneur Caitanya dit que la grâce du maître spirituel authentique nous acquiert celle du Seigneur, et vice versa.

Par la grâce du maître spirituel et de Kṛṣṇa, on reçoit donc la semence de la dévotion. Reste ensuite à la planter dans le jardin de son cœur, tel un jardinier plantant la graine d'un arbre précieux. Une fois la graine semée, il faut l'arroser par le chant et l'écoute du Saint Nom du Seigneur Suprême, ou encore en prenant part à des échanges sur la science de la dévotion en compagnie de purs dévots. Lorsque la semence germe, la plante dévotionnelle se met à croître librement. Pleinement épanouie, elle franchit les limites de cet univers pour pénétrer dans le monde spirituel, royaume de la transcendance où tout baigne dans la radiance du *brahma-jyotir*. Peu à peu, elle atteint la planète Goloka Vṛndāvana, pour y prendre refuge aux pieds de lotus de Kṛṣṇa. Tel est le but ultime du service de dévotion. Accédant à cette position, la plante produit le fruit de l'amour pour Dieu. Il est cependant requis du dévot, jardinier de l'Absolu, d'arroser chaque jour la plante par le chant et l'écoute. S'il n'arrose pas ainsi sa racine, la plante risque de se dessécher.

Le Seigneur informa ensuite Rūpa Gosvāmī d'une autre menace liée à la culture de la plante dévotionnelle. En effet, lorsque celle-ci a quelque peu grandi, un animal peut venir manger ses feuilles ou la détruire. Lorsqu'une plante perd ainsi ses feuilles, il arrive fréquemment qu'elle se dessèche et meurt. Il faut donc veiller à ce que les « animaux » ne viennent pas perturber la plante dévotionnelle, les bêtes en question étant les offenses commises envers les purs dévots du Seigneur, et désignées du nom de *vaiṣṇavāparādhas*. De telles offenses se comparent à un éléphant en furie qui, s'il vient à pénétrer dans un jardin, cause de sérieux ravages aux plantes et aux arbres qui s'y trouvent. Dans le même ordre d'idées, une offense à un pur dévot peut considérablement entraver nos progrès dans le service de dévotion. Il convient donc de protéger la plante de la dévotion en l'entourant d'une clôture adéquate, c'est-à-dire en se gardant de toute offense envers les purs dévots.

On dénombre dix de ces offenses aux purs dévots, ou au Saint Nom. La première consiste à blasphémer contre les grands dévots qui s'efforcent de répandre les gloires du Saint Nom à travers le monde. Le misérable qui, sans fondement, se montre hostile envers un dévot cherchant à répandre le Saint Nom de par le monde, conformément aux directives de son maître spirituel, commet la pire offense aux pieds du Saint Nom. Kṛṣṇa et Son Saint Nom étant identiques, le Seigneur ne tolère pas qu'on décrie un pur dévot qui diffuse partout Son Nom.

La seconde offense consiste à nier que le Seigneur Viṣṇu incarne la Vérité Absolue. Aucune différence ne distingue Ses noms de Ses attributs, formes, divertissements et activités. Qui croit en voir une se rend donc également coupable d'une offense. Étant Suprême, nul ne peut surpasser ni même égaler le Seigneur. En conséquence, quiconque identifie Kṛṣṇa ou Son nom à une quelconque divinité, ou *deva*, commet aussi une offense. Mettre le Seigneur Suprême et les *devas* sur un pied d'égalité n'est guère compatible avec la pratique du service de dévotion.

La troisième offense : considérer le maître spirituel comme un homme ordinaire. La quatrième : dénigrer la littérature védique et ses suppléments, les

Purāṇas. La cinquième : croire que les gloires attribuées au Saint Nom sont exagérées. La sixième : dénaturer la signification du Saint Nom. La septième offense consiste à accomplir des actes coupables en comptant sur le chant du Saint Nom pour en annuler les conséquences. Il est entendu que ce chant nous délivre de toute conséquence associée à nos égarements. Mais il ne faut pas croire pour autant qu'on peut alors continuer à pécher par perversion. Ce serait là la plus grande offense.

La huitième offense consiste à comparer le chant du Saint Nom aux rites religieux, aux sacrifices, à l'austérité ou au renoncement. Ce chant vaut tout autant que la présence suprêmement personnelle de Dieu. Les actes de piété peuvent certes nous aider à nous rapprocher de l'Être Suprême, mais lorsqu'ils sont accomplis dans un but matériel, il en résulte une offense. La neuvième offense, c'est d'enseigner les gloires du Saint Nom du Divin aux incroyants. Et la dixième et dernière offense consiste à demeurer attaché aux choses matérielles malgré l'écoute et le chant des Saints Noms. Le principe est que ce chant, s'il est dénué de toute offense, nous élèvera jusqu'au plan de la libération, où l'on sera libre de tout attachement matériel. Quiconque chante les Saints Noms et demeure attaché à la matière commet donc une offense.

D'autres facteurs peuvent également perturber la plante dévotionnelle, car les mauvaises herbes que représentent les désirs matériels accompagnent sa croissance. Lorsqu'une personne réalise un certain progrès dans le service de dévotion, plusieurs veulent naturellement en devenir les disciples tout en lui offrant certains avantages matériels. Celui qui se laisse captiver par l'attrait d'avoir de nombreux disciples et de profiter des commodités qu'ils peuvent lui procurer, au point d'en oublier son devoir de maître spirituel authentique, verra la croissance de sa plante dévotionnelle entravée. Le seul fait de jouir d'avantages matériels risque en effet de nous rendre esclaves du confort qui en découle.

La quête de la libération est également nuisible au service de dévotion, tout comme le fait de négliger les restrictions et interdits stipulés par les Écritures faisant autorité en la matière : éviter tout rapport sexuel illicite, toute substance enivrante, toute nourriture autre que celle qui a d'abord été offerte à Kṛṣṇa (*prasāda*) de même que tout jeu de hasard. Quiconque ne respecte pas rigoureusement ces principes s'expose à de sérieuses perturbations dans l'accomplissement du service de dévotion. Le fait même d'aspirer à la renommée matérielle est une autre source d'entrave à la pratique du service de dévotion.

Toute négligence à ces égards risque de favoriser la croissance de mauvaises herbes susceptibles d'entraver notre progrès sur la voie de la dévotion. Il s'agit simplement de comprendre qu'en arrosant un jardin, on accélère non seulement la croissance de la plante désirée, mais aussi celle d'indésirables, et le jardinier peut ne pas voir la menace que représentent ces dernières. Il est donc du devoir de l'aspirant au service de dévotion de les arracher. En d'autres mots, qu'on se garde contre toute plante indésirable, et celle de la dévotion poussera à merveille jusqu'à atteindre le but ultime – Goloka Vṛndāvana. Atteindre cette planète suprême, voilà le vrai fruit de la plante dévotionnelle. Quand l'être vivant engagé dans le service de dévotion savoure le fruit de l'amour de Dieu, il en oublie toute activité rituelle et toute forme de religiosité visant l'amélioration de sa situation financière. Il n'aspire alors ni à satisfaire ses sens ni à ne plus faire qu'un avec le Seigneur Suprême en se fondant dans Sa radiance. La science spirituelle et la félicité transcendantale comportent de nombreuses facettes, dont les rites sacrificiels préconisés par les *Vedas,* les austérités et les devoirs liés à la piété, sans oublier la pratique du *yoga*. Toutes ces activités engendrent différents résultats pour qui les pratique, résultats certes fascinants pour qui ne s'est pas encore élevé au niveau du service d'amour spirituel pour le Seigneur. Citons dans ce contexte l'analogie suivante : la victime d'une morsure de serpent demeure inconsciente tant qu'elle ne respire pas le remède prescrit, qui l'aidera à reprendre aussitôt conscience. Latent en chacun, l'amour pour Dieu peut être éveillé par l'accomplissement du pur service de dévotion. En quoi consiste ce service ? Quelles en sont les manifestations ? C'est précisément là ce que le Seigneur Caitanya a ensuite expliqué à Rūpa Gosvāmī.

La pure dévotion ne laisse aucune place aux désirs autres que celui de progresser dans la conscience de Kṛṣṇa. La conscience de Kṛṣṇa n'admet l'adoration d'aucun *deva* ni d'aucune autre forme de Kṛṣṇa, non plus que la spéculation philosophique des empiristes ou l'action intéressée. Il convient de se défaire de toutes ces souillures. Le dévot ne doit accepter que ce qui est favorable à l'harmonie du corps et de l'âme, et il doit rejeter ce qui accroît les exigences du corps. Seuls les éléments essentiels à la survie du corps peuvent être acceptés. En faisant ainsi passer les besoins corporels au second plan, on peut se concentrer sur le développement de sa conscience de Kṛṣṇa par le chant du Saint Nom de Dieu. Le pur service de dévotion consiste à absorber tous ses sens dans le service du Seigneur. Pour l'instant, ceux-ci sont tous en proie à diverses désignations du fait que notre corps l'est aussi. Ainsi croyons-nous appartenir à une famille, à une communauté ou à une nation donnée ; tant de désignations se rattachent ainsi au corps. Dans le même ordre d'idées, si les sens – qui font partie du corps – s'emploient à servir famille, communauté ou nation, on ne peut cultiver la conscience de Kṛṣṇa. Il s'agit donc de purifier les sens. Comprenant parfaitement qu'on appartient corps et âme à Kṛṣṇa et reconnaissant son identité de serviteur éternel de Kṛṣṇa, si l'on emploie ses sens à servir le Seigneur, alors seulement s'établit-on au niveau du pur service de dévotion.

Le pur dévot embrasse le service d'amour sublime du Seigneur, mais rejette toute forme de libération visant une quelconque jouissance personnelle. Dans le *Śrīmad-Bhāgavatam* (3.29.11–13), Kapiladeva explique la nature du pur service de dévotion : dès l'instant où le pur dévot entend parler des gloires et des attributs sublimes de Dieu, la Personne Suprême – sis dans le cœur de chacun –, son mental est entraîné vers Lui tout comme les eaux du Gange coulent vers l'océan. Un attrait spontané pour le service du Seigneur Suprême, voilà ce qui caractérise le pur service de dévotion, qui consiste à servir le Seigneur sans condition et sans entrave matérielles. Le pur dévot n'aspire ni à vivre sur la même planète que le Seigneur, ni à partager Son opulence, ni à revêtir une forme identique à la Sienne, ni à se trouver en Sa compagnie, ni à se fondre en Lui. Même si le Seigneur lui offrait de telles récompenses, il les refuserait. Il faut comprendre ici que le dévot est si absorbé dans le service d'amour spirituel du Seigneur qu'il n'a guère le loisir de songer à quelque autre bénéfice que le fait même de Le servir. De même que l'homme d'affaires matérialiste ne pense à rien d'autre lorsqu'il brasse des affaires, le pur dévot occupé à servir le Seigneur ne rêve de rien d'autre.

Il est entendu que toute personne ainsi absorbée dans le service du Seigneur a atteint le plus haut niveau de la dévotion. Seul ce service d'amour sublime permet d'échapper à l'influence de *māyā* et de savourer le pur amour de Dieu. Tant qu'on recherche la jouissance matérielle ou la libération, appelées les deux sorcières de l'envoûtement, on ne saurait apprécier la saveur du service d'amour et de dévotion spirituel offert au Seigneur.

Il y a trois niveaux de service de dévotion : celui de l'apprentissage initial, celui de la réalisation et celui du pur amour pour Dieu, l'ultime étape. Au stade de l'apprentissage, le néophyte dispose de neuf moyens différents pour cultiver le service de dévotion : l'écoute, le chant, le souvenir, etc. Qui s'engage avec foi et dévotion dans le chant et l'écoute voit toutes ses appréhensions matérielles s'évanouir peu à peu. Plus sa foi en le service de dévotion s'intensifie, plus il est assuré d'atteindre un niveau de perfection supérieur. Ainsi peut-il s'établir fermement dans la dévotion, accroître son attrait et son attachement pour celle-ci, et enfin ressentir l'extase, identifiée au premier stade de l'amour pour Dieu, qui survient après avoir assidûment cultivé le service de dévotion. Une fois ce stade atteint, la pratique continue du chant et de l'écoute permet peu à peu de raffermir sa dévotion jusqu'à ce qu'elle se transforme en véritable amour pour Dieu.

Au stade de l'amour pour Dieu apparaissent diverses manifestions transcendantales telles que l'affection, l'émotion, l'extase et un attachement d'une extrême intensité, plus spécifiquement appelées *rāga, anurāga, bhāva* et *mahābhāva*. Le passage d'un niveau à un autre est comparable à l'épaississement graduel du jus de canne lorsqu'on le fait cuire. D'abord liquide, il devient de plus en plus dense sous l'effet de l'évaporation, jusqu'à se transformer en mélasse. Puis, il se cristallise, se change en sucre et, finalement, en sucre candi... De même, l'amour transcendantal pour Dieu, la Personne Suprême, se développe par étapes, de façon progressive.

Ce n'est que lorsqu'on s'établit vraiment au niveau absolu qu'on devient inébranlable dans l'amour de Dieu. Jusque là, il subsiste toujours un risque de rechute dans la matière. Le stade correspondant à cette constance imperturbable porte le nom de *sthāyi-bhāva.*

Au-delà se développent encore d'autres manifestations, qu'on nomme *vibhāva, anubhāva, sāttvika* et *vyabhicārī*. Quand ces quatre ingrédients viennent s'ajouter à la constance qui caractérise l'existence purement spirituelle, survient ce qu'il est convenu d'appeler un échange de *rasa,* de saveur transcendantale. Ainsi l'échange réciproque d'amour entre bien-aimés est-il généralement appelé *kṛṣṇa-bhakti-rasa,* soit la saveur transcendantale de l'échange de sentiments amoureux entre le dévot et l'Être Suprême, Dieu. Quoi qu'il en soit, n'oublions pas que l'atteinte de tels échanges exige qu'on s'établisse d'abord dans la constance, au stade du *sthāyi-bhāva,* tel que nous l'avons déjà expliqué. Le fondement même du *vibhāva* est en effet le *sthāyi-bhāva,* les autres manifestations servant d'auxiliaires au développement de l'amour transcendantal.

L'extase associée à l'amour transcendantal comporte deux volets : le contexte et la source d'exaltation. Le contexte se divise lui-même en deux éléments – le sujet et l'objet. L'échange de service dévotionnel représente le sujet, et Kṛṣṇa en incarne l'objet. Quant à la source d'exaltation, elle tient aux attributs spirituels et absolus de Kṛṣṇa, qui envoûtent le dévot et l'incitent à Le servir, Lui le Seigneur Suprême. Les philosophes *māyāvādīs* prétendent que la Vérité Absolue est dénuée de tout attribut spécifique (*nirguṇa*), mais les philosophes *vaiṣṇavas* précisent que la Vérité Absolue est *nirguṇa* en ce sens que Ses attributs n'ont rien de matériel. À vrai dire, les attributs spirituels du Seigneur sont si glorieux et enchanteurs qu'ils fascinent même les êtres libérés. C'est ce qu'explique le verset *ātmārāma* du *Śrīmad-Bhāgavatam,* où l'on peut lire que même les âmes déjà établies dans la réalisation du soi ressentent l'attrait des attributs sublimes de Kṛṣṇa. Il faut en conclure que ceux-ci, loin d'être matériels, se révèlent de nature aussi pure que transcendantale.

L'extase suprême est caractérisée par treize manifestations transcendantales : 1) danser, 2) se rouler par terre, 3) chanter, 4) battre des mains, 5) voir ses poils se dresser sur son corps, 6) tonner, 7) bâiller, 8) respirer lourdement, 9) oublier les conventions sociales, 10) saliver, 11) rire, 12) avoir mal à la tête, et 13) tousser. Ces symptômes n'apparaissent pas tous simultanément, mais se manifestent selon les échanges de saveurs spirituelles. Tantôt tel symptôme prédominera, tantôt tel autre.

Les saveurs spirituelles sont de cinq variétés. La phase initiale prend le nom de *śānta-rati,* lorsque l'âme libérée de la souillure matérielle apprécie la grandeur de Dieu, la Personne Suprême, mais ne s'engage pas vraiment dans Son service d'amour, car il s'agit là d'une phase de neutralité empreinte d'appréciation.

À la seconde phase, appelée *dāsya-rati,* on apprécie sa position de subordination éternelle au Seigneur Suprême, réalisant qu'on dépend de toute éternité de Sa miséricorde immotivée. Dans un même temps, s'éveille une affection naturelle pareille à celle que ressent le fils qui, tout en grandissant, commence à apprécier les bénédictions de son père. Ici, l'être vivant désire servir le Seigneur Souverain au lieu de *māyā,* l'illusion.

À la troisième phase de l'amour transcendantal, nommée *sakhya-rati,* on échange d'égal à égal avec l'Être Suprême, empreint d'amour et de respect. Progressant davantage à ce niveau, rires et plaisanteries fusent dans une atmosphère de détente. Il s'agit là d'échanges fraternels avec la Personne Divine, libres de tout asservissement. On en oublie presque sa position inférieure d'âme distincte, mais sans pour autant en éprouver le plus haut respect pour la Personne Suprême. La quatrième phase, dite *vātsalya-rati,* voit l'affection fraternelle manifestée au niveau précédent se développer en affection parentale. L'on voudrait alors jouer le rôle de parent auprès du Seigneur. Au lieu de L'adorer, l'âme distincte devient plutôt l'objet de l'adoration de l'Être Suprême, qui dépend alors entièrement de Son pur dévot et S'en remet à lui pour Son éducation. Le dévot accède alors au niveau où il peut enlacer le Seigneur et même couvrir Sa tête de baisers. Ainsi se manifeste l'affection parentale pour le Seigneur Suprême. La cinquième phase, appelée *madhura-rati,* permet un véritable échange transcendantal d'amour conjugal entre bien-aimés. C'est à ce niveau que Kṛṣṇa et les jeunes filles de Vraja se contemplent dans un échange de regards affectueux, de mouvements de sourcils, de doux propos et de sourires charmeurs.

Outre ces cinq principaux échanges de saveur, il en existe sept secondaires qui consistent en rires, en merveilleuses visions, en vaillance, en pitié, en colère, en horreur et en dévastation. À titre d'exemple, les échanges entre

Bhīṣma et Kṛṣṇa se situaient au niveau de la vaillance. Hiraṇyakaśipu, lui, fit l'expérience du redoutable aspect dévastateur du Seigneur Suprême, sous le signe de l'horreur. Les cinq principaux *rasas* habitent en permanence le cœur du pur dévot, tandis que les sept *rasas* secondaires sont intermittents et servent à rehausser la saveur des cinq premiers. Un exemple de *śānta-bhaktas* est celui des neuf *yogīs* que sont Kavi, Havis, Antarīkṣa, Prabuddha, Pippalāyana, Avirhotra, Draviḍa – ou Drumila –, Camasa et Karabhājana. Les quatre Kumāras, Sanaka, Sanandana, Sanat-kumāra et Sanātana – tous de grands sages – appartiennent aussi à cette classe. Les dévots dont les noms suivent jouent le rôle de serviteur auprès de Kṛṣṇa : à Gokula – Raktaka, Citraka et Patraka ; à Dvārakā – Dāruka, et sur les planètes Vaikuṇṭhas, Hanumān, entre autres. Parmi les dévots associés aux échanges d'amitié avec le Seigneur, on compte Śrīdāmā à Vṛndāvana, ainsi que Bhīma et Arjuna à Dvārakā ou sur le champ de bataille de Kurukṣetra. Ceux qui vivent une relation d'amour parental avec Kṛṣṇa incluent Sa mère, Son père, Son oncle et d'autres proches. Quant à ceux qui baignent dans l'amour conjugal, il y a tout d'abord les jeunes filles de Vraja, Vṛndāvana, sans oublier les reines et déesses de la fortune de Dvārakā, que nul ne saurait dénombrer.

L'attachement à Kṛṣṇa peut également revêtir deux formes, la première étant empreinte de respect et de vénération. Cette forme d'attachement, que caractérise une certaine absence de liberté, se manifeste à Mathurā et sur les planètes Vaikuṇṭha. Dans ces lieux de résidence du Seigneur, les échanges d'amour spirituel se trouvent restreints, alors qu'à Gokula Vṛndāvana, ils ont libre cours. Même si les jeunes filles et pâtres de Vṛndāvana savent que Kṛṣṇa est Dieu, la Personne Suprême, ils ne Lui témoignent guère de respect ou de vénération du fait de l'incommensurable intimité qui marque leurs rapports avec Lui. Dans le cadre des cinq principales relations spirituelles, respect et vénération voilent parfois la véritable grandeur du Seigneur, et entravent même parfois le service qui Lui est offert. Mais là où règnent l'amitié, l'affection parentale et l'amour conjugal, respect et vénération se trouvent minimisés. À titre d'exemple, lorsque Kṛṣṇa est apparu comme le fils de Vasudeva et Devakī, Ses parents Le prièrent avec respect et vénération, sachant bien que le Seigneur Suprême – Kṛṣṇa ou Viṣṇu – leur était apparu comme leur enfant chéri, ainsi que le confirme le *Śrīmad-Bhāgavatam* (10.44.51). Bien qu'apparu comme leur enfant, Devakī et Vasudeva Lui offrirent aussitôt des prières, sachant qu'Il était Dieu, la Personne Suprême. Et de même, quand Arjuna vit la forme universelle du Seigneur, la peur s'empara de lui, à tel point qu'il implora le pardon de Kṛṣṇa pour s'être souvent comporté envers Lui de façon cavalière en qualité d'ami intime.

La *Bhagavad-gītā* (11.41–42) rapporte d'ailleurs cette prière d'Arjuna : « Cher Kṛṣṇa, méconnaissant l'étendue de Ton inconcevable puissance, je T'ai parfois manqué de respect, et nommé "ô mon ami". Pardonne-moi, je T'en prie, de m'être, par déraison, adressé à Toi comme à un ami ou à un homme ordinaire. » De même, lorsque Kṛṣṇa plaisantait avec Rukmiṇī, craignant qu'Il la quitte, celle-ci se trouva si perturbée qu'elle laissa tomber l'éventail avec lequel elle L'éventait et que sa chevelure se défit. À l'instar du plantain qu'aurait déraciné un coup de vent impétueux, elle tomba au sol presque évanouie. Quant à Yaśodā, la mère de Kṛṣṇa à Vṛndāvana, le *Śrīmad-Bhāgavatam* (10.8.45) affirme qu'elle croyait né de son sein le Seigneur qu'adorent toutes les Écritures authentiques – dont les *Vedas* et les *Upaniṣads* – et la philosophie du *sāṅkhya*. Et encore que mère Yaśodā attacha l'enfant Kṛṣṇa à l'aide d'une corde, comme si c'était un fils ordinaire doté d'un corps matériel né du sien (*Ś.B.*, 10.9.12). On trouve également d'autres passages où Kṛṣṇa Se voit traité comme le commun des mortels, dont celui où il est dit qu'après avoir été vaincu au jeu par Ses amis les pâtres, Kṛṣṇa portait Śrīdāmā sur Ses épaules (*Ś.B.*, 10.18.24).

Abordant les rapports des *gopīs* avec Śrī Kṛṣṇa à Vṛndāvana, le *Bhāgavatam* (10.30.36–40) relate que lorsque Kṛṣṇa quitta la danse *rāsa* seul avec Śrīmatī Rādhikā, celle-ci crut qu'Il avait abandonné toutes les autres *gopīs*. Bien que toutes d'égale beauté, Il La combla de cette manière, et Elle en conçut de vaines pensées : « Mon cher Kṛṣṇa a délaissé les belles *gopīs,* satisfait qu'Il est de Moi seule. » Dans la forêt, Elle Lui dit : « Mon bien-aimé Kṛṣṇa, Je suis incapable de faire un pas de plus ; Tu peux Me porter où bon Te semblera. » Et Kṛṣṇa de répondre : « Viens, repose-Toi sur Mon épaule », pour ensuite disparaître sitôt ces paroles prononcées, plongeant ainsi Śrīmatī Rādhikā dans un océan de repentir.

Kṛṣṇa ayant quitté la danse *rāsa,* toutes les *gopīs* se lamentent aussitôt : « Cher Kṛṣṇa, laissant maris, fils, proches, frères et amis, nous sommes venues en ces lieux ! Ignorant leurs conseils, nous sommes venues vers Toi, qui connais mieux que quiconque la raison de notre présence ici : les douces sonorités de Ta flûte nous envoûtent. Mais Tu es si rusé qu'au plus profond de la nuit, Tu abandonnes les jeunes filles et femmes que nous sommes, ce qui ne te sied guère ! » Le mot *śama* désigne la maîtrise du mental en le fixant sur le Seigneur Suprême, pour l'empêcher de s'égarer de diverses façons. On dira alors du mental qu'il est établi au niveau du *śama,* où le dévot comprend que Kṛṣṇa est le principe fondamental de tout ce dont nous avons conscience. C'est ce qu'explique la *Bhagavad-gītā* (7.19) : après de nombreuses vies consacrées à cultiver le savoir, une personne s'en remet à Vāsudeva, réalisant que Kṛṣṇa est présent en toute chose et qu'Il pénètre l'entière manifestation cosmique. Quoique sous le contrôle du Seigneur Suprême et situé dans Son énergie, tout est néanmoins différent de Kṛṣṇa en Sa forme personnelle. Le *Bhakti-rasāmṛta-sindhu* reprend le propos en disant que le fait de fixer son intelligence sur Kṛṣṇa relève du *śama*. Et le Seigneur Suprême dit Lui-même : *śamo man-niṣṭhatā buddheḥ* – à moins de s'élever au niveau du *śānta-rati,* on ne peut saisir toute la grandeur de Kṛṣṇa, non plus que la diffusion de Ses diverses énergies, causes de toutes les manifestations. Ce même point est traité plus en détail dans le *Śrīmad-Bhāgavatam* (11.19.36) : l'équilibre mental peut être acquis par qui en vient à conclure que Dieu, la Personne Suprême, est la source première de toutes choses. La maîtrise des sens est appelée *śama*. Quant à la tolérance, ou *titikṣā,* il s'agit de l'attitude d'une personne prête à tolérer toutes sortes de tribulations pour acquérir la maîtrise des sens et l'équilibre mental. On nomme par ailleurs *dhṛtiḥ* l'aptitude à résister aux impulsions de la langue et des organes génitaux. Une personne ainsi apaisée devient ce qu'on appelle un *dhīra*.

Lorsqu'on réussit à fixer indéfectiblement son mental sur Kṛṣṇa, on parvient à s'établir de façon constante dans la conscience de Kṛṣṇa. C'est le *śānta-rasa,* où s'installe une foi inébranlable en Kṛṣṇa et où prennent fin tous les désirs matériels, c'est-à-dire sans rapport avec Kṛṣṇa. Cette double caractéristique du *śānta-rasa* se retrouve aussi dans les autres *rasas,* de la même façon que le son est généralement présent dans tous les autres éléments – air, feu, eau et terre – puisqu'il émane de l'éther. Toutes les relations spirituelles – que ce soit sous le signe du service (*dāsya*), de la fraternité (*sakhya*), de l'affection parentale (*vātsalya*) ou de l'amour conjugal (*madhura-rasa*) – possèdent ainsi cette double caractéristique du *śānta-rasa :* une foi inébranlable en Kṛṣṇa et l'absence de désir pour tout ce qui n'est pas Kṛṣṇa. Lorsqu'on dit « ce qui n'est pas Kṛṣṇa », il ne faut pas en conclure qu'il puisse exister quoi que ce soit en dehors de Lui. Au contraire, puisque tout est produit de l'énergie de Kṛṣṇa. Comme Kṛṣṇa et Ses énergies s'avèrent identiques, tout est indirectement Kṛṣṇa. À titre d'exemple, la conscience est le propre de tous les êtres vivants. Mais quand la conscience est totalement centrée sur Kṛṣṇa – ce qu'on nomme conscience de Kṛṣṇa – on la dit pure. Lorsqu'elle est axée sur les plaisirs des sens et non sur Kṛṣṇa, on peut la qualifier « d'inconscience de Kṛṣṇa ». C'est de cette condition impure que naît le concept « d'absence de Kṛṣṇa ». À l'état pur, cependant, n'existe que la conscience de Kṛṣṇa. Un intérêt manifeste pour Kṛṣṇa – à savoir que Kṛṣṇa m'appartient, ou vice versa, et que ma raison d'être consiste à servir Ses sens – relève d'un niveau supérieur au *śānta-rasa*. Il suffit en effet de saisir la grandeur de Kṛṣṇa pour accéder au *śānta-rasa,* où l'objet d'adoration est le Brahman impersonnel ou le Paramātmā. C'est cette forme d'adoration que privilégient les adeptes de la spéculation empirique et du *yoga* des pouvoirs. Quiconque développe davantage sa conscience de Kṛṣṇa, sa compréhension spirituelle, réalisera que le Paramātmā – l'Âme Suprême – incarne l'éternel objet d'adoration et s'abandonnera à Lui. *Bahūnāṁ janmanām ante :* après de nombreuses renaissances vouées à l'adoration du Brahman et du Paramātmā, la personne qui s'abandonne à Vāsudeva Paramātmā – voyant en Lui le Maître Suprême dont elle est l'éternel serviteur – devient une grande âme, une âme réalisée. La relation indéfectible qui l'unit alors à la Vérité Suprême et Absolue l'incite à amorcer son service d'amour à la Personne de Dieu. Ainsi la relation neutre qu'est le *śānta-rasa* se transforme-t-elle en attitude de service, ou *dāsya-rasa.*

C'est au niveau du *dāsya-rasa* que se manifeste le plus haut degré de respect et de vénération à l'égard du Seigneur Suprême, la grandeur de Dieu y est également appréciée. Notons ici que le *śānta-rasa* est dénué de toute activité liée au service, qu'on voit cependant naître dans le *dāsya-rasa,* de sorte que celui-ci réunit deux composantes : le sentiment propre au *śānta-rasa* et l'esprit de fraternité spirituelle. L'existence des caractéristiques spirituelles du *śānta-rasa* et du *dāsya-rasa* ne fait aucun doute, mais une troisième s'y ajoute par la suite : l'attachement intime qu'engendre l'amour purement spirituel. Cette intimité avec la Personne Suprême porte le nom de *viśrambha,* ou fraternité, et exclut tout sentiment de respect et de vénération envers Dieu, l'Être Suprême. Ainsi, la relation de fraternité spirituelle, appelée *sakhya-rasa,* réunit-elle trois composantes transcendantales : la notion de grandeur, la notion de parenté et la notion d'intimité libre de toute trace de respect ou vénération, de sorte que cette relation fraternelle est enrichie d'une caractéristique spirituelle supplémentaire.

De même, l'affection parentale comporte quatre caractéristiques. Aux trois caractéristiques déjà citées vient en effet s'ajouter la notion que le Seigneur dépend de la miséricorde du dévot. Jouant le rôle de parent auprès du Seigneur, le dévot châtiera parfois Celui-ci tout en se considérant comme Son soutien. Le sentiment sublime d'être le soutien du Soutien Suprême s'avère fort agréable pour le dévot comme pour le Seigneur Souverain.

Le Seigneur pria enfin Śrīla Rūpa Gosvāmī de rédiger le *Bhakti-rasāmṛta-sindhu,* un ouvrage spirituel sur la science du service de dévotion, et d'y révéler l'essence de ces cinq relations spirituelles. Il y est expliqué comment le *śānta-rasa,* prenant la forme d'une foi inébranlable en Kṛṣṇa, se transforme en *dāsya-rasa,* où prime l'attitude de service, puis en *sakhya-rasa,* empreint d'une fraternité inébranlable, et en affection parentale, où l'on se sent responsable du Seigneur, toutes ces relations transcendantales culminant dans l'amour conjugal, où elles existent simultanément.

CHAPITRE DEUX

Sanātana Gosvāmī

J'offre mon hommage respectueux à Śrī Caitanya Mahāprabhu. Par Sa grâce, même le plus déchu des êtres vivants peut être guidé dans la pratique du service de dévotion purement spirituel offert à Dieu. Après avoir adopté l'ordre du renoncement (*sannyāsa*), le Seigneur Caitanya Mahāprabhu parcourut l'Inde entière. C'est alors qu'Il Se rendit à Maldah, un district du Bengale. Dans cette région se trouvait un village du nom de Rāmakeli, où habitaient deux ministres du gouvernement du Nawab Hussain Shah. Leurs noms étaient Dabir Khās et Sākara Mallik, mais ils furent plus tard renommés Sanātana Gosvāmī et Rūpa Gosvāmī. Ayant eu l'occasion de rencontrer le Seigneur Caitanya, ils décidèrent de prendre leur retraite et de joindre Son mouvement de *saṅkīrtana*.

Cette décision prise, les deux frères firent aussitôt les démarches requises pour quitter leurs occupations matérielles, et chargèrent deux *brāhmaṇas* érudits d'accomplir certains rites védiques destinés à les rendre parfaitement libres de se consacrer au service dévotionnel de Kṛṣṇa. On nomme *puraścaryā* ces rites préliminaires, qui requièrent la vénération et l'offrande de respects à ses ancêtres, l'offrande d'oblations au feu et l'offrande respectueuse de nourriture à un docte *brāhmaṇa,* et ce, trois fois par jour. Cinq éléments – le temps, le culte, l'offrande de respects, l'offrande d'oblations dans le feu et l'offrande de nourriture à un *brāhmaṇa* – forment le *puraścaryā,* qu'on trouve mentionné dans le *Hari-bhakti-vilāsa,* un ouvrage de référence faisant autorité en la matière.

Une fois ces rites religieux accomplis, le cadet – Sākara Mallik (Rūpa Gosvāmī) – retourna chez lui avec une importante somme d'argent acquise dans le cadre de ses fonctions au sein du gouvernement. À vrai dire, les pièces d'or et d'argent ainsi gagnées emplissaient une grande barque. À son retour, il partagea d'abord ses richesses en deux et, pour satisfaire le Seigneur Suprême, en distribua la moitié aux *brāhmaṇas* et aux *vaiṣṇavas,* soit à des personnes engagées dans Son service d'amour spirituel. Les *brāhmaṇas* sont d'abord censés comprendre la Vérité Absolue, pour ensuite servir le Seigneur avec amour ; c'est alors qu'ils peuvent être qualifiés de *vaiṣṇavas. Brāhmaṇas* et *vaiṣṇavas* doivent prendre part entière au service de l'Absolu, et Rūpa Gosvāmī, tenant compte de leur éminente position spirituelle, leur offrit cinquante pour cent de sa fortune. Il divisa ensuite l'autre moitié en deux autres parts ; la première alla à ceux de ses proches dont il avait la charge, et la seconde fut gardée en réserve pour parer à toute éventualité.

Cette façon de partager sa fortune personnelle doit servir d'exemple à tous ceux qui désirent s'élever dans la science spirituelle. En général, une personne lègue tout son avoir aux membres de sa famille, puis se retire de la vie familiale afin d'évoluer dans la spiritualité. Or, nous voyons ici Rūpa Gosvāmī se comporter de façon exemplaire en consacrant la moitié de ses richesses à des fins spirituelles. Voilà un exemple que tous devraient suivre. Le quart de son avoir réservé aux urgences personnelles fut en outre confié à une solide entreprise commerciale, car il n'y avait pas de banques à l'époque. Et dix mille pièces supplémentaires furent également mises en dépôt afin de couvrir les frais que pourrait encourir Sanātana Gosvāmī, son frère aîné.

C'est alors que Rūpa Gosvāmī fut informé que Śrī Caitanya Mahāprabhu S'apprêtait à Se rendre à Vṛndāvana au départ de Jagannātha Purī. Il dépêcha deux messagers afin d'obtenir l'itinéraire exact du Seigneur, concevant lui-même de Le rencontrer à Mathurā. Il semble qu'il ait alors obtenu l'autorisation d'aller rejoindre Śrī Caitanya, mais que Sanātana Gosvāmī ait essuyé un refus. Celui-ci confia donc ses fonctions au sein du gouvernement à ses subalternes immédiats, et resta chez lui pour étudier le *Śrīmad-Bhāgavatam* de façon intensive auprès de quelque dix ou vingt *brāhmaṇas* érudits engagés dans ce but.

Entre-temps, il soumit des fiches de maladie à son employeur, le Nawab, qui s'impatientait de plus en plus de ne pouvoir le consulter sur diverses questions d'État, à tel point qu'il finit par se rendre chez lui à l'improviste. À l'arrivée du Nawab, Sanātana et tous les *brāhmaṇas* réunis là se levèrent pour l'accueillir avec respect, puis lui offrirent un siège. Le gouverneur dit alors: « Tu te dis malade, mais le médecin que je t'ai envoyé m'informe que tu ne souffres d'aucun mal. Ignorant la raison pour laquelle, sous prétexte de maladie, tu refuses de remplir tes fonctions, je suis personnellement venu te voir. Ta conduite me trouble profondément. Tu sais que je dépendais entièrement de toi et de tes compétences pour gouverner. J'étais ainsi libre de m'occuper d'autres dossiers du fait que je pouvais compter sur toi ; mais si tu me quittes, ton dévouement passé s'en trouvera entaché. Maintenant, dis-moi quelles sont tes intentions. » À ces mots, Sanātana Gosvāmī informa le Nawab de son incapacité à réintégrer ses fonctions, et le pria de désigner quelqu'un d'autre pour les remplir. Furieux de sa réponse, le Nawab s'écria : « Ton frère aîné vit tel un chasseur, et si tu te retires également, tout s'écroulera. » On rapporte que le Nawab considérait Sanātana comme son frère cadet. Surtout occupé à conquérir différentes régions du pays et à chasser, il s'en remettait plus ou moins au Gosvāmī quant à l'administration gouvernementale. Aussi lui dit-il d'un ton suppliant : « Si tu renonces aussi à tes fonctions d'État, qui en assurera la gestion ? » Et Sanātana de répondre d'un ton très grave : « En tant que gouverneur de Gauḍa, tu punis de diverses façons les différentes classes de criminels. Tu es donc libre de punir quiconque selon ses œuvres. » Par cette réponse, Sanātana insinuait que, puisque le gouverneur se livrait à la chasse et tuait des hommes pour étendre son royaume, l'un et l'autre devaient subir les conséquences de leurs actes. Intelligent, le Nawab saisit le dessein de Sanātana Gosvāmī et quitta les lieux en colère. Peu après, il partit à la conquête de l'Orissa et ordonna qu'on mette Sanātana aux arrêts jusqu'à son retour.

Informé de l'arrestation de son frère aîné par le Nawab, Rūpa Gosvāmī lui fit savoir, par le biais d'un messager, que les dix mille pièces de monnaie déposées à son intention chez l'épicier de Gauḍa (Bengale) pouvaient servir à acheter sa libération. En compagnie de son frère cadet, Śrī Vallabha, Rūpa partit alors pour Vṛndāvana afin d'y rejoindre Caitanya Mahāprabhu, pendant que Sanātana offrait cinq mille pièces d'or à son geôlier en lui conseillant d'accepter cette somme de bon cœur et de le relâcher, car ce faisant, il serait non seulement avantagé matériellement, mais ferait aussi un acte de piété en lui permettant de poursuivre ses activités spirituelles.

« Je veux bien te libérer, lui répondit l'autre, car tu m'as souvent rendu service et tu agis pour le compte du gouvernement. Mais je crains la réaction

Sanātana Gosvāmī renonce à ses fonctions au sein du gouvernement de Nawab Hussin, le Shah du Bengal au 15e siècle

du Nawab quand il te saura libre et me demandera des explications. Comment pourrais-je donc accepter une telle proposition ? » Sanātana inventa alors une histoire que le geôlier pourrait raconter au gouverneur pour expliquer son évasion, et fit grimper son offre à dix mille pièces d'or. Fort désireux d'acquérir cette somme, le geôlier accepta enfin l'offre de Sanātana et le relâcha.

Sanātana partit alors à la rencontre de Śrī Caitanya Mahāprabhu. Évitant la grand-route, il traversa la jungle jusqu'à Pātaḍā, dans le Bihar, où il fit halte dans une auberge. Informé par un astrologue à demeure que Sanātana possédait des pièces d'or, l'aubergiste – qui les convoitait – s'adressa à lui d'une voix empreinte d'un respect trompeur : « Repose-toi ici cette nuit et, demain matin, je t'aiderai à traverser cette jungle inextricable. » Trouvant suspecte la conduite de l'aubergiste, Sanātana demanda à son serviteur Īśāna s'il n'avait pas quelque argent sur lui. « Sept pièces d'or », de répondre Īśāna. Furieux contre lui, Sanātana lui demanda aussitôt : « Mais pourquoi nous exposes-tu ainsi à la mort ? »

Prenant aussitôt les pièces d'or, Sanātana les offrit à l'aubergiste tout en le priant de l'aider à traverser jungles et monts, car étant en mission spéciale pour le compte du gouvernement, il ne pouvait emprunter la grand-route. Il lui serait grandement reconnaissant de son aide. « Sachant que tu détenais huit pièces d'or, je songeais à te tuer pour m'en emparer, admit l'aubergiste. Mais tu es un tel gentleman que tu n'as pas à me les offrir pour que je t'aide. » Sanātana insista : « Si tu les refuses, d'autres me tueront pour les voler. Mieux vaut que tu les prennes. » L'aubergiste lui apporta toute l'aide dont il était capable et, la nuit venue, il l'aida à franchir les montagnes.

Au terme de ce périple, Sanātana pria Īśāna de retourner chez lui en emportant la pièce d'or qu'il lui restait, préférant continuer seul. Son serviteur parti, Sanātana se sentit enfin libre. Vêtu de lambeaux et un simple pot à eau à la main, il partit à la rencontre de Śrī Caitanya Mahāprabhu. En route, il rencontra son riche beau-frère, qui travaillait aussi pour le gouvernement et qui lui offrit une couverture de grande qualité. Voyant son insistance, Sanātana l'accepta, après quoi il se rendit seul à Bénarès pour y rencontrer le Seigneur Caitanya. Parvenu à Bénarès, il comprit que le Seigneur S'y trouvait, ce qui le combla de joie. Informé qu'Il logeait chez Candraśekhara Ācārya, Sanātana s'y rendit aussitôt. Quoiqu'Il fût à l'intérieur, Caitanya Mahāprabhu eut conscience de l'arrivée de Sanātana ; aussi demanda-t-Il à Son hôte d'appeler l'homme se trouvant à sa porte. « C'est un *vaiṣṇava,* un grand dévot du Seigneur », lui dit-Il. Candraśekhara sortit pour voir qui était là, mais n'aperçut aucun *vaiṣṇava,* seulement un mendiant. Ayant demandé à voir ce mendiant, le Seigneur S'empressa d'aller à sa rencontre dès que Sanātana entra dans la cour. Lorsque Caitanya l'étreignit, Sanātana fut transporté d'extase spirituelle et Lui dit : « Mon Seigneur, ne me touche pas, je T'en prie. » Épaule contre épaule, tous deux fondirent en larmes, et à la vue de tels épanchements, Candraśekhara fut fort étonné. Après l'avoir ainsi accueilli, le Seigneur Caitanya pria Sanātana de s'asseoir à Ses côtés sur un banc.

Lorsqu'Il toucha à nouveau son corps de Sa main, Sanātana répéta : « Ne me touche pas, Seigneur, je T'en prie. » Et le Seigneur de répondre : « Je te touche à seule fin de Me purifier, car tu es un grand dévot. Par la force de ton service de dévotion, tu peux délivrer l'univers entier et permettre à tous de retourner auprès de Dieu. »

Dans ce contexte, le Seigneur récita un joli verset du *Śrīmad-Bhāgavatam* selon lequel le dévot de Kṛṣṇa, entièrement engagé à Son service, vaut infiniment mieux que le *brāhmaṇa* versé dans toutes les Écritures védiques, mais incapable de servir le Seigneur avec dévotion. Parce qu'il porte l'Être Suprême en son cœur, le dévot est à même de purifier toute chose et tout lieu. La littérature védique confirme que Dieu, la Personne Suprême, ne reconnaît pas même celui qui connaît à fond toutes les branches des *Vedas,* lui préférant un dévot, fût-il né d'une famille de basse souche. Le Seigneur n'accepte pas la charité offerte à un *brāhmaṇa* dénué de dévotion, mais seulement les offrandes présentées aux dévots. En d'autres mots, tout ce qu'une personne offre au Seigneur peut être donné à Ses dévots.

Caitanya Mahāprabhu cita à nouveau le *Śrīmad-Bhāgavatam,* selon lequel un *brāhmaṇa* privé de dévotion pour le Seigneur Suprême est inférieur au dernier des hommes, fût-il doté des douze attributs brahmaniques et issu d'une famille noble. Même s'il est né d'une famille de *caṇḍāla* (mangeurs de chiens), le dévot peut purifier cent générations passées et futures de sa famille grâce à son service de dévotion, tandis qu'un *brāhmaṇa* vaniteux ne peut même pas se purifier lui-même. On lit dans le *Hari-bhakti-sudhodaya :* « Ô dévot du Seigneur, la perfection des yeux, c'est de te voir ; la perfection des fonctions corporelles, c'est de toucher ton corps ; la perfection de la langue, c'est de louer tes qualités. Car il est très rare de trouver un pur dévot de ton calibre. » Le Seigneur informa ensuite Sanātana que Kṛṣṇa est très miséricordieux, étant le sauveur des âmes déchues : « Il t'a sauvé de Mahā-raurava. » Le *Śrīmad-Bhāgavatam* décrit Mahā-raurava comme un enfer conçu pour ceux qui tuent des animaux, à savoir les bouchers et les humains carnivores. « Je ne sais rien de la miséricorde de Kṛṣṇa, répondit Sanātana, mais je réalise que Tu m'as béni de Ta miséricorde immotivée, m'ayant délivré de l'enchaînement à l'existence matérielle. » Le Seigneur S'enquit alors : « Comment t'es-tu libéré de ton emprisonnement ? J'ai cru comprendre qu'on t'avait arrêté. » Sanātana Lui raconta l'histoire du début à la fin. « J'ai rencontré tes deux frères, l'informa ensuite le Seigneur, et Je leur ai conseillé de partir pour Vṛndāvana. » Le Seigneur Caitanya présenta ensuite Sanātana à Candraśekhara, qui invita avec courtoisie Sanātana à dîner avec lui. Le Seigneur pria Candraśekhara d'emmener Sanātana chez un barbier pour qu'il lui redonne belle apparence, car Sanātana portait une longue barbe que Śrī Caitanya Mahāprabhu n'appréciait guère. Il demanda aussi qu'il lui fasse prendre un bain et lui offre une nouvelle tenue. Après ses ablutions, Sanātana demanda à Candraśekhara de lui donner de quoi se vêtir. Lorsque le Seigneur Caitanya apprit que Sanātana refusait de nouveaux habits et en préférait de vieux, Il en fut très heureux. Prenant Son repas chez Candraśekhara, le Seigneur le pria de garder quelque nourriture pour Sanātana, qui prit plus tard un repas composé de reliefs de nourriture laissés par le Seigneur, pendant que Celui-ci Se reposait.

Śrī Caitanya présenta ensuite à Sanātana un dévot et *brāhmaṇa* du Mahārāṣṭrīya qui l'invita à dîner chaque jour chez lui, tant que durerait son séjour à Bénarès, invitation que refusa Sanātana : « Tant que je resterai à Bénarès, je mendierai de porte en porte. Mais le Seigneur aura l'obligeance d'accepter ton invitation quotidienne à dîner. »

Comblé par l'attitude de Sanātana, le Seigneur Caitanya remarqua toutefois la riche couverture que son beau-frère lui avait donnée en cours de route. Bien qu'Il fermât les yeux sur celle-ci, Sanātana comprit que Caitanya n'approuvait pas qu'il la porte, et décida donc de s'en défaire. Se rendant aussitôt sur la rive du Gange, il aperçut un mendiant qui lavait une vieille couverture, que Sanātana voulut échanger contre la sienne. Croyant qu'il plaisantait, le mendiant s'écria : « Comment ! Tu sembles être un homme fort respectable. Pourquoi te moques-tu de moi avec tant d'effronterie ? »

« Je ne plaisante pas, l'informa Sanātana, je suis au contraire très sérieux. Aurais-tu l'obligeance d'accepter cette couverture en échange de la tienne ? » Après que le mendiant eut enfin accepté, Sanātana retourna auprès du Seigneur.

« Où est ta couverture coûteuse ? », lui demanda immédiatement le Seigneur. Sanātana lui révéla qu'Il l'avait échangée, et le Seigneur ne l'en aima que plus. « De par ton intelligence, tu viens de réduire à néant ton attrait pour l'opulence matérielle. » En d'autres termes, le Seigneur n'accorde Son service de dévotion qu'aux personnes complètement affranchies de toute possession matérielle. Le Seigneur dit ensuite à Sanātana : « Ce serait une contradiction pour toi de mendier de porte en porte, vêtu d'une aussi riche couverture. Les gens prendraient la chose en horreur. » Sanātana répondit : « Tout effort de ma part pour me détacher de la matière n'est que le fruit de Ta miséricorde. » Très satisfait de son attitude, le Seigneur discuta avec lui d'émancipation spirituelle.

Avant de rencontrer Sanātana, le Seigneur Caitanya avait d'abord fait la rencontre d'un dévot et chef de famille nommé Rāmānanda Rāya. À cette occasion, dont traitera un chapitre ultérieur, Caitanya souleva des questions auxquelles Rāmānanda répondit comme s'il était le précepteur du Seigneur. Ici, toutefois, Sanātana questionnera le Seigneur, qui Lui répondra Lui-même. Les directives et enseignements du Seigneur Caitanya s'avèrent de la plus haute importance pour les masses. Il trace la voie du service de dévotion, lequel représente l'occupation constitutionnelle de tout être vivant ; c'est le devoir de tout être humain que de progresser dans la science spirituelle. Tous ces thèmes ont été discutés en profondeur par le Seigneur Caitanya et Sanātana Gosvāmī, et par la grâce de Śrī Caitanya, Sanātana fut à même de soumettre au Seigneur des questions auxquelles furent apportées des réponses plus qu'adéquates. La rencontre de Sanātana et du Seigneur nous apprend qu'il faut, pour comprendre la spiritualité, approcher un maître spirituel comme Śrī Caitanya Mahāprabhu et s'en enquérir avec soumission. La *Bhagavad-gītā* confirme d'ailleurs qu'il faut approcher une autorité en matière de spiritualité pour apprendre cette science auprès d'elle.

CHAPITRE TROIS

Enseignement à Sanātana Gosvāmī

Grâce aux instructions du Seigneur à Sanātana Gosvāmī, nous pouvons comprendre la science de Dieu en ce qui a trait à Sa forme transcendantale, à Ses excellences et à Son service de dévotion, car le Seigneur lui a personnellement transmis toutes ces connaissances. Se prosternant aux pieds du Seigneur, c'est en ces termes que Sanātana s'enquit en toute humilité de sa propre identité véritable : « Né d'une famille de basse condition, je suis moi-même déchu, le plus bas d'entre les hommes, et les personnes que je côtoie sont toutes de vile nature. Croupissant dans le puits sombre de la jouissance matérielle, j'ignore depuis toujours le vrai but de mon existence. En vérité, je ne sais rien de ce qui pourrait m'être bénéfique. Dans la sphère matérielle, on me tient pour un grand érudit, mais en fait, ma bêtise est telle que je me prends à y croire. En m'acceptant comme Ton serviteur, Tu m'as délivré des chaînes de l'existence matérielle. Maintenant, dis-moi en quoi consiste mon devoir d'âme libérée. »

Il ressort de cette requête que la libération ne constitue pas en soi le summum de la perfection, et qu'elle donne nécessairement lieu à des activités. Sanātana dit en effet clairement : « Maintenant que Tu m'as délivré de l'existence matérielle et que la libération m'est acquise, en quoi consiste mon devoir ? » Et d'ajouter : « Qui suis-je ? Pourquoi suis-je constamment en proie aux trois formes de souffrance ? Dis-moi enfin comment échapper à cet enlisement matériel ? J'ignore comment il convient de s'enquérir de l'émancipation spirituelle, mais je T'implore d'avoir la bonté et la grâce de m'apprendre tout ce qu'il me faut savoir. »

Telle est la façon d'accepter un maître spirituel. Approchant un tel maître, le disciple doit s'en remettre humblement à lui, puis s'enquérir de son progrès spirituel.

Satisfait de l'attitude soumise de Sanātana, le Seigneur lui répondit : « Kṛṣṇa t'a béni, de sorte que tu sais déjà tout, en plus d'être affranchi de toutes les souffrances associées à l'existence matérielle. » Le Seigneur insista sur le fait que, puisqu'il était conscient de Kṛṣṇa, Sanātana connaissait naturellement tout par la grâce de Kṛṣṇa. « En humble dévot, tu Me demandes néanmoins de confirmer ce que tu sais déjà. Et c'est très bien ainsi. » Telle est la marque d'un vrai dévot. Le *Nārada-bhakti-sūtra* enseigne que, par la grâce du Seigneur, les âmes soucieuses de développer leur conscience de Kṛṣṇa voient bientôt comblé leur désir de comprendre Kṛṣṇa. « Tu es apte à protéger le service de dévotion du Seigneur, lui dit Caitanya ; il est donc de Mon devoir de t'enseigner la science de Dieu, ce que Je ferai étape par étape. » Le disciple qui approche un maître spirituel doit s'enquérir auprès de lui de sa position fondamentale. Conformément à cette approche spirituelle, Sanātana avait déjà demandé au Seigneur : « Qui suis-je ? Pourquoi dois-je subir les trois formes de souffrance ? » Les trois formes de souffrance en question ont nom *adhyātmika, adhibhautika* et *adhidaivika*. Le terme *adhyātmika* désigne les souffrances issues du corps et du mental. L'être vivant souffre tantôt de maux physiques, tantôt d'afflictions mentales. Ces deux variétés d'*adhyātmika,* nous en avons l'expérience depuis le temps même de notre séjour dans le ventre de notre mère. Plusieurs formes de souffrance semblent ainsi profiter de la fragilité du corps humain pour nous tourmenter. On qualifie d'*adhibhautika* les souffrances causées par d'autres entités vivantes. Nombre d'animaux issus de larves, dont certains insectes, peuvent ainsi troubler notre sommeil. Il arrive également que les blattes et d'autres espèces indésirables nous infligent des tourments, tout comme le peuvent divers êtres nés sur des planètes différentes de la nôtre.

Le mot *adhidaivika* correspond, lui, aux souffrances qui ont pour origine les *devas* des planètes supérieures. À titre d'exemple, citons le froid ou la chaleur extrême, la foudre, les séismes, les ouragans, la sécheresse. Quoi qu'il en soit, nous sommes constamment exposés à l'une ou l'autre de ces trois formes de souffrance.

La question de Sanātana était donc : « Quelle est la position de l'être vivant ? Pourquoi subit-il sans cesse ces trois formes de tourments ? » Sanātana reconnaît son point faible : même si les masses voyaient en lui un grand érudit (et il était réellement très versé en sanskrit), désignation qu'il acceptait lui-même volontiers, il ignorait en fait quelle était vraiment sa nature intrinsèque et pourquoi il était sujet aux trois formes de souffrance.

Le fait d'approcher un maître spirituel ne tient pas à une simple mode ; il s'agit d'une nécessité pour quiconque n'est que trop conscient des souffrances matérielles et désire s'en affranchir. Une telle personne se doit d'approcher un maître spirituel. Nous en trouvons également un exemple dans la *Bhagavad-gītā*. Quand Arjuna devint perplexe, ignorant s'il devait ou non combattre, il accepta Kṛṣṇa comme maître spirituel. Et là encore, le Maître Spirituel Suprême a personnellement révélé la nature intrinsèque de l'être, cette fois à Arjuna.

La *Bhagavad-gītā* nous informe que l'être distinct est, par nature intrinsèque, une âme spirituelle, étrangère à la matière, et qu'à ce titre, il constitue une étincelle de l'Âme Suprême, la Vérité Absolue, la Personne Divine. Nous y apprenons également que l'âme distincte doit s'abandonner entièrement à Kṛṣṇa, l'Âme Suprême, pour trouver le bonheur : tel est l'ultime enseignement de la *Bhagavad-gītā*.

Dans Ses réponses aux questions de Sanātana, le Seigneur Caitanya reprend cette même vérité, à la différence qu'Il ne présente pas les données sur l'âme déjà contenues dans la *Bhagavad-gītā*. Il débute plutôt Son enseignement là où se termine celui de Kṛṣṇa. Tous les grands dévots reconnaissent que Caitanya n'est autre que Kṛṣṇa, et Son enseignement à Sanātana commence là où Il a conclu dans la *Bhagavad-gītā*.

« De par ta nature intrinsèque, tu es une âme vivante d'essence purement spirituelle, dit le Seigneur à Sanātana. Le corps matériel ne peut être assimilé à ta véritable identité, non plus que le mental, l'intelligence ou le faux ego. Ta véritable identité, c'est d'être l'éternel serviteur de Kṛṣṇa, le Seigneur Suprême. Ton statut est de nature transcendantale. L'énergie supérieure de Kṛṣṇa est d'essence spirituelle alors que l'énergie inférieure, externe, est d'essence matérielle. Situé entre ces deux énergies, tu appartiens donc à l'énergie marginale de Kṛṣṇa, ce qui veut dire que tu fais un avec Lui tout en étant distinct de Lui. Étant de nature spirituelle, tu es identique à Kṛṣṇa ; mais parce que tu n'en es qu'un infime fragment, tu es en même temps différent de Lui. »

Cette identité et cette différence simultanées caractérisent de tout temps la relation qui unit les êtres au Seigneur Suprême. Le statut marginal de l'être distinct nous donne de saisir cette notion « d'identité et de différence simultanées ». L'être vivant est comparable à une molécule de soleil, tandis que Kṛṣṇa peut être comparé à l'astre lui-même, dans toute sa splendeur. Le Seigneur Caitanya compare les êtres vivants aux étincelles d'un feu et l'Être Suprême au brasier même dont elles émanent. Dans ce contexte, le Seigneur cite un verset du *Viṣṇu Purāṇa* où il est dit que toute manifestation cosmique n'est que l'énergie du Seigneur Suprême. Comme le feu qui, d'où il brûle, diffuse tout autour sa lumière et sa chaleur, le Seigneur – qui Se trouve en un point donné du monde spirituel – déploie et manifeste partout Ses différentes énergies. En vérité, la création entière est constituée de diverses manifestations de Son énergie. »

Spirituelle et absolue est l'énergie du Seigneur Suprême, énergie dont les êtres vivants font partie intégrante. Il existe cependant une autre énergie, appelée matière, que recouvre le nuage de l'ignorance et qui comporte de ce fait trois modes d'influence, ou *guṇas*. Le Seigneur Caitanya cite à nouveau le *Viṣṇu Purāṇa,* selon lequel toutes les énergies inconcevables résident en la Personne Suprême du Seigneur, et l'entière manifestation cosmique opère de par celles-ci.

Le Seigneur ajoute que l'être vivant est aussi qualifié de *kṣetra-jña,* ou « connaissant du champ d'action ». Le treizième chapitre de la *Gītā* décrit le corps comme le champ d'action et l'être vivant, comme le connaissant de ce champ (*kṣetra-jña*). Quoique l'être soit intrinsèquement familier avec l'énergie spirituelle ou ait le pouvoir de la comprendre, étant recouvert par l'énergie matérielle, il s'identifie au corps. Ce sentiment d'être ce qu'il n'est pas constitue ce qu'on appelle le « faux ego ». Mystifié par ce dernier, l'être égaré au sein de l'existence matérielle revêt différents corps et subit diverses formes de souffrance, cependant que différentes classes d'êtres vivants possèdent à divers degrés la connaissance de leur véritable nature.

En d'autres mots, tout être vivant participe de l'énergie spirituelle du Seigneur Suprême. L'énergie matérielle étant de nature inférieure, l'être humain a le pouvoir d'échapper à son emprise pour tirer pleinement parti de l'énergie spirituelle. On lit dans la *Bhagavad-gītā* que l'énergie supérieure est voilée par l'inférieure, qui soumet l'être vivant aux souffrances inhérentes à l'univers matériel selon l'épaisseur du voile qui le recouvre. Les âmes quelque peu éclairées souffrent moins que d'autres, mais dans l'ensemble, toutes sont sujettes à souffrir du fait que l'énergie matérielle les enveloppe.

Le Seigneur cita également le septième chapitre de la *Gītā,* où il est dit que terre, eau, feu, air, éther, mental, intelligence et faux ego forment tout ensemble l'énergie inférieure de l'Être Suprême. La véritable identité de l'être tient cependant à l'énergie supérieure, dont dépend entièrement le fonctionnement de l'univers matériel. La manifestation cosmique, formée d'éléments matériels, ne peut en effet s'animer sans la présence de l'énergie supérieure, qu'incarne l'être vivant. En réalité, l'existence conditionnée de ce dernier résulte de son oubli de la relation qui l'unit au Seigneur Suprême au sein de l'énergie supérieure. Ce n'est que lorsque l'être humain redécouvre sa véritable identité d'éternel serviteur du Seigneur qu'il accède à la libération.

CHAPITRE QUATRE

Le sage

Puisque personne ne peut retracer les origines de l'enlisement de l'être dans l'énergie matérielle, le Seigneur dit qu'il est sans commencement. C'est-à-dire que l'existence conditionnée précède la création ; elle se manifeste simplement durant et après la création. Oublieux de sa nature spirituelle, l'être vivant subit toutes sortes de souffrances au sein de la matière. Comprenons ici qu'il existe aussi des êtres qui, libres de tout enchaînement matériel, peuplent le monde spirituel. Ces âmes libérées s'engagent toujours dans la conscience de Kṛṣṇa, dans le service de dévotion.

Les âmes conditionnées par la nature matérielle se livrent à des activités qui leur valent de revêtir diverses sortes de corps au fil de leurs vies successives. Dans l'univers matériel, ces âmes ont ainsi droit à divers châtiments et récompenses. Leurs actions méritoires peuvent les élever jusqu'aux planètes supérieures, où elles peuvent joindre les rangs des nombreux *devas* ; leurs actes répréhensibles peuvent au contraire les précipiter vers différentes planètes infernales pour y souffrir davantage les tourments de la vie matérielle. Le Seigneur cite ici un très bel exemple : jadis, les rois punissaient les criminels en les plongeant dans une rivière, puis en les remontant à la surface pour une bouffée d'air, après quoi ils les replongeaient à nouveau sous l'eau. La nature matérielle récompense ou punit les êtres de façon analogue, en les plongeant dans les eaux de la souffrance ou en les en extirpant pour un temps. L'élévation aux planètes supérieures ou à un plus haut niveau de vie n'est jamais permanente ; elle est toujours suivie d'une nouvelle submersion. Ainsi se perpétue l'existence matérielle : on est tantôt promu aux systèmes planétaires supérieurs, tantôt précipité dans des conditions de vie infernales. Dans ce contexte, Caitanya Mahāprabhu récita un verset du *Śrīmad-Bhāgavatam,* tiré de l'enseignement de Nārada Muni à Vasudeva, le père de Kṛṣṇa. Nārada y reprend lui-même les propos des neuf sages qui avaient instruit Mahārāja Nimi, définissant *māyā* comme « l'oubli de notre relation avec Kṛṣṇa ». En fait, *māyā* signifie « ce qui n'est pas », ce qui n'a pas d'existence. Il est donc faux de croire que l'être vivant n'a aucun lien avec le Seigneur Suprême. Il peut ne pas croire en l'existence de Dieu, ou penser que rien ne les relie, mais il s'agit là d'autant d'« illusions », ou *māyā*. En proie à cette fausse conception de la vie, l'humain se morfond de peurs et d'angoisses sans fin. Autrement dit, toute conception de vie sans Dieu relève de *māyā*. Quiconque est versé dans la littérature védique s'abandonne donc au Seigneur Souverain avec une grande dévotion et reconnaît en Lui le but ultime de son existence. Dès que l'être oublie la nature fondamentale de sa relation avec Dieu, il succombe à l'énergie matérielle, d'où son faux ego – son identification au corps, qu'il méprend pour le soi. Sa conception entière de l'univers matériel naît de cette fausse conception du corps. S'attachant à ce dernier, il s'attache également à tout ce qu'il peut produire. Pour échapper à cet esclavage, il n'a qu'à accomplir son devoir en s'en remettant au Seigneur Suprême avec intelligence, dévotion et une sincère conscience de Kṛṣṇa.

L'âme conditionnée se croit à tort heureuse dans l'univers matériel, mais lorsqu'elle est bénie par l'enseignement d'un pur dévot, elle renonce à son désir de jouissance matérielle et se voit éclairée par la conscience de Kṛṣṇa. Dès qu'elle accède à cette conscience, ses désirs matériels sont anéantis et elle se défait peu à peu de l'asservissement à la matière. Il ne peut être question de ténèbres en présence de la lumière ; or, la conscience de Kṛṣṇa est cette lumière qui dissipe les ténèbres de la jouissance matérielle.

L'être conscient de Kṛṣṇa ne souscrit jamais à l'idée erronée selon laquelle il ne ferait qu'un avec Dieu. Sachant qu'il ne serait pas heureux en œuvrant pour lui-même, il consacre toutes ses énergies au service du Seigneur et se voit ainsi libéré des griffes de l'énergie d'illusion temporelle. Dans ce contexte, le Seigneur cite le verset suivant du septième chapitre de la *Bhagavad-gītā,* selon lequel l'énergie matérielle composée des trois *guṇas* s'avère si puissante qu'on peut difficilement s'y soustraire. Mais qui s'abandonne à Kṛṣṇa est aisément libéré de l'emprise de *māyā*.

Le Seigneur poursuit en enseignant que chaque instant voué à l'action intéressée plonge l'âme conditionnée dans l'oubli de sa véritable identité. Tantôt lasse et dégoûtée de l'action matérielle, celle-ci aspire à la libération et à ne plus faire qu'un avec le Suprême, tandis qu'à d'autres moments, elle croit qu'en peinant pour satisfaire ses sens, elle trouvera le bonheur. Dans un cas comme dans l'autre, l'énergie matérielle la recouvre. Afin d'éclairer les âmes ainsi égarées, le Seigneur a présenté à l'humanité la volumineuse littérature védique, formée des *Vedas,* des *Purāṇas* et du *Vedānta-sūtra,* tous conçus pour guider l'être humain dans son retour vers Dieu. Le Seigneur explique également que l'âme conditionnée que le maître spirituel accepte par compassion et que guide l'Âme Suprême tire parti des diverses Écritures védiques pour acquérir le savoir et progresser dans la réalisation spirituelle. Comprenons que c'est par la grâce perpétuelle de Kṛṣṇa envers Ses dévots que furent produits tous ces textes védiques, afin que nous puissions comprendre la relation qui nous unit à Lui et agir en conséquence. Ainsi peut-on atteindre le but ultime de l'existence.

De fait, tout être vivant est destiné à atteindre le Seigneur Suprême, et tous peuvent comprendre la relation qui les unit l'un à l'autre. L'accomplissement des devoirs visant la perfection est appelé « service de dévotion » ; parvenu à maturité, ce service devient amour pour Dieu, le véritable but de la vie pour tous. L'être n'est pas destiné à connaître le succès dans les rites religieux, l'essor économique ou le plaisir des sens. Il ne doit même pas aspirer à la libération. Son seul désir devrait être de parvenir au niveau du service d'amour sublime offert au Seigneur. Les traits infiniment fascinants de Kṛṣṇa favorisent notre accès à la conscience de Kṛṣṇa, qui, lorsqu'on s'y engage, permet de réaliser le lien entre soi et Kṛṣṇa.

C'est dans ce contexte que le Seigneur relate un récit tiré du commentaire de Madhva sur le cinquième Chant du *Śrīmad-Bhāgavatam.* Ce récit porte sur les instructions que l'astrologue Sarvajña donna à un pauvre hère venu le consulter pour connaître son avenir. Après avoir dressé l'horoscope de l'individu en question, Sarvajña s'étonna que celui-ci fut si pauvre : « D'où vient ta misère ? lui demanda-t-il. Je lis dans ton horoscope que ton père t'a laissé un trésor caché dont il n'a pu, hélas, te révéler l'emplacement, car il est mort à l'étranger. Mais tu peux désormais le chercher et trouver le bonheur. » On cite cette histoire à titre d'exemple pour montrer que l'être souffre parce qu'il ignore l'existence du trésor caché de son Père, Kṛṣṇa. Ce trésor caché, c'est l'amour pour Dieu, et toutes les Écritures védiques invitent l'âme conditionnée à le découvrir. Selon la *Bhagavad-gītā,* l'âme conditionnée n'a pas conscience de ce qu'elle est la fille de l'être le plus riche qui soit – Dieu. Aussi les textes védiques lui sont-ils transmis pour l'aider à retrouver son Père et son patrimoine.

Sarvajña conseilla plus avant le pauvre homme : « Ne creuse pas au sud de ta maison, sinon une guêpe venimeuse t'attaquera et fera échouer ta quête du trésor. Cherche plutôt à l'est, où brille la vraie lumière de la dévotion, la conscience de Kṛṣṇa. Au sud se trouvent les rites védiques ; à l'ouest, le savoir empirique issu de la spéculation ; au nord, le *yoga* de la méditation. » Ceux qui cherchent le but ultime à travers les rites seront certes frustrés, car ils devront d'emblée verser des honoraires au prêtre qui les accomplit. L'humain peut penser trouver le bonheur dans ces rites, mais tout résultat ainsi acquis ne peut qu'être temporaire. Comme ils ne mettront pas fin à toutes ses angoisses, il ne sera jamais vraiment heureux en adoptant cette voie. Au contraire, ses tourments matériels ne feront que s'accroître.

On peut en dire autant de quiconque creuserait au nord, initiative comparable à la quête de la réalisation du soi à travers le *yoga* ou la méditation, qui nous incite à croire qu'on ne fera ainsi plus qu'un avec le Seigneur Suprême. Une telle fusion peut être comparée à un serpent qui chercherait la perfection en se laissant assimiler par un plus gros reptile. De toute évidence se fondre dans l'existence spirituelle du Suprême n'offre guère de solution.

À l'ouest se dresse un nouvel obstacle : un *yakṣa,* un mauvais esprit, protège le trésor. Comprenons ici qu'on ne saurait trouver un trésor enfoui en demandant l'aide d'un *yakṣa.* Une telle démarche ne peut que mener à la mort. Les *yogīs* qui pratiquent la méditation s'apparentent aux petits serpents. La réalisation spirituelle sous le signe de la spéculation – c'est-à-dire la voie du *jñāna* – s'avère également suicidaire.

La seule alternative consiste donc à chercher ledit trésor à l'est grâce au service de dévotion accompli en pleine conscience de Kṛṣṇa. Telle est la fortune cachée qui jamais ne tarit ; de sorte qu'en l'acquérant, on devient riche à tout jamais. Qui est pauvre en dévotion et en conscience de Kṛṣṇa sera toujours en manque de gains matériels, tantôt souffrant des morsures de créatures venimeuses, tantôt subissant l'échec, tantôt encore adhérant à la doctrine du monisme à en perdre son identité ou étant dévoré par un immense serpent. Seulement en renonçant à tout cela pour s'établir fermement dans la conscience de Kṛṣṇa, dans le service de dévotion du Seigneur, connaîtra-t-on la véritable perfection de l'existence.

CHAPITRE CINQ

Comment approcher Dieu

Toute la littérature védique guide en fait l'être humain vers la perfection qu'incarne la dévotion. Les voies de l'action intéressée, du savoir spéculatif et de la méditation ne mènent pas à la perfection, alors que la pratique du service de dévotion permet à coup sûr d'approcher le Seigneur. C'est pourquoi tous les Écrits védiques recommandent l'adoption de cette voie. Dans ce contexte, le Seigneur Caitanya cite un extrait du *Śrīmad-Bhāgavatam* (11.14.20), où le Seigneur dit : « Mon cher Uddhava, nul ne peut, par la spéculation philosophique, le *yoga* ou l'austérité, Me donner autant de plaisir que par la pratique du service de dévotion. » Le Seigneur n'est cher qu'à Ses dévots, et seul le service de dévotion permet de L'atteindre. Fût-il de la plus basse souche, le dévot est automatiquement lavé de toute souillure. Le service de dévotion constitue l'unique voie d'accès à Dieu, la Personne Suprême.

Telle est la seule perfection reconnue par toutes les Écritures védiques. De même qu'un miséreux devient heureux dès qu'il reçoit quelque trésor, la personne qui s'établit dans la pratique du service de dévotion voit naturellement ses tourments matériels s'évanouir. En progressant sur cette voie, elle acquiert l'amour pour Dieu et, développant celui-ci, s'affranchit de tout asservissement matériel. N'allons pas croire, cependant, que la disparition de la pauvreté et la libération représentent la finalité de l'amour pour Kṛṣṇa. C'est plutôt dans le fait de prendre goût à cet échange de service affectueux que réside l'amour pour Dieu, Kṛṣṇa. Tous les textes védiques stipulent que l'accès à cette relation d'amour qui unit l'être vivant au Seigneur Suprême constitue la raison d'être du service de dévotion. Notre véritable occupation est le service de dévotion, et notre but ultime, l'amour de Dieu. Tous les Écrits védiques ont ainsi Kṛṣṇa pour centre ultime, car on peut apporter une solution à tous les problèmes de l'existence grâce à la connaissance de Kṛṣṇa.

Le Seigneur souligne que même si, selon le *Padma Purāṇa,* il existe différents *Purāṇas* conçus pour le culte de diverses classes de *devas*, les indications qu'ils renferment ne font que confondre ceux qui y souscrivent en les incitant à croire que les *devas* sont suprêmes. Or, une étude approfondie des *Purāṇas* révèle que Kṛṣṇa, Dieu, la Personne Suprême, incarne l'unique objet d'adoration. À titre d'exemple, le *Mārkaṇḍeya Purāṇa* mentionne, dans le chapitre intitulé *caṇḍikā,* le culte de Devī – la déesse Durgā, ou Kālī, mais tout en précisant que tous les *devas* – même Durgā ou Kālī – ne représentent que différentes énergies de Viṣṇu. L'étude des *Purāṇas* révèle donc que Viṣṇu, le Seigneur Suprême, est le seul objet d'adoration.

En conclusion, par voie directe ou indirecte, toute forme d'adoration s'adresse ni plus ni moins à Kṛṣṇa, l'Être Suprême. La *Bhagavad-gītā* confirme elle-même que les adorateurs des *devas* adorent en fait Kṛṣṇa, puisque les *devas* ne sont que différentes parties du corps de Viṣṇu, ou Kṛṣṇa. La *Bhagavad-gītā* déclare par ailleurs que le culte des *devas* est une pratique irrégulière, ce que confirme le *Śrīmad-Bhāgavatam* à travers la question suivante : « Quel but vise le culte qu'on rend aux différentes classes de *devas* ? » La littérature védique porte sur diverses catégories d'activités rituelles, dont le *karma-kāṇḍa,* ou les activités purement rituelles, et le *jñāna-kāṇḍa,* ou la spéculation sur la Vérité Suprême et Absolue. Quelle est donc la raison d'être des sections des textes védiques consacrées aux activités rituelles ? À quoi servent les différents *mantras* ou hymnes qui prônent le culte de différents *devas* ? Quel but vise la spéculation philosophique sur la Vérité Absolue ? Le *Śrīmad-Bhāgavatam* répond qu'en réalité, toutes ces méthodes définies dans les *Vedas* pointent vers l'adoration du Seigneur Suprême : Viṣṇu. En d'autres mots, toutes ne sont que d'indirectes façons d'adorer Dieu. Les offrandes sacrificielles décrites dans les écrits consacrés aux rites visent la satisfaction du souverain Viṣṇu. À vrai dire, puisque ces cérémonies, ou *yajñas,* sont spécifiquement destinées à cette fin, on connaît également Viṣṇu sous le nom de Yajñeśvara, ou le maître des sacrifices. Comme les néophytes ne se situent pas tous au niveau transcendantal, on leur conseille d'adorer différents *devas* selon leur conditionnement par les différents modes d'influence de la nature matérielle. Le principe en est que ces néophytes pourront ainsi graduellement s'élever jusqu'au niveau spirituel et s'engager dans le service dévotionnel de Viṣṇu, le Seigneur Suprême. À titre d'exemple, les *Purāṇas* recommandent aux néophytes enclins à manger de la viande de ne le faire qu'après l'avoir offerte à la déesse Kālī.

Les portions philosophiques des hymnes védiques visent à nous permettre de distinguer l'Être Suprême de *māyā*. Une fois comprise la position de cette dernière, on peut approcher le Seigneur animé d'une dévotion pure. Tel est le but de la spéculation philosophique, comme le confirme la *Bhagavad-gītā* dans son septième chapitre : *bahūnāṁ janmanām ante* – « Après de nombreuses renaissances vouées à la spéculation, les philosophes et les empiristes approchent Kṛṣṇa (Vāsudeva), le Seigneur Suprême, reconnaissant qu'Il est tout ce qui est. » On peut ainsi voir que tous les rites védiques, ainsi que les différentes formes d'adoration et la spéculation philosophique ont pour but ultime Kṛṣṇa.

Le Seigneur dévoila ensuite à Sanātana Gosvāmī les multiples formes et l'opulence illimitée de Kṛṣṇa, décrivant également la nature des manifestations spirituelle et matérielle, sans oublier celle de l'être vivant. Il lui apprit aussi que les planètes du monde spirituel, appelées Vaikuṇṭhas, et les univers de la manifestation matérielle représentent en réalité différents types de manifestations, étant issues de deux différentes variétés d'énergie – spirituelle et matérielle. Kṛṣṇa, Lui, est pleinement établi dans Son énergie spirituelle, ou plus spécifiquement dans Sa puissance interne.

Afin de nous aider à saisir la différence entre les énergies spirituelle et matérielle, le deuxième Chant du *Śrīmad-Bhāgavatam* en présente une analyse précise. Śrīdhara Svāmī en fait autant dans son commentaire sur le premier verset du dixième Chant du *Śrīmad-Bhāgavatam.* Reconnaissant en Śrīdhara Svāmī un commentateur accrédité du *Śrīmad-Bhāgavatam,* le Seigneur Caitanya en citait les écrits, tout en expliquant que le dixième Chant du *Bhāgavatam* décrit la vie et les activités de Kṛṣṇa parce qu'Il est le refuge de toutes les manifestations. Sachant cela, Śrīdhara Svāmī adorait et offrait son hommage à Kṛṣṇa en Sa qualité de refuge de tout ce qui est.

Comprenons ici que deux principes opèrent en ce monde : l'un est l'origine ou le refuge de toute chose, l'autre découle du principe originel. La Vérité Suprême incarne le refuge de toutes les manifestations et prend le nom d'*āśraya*. Tous les autres principes, lesquels demeurent sous le contrôle de l'*āśraya-tattva* – la Vérité Absolue – sont appelés *āśrita,* ou réactions et corollaires subordonnés. La raison d'être de la manifestation matérielle consiste à offrir aux âmes conditionnées l'occasion d'atteindre la libération et de retourner auprès de la Vérité Absolue, de l'*āśraya-tattva.*

Puisque tout, au sein de la création cosmique, repose sur l'*āśraya-tattva,* la Vérité Suprême et Absolue – la manifestation créatrice, ou manifestation de Viṣṇu –, les différents *devas* et les manifestations de Son énergie, les êtres vivants et les éléments matériels, dépendent tous de Kṛṣṇa, lequel incarne la Vérité Suprême. Voilà pourquoi le *Śrīmad-Bhāgavatam* laisse entendre que, directement et indirectement, Kṛṣṇa est le refuge suprême de toute chose. Il s'ensuit que le parfait savoir ne peut être acquis que par une étude analytique de Kṛṣṇa, ainsi que le confirme la *Bhagavad-gītā.*

Le Seigneur Caitanya décrit ensuite les différentes facettes de Kṛṣṇa de la façon suivante, priant Sanātana Gosvāmī de L'écouter d'une oreille attentive. Bien que Kṛṣṇa soit la Vérité Suprême et Absolue, la Cause de toutes les causes et l'origine de toutes les émanations et *avatāras,* Il reste le jeune fils de Nanda Mahārāja à Vraja, ou Goloka Vṛndāvana. Cela dit, Sa forme n'en demeure pas moins éternelle, toute de félicité et de savoir absolu. Il est à la fois le refuge et le possesseur ou maître de tout ce qui existe.

Dans ce contexte, le Seigneur Caitanya cite la *Brahma-saṁhitā* (5.1) : Kṛṣṇa est le Dieu Suprême dont le corps baigne dans le savoir, l'éternité et la félicité. Personne originelle du nom de Govinda, Il incarne la cause première de toutes les causes. Ainsi Kṛṣṇa est-Il Dieu, la Personne Originelle, et Il possède les six excellences dans leur plénitude. Sa demeure, Goloka Vṛndāvana, appartient d'ailleurs au plus haut système planétaire du monde spirituel.

Le Seigneur Caitanya cite également ici un verset du *Śrīmad-Bhāgavatam* (1.3.28), qui affirme clairement que tous les *avatāras* mentionnés dans ce verset sont ou bien des émanations directes, ou bien, indirectement, des émanations d'émanations de Kṛṣṇa, dont le nom désigne Dieu, la Personne Originelle, qui apparaît sur cette terre, en cet univers ou en tout autre, chaque fois que les démoniaques – qui cherchent toujours à déstabiliser l'administration des *devas* – sèment le chaos. Trois voies permettent de comprendre Kṛṣṇa : la voie empirique de la spéculation philosophique, celle de la méditation associée au *yoga* des pouvoirs supranormaux et enfin, celle du service de dévotion – la conscience de Kṛṣṇa. La première permet d'appréhender l'aspect impersonnel de Kṛṣṇa, appelé Brahman. La seconde favorise la compréhension de l'Âme Suprême, l'émanation omniprésente de Kṛṣṇa. Et le service de dévotion pratiqué en pleine conscience de Kṛṣṇa conduit à la réalisation de Dieu, la Personne Originelle.

Le Seigneur Caitanya cite à nouveau ici le *Śrīmad-Bhāgavatam* (1.2.11), où il est écrit que ceux qui connaissent la Vérité Absolue la décrivent sous trois aspects : le Brahman impersonnel, l'Âme Suprême omniprésente et Kṛṣṇa, Dieu, la Personne Suprême. En d'autres mots, le Brahman – l'aspect impersonnel –, le Paramātmā – l'aspect localisé –, et la personne même de Dieu sont une seule et même entité, qu'on perçoit toutefois en tant que Brahman, Paramātmā ou Bhagavān selon la voie qu'on adopte. La prise de conscience du Brahman impersonnel tient à la perception de la seule radiance du corps spirituel de Kṛṣṇa, radiance qu'on compare à celle du soleil. De même qu'existent l'astre solaire, la Divinité solaire et la lumière irradiant de celle-ci, la radiance spirituelle (*brahma-jyotir*) – le Brahman impersonnel – n'est que la radiance personnelle de Kṛṣṇa. Le Seigneur Caitanya appuie son propos sur un verset important de la *Brahma-saṁhitā,* où Brahmā déclare : « J'adore Govinda, Dieu, la Personne Suprême, dont la radiance personnelle constitue l'infini *brahma-jyotir* (la manifestation impersonnelle de la radiance corporelle de Kṛṣṇa) où flottent d'innombrables univers, chacun peuplé de planètes sans nombre. » Le Seigneur Caitanya souligne également que le Paramātmā, l'aspect omniprésent de Dieu sis dans le corps de chaque être, n'est qu'une manifestation ou émanation partielle de Kṛṣṇa. En Sa qualité d'Âme de toutes les âmes, on nomme Kṛṣṇa « Paramātmā », le Soi Suprême. Dans ce contexte, Śrī Caitanya cite un autre passage du *Śrīmad-Bhāgavatam* relativement aux entretiens de Mahārāja Parīkṣit avec Śukadeva Gosvāmī. Tout en prêtant l'oreille aux divertissements spirituels de Kṛṣṇa à Vṛndāvana, Parīkṣit s'enquit auprès de son maître spirituel – Śukadeva Gosvāmī – de la raison de l'attachement si marqué des habitants de Vṛndāvana pour Kṛṣṇa. Et Śukadeva de répondre que Kṛṣṇa doit être reconnu comme l'Âme de toutes les âmes, soit des âmes distinctes et du Paramātmā localisé. À Vṛndāvana, Il Se comportait comme un être humain afin de captiver les gens et de démontrer qu'Il n'est pas dépourvu de forme.

Le Seigneur est également un être vivant, à la différence qu'Il est le Suprême, auxquels sont subordonnés tous les autres êtres. Ceux-ci peuvent donc connaître la félicité spirituelle, l'éternité et le savoir parfait en Sa compagnie. Le Seigneur Caitanya cite aussi un verset de la *Bhagavad-gītā* dans lequel Kṛṣṇa informe Arjuna de Ses différentes excellences, soulignant qu'Il pénètre Lui-même en cet univers grâce à l'une de Ses émanations plénières, Garbhodaka-śāyī Viṣṇu, ainsi qu'en chaque univers sous la forme de Kṣīrodaka-śāyī Viṣṇu, pour enfin Se multiplier sous la forme de l'Âme Suprême sise dans le cœur de chacun. Aussi dit-Il que quiconque désire comprendre parfaitement la Vérité Suprême et Absolue doit adopter le service de dévotion en pleine conscience de Kṛṣṇa. Alors seulement est-il possible d'appréhender pleinement la Vérité Absolue.

CHAPITRE SIX

Les formes de Kṛṣṇa

Le service de dévotion permet de comprendre que Kṛṣṇa Se manifeste d'abord dans Sa forme personnelle, dite *svayam-rūpa,* puis en tant que *tad-ekātma-rūpa* et enfin en tant qu'*āveśa-rūpa.* C'est sous ces trois aspects qu'Il manifeste Sa forme transcendantale. Le premier aspect – ou *svayam-rūpa* – correspond à la forme sous laquelle Kṛṣṇa peut être perçu par ceux auxquels Ses autres aspects pourraient échapper. En d'autres mots, on appelle *svayam-rūpa,* ou forme personnelle, la forme sous laquelle Kṛṣṇa peut être directement appréhendé. La seconde forme, ou *tad-ekātma-rūpa,* est celle qui s'apparente le plus à la *svayam-rūpa,* malgré certaines différences quant aux traits corporels. Elle comporte deux manifestations : l'émanation personnelle et l'émanation propre aux divertissements. En troisième lieu, lorsque Kṛṣṇa, le Seigneur Suprême, confère pleins pouvoirs à un être ayant les compétences voulues pour Le représenter, ce dernier est qualifié d'*āveśa-rūpa* ou de *śaktyāveśa-avatāra.*

La forme personnelle de Kṛṣṇa se présente en outre sous deux aspects, respectivement désignés du nom de *svayam-rūpa* et de *svayam-prakāśa.* C'est dans Sa forme dite *svayam-rūpa* (propre aux divertissements) qu'Il demeure à jamais à Vṛndāvana en compagnie de ses habitants. Cette forme personnelle se divise à son tour en d'autres formes techniquement appelées *prābhāva* et *vaibhava*. À titre d'exemple, Kṛṣṇa manifesta de multiples formes lors de la danse *rāsa* afin de pouvoir danser aux côtés de chaque *gopī* qui y prenait part. De même, Il Se multiplia en 16108 formes à Dvārakā en vue d'obliger Ses 16108 épouses.

De grands mystiques ont parfois réussi à se dédoubler, mais Kṛṣṇa n'a recours pour ce faire à aucune forme de *yoga*. L'histoire védique rapporte notamment qu'un sage du nom de Saubhari Ṛṣi parvint à se multiplier en huit formes grâce à la pratique du *yoga*, sauf qu'elles n'étaient toutes que des répliques de sa personne, alors que lorsque Kṛṣṇa Se manifeste sous différentes formes, chacune d'elles représente une entité distincte. Cela ne cessa d'ailleurs d'étonner Nārada Muni lorsqu'il visita les différents palais de Kṛṣṇa à Dvārakā. Pourtant, Nārada ne s'émerveille jamais de voir un *yogī* manifester plusieurs formes corporelles, sachant lui-même comment réaliser pareil exploit. Or, le *Śrīmad-Bhāgavatam* affirme que Nārada, mystifié à la vue des émanations de Kṛṣṇa, se demandait comment le Seigneur pouvait être ainsi présent auprès de chacune de Ses 16108 reines en autant de palais.

Aux côtés de chaque reine, Kṛṣṇa manifestait une forme différente et Se comportait en conséquence, tantôt discutant avec Son épouse, tantôt jouant avec Ses enfants, tantôt Se livrant à quelque tâche ménagère. Ces différentes activités sont accomplies par le Seigneur dans des formes associées à diverses émotions et qualifiées d'émanations *vaibhava-prakāśa*. Et il existe une multitude infinie d'autres émanations des formes de Kṛṣṇa qui, même lorsqu'elles se divisent ou se multiplient sans limite, n'en participent pas moins d'une identité unique. Il n'existe de fait aucune distinction entre l'une et l'autre de ces formes : ainsi le veut la nature absolue de Dieu, la Personne Suprême.

On lit dans le *Śrīmad-Bhāgavatam* (10.40.7) qu'alors qu'Akrūra accompagnait Kṛṣṇa et Balarāma à Mathurā, il pénétra dans les eaux de la Yamunā et y vit toutes les planètes du monde spirituel. Il contempla également le Seigneur dans Sa forme de Viṣṇu, qu'adoraient Nārada et les quatre Kumāras. Voilà ce qu'entend le *Śrīmad-Bhāgavatam* par « forme ». Comme l'affirme le *Bhāgavata Purāṇa*, différents modes d'adoration servent à purifier de nombreux adorateurs – les *vaiṣṇavas* ou « Āryans », entre autres – qui rendent un culte au Seigneur Suprême selon leurs convictions et leur entendement spirituel. Tel que mentionné dans les Écritures, chaque mode d'adoration repose sur la perception d'une forme particulière de Dieu, mais le but ultime consiste à adorer le Seigneur en personne.

Sous Son aspect *vaibhava-prakāśa,* le Seigneur Se manifeste en tant que Balarāma, lequel est non différent de Kṛṣṇa Lui-même, si ce n'est que Sa carnation est claire tandis que celle de Kṛṣṇa est sombre. L'aspect *vaibhava-prakāśa* fut également révélé lorsque Kṛṣṇa apparut devant Sa mère Devakī sous la forme à quatre bras de Nārāyaṇa, dès après Son avènement en ce monde. À la requête de Ses parents, toutefois, Il transforma celle-ci en une forme à deux bras. Ainsi manifeste-t-Il tantôt quatre bras et tantôt seulement deux. La forme à deux bras s'appelle *vaibhava-prakāśa* et celle à quatre bras, *prābhava-prakāśa.* Dans Sa forme personnelle, Kṛṣṇa revêt l'aspect d'un petit pâtre et Se considère comme tel. Mais lorsqu'Il revêt la forme de Vāsudeva, Il Se voit comme le fils d'un *kṣatriya* et Se comporte en administrateur princier – en *kṣatriya.* En tant que fils de Nanda Mahārāja, Kṛṣṇa manifeste pleinement Sa forme, Son opulence, Sa beauté, Sa richesse, Son pouvoir de fascination et Ses divertissements. En vérité, on lit dans certains écrits *vaiṣṇavas* que Vāsudeva ressent parfois Lui-même l'attrait qu'exerce la forme de Govinda à Vṛndāvana. Aussi désire-t-Il parfois Se divertir comme Govinda, quoique les formes de Vāsudeva et de Govinda participent d'une identité unique. Dans ce contexte, citons un passage du quatrième chapitre du *Lalita-mādhava,* où Kṛṣṇa dit à Uddhava : « Cher ami, la forme de Govinda, le petit pâtre, Me fascine. À dire vrai, Je voudrais, à l'instar des jeunes filles de Vraja, ressentir l'attrait qu'exerce cette forme de Govinda. » Au chapitre huit, Kṛṣṇa ajoute : « Ô merveille ! Qui est cette personne ? L'ayant vue, J'éprouve un tel attrait que Je désire l'étreindre comme le fait Rādhikā. » Quand cette forme de Kṛṣṇa revêt un aspect quelque peu différent, on la qualifie de *tad-ekātma-rūpa.* On peut partager celle-ci en deux autres catégories appelées *svāṁśa* et *vilāsa,* qui présentent elles-mêmes nombre de traits différents et se divisent à leur tour en deux groupes : *prābhava* et *vaibhava.* En ce qui concerne les formes *vilāsa,* on compte d'innombrables *prābhava-vilāsa* grâce auxquelles Kṛṣṇa Se multiplie en Vāsudeva, Saṅkarṣaṇa, Pradyumna et Aniruddha. Le Seigneur pense tantôt être un petit pâtre, tantôt un *kṣatriya,* fils de Vasudeva ; et ce sont ces divers « modes de pensée » de Kṛṣṇa qu'on nomme « divertissements ».

En réalité, Sa forme *vaibhava-prakāśa* ne diffère point de celle dite *prābhava-vilāsa,* quoiqu'Il apparaisse différemment sous les traits de Kṛṣṇa et Balarāma. Quant aux émanations précitées – Vāsudeva, Saṅkarṣaṇa, Pradyumna et Aniruddha – elles forment le *catur-vyūha* originel, composé de manifestations à quatre bras.

On compte d'innombrables *catur-vyūhas* sur différentes planètes et en divers lieux, notamment à Dvārakā et à Mathurā, où ils sont manifestés de toute éternité. De ce quatuor originel émanent les vingt-quatre principales *vaibhava-vilāsas,* formes qu'on nomme différemment selon la disposition des symboles qu'elles portent dans leurs mains. Ces quatre manifestations de Kṛṣṇa sont également présentes sur chacune des planètes du monde spirituel, planètes qu'on nomme Nārāyaṇa-loka ou Vaikuṇṭha-loka. Le Seigneur S'y manifeste sous la forme à quatre bras de Nārāyaṇa, duquel émanent les formes de Vāsudeva, Saṅkarṣaṇa, Pradyumna et Aniruddha citées plus haut. Nārāyaṇa y occupe la place centrale, et S'entoure ainsi des quatre formes du *catur-vyūha.* Chacune d'elles se multiplie ensuite en trois autres aux noms différents, dont le premier est Keśava, ce qui donne un total de douze formes connues sous différents noms selon la disposition des symboles que Nārāyaṇa tient dans Ses mains. Quant à la forme de Vāsudeva, les trois manifestations qui en émanent sont Keśava, Nārāyaṇa et Mādhava. Les trois formes de Saṅkarṣaṇa sont appelées Govinda, Viṣṇu et Śrī Madhusūdana. Il convient ici de noter que cette forme de Govinda n'est pas celle du fils de Nanda Mahārāja à Vṛndāvana. De même, Pradyumna Se multiplie en trois formes nommées Trivikrama, Vāmana et Śrīdhara, alors que les trois formes d'Aniruddha sont Hṛṣīkeśa, Padmanābha et Dāmodara.

CHAPITRE SEPT

Les formes infinies du Divin

Selon l'almanach *vaiṣṇava,* les douze mois de l'année empruntent les noms des douze formes de Kṛṣṇa sur les planètes Vaikuṇṭha, qui président dès lors sur ces divisions de l'année. Le premier mois du calendrier prend ainsi le nom de Mārgaśīrṣa ; il correspond à la fin d'octobre et au début de novembre. Le mois de novembre est connu des *vaiṣṇavas* sous le nom de Keśava. Décembre, lui, prend le nom de Nārāyaṇa ; janvier, celui de Mādhava et février, celui de Govinda ; mars, celui de Viṣṇu ; avril devient Vāsudeva ; mai, Trivikrama ; juin, Vāmana ; juillet, Śrīdhara ; août devient Hṛṣīkeśa ; septembre s'appelle Padmanābha ; enfin, octobre a nom Dāmodara. Ce Dāmodara est différent de Celui de Vraja. Ce nom fut donné à Kṛṣṇa lorsque Sa mère Le lia à l'aide de cordes ; mais la forme qui gouverne le mois d'octobre représente une manifestation différente. Dans le même ordre d'idées, les *vaiṣṇavas* marquent leur corps en douze endroits selon les noms précités du Seigneur Suprême. À titre d'exemple, le *tilaka* qui orne le front est tracé en récitant le nom de Keśava. Les noms des autres formes de Kṛṣṇa, correspondant à ceux des mois, sont ensuite employés pour les bras, le ventre, la poitrine et d'autres parties du corps. Les quatre formes qu'incarnent Vāsudeva, Saṅkarṣaṇa, Pradyumna et Aniruddha possèdent également huit émanations appelées *vilāsa-mūrtis :* ce sont Puruṣottama, Acyuta, Nṛsiṁha, Janārdana, Hari, Kṛṣṇa, Adhokṣaja et Upendra. D'entre ces huit, Adhokṣaja et Puruṣottama sont les formes *vilāsa* de Vāsudeva ; Upendra et Acyuta sont celles de Saṅkarṣaṇa ; Nṛsiṁha et Janārdana, celles de Pradyumna ; enfin, Hari et Kṛṣṇa, celles d'Aniruddha, ce Kṛṣṇa étant différent du Kṛṣṇa originel.

Appelées les manifestations *vilāsa* de la forme *prābhava* (à quatre bras), ces vingt-quatre formes sont nommées différemment selon la disposition de leurs symboles : la masse, le disque, le lotus et la conque. Parmi ces vingt-quatre formes, on retrouve également des formes *vilāsa* et *vaibhava.* Celles appelées Pradyumna, Trivikrama, Vāmana, Hari et Kṛṣṇa, entre autres, revêtent toutes des traits différents. Viennent ensuite les *prābhava-vilāsa* – Vāsudeva, Saṅkarṣaṇa, Pradyumna et Aniruddha – pour un total de vingt autres variations. Toutes ces formes règnent sur diverses planètes Vaikuṇṭha du monde spirituel. Bien qu'éternellement présentes dans le royaume spirituel, certaines d'entre elles se manifestent également dans l'univers matériel.

Dans le monde spirituel, toutes les planètes où règne Nārāyaṇa sont éternelles. Mais la plus haute planète demeure Kṛṣṇaloka, qui se partage en trois régions : Gokula, Mathurā et Dvārakā. À Mathurā réside éternellement Keśava, qui est aussi représenté sur notre planète, en Inde, où Sa *mūrti* est adorée, précisément à Mathurā. De même, la forme de Puruṣottama règne à Jagannātha Purī, dans l'Orissa. À Ānandāraṇya réside la forme de Viṣṇu, et à Māyāpur – lieu de naissance du Seigneur Caitanya – se trouve celle de Hari. Plusieurs autres formes de Kṛṣṇa sont aussi présentes en diverses régions de la terre. Et il n'en est pas ainsi que dans notre univers, mais bien dans tous les univers de la création.

On dit par ailleurs que la terre se divise en sept îles, et il est entendu que sur chacune d'elles se trouvent pareilles formes, bien qu'à l'heure où nous écrivons ces lignes, on ne les retrouve qu'en Inde. Même si les Écrits védiques nous donnent de comprendre qu'il existe d'autres formes du Divin en d'autres parties du monde, nous ne possédons à l'heure actuelle aucune information quant à leur emplacement exact.

Les différentes formes de Kṛṣṇa sont ainsi présentes dans notre univers et dans tous les autres pour le plaisir de Ses dévots. En effet, ceux-ci ne prennent pas naissance qu'en Inde, mais bien dans toutes les parties du monde. Même lorsqu'ils ont oublié leur identité réelle, ces formes s'incarnent pour leur satisfaction ainsi que pour rétablir le service de dévotion et accomplir d'autres activités d'importance vitale pour le Seigneur Dieu. Certaines de ces formes sont des *avatāras* mentionnés dans les Écritures, tels que Viṣṇu, Trivikrama, Nṛsiṁha et Vāmana. La *Siddhārtha-saṁhitā* comporte une description des vingt-quatre formes de Viṣṇu, nommées différemment selon la disposition des symboles qu'elles tiennent dans Leurs quatre mains. L'énumération de ces symboles débute par la main droite inférieure, suivie de la droite supérieure, de la gauche supérieure et la gauche inférieure. Ainsi Vāsudeva est-Il décrit comme tenant dans cet ordre la masse, la conque, le disque et le lotus. Saṅkarṣaṇa, Lui, tient d'abord la masse, puis la conque, le lotus et le disque. Pradyumna tient, quant à Lui, le disque, la conque, la masse et le lotus, tandis que dans le cas d'Aniruddha, il s'agit du disque, de la masse, de la conque et du lotus.

Dans le monde spirituel, les manifestations de Nārāyaṇa sont au nombre de vingt : Hṛṣīkeśa (conque, disque, lotus et masse), Nārāyaṇa (conque, lotus, masse et disque), Śrī Mādhava (masse, disque, conque, lotus), Śrī Govinda (disque, masse, lotus, conque), Viṣṇu-mūrti (masse, lotus, conque, disque), Madhusūdana (disque, conque, lotus, masse), Trivikrama (lotus, masse, disque, conque), Śrīdhara (lotus, disque, masse, conque), Padmanābha (conque, lotus, disque, masse), Dāmodara (lotus, disque, masse, conque), Puruṣottama (disque, lotus, conque, masse), Acyuta (masse, lotus, disque, conque), Śrī Nṛsiṁha (disque, lotus, masse, conque), Janārdana (lotus, disque, conque, masse), Śrī Hari (conque, disque, lotus, masse), Śrī Kṛṣṇa (conque, masse, lotus, disque), Adhokṣaja (lotus, masse, conque, disque) et Upendra (conque, masse, disque, lotus).

Selon le *Hayaśīrṣa Pañcarātra,* il existe seize formes, dont les noms varient selon la disposition du disque et de la masse dans Leurs mains. En conclusion, Kṛṣṇa est Dieu, la Personne Suprême et Originelle. Appelé *līlā-puruṣottama,* Il réside principalement à Vṛndāvana comme le Fils de Nanda. Le *Hayaśīrṣa Pañcarātra* nous apprend aussi que neuf formes protègent chacune des deux Purī, respectivement appelées Mathurā Purī et Dvārakā Purī : les quatre formes qu'incarnent Vāsudeva, Saṅkarṣaṇa, Pradyumna et Aniruddha, puis celles de Nārāyaṇa, Nṛsiṁha, Hayagrīva, Varāha et Brahmā. Voilà pour les différentes manifestations des formes *prakāśa* et *vilāsa* du Seigneur Kṛṣṇa.

Śrī Caitanya informa également Sanātana Gosvāmī des différentes formes *svāṁśa,* partagées en deux catégories : celle de Saṅkarṣaṇa et celle des *avatāras.* De la première catégorie procèdent les trois *puruṣa-avatāras :* Kāraṇodaka-śāyī Viṣṇu, Garbhodaka-śāyī Viṣṇu et Kṣīrodaka-śāyī Viṣṇu ; de la seconde émanent les *līlā-avatāras,* dont les incarnations du Seigneur sous la forme d'un Poisson, d'une Tortue, etc. Il existe six variétés d'*avatāras :* 1) les *puruṣa-avatāras,* 2) les *līlā-avatāras,* 3) les *guṇa-avatāras,* 4) les *manv-antara-avatāras,* 5) les *yuga-avatāras* et 6) les *śaktyāveśa-avatāras.* Les six manifestations *vilāsa* de Kṛṣṇa sont partagées selon deux divisions liées à Son âge, respectivement nommées *bālya* et *paugaṇḍa.* En tant que fils de Nanda Mahārāja, Kṛṣṇa, dans Sa forme originelle, goûte l'extase de ce double aspect de Son enfance.

Nous pouvons ainsi conclure qu'il n'y a aucune limite aux émanations comme aux incarnations de Kṛṣṇa. Le Seigneur Caitanya en décrivit quelques-unes à Sanātana pour lui donner un simple aperçu de la façon dont Dieu Se déploie et Se divertit. Le *Śrīmad-Bhāgavatam* (1.3.26) confirme que les émanations et incarnations divines sont innombrables, au même titre que les vagues de l'océan.

Kṛṣṇa, Dieu la Personne Suprême, S'incarne d'abord sous la forme des trois *puruṣa-avatāras :* Kāraṇodaka-śāyī ou Mahā-viṣṇu, Garbhodaka-śāyī Viṣṇu et Kṣīrodaka-śāyī Viṣṇu, ainsi que le confirme le *Sātvata-tantra.* Les énergies de Kṛṣṇa peuvent également être divisées en trois catégories, soit l'énergie de la pensée, l'énergie du sentiment et l'énergie de l'action. Il manifeste la première en tant que Dieu Suprême, la seconde en tant que Vāsudeva et la troisième, en tant que Saṅkarṣaṇa Balarāma. La création ne saurait exister sans la pensée, le sentiment et l'action. Bien qu'on ne puisse parler de création en ce qui concerne le monde spirituel, l'univers matériel, lui, est bel et bien créé. Quoi qu'il en soit, le monde spirituel et l'univers matériel sont tous deux des manifestations de l'énergie d'action de Kṛṣṇa, à travers laquelle Il intervient sous la forme de Saṅkarṣaṇa et de Balarāma.

Le monde spirituel, avec ses planètes Vaikuṇṭha et Kṛṣṇaloka, repose sur l'énergie de la pensée du Divin. Bien qu'il ne saurait y être question de création vu sa nature éternelle, comprenons que les planètes spirituelles dépendent néanmoins de l'énergie de la pensée du Seigneur Suprême. Cette énergie est décrite dans la *Brahma-saṁhitā* (5.2), où il est dit que la Demeure Suprême, Goloka, se manifeste tel un lotus aux centaines de pétales. Tout y est manifesté par Ananta, Balarāma ou Saṅkarṣaṇa. La manifestation cosmique et ses différents univers sont manifestés par l'entremise de *māyā,* l'énergie matérielle. N'allons pas croire, cependant, que la nature – ou l'énergie – matérielle soit la cause de l'entière manifestation cosmique. C'est plutôt le Seigneur Suprême, dont les différentes émanations opèrent à travers la nature matérielle, qui en est la cause. En d'autres mots, il ne saurait être question de création sans la direction du Seigneur. La forme par l'intermédiaire de laquelle l'énergie de la nature matérielle opère la création a nom Saṅkarṣaṇa. Il est donc entendu que la manifestation cosmique est créée sous la supervision de l'Être Suprême. On donne à ce sujet l'exemple du fer qui, au contact du feu, devient pareil à celui-ci.

Le *Śrīmad-Bhāgavatam* (10.46.31) reconnaît en Kṛṣṇa et Rāma, qui pénètrent tout ce qui est, l'origine de tous les êtres vivants. On retrouve, au troisième chapitre du premier Chant de cet Écrit, la liste suivante des *avatāras :* 1) les Kumāras ; 2) Nārada ; 3) Varāha ; 4) Matsya ; 5) Yajña ; 6) Nara-nārāyaṇa ; 7) Kārdami Kapila ; 8) Dattātreya ; 9) Hayaśīrṣa ; 10) Haṁsa ; 11) Dhruvapriya Pṛśnigarbha ; 12) Ṛṣabha ; 13) Pṛthu ; 14) Nṛsiṁha ; 15) Kūrma ; 16) Dhanvantari ; 17) Mohinī ; 18) Vāmana ; 19) Bhārgava ; 20) Rāghavendra ; 21) Vyāsa ; 22) Pralambāri Balarāma ; 23) Kṛṣṇa ; 24) Buddha et 25) Kalkī. Comme presque tous apparaissent à l'intérieur d'un seul jour de Brahmā, ou *kalpa,* on les nomme parfois *kalpa-avatāras.* Parmi ceux-ci, les *avatāras* Haṁsa et Mohinī ne sont pas permanents. Mais Kapila, Dattātreya, Ṛṣabha, Dhanvantari et Vyāsa sont cinq formes aussi éternelles que célèbres. L'*avatāra* Tortue, l'*avatāra* Poisson, Nara-nārāyaṇa, Varāha, Hayagrīva, Pṛśnigarbha et Baladeva sont comptés parmi les incarnations dites *vaibhava.* De même, Brahmā, Viṣṇu et Śiva sont dits être les trois incarnations des attributs de la nature matérielle. Existent également 14 *manv-antara-avatāras :* 1) Yajña, 2) Vibhu, 3) Satyasena, 4) Hari, 5) Vaikuṇṭha, 6) Ajita, 7) Vāmana, 8) Sārvabhauma, 9) Ṛṣabha, 10) Viṣvaksena, 11) Dharmasetu, 12) Sudhāmā, 13) Yogeśvara et 14) Bṛhadbhānu. D'entre ceux-ci, Yajña et Vāmana comptent aussi parmi les *līlā-avatāras.* Ces 14 *manv-antara-avatāras* sont également connus sous le nom de *vaibhava-avatāras.*

Le *Bhāgavatam* offre aussi une description des quatre *yuga-avatāras.* Celui du Satya-yuga revêt un teint blanc ; celui du Tretā-yuga, un teint rouge ; ceux du Dvāpara-yuga et du Kali-yuga, un teint sombre, même s'il arrive exceptionnellement que l'*avatāra* du Kali-yuga prenne une carnation jaune. Quant aux *śaktyāveśa-avatāras,* ils incluent Kapila, Ṛṣabha, Ananta, Brahmā (parfois le Seigneur devient Lui-même Brahmā), Catuḥsana (incarnation du savoir), Nārada (incarnation du service de dévotion), le roi Pṛthu (incarnation du pouvoir administratif) et Paraśurāma (incarnation qui réprime les principes du mal).

CHAPITRE HUIT

Les avatāras

Le Seigneur Caitanya poursuivit comme suit. Les émanations de Śrī Kṛṣṇa apparaissant au sein de la création matérielle sont appelées *avatāras,* ou incarnations. Le mot *avatāra* signifie « qui descend du monde supérieur, spirituel ». Celui-ci est peuplé d'innombrables planètes Vaikuṇṭha, d'où les émanations du Seigneur descendent en cet univers. De là vient qu'on les nomme *avatāras.*

Le premier *avatāra* de la Personne Suprême, Dieu, à émaner de Saṅkarṣaṇa est le *puruṣa-avatāra.* Le *Śrīmad-Bhāgavatam* confirme – aux troisième et sixième chapitres du premier Chant – que lorsque Dieu descend sous la forme du premier *puruṣa-avatāra,* Il manifeste aussitôt les seize énergies élémentaires de la création matérielle. Appelé Mahā-viṣṇu, Il repose sur les eaux de l'océan causal et est l'*avatāra* originel de l'univers matériel, le Maître du temps, de la nature, des causes et de leurs effets, du mental, de l'ego, des cinq éléments, des trois modes d'influence de la nature, des sens et de la forme universelle. Bien qu'Il soit le Seigneur de toutes choses, mobiles et immobiles, Il n'en demeure pas moins indépendant.

La nature matérielle ne peut exercer son influence au-delà de l'océan causal, ou Virajā, comme le confirme le *Śrīmad-Bhāgavatam* (2.9.10). Ni les attributs de la nature (vertu, passion et ignorance) ni le temps matériel n'ont la moindre influence sur les planètes Vaikuṇṭha, où vivent éternellement les compagnons de Kṛṣṇa, ces âmes libérées que vénèrent les *devas* et les *asuras.*

La nature matérielle joue deux rôles, celui de cause directe, ou *māyā,* et celui de *pradhāna,* lié à la manifestation des éléments temporels. Lorsque Mahā-viṣṇu, le premier *puruṣa-avatāra,* pose Son regard sur la nature matérielle, celle-ci se met en mouvement, et c'est alors qu'Il injecte les êtres vivants dans la matière. Ce seul regard suffit pour créer la conscience, qu'on nomme *mahat-tattva* et dont la Divinité tutélaire est Vāsudeva. La conscience est ensuite partagée en trois secteurs d'activité selon les trois *guṇas,* ou modes d'influence de la nature. La conscience sous le signe de la vertu est décrite dans le onzième Chant du *Śrīmad-Bhāgavatam,* et elle a pour Divinité tutélaire Aniruddha. La conscience sous le signe de la passion engendre l'intelligence, et sa Divinité tutélaire est Pradyumna, le maître des sens. La conscience sous le signe de l'ignorance produit l'éther, l'espace et le sens de l'ouïe. La manifestation cosmique tient à l'ensemble de ces éléments, et d'innombrables d'univers sont ainsi créés.

Ces univers sans nombre émanent des pores du corps de Mahā-viṣṇu comme autant de particules de poussière qui passeraient à travers les trous d'une moustiquaire. D'innombrables univers sont également créés et anéantis par Son souffle. Toutes les énergies de Mahā-viṣṇu sont spirituelles : elles n'ont rien en commun avec l'énergie matérielle. La *Brahma-saṁhitā* (5.48) confirme que Brahmā, le *deva* souverain de chaque univers, ne vit que le temps d'un souffle de Mahā-viṣṇu. Celui-ci est donc l'Âme Suprême originelle et le maître originel de tous les univers. Voilà pour la description du premier *avatāra,* Mahā-viṣṇu.

Garbhodaka-śāyī, le second *avatāra* de Viṣṇu, pénètre dans chacun des univers, puis S'allonge sur l'eau qu'Il produit de Son propre corps. De Son nombril surgit la tige d'un lotus qui devint le lieu de naissance de Brahmā, le premier être créé. Dans la tige de ce lotus se trouvent les quatorze systèmes planétaires, créés par Brahmā.

Le Seigneur est présent sous la forme de Garbhodaka-śāyī Viṣṇu dans chaque univers, dont Il est le soutien. Malgré cette présence universelle, l'influence de l'énergie matérielle ne saurait Le toucher. En temps voulu, ce même Viṣṇu prend la forme de Śiva et anéantit la création cosmique. Ces trois incarnations secondaires – Brahmā, Viṣṇu et Śiva – sont les divinités tutélaires des trois attributs de la nature. Le second *avatāra* de Viṣṇu, Garbhodaka-śāyī –

qu'on adore comme l'Âme Suprême, ou Hiraṇyagarbha, et que les hymnes védiques décrivent comme ayant des milliers de têtes – S'impose comme le maître de l'univers, et en dépit de Sa présence au sein de la nature matérielle, Il n'en subit nullement l'emprise.

Le troisième *avatāra* de Viṣṇu, nommé Kṣīrodaka-śāyī, incarne également la vertu. Âme Suprême de tous les êtres vivants, Il réside sur l'océan lacté de l'univers. Telle est la description des *puruṣa-avatāras* donnée par Caitanya Mahāprabhu.

Il décrit ensuite les *līlā-avatāras,* qui se livrent à différents divertissements, et souligne que leur nombre est infini. Le Seigneur en dépeint néanmoins quelques-uns : Matsya, Kūrma, Raghunātha, Nṛsiṁha, Vāmana et Varāha.

Viennent ensuite les trois *guṇa-avatāras,* ou incarnations de Viṣṇu personnifiant les attributs de la nature. Le premier, Brahmā, compte parmi les êtres vivants créés, si ce n'est que son service de dévotion lui confère une grande puissance. Un être aussi primordial, devenu Brahmā de par l'influence de la passion matérielle, est directement mis en pouvoir par Garbhodaka-śāyī Viṣṇu pour créer des myriades d'êtres vivants. La *Brahma-saṁhitā* (5.49) compare Brahmā à de précieux joyaux illuminés par les rayons du soleil, l'astre du jour qui est, lui, semblable au Seigneur Suprême en la personne de Garbhodaka-śāyī Viṣṇu. Si, lors d'un certain *kalpa,* aucun être vivant n'est à même de remplir les fonctions de Brahmā, Garbhodaka-śāyī Viṣṇu devient Lui-même Brahmā et remplit les fonctions associées à ce poste.

Dans un même ordre d'idées, le Seigneur Se manifeste sous la forme de Śiva lorsque vient le temps d'anéantir le *brahmāṇḍa.* Śiva, de par son contact avec *māyā,* assume lui-même plusieurs formes, généralement au nombre de onze. N'appartenant pas au commun des êtres vivants, il est plus ou moins Kṛṣṇa Lui-même. L'exemple du lait et du yogourt est souvent cité dans ce contexte : le yogourt est un produit laitier, mais il ne peut remplacer le lait. De même, Śiva est une émanation de Kṛṣṇa, mais il ne peut ni jouer le rôle de Celui-ci ni, comme Lui, nous donner de réintégrer notre condition spirituelle. Contrairement à Viṣṇu, Śiva vit en effet au contact de la nature matérielle ; voilà ce qui les distingue essentiellement. Nous lisons dans le *Śrīmad-Bhāgavatam* (10.88.3) que Śiva incarne l'amalgame des trois formes de conscience altérées, appelées *vaikārika, taijasa* et *tāmasa.*

Pour Sa part, bien qu'Il soit le maître de la vertu dans chaque univers, le *guṇa-avatāra* Viṣṇu ne subit en rien l'influence de la nature matérielle. Cela dit, même s'Il est l'égal de Kṛṣṇa, Celui-ci n'en demeure pas moins la source première. Kṛṣṇa incarne le Tout dont Viṣṇu est une partie. Tel est l'enseignement des Écrits védiques. La *Brahma-saṁhitā* offre l'exemple d'une première bougie dont la flamme sert à en allumer une seconde. Bien que d'égale puissance, la première demeure pourtant la source où la seconde puise sa lumière. L'*avatāra* Viṣṇu peut ainsi être assimilé à cette seconde bougie. Il est aussi puissant que Kṛṣṇa, mais Kṛṣṇa reste le Viṣṇu originel. Brahmā et Śiva sont donc des serviteurs dévoués du Seigneur Suprême tandis que Viṣṇu est une émanation de Kṛṣṇa.

Après avoir décrit les *līlā-avatāras* et les *guṇa-avatāras,* le Seigneur Caitanya explique les *manv-antara-avatāras* à Sanātana Gosvāmī. Il précise d'abord qu'il serait impossible de les compter tous. En effet, au cours d'un seul jour de Brahmā – ou *kalpa* – quatorze Manus se manifestent. Or, un tel jour couvre 432 millions de nos années, et une vie de Brahmā comporte cent ans à cette échelle. Dès lors, si quatorze Manus apparaissent en un jour de Brahmā, on en comptera 420 en un mois et 5 040 en une année. Et puisque Brahmā vit cent ans, on établit à 504 000 le nombre des Manus qui se manifestent de son vivant.

Vu les innombrables univers, on ne peut qu'imaginer le nombre total de *manv-antara-avatāras.* Puisque tous les univers naissent simultanément de l'expiration de Mahā-viṣṇu, qui pourrait estimer combien de Manus se manifestent dans un même temps ? Et chacun de ces Manus porte un nom différent. Le premier est Svāyambhuva, le propre fils de Brahmā. Le second, Svārociṣa, est le fils de la divinité tutélaire du feu. Le troisième, nommé Uttama, est le fils du roi Priyavrata. Le quatrième, Tāmasa, est le frère d'Uttama. Le cinquième Manu, Raivata, est le frère de Tāmasa, tout comme Cākṣuṣa, fils de Cākṣus. Le septième a nom Vaivasvata et est le fils du dieu soleil. Le huitième, Sāvarṇi, est un autre fils du *deva* solaire, quoique né d'une épouse différente nommée Chāyā. Le neuvième Manu, appelé Dakṣa-sāvarṇi, est le fils de Varuṇa. Le dixième, Brahma-sāvarṇi, est le fils d'Upaśloka, et les quatre autres Manu sont Rudra-sāvarṇi, Dharma-sāvarṇi, Indra-sāvarṇi et Raucya, tous fils de Śiva.

Après avoir conclu Sa description des Manus, le Seigneur dépeint les *yuga-avatāras* en informant Sanātana Gosvāmī qu'il existe quatre yugas, ou millénaires, du nom de Satya, Tretā, Dvāpara et Kali. Dans chacun de ces âges, le Seigneur S'incarne sous une couleur différente. Dans le Satya-yuga, le principal *avatāra* revêt un teint blanc ; dans le Tretā-yuga, Sa forme est rouge ; dans le Dvāpara-yuga, la principale incarnation – Kṛṣṇa – est bleu noir, et dans le Kali-yuga, l'*avatāra* principal adopte un teint jaune. Ce que confirme le *Śrīmad-Bhāgavatam* (10.8.13) en citant les paroles de Garga Muni, qui dressa l'horoscope de Kṛṣṇa dans la demeure de Nanda Mahārāja.

La méthode de réalisation spirituelle préconisée dans le Satya-yuga était la méditation, et elle y a été enseignée par l'*avatāra* à la carnation blanche, qui a alors accordé au sage Kardama la grâce d'avoir pour fils une incarnation divine. Dans cet âge, tous méditaient sur Kṛṣṇa et chaque être vivant baignait dans le parfait savoir. À notre époque, cette pratique n'est plus recommandée, quoiqu'elle demeure, sous diverses formes, l'instrument de quête d'individus dont le savoir est incomplet.

Durant l'ère de Tretā, la voie spirituelle recommandée tenait à l'accomplissement de sacrifices, selon l'enseignement de l'*avatāra* à la carnation rouge. Vint ensuite le Dvāpara-yuga, où tous rendaient un culte à Kṛṣṇa, alors personnellement présent, pour accéder à la réalisation du soi. Couleur d'orage, Kṛṣṇa S'incarne sous Sa propre forme et incite les gens à L'adorer, comme le rapporte la *Bhagavad-gītā*. Le *Śrīmad-Bhāgavatam* nous apprend pour sa part qu'on rend culte à Kṛṣṇa par le biais de l'hymne suivant : « J'offre mon hommage respectueux à Dieu, la Personne Suprême, qu'on nomme Vāsudeva. » Ainsi se pratiquait l'adoration du Souverain Kṛṣṇa dans l'âge de Dvāpara.

Dans l'âge suivant, le Kali-yuga – celui où nous vivons actuellement – le Seigneur S'incarne pour enseigner le chant du Saint Nom de Kṛṣṇa. Revêtant alors une carnation jaune, Il montre personnellement aux gens comment aimer Dieu à travers le chant du nom de Kṛṣṇa et manifeste Lui-même Son amour pour Dieu par le chant et la danse, entouré des milliers de personnes qui Le suivent. L'avènement de cet *avatāra* du Seigneur Suprême est spécifiquement prédit dans les pages du *Śrīmad-Bhāgavatam* (11.5.32), où l'on peut lire qu'en cet âge de Kali, le Seigneur S'incarne tel un dévot qui chante sans cesse Hare Kṛṣṇa, Hare Kṛṣṇa, Kṛṣṇa Kṛṣṇa, Hare Hare / Hare Rāma, Hare Rāma, Rāma Rāma, Hare Hare.

On y précise en outre que Kṛṣṇa ne revêt pas alors un teint sombre comme dans le Dvāpara-yuga. Il prêche sans cesse l'amour de Dieu à travers le mouvement du *saṅkīrtana,* et les êtres d'intelligence adoptent d'emblée cette voie de réalisation spirituelle. Le *Śrīmad-Bhāgavatam* (12.3.52) ajoute que la réalisation spirituelle acquise par la méditation dans l'âge de Satya, par l'accomplissement de sacrifices dans l'âge de Tretā et par le culte du Seigneur Kṛṣṇa dans le Dvāpara-yuga peut l'être par le seul chant des Saints Noms « Hare Kṛṣṇa » dans l'âge de Kali. Ce que confirme le *Viṣṇu Purāṇa :* « En cet âge, vaines sont la méditation, les offrandes sacrificielles et l'adoration dans les temples. On peut atteindre la parfaite réalisation du soi par le seul chant du Saint Nom de Kṛṣṇa : Hare Kṛṣṇa, Hare Kṛṣṇa, Kṛṣṇa Kṛṣṇa, Hare Hare / Hare Rāma, Hare Rāma, Rāma Rāma, Hare Hare. »

Quand Śrī Caitanya eût décrit l'*avatāra* propre à l'âge de Kali, Sanātana Gosvāmī – qui avait été ministre, et savait donc parfaitement tirer des conclusions – posa cette question au Seigneur : « À quoi peut-on reconnaître un *avatāra* ? » Conformément à la description de l'incarnation pour l'âge de Kali, le Gosvāmī comprenait bien que Caitanya était Lui-même la manifestation de Kṛṣṇa, mais que, dans le futur, nombreux seraient ceux qui voudraient L'imiter dans Son rôle de simple *brāhmaṇa,* néanmoins reconnu comme un *avatāra* par Ses dévots. Sachant que plusieurs imposteurs verraient le jour, Sanātana demanda donc au Seigneur Caitanya : « À quels signes reconnaît-on un *avatāra* ? »

Et le Seigneur de répondre : « De même qu'on reconnaît les différents *avatāras* à la lumière des textes védiques, on peut comprendre qui est réellement l'incarnation de Dieu en cet âge de Kali. » D'où l'importance de s'en remettre aux Écritures faisant autorité en la matière : il ne s'agit pas de voir un *avatāra* dans une personne quelconque, au gré de ses caprices, mais plutôt de comprendre les caractéristiques d'un véritable *avatāra,* définies dans la littérature sacrée. Un authentique *avatāra* ne se proclame jamais tel, de sorte que Ses disciples doivent Le distinguer des imposteurs en se référant aux Écritures avérées.

Toute personne intelligente peut reconnaître les traits caractéristiques de l'*avatāra* légitime grâce à deux critères, soit Sa personnalité – le critère principal – et Ses caractéristiques secondaires. Ainsi les Écritures décrivent-elles les traits corporels et les activités de l'*avatāra,* les premiers constituant le critère principal qui permet de l'identifier, et les secondes, ses attributs secondaires. Le tout premier verset du *Śrīmad-Bhāgavatam* le confirme en décrivant on ne peut mieux les caractéristiques d'un *avatāra* par les mots *param* et *satyam* qui, selon Śrī Caitanya, révèlent les principaux traits de Kṛṣṇa. Ses caractéristiques secondaires, comme d'enseigner le savoir védique à Brahmā et de prendre la forme du *puruṣa-avatāra* pour créer le cosmos, ne sont manifestées qu'à l'occasion et qu'à des fins spécifiques.

Il importe de comprendre et de distinguer les caractéristiques principales et marginales de l'*avatāra.* Nul ne peut se proclamer incarnation divine sans posséder les unes et les autres, qu'aucun être intelligent n'omettra donc d'étudier avant de tenir quiconque pour un *avatāra.* Quand Sanātana Gosvāmī chercha à confirmer que les caractéristiques personnelles de Caitanya étaient celles de l'*avatāra* pour cet âge, le Seigneur admit indirectement que tel était le cas en disant simplement : « Passons à autre chose ; enchaînons avec la description des *śaktyāveśa-avatāras.* » Le Seigneur précisa qu'on ne peut non plus estimer le nombre des *śaktyāveśa-avatāras,* bien qu'il soit possible d'en citer quelques exemples. Il existe deux variétés d'incarnations dites *śaktyāveśa :* lorsque le Seigneur Lui-même apparaît, on Le désigne du nom de *śākṣāt,* ou de *śaktyāveśa-avatāra* à part entière, alors que lorsqu'Il investit de pouvoirs un être vivant pour Le représenter, il s'agit d'une incarnation dite *āveśa,* ou indirecte.

Les quatre Kumāras, Nārada, Pṛthu et Paraśurāma appartiennent à cette seconde catégorie d'*avatāras,* qui sont en réalité des êtres distincts dotés de pouvoirs par l'Être Suprême. Śeṣa et Ananta peuvent pour leur part être cités à titre d'exemple d'incarnations directes du Seigneur. Lorsqu'un être distinct est investi d'un attribut particulier du Seigneur, on le qualifie d'*āveśa-avatāra.* Les Kumāras incarnent ainsi le savoir du Seigneur Suprême, et Nārada, Son service de dévotion, tout comme le Seigneur Caitanya, qu'on considère toutefois comme l'incarnation plénière de la dévotion. En Brahmā fut investi le pouvoir de créer, et en Ananta, celui de soutenir toutes les planètes. L'*avatāra* Śeṣa est investi du pouvoir de servir le Seigneur Suprême, et le roi Pṛthu reçut celui de maintenir les êtres vivants. Paraśurāma fut pareillement doté du pouvoir de décimer les éléments malsains. La *Bhagavad-gītā* précise, au dixième chapitre, que lorsqu'un être semble doté d'une beauté ou d'une puissance peu commune, nous devons en conclure qu'il a reçu une faveur exceptionnelle (*vibhūti*) du Souverain Seigneur. Après qu'Il eut décrit les *śaktyāveśa-avatāras,* Caitanya discuta de l'« âge » du Seigneur Suprême : Kṛṣṇa a toujours l'apparence d'un jeune homme de seize ans. Lorsqu'Il désire descendre en notre univers, Il fait d'abord apparaître Son père et Sa mère, qui sont Ses dévots, puis Il Se manifeste sous la forme d'un *avatāra* ou vient Lui-même en personne. Toutes Ses activités – à commencer par la mise à mort de la diabolique Pūtanā – se déploient en d'innombrables univers et ce, à l'infini. En vérité, à chaque instant, à chaque seconde, Ses diverses manifestations et divertissements sont révélés en différents univers (*brahmāṇḍas*). Ainsi Ses activités et divertissements sont-ils comparables aux vagues du Gange, qui se succèdent sans fin, car les incarnations de Kṛṣṇa en différents univers ne connaissent aucune interruption, manifestant dès l'enfance de nombreux divertissements qui culminent dans la danse *rāsa.*

Tous les divertissements de Kṛṣṇa sont qualifiés d'éternels dans toutes les Écritures. De façon générale, les gens ne peuvent comprendre comment ils se déroulent. Le Seigneur Caitanya eut donc recours à l'exemple de l'orbite du soleil pour les y aider. Selon l'astrologie védique, les vingt-quatre heures du jour et de la nuit sont divisées en soixante *daṇḍas,* eux-mêmes partagés en 3 600 *palas.* Le disque solaire peut ainsi être perçu à chaque tranche de soixante *palas,* ce qui constitue un *daṇḍa.* Huit *daṇḍas* égalent un *prahara.*

Le soleil se lève et se couche dans l'intervalle de quatre *praharas*. De même, la nuit couvre quatre *praharas,* après lesquels l'astre du jour se lève à nouveau. Et tous les divertissements de Kṛṣṇa peuvent être contemplés dans chacun des *brahmāṇḍas* au même titre que le soleil peut être aperçu dans son orbite couvrant 3 600 *palas.*

Le Seigneur Kṛṣṇa ne séjourne en notre univers que pendant 125 ans, mais tous les divertissements que couvre cette période sont manifestés dans chacun des univers. Ses divertissements incluent Son avènement, Son enfance, Sa jeunesse et Ses divertissements ultérieurs, jusqu'à leur conclusion à Dvārakā. Puisqu'ils se déroulent toujours en l'une ou l'autre des myriades de *brahmāṇḍas,* on les dits éternels. En d'autres mots, pareil au soleil qui existe en tout temps, bien que nous le voyions se lever et se coucher selon notre situation planétaire, les divertissements du Seigneur se perpétuent sans fin, même si nous n'en percevons la manifestation en cet univers qu'à certains intervalles. Il a déjà été dit que Sa demeure est Goloka Vṛndāvana, la planète suprême ; et de par leur nature absolue, le nom, la renommée et tous les autres attributs de Kṛṣṇa Lui sont identiques. Or, la volonté de Kṛṣṇa veut que cette même Goloka Vṛndāvana se manifeste en différents univers, dont le nôtre.

En conséquence, bien que le Seigneur réside toujours dans Son séjour suprême, Goloka Vṛndāvana, grâce à Sa volonté suprême, les activités qu'Il y accomplit se manifestent aussi en d'innombrables univers, et lorsqu'Il apparaît, c'est en ces endroits précis, où chacune de Ses manifestations révèle Ses six excellences.

CHAPITRE NEUF

Les excellences de Kṛṣṇa

Śrī Caitanya est appelé *patita-pāvana,* le sauveur des âmes conditionnées les plus déchues. Et Il Se montre particulièrement miséricordieux envers les innocents et les êtres dépourvus de toute prétention. Donc, même la plus déchue des âmes peut progresser dans la science spirituelle si elle fait preuve d'innocence. La société de l'époque tenait Sanātana Gosvāmī pour déchu en raison du poste qu'il occupait au sein du gouvernement musulman. À vrai dire, la communauté brahmanique l'avait même renié. Mais comme il était une âme sincère, le Seigneur Caitanya lui témoigna une grâce toute particulière en lui offrant un trésor de connaissance spirituelle.

Le Seigneur reprend donc Son enseignement en expliquant au Gosvāmī la situation des différentes planètes Vaikuṇṭha qui peuplent le monde spirituel. Les univers de la création matérielle sont de dimensions limitées, mais les planètes Vaikuṇṭha, de par leur nature spirituelle, s'étendent à l'infini. Ainsi Śrī Caitanya informa-t-Il Sanātana que chacune d'elles couvre des millions, voire des milliards de kilomètres. Nul ne saurait donc en mesurer l'étendue. Tous leurs habitants sont dotés des six excellences : richesse, force, savoir, beauté, renom et renoncement. Sur chacune de ces planètes, une émanation différente de Kṛṣṇa, le Seigneur Suprême, réside éternellement. Kṛṣṇa Lui-même possède Sa propre demeure originelle, éternelle, qu'on nomme Kṛṣṇaloka ou Goloka Vṛndāvana.

Dans notre univers, même l'astre le plus imposant n'occupe qu'une partie de l'espace. Quoiqu'il soit des millions de fois plus imposant que la Terre, le Soleil ne remplit pas pour autant l'espace à lui seul. De même, chacune des planètes Vaikuṇṭha, malgré ses dimensions incalculables, n'occupe qu'une partie du ciel spirituel, le *brahma-jyotir,* que la *Brahma-saṁhitā* décrit comme étant *niṣkalam anantam aśeṣa* – indivisé, illimité et sans aucune trace des attributs matériels de la nature. Toutes les Vaikuṇṭhas sont comme les pétales d'un lotus dont le cœur serait Kṛṣṇaloka – ou Goloka Vṛndāvana –, le centre de toutes ces planètes. Les émanations de Kṛṣṇa aux diverses formes décrites dans le présent ouvrage, ainsi que Ses demeures sur les différentes planètes du monde spirituel, sont toutes de nature infinie. Même les *devas* comme Brahmā et Śiva ne peuvent ni voir ni estimer le nombre ou les dimensions des planètes Vaikuṇṭha. Ce que confirme le *Śrīmad-Bhāgavatam :* « Nul ne peut estimer l'étendue des Vaikuṇṭhas. » Il y est dit que non seulement Brahmā et Śiva sont incapables de réaliser une telle évaluation, mais qu'Ananta Lui-même – l'incarnation de la force du Seigneur – ne peut trouver de limite à la puissance du Seigneur ou à la superficie des différentes planètes Vaikuṇṭha.

Les prières de Brahmā citées dans le *Śrīmad-Bhāgavatam* (10.14.21) sont très probantes dans ce contexte, puisque le démiurge y déclare : « Ô Seigneur Suprême ! Ô Âme Suprême ! Ô Maître de tous les pouvoirs supranormaux ! Nul ne peut connaître ni définir la puissance que Tu déploies par le biais de Ta *yogamāyā,* cette énergie diffuse dans l'ensemble des trois mondes. » Brahmā ajoute : « Érudits et savants ne peuvent pas même compter les atomes qui forment une seule planète. Et même s'ils parvenaient à estimer le nombre des flocons de neige ou des étoiles qui constellent les cieux, ils ne sauraient pour autant dire comment Tu descends sur cette Terre ou dans cet univers avec Tes puissances, Tes énergies et Tes attributs spirituels sans nombre. » (*Ś.B.*, 10.14.7) Brahmā informa Nārada qu'aucun des grands sages nés avant ce dernier, lui compris, ne pouvait évaluer la force et la puissance énergétique du Seigneur Suprême. Il admet que même si Ananta cherchait, avec Ses milliers de langues, à décrire les énergies du Seigneur, Il n'y parviendrait pas. D'où cette prière de Brahmā : « Ô Seigneur, Tu es sans limites et personne n'a pu estimer l'étendue de Tes puissances. Je crois d'ailleurs que Tu l'ignores Toi-même. Des astres sans nombre flottent dans l'espace tels des atomes, et les grands védantistes qui essaient de Te trouver découvrent que tout est différent de Toi, si bien qu'ils finissent par en conclure que Tu es tout. »

Lorsque Kṛṣṇa était présent dans notre univers, Brahmā voulut Lui jouer un tour afin de déterminer si le petit pâtre de Vṛndāvana était bien Kṛṣṇa. Grâce à ses pouvoirs, Brahmā s'empara des veaux, des vaches et des amis de Kṛṣṇa qui s'occupaient du troupeau pour ensuite les cacher. Revenant plus tard voir ce que Kṛṣṇa faisait seul, il L'aperçut qui jouait toujours avec les mêmes veaux, vaches et petits pâtres. En d'autres mots, en faisant jouer Sa puissance de Vaikuṇṭha, le Seigneur avait multiplié les absents, tant et si bien que Brahmā en vit des millions et des milliards, et autant de tonnes de fruits, de canne à sucre, de lotus et de cornes. Personne n'aurait pu dire combien de petits pâtres étaient là, parés de vêtements et d'atours d'une grande variété. En réalité, Brahmā vit chacun des garçons prendre une forme à quatre bras semblable à celle de Nārāyaṇa, la Divinité maîtresse de chaque *brahmāṇḍa,* ainsi que des Brahmās sans nombre offrant leur hommage au Seigneur. Émanant du corps de Kṛṣṇa, il les voyait l'instant d'après retourner en Lui. Émerveillé par ce prodigue inconcevable de Kṛṣṇa, Brahmā admit dans sa prière que même si d'aucuns prétendaient Le connaître, il ignorait, quant à lui, tout de Sa personne. « Cher Seigneur, dit-il, les puissances et excellences que Tu as manifestées à l'instant dépassent les facultés d'entendement de mon esprit. »

Le Seigneur Caitanya ajoute ici qu'on ne saurait évaluer la puissance ni de Kṛṣṇaloka ni même de Vṛndāvana – le séjour de Kṛṣṇa sur notre planète. À preuve, on estime que Vṛndāvana, en Inde, ne s'étend que sur cinquante-deux kilomètres ; et pourtant, toutes les planètes Vaikuṇṭha se trouvent dans une partie de celle-ci. L'actuelle Vṛndāvana comporte douze forêts et couvre une étendue d'environ quatre-vingt-quatre *krośas,* ou deux cent soixante-dix kilomètres, quoique la ville même de Vṛndāvana n'en couvre que cinquante-deux, soit seize *krośas*.

Le Seigneur souligna à nouveau l'infini des puissances et des excellences de Kṛṣṇa. Tout ce qu'Il révéla à Sanātana Gosvāmī n'en représente qu'une fraction, mais elle nous permet néanmoins d'en imaginer la totalité. Tout en dévoilant à Sanātana les excellences de Kṛṣṇa, le Seigneur Caitanya baignait dans l'extase la plus profonde. C'est alors qu'Il récita le verset suivant du *Śrīmad-Bhāgavatam* (3.2.21), qui rapporte ces propos d'Uddhava à Vidura après la disparition de Kṛṣṇa : « Kṛṣṇa est le maître de tous les *devas*, dont Brahmā, Śiva et l'émanation de Viṣṇu en cet univers. Il s'ensuit que personne ne L'égale ni Le surpasse, Lui qui possède pleinement les six opulences. Tous les *devas* qui administrent chacun des *brahmāṇḍas* Lui offrent leur hommage respectueux. En vérité, la beauté de leurs couronnes vient de ce qu'elles portent la marque des pieds de lotus du Seigneur Souverain. »

La *Brahma-saṁhitā* (5.1) affirme également que Kṛṣṇa est Dieu, la Personne Suprême, et que nul ne Le surpasse ni même L'égale. Telle est la conclusion qui s'impose. Bien qu'ils soient maîtres dans chacun des univers, Brahmā, Śiva et Viṣṇu n'en demeurent pas moins les serviteurs de Kṛṣṇa, l'Être Suprême.

Cause première de toutes les causes, Kṛṣṇa est également à l'origine de Mahā-viṣṇu, le premier *avatāra* et régent de la création matérielle. De Mahā-viṣṇu émanent Garbhodaka-śāyī et Kṣīrodaka-śāyī Viṣṇu ; aussi Kṛṣṇa en est-Il le Maître, en plus d'être l'Âme Suprême sise en chaque être vivant, dans chaque univers. La *Brahma-saṁhitā* (5.48) décrit ainsi Mahā-viṣṇu : Sa respiration crée d'innombrables univers, dont chacun accueille des *viṣṇu-tattvas* à l'infini. Comprenons toutefois que Kṛṣṇa en est le Maître, et qu'Ils n'en sont que des émanations plénières. Les Écritures révélées nous donnent de comprendre que Kṛṣṇa réside en trois lieux spirituels, dont le plus intime est Goloka Vṛndāvana, où Il vit avec Son père, Sa mère et Ses amis, manifeste diverses relations transcendantales et confère Sa compassion à Son entourage éternel. Là, *yogamāya* devient Sa servante aux fins de la danse *rāsa*. Ainsi les habitants de Vraja-bhūmi pensent-ils : « Le Seigneur est glorifié par les moindres manifestations de Sa grâce et de Son affection sublimes, et nous, habitants de Vṛndāvana, sommes affranchis de toute angoisse de par Sa miséricordieuse existence. »

Selon la *Brahma-saṁhitā* (5.43), toutes les Vaikuṇṭhas du monde spirituel – nommées Viṣṇulokas – se trouvent sous la planète du nom de Kṛṣṇaloka. Sur cet astre, le Seigneur Se délecte d'extase spirituelle sous de multiples formes, et toutes les excellences des Vaikuṇṭhas sont pleinement manifestées sur cette seule planète. L'entourage de Kṛṣṇa est également doté des six excellences. Le *Pādmottara-khaṇḍa* (225.57) affirme que les énergies matérielle et spirituelle sont séparées par les eaux du fleuve Virajā, qui émane de la sudation du premier *puruṣa-avatāra*. Sur une rive du Virajā se trouve la nature éternelle, infinie et pleine de félicité, et connue sous le nom de monde spirituel, ou royaume de Dieu. On qualifie de Vaikuṇṭhas les planètes spirituelles du fait qu'il n'y règne ni lamentation ni crainte : tout y est éternel. On estime que le monde spirituel se compose des trois quarts des énergies du Seigneur Suprême, tandis que l'univers matériel n'en représente qu'un quart. Personne ne peut appréhender ce qu'il en est de ces trois quarts, car même l'univers temporel – qui ne forme qu'un quart des énergies du Seigneur – ne peut être décrit adéquatement. Cherchant à donner à Sanātana Gosvāmī une idée de l'étendue du quart de l'énergie de Kṛṣṇa, le Seigneur Caitanya cite un incident du *Śrīmad-Bhāgavatam* où Brahmā, le régent de l'univers, rend visite à Kṛṣṇa à Dvārakā.

À l'arrivée de Brahmā, le premier être créé en cet univers, le portier en informa Kṛṣṇa, qui lui demanda aussitôt de quel Brahmā il s'agissait ; retournant auprès du démiurge, le portier lui dit : « Kṛṣṇa voudrait savoir de quel Brahmā il s'agit. »

Brahmā en resta abasourdi. Pourquoi cette question de la part de Kṛṣṇa ? Il répondit au portier : « Dis-Lui que le Brahmā à quatre têtes, le père des quatre Kumāras, est venu Le voir. » Après avoir renseigné Kṛṣṇa, le portier pria Brahmā d'entrer. Ce qu'il fit, offrant ensuite son hommage aux pieds pareils-au-lotus du Seigneur, lequel le reçut avec tous les honneurs qui lui étaient dus. Kṛṣṇa lui demanda alors le but de sa visite.

« Je T'expliquerai la raison de ma venue, répondit Brahmā, dès que Tu auras eu la bonté de dissiper un doute qui naît en mon esprit. Le portier m'ayant répété Ta question quant à mon identité, je voudrais savoir s'il existe d'autres Brahmās ? »

À ces mots, Kṛṣṇa sourit et appela aussitôt différents Brahmās en provenance de différents univers. Le démiurge aux quatre têtes vit alors plusieurs Brahmās venus présenter leurs respects à Kṛṣṇa. Certains avaient dix têtes, d'autres vingt, cent, voire un million. À vrai dire, Brahmā ne pouvait même pas compter tous ces Brahmās s'inclinant devant le Seigneur. C'est alors que Kṛṣṇa appela auprès de Lui différents *devas* peuplant les myriades d'univers ; tous vinrent se prosterner devant le Créateur.

Intimidé par ce spectacle inouï, notre Brahmā se sentit comme un moustique au milieu d'une multitude d'éléphants. Devant autant de *devas* prosternés aux pieds de lotus de Kṛṣṇa, il en conclut qu'on ne saurait estimer la puissance infinie du Seigneur.

Les couronnes des différents *devas* et Brahmās brillaient de mille feux dans cette grande assemblée, où retentissaient les prières suivantes : « Cher Seigneur, Tu nous accordes une grande faveur en nous appelant auprès de Toi. As-Tu quelque mission à nous confier ? Dans l'affirmative, nous la remplirons sur-le-champ. » « Je désirais simplement vous voir tous réunis, répondit Kṛṣṇa. Soyez bénis et n'ayez aucune crainte des démons. » « En effet, par Ta grâce, tout va pour le mieux, reprirent les *devas*. Aucune perturbation n'est à signaler puisqu'en T'incarnant, Tu as dissipé tout augure funeste. » Chacun des Brahmās pensait, en voyant Kṛṣṇa, qu'Il n'était présent qu'en son univers. Après cet incident, Kṛṣṇa fit Ses adieux à tous qui, après Lui avoir offert leur hommage, regagnèrent leur univers respectif. Voyant cela, le Brahmā à quatre têtes se jeta aussitôt aux pieds de Kṛṣṇa en disant : « Ma conception antérieure de Ta personne n'était qu'absurdité. Tous auront beau dire qu'ils Te connaissent parfaitement, je ne saurais moi-même concevoir Ta grandeur, car Tu es au-delà de tout ce que je pourrais imaginer ; Tu dépasses complètement mon entendement. » « Cet univers précis n'a que 6 437 376 000 kilomètres d'envergure, l'informa alors Kṛṣṇa, mais il en existe des myriades d'autres infiniment plus vastes que le tien. Comme certains univers couvrent des milliards et des milliards, voire des billions de kilomètres, ils requièrent des Brahmās dotés de plus de quatre têtes. Et tout cela ne représente qu'un quart de Ma puissance créatrice. Les trois autres quarts constituent le royaume spirituel. » Après avoir réitéré son hommage, Brahmā quitta Kṛṣṇa, désormais conscient de ce qu'il fallait comprendre par le « maître des trois quarts des énergies ».

On donne au Seigneur le nom de Try-adhīśvara, en référence à Ses trois principales demeures – Gokula, Mathurā et Dvārakā – où règne l'opulence absolue. Établi dans Sa puissance transcendantale, Kṛṣṇa est le maître de ces trois séjours et de toutes les énergies spirituelles, en plus de posséder les six excellences dans leur plénitude. Voilà pourquoi toutes les Écritures védiques proclament qu'Il est Dieu, la Personne Suprême. Le Seigneur Caitanya entonna ensuite devant Sanātana Gosvāmī un chant sublime décrivant les excellences de Kṛṣṇa : « Tous les divertissements de Kṛṣṇa ressemblent aux activités des humains. Comprenons donc que Sa forme s'apparente à celle de l'homme. En vérité, la forme humaine ne fait qu'imiter la Sienne. La flûte à la main, Kṛṣṇa apparaît tel un pâtre dans sa prime jeunesse. Toujours enjoué, Il Se divertit comme le commun des garçons. »

Désirant sensibiliser Sanātana Gosvāmī à l'incommensurable beauté de Kṛṣṇa, le Seigneur déclara que quiconque en apprécie les sublimes attributs baigne certes dans un océan de nectar. Bien qu'au-delà de l'énergie matérielle, la *yogamāyā* de Kṛṣṇa n'en est pas moins manifestée par le Seigneur en ce monde même, pour la seule satisfaction de Ses dévots intimes. Il S'ensuit que c'est à cette fin qu'Il apparaît dans cet univers. Si fascinants sont Ses attributs que Kṛṣṇa aspire Lui-même à Se comprendre. Paré de tous Ses atours, Il adopte Sa posture incurvée en trois endroits, les sourcils dansant sans cesse au-dessus de Ses yeux, si fascinants que toutes les *gopīs* en deviennent comme envoûtées. Au faîte du monde spirituel est Sa demeure transcendantale, où Il réside avec Ses compagnons, les *gopīs* et toutes les déesses de la fortune. On L'y connaît sous le nom de Madana-mohana.

Nombreux sont les divertissements de Kṛṣṇa – dont ceux qu'Il accomplit en tant que Vāsudeva et Saṅkarṣaṇa, et, dans le monde matériel, sous la forme du premier *puruṣa-avatāra,* le créateur de l'univers temporel. Sans oublier ceux de l'*avatāra*-poisson et de l'*avatāra*-tortue – manifestations de Ses puissances incarnées – ni ceux où Il emprunte les formes de Brahmā et Śiva, les incarnations des attributs de la matière. Il joue également le rôle du roi Pṛthu, *avatāra* investi de pouvoirs, en plus d'être l'Âme Suprême sise dans le cœur de tous les êtres et d'incarner le Brahman impersonnel.

Or, d'entre ces innombrables divertissements, les plus importants sont ceux qui s'apparentent aux activités des humains lorsqu'Il folâtre à Vṛndāvana, danse avec les *gopīs,* Se divertit avec les Pāṇḍavas sur le champ de bataille de Kurukṣetra, ou S'amuse à Mathurā et à Dvārakā. Parmi ceux-ci, aucun n'est plus important que ceux où Il apparaît tel un jeune pâtre jouant de sa flûte. Comprenons qu'une simple manifestation partielle de Ses divertissements à Goloka, Mathurā et Dvāravatī – ou Dvārakā – peut inonder l'univers entier d'amour pour Dieu. Tous les êtres peuvent ressentir l'attrait des sublimes attributs de Kṛṣṇa.

Quoique Sa puissance interne ne soit pas même manifestée dans le royaume de Dieu ou sur les planètes Vaikuṇṭha, Il la fait jouer en cet univers lorsque, dans Son inconcevable compassion, Il y descend depuis Sa demeure personnelle. Kṛṣṇa est si fascinant, si merveilleux, qu'Il ressent Lui-même l'attrait de Sa propre beauté ; c'est là la preuve des inconcevables puissances qu'Il possède pleinement. Quant aux atours dont Il pare Son corps, il ne semble pas qu'ils ajoutent à Sa beauté mais plutôt qu'ils deviennent eux-mêmes beaux du fait qu'ils caressent Son corps. Quand Il adopte la posture incurvée en trois endroits, Il fascine tous les êtres y compris les *devas*. En vérité, aucune des émanations de Nārāyaṇa qui règnent sur les planètes Vaikuṇṭha ne peut résister à cette fascination.

CHAPITRE DIX

La beauté de Kṛṣṇa

On connaît Kṛṣṇa sous le nom de Madana-mohana parce qu'Il subjugue le mental de Cupidon en accordant Ses faveurs aux jeunes filles de Vraja et en acceptant leur service de dévotion. Après avoir anéanti l'orgueil de Cupidon, le Seigneur Se livre à la danse *rāsa,* dans laquelle Il S'impose comme le « nouveau » Cupidon. On L'appelle également Madana-mohana du fait de Son aptitude à capturer le mental des femmes grâce à cinq flèches : la forme, le goût, l'odeur, le son et le toucher. Les perles du collier qui se balance au cou de Kṛṣṇa sont aussi blanches que des canards immaculés, et la plume de paon qu'Il porte dans Ses cheveux ressemble à un arc-en-ciel. Son vêtement jaune rappelle l'éclair dans le ciel, et Son teint, les nuages nouvellement formés. Les *gopīs* sont telles des clochettes à Ses pieds. Lorsqu'un nuage déverse ses pluies sur un champ ensemencé, on dirait Kṛṣṇa abreuvant le cœur des *gopīs* en faisant pleuvoir le nectar de Ses divertissements. À la saison des pluies, on peut de même apercevoir dans le ciel des vols de canards et des arcs-en-ciel. À Vṛndāvana, Kṛṣṇa Se déplace librement au milieu de Ses amis tel un jeune pâtre, et lorsqu'Il joue de Sa flûte, tous les êtres vivants – mobiles et immobiles – sont envahis d'extase au point d'en frémir et de ne pouvoir réprimer leurs larmes.

La puissance amoureuse de Kṛṣṇa trône au sommet de toutes Ses excellences, Lui le maître de toute richesse, force, renommée, beauté, connaissance et renoncement. D'entre ces attributs, Sa beauté est en effet d'une perfection telle qu'elle suscite un attrait des plus intimes. De plus, cette beauté indicible, source des sentiments amoureux les plus vifs, n'existe de toute éternité qu'en Kṛṣṇa, et Lui seul, tandis que Ses autres excellences sont également présentes dans Sa forme de Nārāyaṇa.

Décrivant ainsi l'incomparable excellence de l'attrait divinement sensuel qu'exerce Kṛṣṇa, le Seigneur Caitanya fut submergé d'extase et, saisissant les mains de Sanātana Gosvāmī, Il entreprit de proclamer l'immense fortune des jeunes filles de Vraja en citant un verset du *Śrīmad-Bhāgavatam* (10.44.14) : « Quelles austérités ont dû accomplir les jeunes filles de Vṛndāvana pour être en mesure de boire le nectar de Kṛṣṇa, qui incarne toute beauté, toute puissance, toute opulence et toute renommée, et dont l'éclat est le centre de toute splendeur. » Le corps de Kṛṣṇa, qui incarne l'éternelle beauté de la jeunesse, évolue tel les vagues d'un océan de beauté. Le son de Sa flûte crée un tourbillon qui, de concert avec les vagues de Ses mouvements, fait frémir le cœur des *gopīs* comme les feuilles d'un arbre ; une fois tombées aux pieds pareils-au-lotus de Kṛṣṇa, elles ne s'en relèvent jamais plus. La beauté de Kṛṣṇa s'avère incomparable, nul ne pouvant Le surpasser ni même L'égaler à cet égard. Il représente l'origine de tous les *avatāras,* y compris Nārāyaṇa. Sinon, comment la Déesse de la fortune – compagne constante de Nārāyaṇa – pourrait-Elle délaisser Celui-ci pour se livrer à des austérités en vue d'obtenir la compagnie de Kṛṣṇa ? Telle est l'incomparable beauté de Kṛṣṇa, l'éternel réservoir dont émane toute beauté.

L'attitude des *gopīs* est pareille à un miroir où le reflet de la beauté de Kṛṣṇa s'accroît à chaque instant. Et Kṛṣṇa et les *gopīs* font s'accroître leur sublime beauté à tout instant, et ainsi grandit entre eux une compétition transcendantale. Nul ne saurait apprécier la beauté de Kṛṣṇa par l'accomplissement prescrit de son devoir d'état, ni par l'austérité, le *yoga,* la culture du savoir ou la prière. Seuls les êtres établis au niveau absolu de l'amour pour Dieu – qui pratiquent le service de dévotion par pur amour pour Lui – peuvent goûter l'infinie beauté de Kṛṣṇa. Cette beauté constitue l'essence même de toutes les excellences et n'est révélée qu'à Goloka Vṛndāvana. La compassion, la renommée et les autres excellences présentes en la personne de Nārāyaṇa Lui sont toutes octroyées par Kṛṣṇa ; mais la douceur et la magnanimité de Kṛṣṇa n'existent pas chez Nārāyaṇa. On ne les retrouve qu'en Kṛṣṇa, et Lui seul.

Le Seigneur Caitanya savourait tous les versets du *Śrīmad-Bhāgavatam* qu'Il expliquait à Sanātana, et plus particulièrement le passage suivant : « Les *gopīs* goûtaient la beauté de Kṛṣṇa telle une consécration perpétuelle de l'enchantement. Elles prenaient plaisir à admirer la beauté de Son visage, de Ses délicates oreilles parées de boucles, de Son large front et de Son sourire. Absorbées dans cette contemplation, elles décriaient le démiurge Brahmā de les avoir dotées de paupières dont le battement les privait momentanément de la vision de Kṛṣṇa. » (*Ś.B.*, 9.24.65) L'hymne védique du nom de *kāma-gāyatrī* décrit le visage de Kṛṣṇa comme le souverain de toutes les lunes. Le langage métaphorique fait état de nombreuses lunes, mais elles sont toutes réunies en Kṛṣṇa. On compte ainsi vingt-quatre lunes et demie, associées à Sa bouche, à Ses joues, aux marques de pulpe de santal qui ornent Son corps, aux extrémités de Ses doigts et de Ses orteils, qui toutes gravitent autour de la figure centrale qu'est Kṛṣṇa.

La danse des pendants d'oreille, des yeux et des sourcils de Kṛṣṇa exerce un irrésistible attrait sur les jeunes filles de Vraja. Les activités du service de dévotion font grandir le sentiment dévotionnel. Or, qu'y a-t-il à contempler au-delà du visage de Kṛṣṇa ? Et comme deux yeux ne suffisent pas à embrasser toute la beauté de Kṛṣṇa, comment ne pas se sentir à la fois impuissant et désespéré ? Ce sentiment de désolation s'estompe cependant quelque peu lorsqu'on l'attribue à l'incompétence du créateur. D'où cette complainte : « Loin d'avoir des milliers d'yeux, je n'en possède que deux ; or, voilà qu'ils sont constamment entravés par le battement de mes paupières. J'en déduis que l'intelligence fait défaut à l'architecte de ce corps. Ignorant tout de l'art de la félicité, il n'est qu'un créateur prosaïque, incapable de faire en sorte que je puisse sans cesse ne voir que Kṛṣṇa. »

Le mental des *gopīs* se délecte constamment de la douceur du corps de Kṛṣṇa. Océan de beauté, Son visage angélique et Son sourire séduisant – sans oublier l'éclat de Son corps – exercent sur elles une fascination sans limite. Le *Kṛṣṇa-karṇāmṛta* décrit ces trois éléments comme étant respectivement suave, encore plus suave et on ne peut plus suave. On parle de convulsion lorsque le corps purifié subit trois formes d'altération. C'est ainsi que, bouleversé à la vue de la beauté du corps de Kṛṣṇa, de Son visage et de Son sourire, le dévot accompli baigne dans un océan de convulsions mystiques qui, souvent, demeurent sans traitement, tout comme les convulsions ordinaires contre lesquelles un médecin ne peut rien, au point de refuser à son patient le verre d'eau qu'il réclame pour étancher sa soif.

Le dévot ressent toujours davantage l'absence de Kṛṣṇa, car il lui est alors impossible de s'enivrer du nectar de Sa beauté. Lorsque résonne le son sublime de la flûte de Kṛṣṇa, l'insoutenable désir du dévot de l'entendre transperce les enveloppes de l'univers matériel pour pénétrer dans le monde spirituel, où les sonorités divines de la flûte se glissent dans l'oreille des disciples des *gopīs*. Le son de cette flûte ne quitte jamais l'oreille des *gopīs* et ne cesse d'accroître leur félicité. Dès qu'elles l'entendent, aucun autre son ne peut plus les atteindre, si bien qu'elles ne savent plus répondre comme il se doit aux propos que leur tiennent les membres de leur famille, complètement envoûtées qu'elles sont par la beauté de ce qu'elles entendent. Ainsi le Seigneur Caitanya a-t-Il décrit la nature transcendantale de Kṛṣṇa, de Ses émanations, de l'éclat de Son corps et de tout ce qui se rattache à Sa personne. En somme, Il n'a fait que dépeindre Kṛṣṇa tel qu'Il est. Puis – Kṛṣṇa incarnant l'essence de tout ce qui est – Il entreprit d'expliquer le seul et unique processus qui permet d'accéder à Kṛṣṇa, à savoir le service de dévotion. Telle est la conclusion de tous les textes védiques, ainsi que l'ont confirmée les sages : « Quiconque consulte les *Vedas* ou les *Purāṇas* (considérés comme des écrits frères) afin de déterminer la voie de la réalisation spirituelle constatera qu'ils livrent tous la même conclusion : Dieu, la Personne Suprême, Kṛṣṇa, est le seul objet d'adoration. » Kṛṣṇa est la Vérité Absolue, l'Être Suprême, établi dans Sa puissance interne, appelée *svarūpa-śakti,* ou *ātma-śakti,* et décrite dans la *Bhagavad-gītā*. Il Se multiplie en d'innombrables formes dont certaines dites personnelles et d'autres, distinctes. Ainsi accomplit-Il Ses divertissements sur toutes les planètes spirituelles de même qu'au sein des univers matériels.

Les émanations distinctes de Ses formes sont désignées du nom d'êtres vivants, et on les subdivise en deux classes suivant leur rapport aux énergies du Seigneur, les uns étant éternellement libérés et les autres, éternellement conditionnés. Les premiers n'entrent jamais en contact avec la nature matérielle et ne connaissent pas l'existence temporelle. Éternellement absorbés dans la conscience de Kṛṣṇa, ou le service de dévotion au Seigneur, on les compte parmi les compagnons de Kṛṣṇa. Leur seul bonheur tient au service d'amour spirituel qu'ils offrent à Kṛṣṇa. À l'inverse, les êtres éternellement conditionnés se détournent à jamais de ce service d'amour, et subissent par conséquent les trois formes de souffrance inhérentes à l'existence matérielle. En raison de leur perpétuelle attitude de distanciation face à Kṛṣṇa, l'énergie matérielle leur accorde deux types de corps : l'un grossier, et formé des cinq éléments, l'autre subtil, et formé du mental, de l'intelligence et de l'ego. Recouvert par ces deux corps, l'âme conditionnée est à jamais en proie aux trois formes de souffrance matérielle et aux assauts de six ennemis (la colère, la concupiscence, etc.). Telles sont les affres qui rongent sans fin l'âme conditionnée. Ainsi affligé et conditionné, l'être vivant erre sans cesse de par l'univers, tantôt promu à des systèmes planétaires supérieurs, tantôt contraint de transmigrer sur des systèmes inférieurs, si bien qu'il finit par trouver normal de vivre de la sorte. Il ne peut être affranchi de son mal que lorsqu'il rencontre et suit l'exemple du médecin par excellence, le maître spirituel authentique. Quand l'âme conditionnée adhère avec foi aux instructions d'un tel maître, elle se voit guérie de sa fièvre matérielle et accède au plan de la libération, où elle renoue avec le service de dévotion à Kṛṣṇa pour enfin retourner auprès de Lui, en sa demeure première.

L'être conditionné doit prendre conscience de sa véritable nature et prier le Seigneur en ces termes : « Combien de temps encore devrai-je vivre sous l'emprise de la colère et de la concupiscence, pour ne nommer que ces fléaux ? » Loin d'être compatissants, les maîtres que sont la colère et la concupiscence réduisent à jamais l'âme conditionnée à l'esclavage. Mais lorsque celle-ci retrouve sa véritable conscience, la conscience de Kṛṣṇa, elle quitte ces mauvais maîtres pour s'en remettre à Kṛṣṇa, cherchant sincèrement refuge auprès de Lui et Le priant de l'engager dans Son service d'amour spirituel.

Les Écritures védiques font parfois grand état de l'action intéressée, du *yoga* des pouvoirs ou de la quête spéculative du savoir comme autant de méthodes de réalisation du soi ; mais elles n'en reconnaissent pas moins la supériorité du service de dévotion. En d'autres mots, le service de dévotion à Kṛṣṇa représente la voie de réalisation spirituelle la plus parfaite. On recommande d'ailleurs de s'y consacrer directement. L'action intéressée, la méditation et la spéculation philosophique ne sont pas des méthodes directes de réalisation du soi car, dénuées de dévotion, elles ne peuvent mener à la plus haute perfection spirituelle. À vrai dire, toutes dépendent, en dernière analyse, de la pratique du service de dévotion.

CHAPITRE ONZE

Le service du Seigneur

Quand Vyāsadeva resta insatisfait même après avoir produit plusieurs volumes de sagesse védique, Nārada Muni, son maître spirituel, lui expliqua qu'aucune voie de réalisation spirituelle ne peut pleinement porter fruit sans la dévotion. Vyāsadeva était assis sur la rive de la Sarasvatī à l'arrivée de Nārada qui, le voyant ainsi déprimé, lui expliqua pourquoi les nombreux ouvrages qu'il avait rédigés étaient insuffisants : « Même le plus pur savoir s'avère incomplet s'il est dénué de dévotion spirituelle. Que dire alors de l'action intéressée, non reliée au service de dévotion ? Comment pourrait-elle profiter à quiconque ? »

Nombreux sont les sages rompus à l'austérité et les personnes qui donnent à profusion aux œuvres de charité ; on compte également maints penseurs, érudits et célébrités, et plusieurs sont très habiles à réciter les hymnes védiques. Même s'il ne fait aucun doute que ces réalisations sont tissées de bons augures, à moins de les utiliser pour accéder au service dévotionnel du Seigneur, elles ne peuvent conférer les résultats escomptés. Aussi Śukadeva Gosvāmī offre-t-il son hommage respectueux au Seigneur Suprême, qui peut seul accorder le succès.

Tous les philosophes et les spiritualistes admettent qu'on ne peut être délivré de l'enlisement matériel sans la connaissance. Néanmoins, le savoir non relié au service de dévotion ne saurait garantir la libération. En d'autres mots, ce n'est que lorsque le *jñāna* – la culture du savoir – donne accès à la dévotion qu'il peut assurer la libération. Brahmā le confirme lui-même dans l'extrait suivant du *Śrīmad-Bhāgavatam* (10.14.4) : « Cher Seigneur, le service de dévotion qu'on T'offre est la voie par excellence de réalisation spirituelle. La délaisser pour cultiver le savoir ou la spéculation philosophique, c'est aller au-devant de grandes difficultés sans pour autant atteindre les fruits convoités de la réalisation spirituelle. Autant chercher du blé en battant l'enveloppe vide du grain. »

La *Bhagavad-gītā* (7.14) enseigne que la nature matérielle est si puissante qu'aucun être ordinaire ne peut la surmonter. Seuls ceux qui s'abandonnent aux pieds pareils-au-lotus de Kṛṣṇa peuvent franchir l'océan de l'existence matérielle. Parce qu'il oublie être éternellement le serviteur de Kṛṣṇa, l'être vivant provoque son propre asservissement à l'existence conditionnée et subit de ce fait l'attrait de l'énergie matérielle. En réalité, cet attrait nous enchaîne à l'énergie temporelle, et comme il est très difficile de s'en libérer tant qu'on désire dominer la nature matérielle, il est recommandé d'approcher un maître spirituel qui offre une formation dévotionnelle et permet ainsi de s'extirper des griffes de la matière pour atteindre les pieds pareils-au-lotus de Kṛṣṇa.

La société humaine compte huit divisions : d'abord, les *brāhmaṇas* (intellectuels), les *kṣatriyas* (administrateurs), les *vaiśyas* (gens d'affaires) et les *śūdras* (la classe ouvrière) ; puis, les *brahmacārīs* (étudiants), les *gṛhasthas* (gens de famille), les *vānaprasthas* (retraités) et les *sannyāsīs* (renonçants). Et ni les uns ni les autres, s'ils sont dénués de dévotion, ou de conscience de Kṛṣṇa, ne peuvent être libérés, même s'ils s'acquittent dûment de leur devoir prescrit. Bien au contraire, ils glisseront vers l'enfer du fait de leur conscience matérielle. En conséquence, tout en accomplissant son devoir d'état, chacun doit cultiver la conscience de Kṛṣṇa dans le cadre du service de dévotion s'il désire échapper aux chaînes de la matière. Dans ce contexte, le Seigneur Caitanya récita un verset du *Śrīmad-Bhāgavatam* énoncé par Nārada pour indiquer la voie de la culture *bhāgavata*. Il affirme que les quatre divisions sociales ainsi que les quatre ordres spirituels sont issus de la gigantesque forme universelle du Seigneur. Les *brāhmaṇas* sont nés de la bouche de cette forme, les *kṣatriyas,* de Ses bras, les *vaiśyas,* de Sa taille et les *śūdras,* de Ses jambes. Comme tels, ils sont marqués par différents attributs de la nature matérielle au sein de la forme du *virāṭa-puruṣa.* La personne qui n'adopte pas le service de dévotion du Seigneur choiera de sa position, qu'elle accomplisse ou non son devoir d'état au sein des divisions précitées.

Le Seigneur Caitanya souligne en outre que, même si les adeptes de l'école impersonnaliste, les *māyāvādīs,* pensent ne faire qu'un avec Dieu et ainsi être libérés, tel n'est pas le cas selon Lui et le verset suivant du *Śrīmad-Bhāgavatam* (10.2.32) : « Ceux qui se croient libérés selon les normes de la doctrine *māyāvāda,* mais qui refusent d'adopter le service du Seigneur, choient certes par manque de dévotion tangible, même après s'être pliés à de rudes austérités et mortifications, et être parvenus au seuil de la position suprême. »

Le Seigneur compare Kṛṣṇa au soleil, et *māyā* – la puissance d'illusion matérielle – aux ténèbres. Qui baigne constamment dans la lumière solaire de Kṛṣṇa ne peut être dérouté par les ténèbres de l'énergie temporelle, ce qu'expliquent clairement les quatre versets essentiels du *Śrīmad-Bhāgavatam,* et ce que confirme le passage suivant du même ouvrage : « Māyā, la puissance d'illusion, a honte de se présenter devant Kṛṣṇa. » (*Ś.B.*, 2.5.13)

Néanmoins, l'être vivant est continuellement mystifié par cette même puissance. Dans son conditionnement, il découvre plusieurs formes de jonglerie verbale qui lui donnent l'impression de pouvoir s'affranchir des griffes de *māyā ;* mais, en vérité, il lui suffit de s'abandonner sincèrement à Kṛṣṇa en disant une seule fois : « Mon cher Seigneur, à compter de ce jour, je T'appartiens tout entier » pour aussitôt se soustraire aux chaînes de l'énergie matérielle. Ce que confirme le *Laṅkā-kāṇḍa* du *Rāmāyaṇa,* où le Seigneur dit : « Je promets – et Je Me dois – de toujours protéger quiconque s'abandonne entièrement à Moi. » Une personne peut penser jouir de l'action intéressée, de la libération, du *jñāna* ou de la perfection du *yoga,* mais si, par bonheur, elle devient vraiment intelligente, elle délaissera toutes ces pratiques pour s'engager avec sincérité dans le service de dévotion offert au Seigneur. Le *Śrīmad-Bhāgavatam* (2.3.10) confirme également que l'homme ou la femme d'intelligence rongé de désirs matériels ou assoiffé de libération devrait adopter le service de dévotion empreint de perfection.

Ceux qui cherchent à tirer un profit matériel du service de dévotion ne sont pas des purs dévots, mais on les considère néanmoins comme fortunés du fait qu'ils s'engagent dans ce service. Même s'ils ignorent que les bienfaits ou plaisirs matériels ne sont pas le but de la dévotion au Seigneur Suprême, ils en viendront finalement à cette conclusion. Kṛṣṇa déclare Lui-même que ceux qui désirent quelque bienfait matériel en retour de leur service dévotionnel sont certes insensés puisqu'ils cherchent à s'empoisonner l'existence au lieu de s'établir au niveau de l'amour pour Dieu. Même si quelqu'un désire certains bienfaits matériels de Kṛṣṇa, Celui-ci, tout-puissant, considère sa position, l'affranchit graduellement de ses ambitions temporelles et l'engage dans le service de dévotion. En s'y consacrant vraiment, il en oubliera ses aspirations et désirs matériels.

Le *Śrīmad-Bhāgavatam* (5.19.27), le confirme en ces termes : « Kṛṣṇa exauce certes les désirs de Ses dévots qui L'approchent pour Le servir avec dévotion, mais non pas ceux qui risquent d'engendrer de nouvelles souffrances. Malgré leurs ambitions temporelles, de tels dévots sont graduellement purifiés, par leur service transcendantal, de tout désir de jouissance matérielle pour en venir à convoiter le plaisir né de la dévotion. »

De façon générale, on recherche la compagnie des dévots dans l'espoir d'atténuer quelque détresse matérielle ; mais l'influence du pur dévot nous affranchira de tout désir matériel, de sorte qu'avec le temps, on prendra goût au service de dévotion, lequel s'avère si pur et merveilleux qu'il purifie le dévot et lui fait oublier toutes ses aspirations matérielles dès qu'il s'engage pleinement dans le sublime service d'amour de Kṛṣṇa. Citons ici l'exemple de Dhruva Mahārāja qui, désirant quelque bienfait de Kṛṣṇa, adopta le service de dévotion. Lorsque le Seigneur lui apparut sous la forme à quatre bras de Viṣṇu, Dhruva dit : « Cher Seigneur, T'ayant servi avec une dévotion mêlée de rudes pénitences et austérités, je peux Te voir aujourd'hui, ce que même les grands sages et *devas* ont peine à réussir. Désormais comblé, tous mes désirs sont exaucés. Je n'aspire à rien d'autre, car alors que je recherchais quelques éclats de verre, j'ai aujourd'hui trouvé un fort précieux joyau. » Ainsi, pleinement satisfait, Dhruva Mahārāja refusa-t-il de demander quoi que ce soit au Seigneur.

Transmigrant à travers les 8 400 000 formes de vie, l'être vivant est parfois comparé à un rondin qui, descendant une rivière, échoue fortuitement sur la berge sans être entraîné plus loin par le courant. Un verset du *Śrīmad-Bhāgavatam* (10.38.5) encourage toutes les âmes conditionnées de la façon suivante : « Nul ne doit se désespérer, pensant qu'il n'échappera jamais à l'emprise de la matière. Car il est possible d'être sauvé, à l'instar d'un rondin qui, descendant quelque temps une rivière, peut en atteindre la rive. »

De tels incidents heureux marquent le début du déclin de l'existence conditionnée ; ils surviennent au contact de purs dévots du Seigneur, contact qui favorise l'éveil de notre attrait pour Kṛṣṇa. Il existe divers genres de rituels et d'activités, dont certains se transforment en jouissance matérielle et d'autres, en libération matérielle ; mais si quelqu'un adopte des activités rituelles permettant l'épanouissement du pur service de dévotion au Seigneur en compagnie de purs dévots, son esprit s'imprégnera tout naturellement du service de dévotion. Le *Śrīmad-Bhāgavatam* (10.51.54) rapporte les paroles suivantes de Mucukunda : « Mon cher Seigneur, tout en transmigrant à travers les différentes espèces de l'univers matériel, l'être vivant peut progresser vers la libération. Mais ce n'est que lorsque, par bonheur, il rencontre des purs dévots qu'il est effectivement délivré de l'emprise de l'énergie matérielle et devient lui-même un dévot de Ta Personne Divine. »

Quand une âme conditionnée se voue à Kṛṣṇa, le Seigneur, de par Sa miséricorde immotivée, l'instruit de deux façons : de l'extérieur, à travers le maître spirituel, et de l'intérieur, à travers l'Âme Suprême. Nous lisons à ce sujet, dans le *Śrīmad-Bhāgavatam* (11.29.6) : « Cher Seigneur, même en étant doté de la longévité de Brahmā, personne ne saurait T'exprimer sa gratitude pour les bienfaits dérivés de Ton souvenir. De par Ta miséricorde sans cause, Tu éloignes du dévot toute condition néfaste en Te manifestant à l'extérieur comme le maître spirituel et à l'intérieur comme l'Âme Suprême. » Si, d'une façon ou d'une autre, une personne entre en contact avec un pur dévot, et développe ainsi le désir de servir Kṛṣṇa avec dévotion, elle s'élève progressivement jusqu'au niveau de l'amour pour Dieu et s'extirpe des griffes de l'énergie matérielle. Ce qu'explique également le *Śrīmad-Bhāgavatam* (11.20.8), où le Seigneur Lui-même dit : « Lorsqu'une personne éprouve spontanément de l'attrait pour Mes activités – n'étant ni attirée ni repoussée par les activités matérielles –, la voie du service de dévotion qui conduit à la perfection de l'amour pour Dieu lui devient accessible. »

Il serait toutefois impensable d'atteindre cette perfection sans la grâce d'un pur dévot ou d'un *mahātmā,* d'une grande âme. Sans cette grâce, impossible même de se défaire de l'emprise de la matière, que dire de s'élever au niveau de l'amour pour Dieu. Ce que confirme également le *Śrīmad-Bhāgavatam* (5.12.12), dans un entretien du roi Rahūgaṇa, de la province de Sindhu et Sauvīra, avec Jaḍa Bharata, où le premier exprima son étonnement face aux grandes réalisations spirituelles du second. Et celui-ci de lui répondre : « Cher Rahūgaṇa, nul ne peut atteindre la perfection dévotionnelle à moins d'être béni par une grande âme ou un pur dévot. Il n'est pas question d'y parvenir par la seule adhésion aux principes régulateurs des Écritures, ni en adoptant l'ordre du renoncement, en s'acquittant des devoirs prescrits de la vie de famille, en devenant un étudiant consciencieux de la science spirituelle ou en se livrant à de rudes austérités visant la réalisation du soi. »

Toujours dans le *Śrīmad-Bhāgavatam* (7.5.32), on lit que lorsque l'athée Hiraṇyakaśipu demanda à son fils Prahlāda Mahārāja comment il avait développé une telle attitude dévotionnelle, l'enfant répondit : « Tant qu'on n'est pas béni par la poussière des pieds des purs dévots, on ne peut même fouler le sentier de la dévotion, qui apporte la solution à tous les problèmes de l'existence matérielle. »

Le Seigneur Caitanya informa Sanātana Gosvāmī que toutes les Écritures insistent sur la compagnie des purs dévots du Seigneur Suprême. La chance d'entrer en contact avec ceux-ci marque le début de notre perfection totale. Ce que confirme le *Śrīmad-Bhāgavatam* (1.18.13), où il est dit que les bienfaits et avantages acquis auprès d'un pur dévot s'avèrent incomparables. On ne saurait les comparer ni à l'élévation aux sphères célestes ni à la libération.

Kṛṣṇa confirme également ce fait dans l'enseignement le plus confidentiel de la *Bhagavad-gītā,* lorsqu'Il dit : « Cher Arjuna, emplis toujours de Moi ton mental et deviens Mon dévot à part entière, voue-Moi constamment ton adoration et remets-t'en simplement à Moi. Telle est la seule façon d'accéder à Mon royaume. Je te révèle ici le plus secret des savoirs, car tu es Mon ami, infiniment cher. » (*B.g.*, 18.65)

Une instruction aussi directe de Kṛṣṇa à Arjuna s'avère plus importante que toute directive védique ou service pratiqué selon les règles. Il existe certes plusieurs recommandations védiques quant aux rites et cérémonies sacrificielles, aux devoirs régulateurs, à la méditation et à la culture spéculative du savoir ; mais l'ordre direct de Kṛṣṇa – « Renonce simplement à tout et deviens Mon dévot, Mon adorateur » – doit être tenu pour l'ordre final du Seigneur, auquel nous devons adhérer par-dessus tout. Le seul fait d'en être convaincu et d'adopter le service de dévotion au Seigneur, délaissant toute autre occupation, nous apportera sans nul doute la réussite. Confirmant cette assertion, le *Śrīmad-Bhāgavatam* affirme qu'il ne convient d'emprunter d'autres voies de réalisation spirituelle qu'aussi longtemps qu'on n'est pas convaincu de l'ordre direct du Seigneur, Śrī Kṛṣṇa, qui consiste, selon le *Śrīmad-Bhāgavatam* et la *Bhagavad-gītā,* à renoncer à tout pour pratiquer le service de dévotion.

La foi tient à cette conviction inébranlable. Ainsi ceux et celles qui ont la foi sont-ils fermement convaincus qu'en se consacrant simplement au service dévotionnel de Kṛṣṇa, ils s'acquittent automatiquement de tout – y compris des principes régulateurs liés aux rites, des offrandes sacrificielles, de la pratique du *yoga* et de la quête spéculative du savoir. Tout est automatiquement accompli par la personne convaincue que le service de dévotion au Seigneur englobe tout. Ainsi que l'enseigne le *Śrīmad-Bhāgavatam* (4.31.14) : « Tout comme, en arrosant la racine d'un arbre, on nourrit également les branches, les rameaux, les feuilles et les fruits, et tout comme, en donnant de la nourriture à l'estomac, on satisfait tous les sens, il suffit de servir Kṛṣṇa avec dévotion pour accomplir automatiquement toute autre forme d'adoration ou méthode préconisée. » La personne qui a la foi et qu'anime cette ferme conviction est digne de devenir un pur dévot.

On dénombre trois classes de dévots selon leur degré de conviction. Le dévot de premier ordre est versé dans toutes les Écritures védiques et pénétré de la conviction décrite ci-dessus. Il peut soulager les souffrances matérielles de tous les autres êtres. Le dévot de deuxième ordre est celui dont la conviction et la foi sont fermes, mais qui n'est guère apte à citer les Écritures révélées pour étayer son propos. Le dévot de troisième ordre est celui dont la foi demeure fragile mais qui, par l'épanouissement graduel du service de dévotion, deviendra digne avec le temps d'être promu au second, voire au premier niveau.

Le *Śrīmad-Bhāgavatam* (11.2.45–47) enseigne que le dévot de premier ordre voit toujours le Seigneur Suprême comme l'Âme de tous les êtres vivants. Ainsi voit-il Kṛṣṇa, et rien d'autre, en tout un chacun. Le pur dévot de niveau intermédiaire place toute sa confiance en Dieu, la Personne Suprême, se lie d'amitié avec les autres purs dévots, aide les innocents et fuit les athées ou ceux qui s'opposent au service de dévotion. Le dévot de troisième ordre pratique le service dévotionnel selon les directives du maître spirituel, ou par tradition familiale, et adore la Déité ; cependant, il n'est guère versé dans la science de la dévotion et ne parvient pas à distinguer un dévot d'un non-dévot. Un tel néophyte ne peut être vraiment considéré comme un pur dévot ; bien qu'il soit presque établi dans la voie dévotionnelle, sa position demeure en effet précaire.

On peut donc en conclure que, lorsqu'une personne fait preuve d'amour pour Dieu et d'amitié envers les dévots, se montre compatissante envers les innocents et peu disposée à fréquenter les non-dévots, elle peut être considérée comme un pur dévot. En progressant dans le service de dévotion, elle percevra que chaque être vivant fait partie intégrante du Suprême. Elle pourra voir en chacun la Personne Divine, et atteindra ainsi un haut degré d'accomplissement dans la conscience de Kṛṣṇa. Parvenue à ce niveau, elle cessera d'établir une distinction entre les dévots et les non-dévots, les voyant tous occupés à servir le Seigneur. Elle continuera néanmoins à développer toutes les qualités louables alors même qu'elle pratiquera la conscience de Kṛṣṇa et le service de dévotion. Comme l'affirme le *Śrīmad-Bhāgavatam* (5.18.12) : toutes les vertus éminentes des *devas* se manifestent en quiconque a développé une dévotion pure et sans mélange pour le Seigneur Suprême. Au contraire, l'être dénué d'un tel service est assuré de s'égarer, et ce, malgré toutes ses qualités matérielles, puisqu'il erre au niveau mental. Ses qualités matérielles s'avèrent donc sans valeur.

CHAPITRE DOUZE

Le dévot

Une personne consciente de Kṛṣṇa, qui se consacre entièrement au service d'amour sublime du Seigneur, acquiert nombre de vertus divines des *devas*, dont Caitanya ne décrit que certaines à Sanātana Gosvāmī. Toujours bienveillant envers tous, le dévot ne cherche querelle à personne. Son intérêt se porte vers l'essence de la vie, laquelle est de nature spirituelle. Également disposé envers tous, personne ne peut trouver à redire contre lui. Son esprit magnanime est toujours pur et dénué de toute obsession matérielle. Bienfaiteur de tous les êtres vivants, il est paisible et toujours abandonné à Kṛṣṇa. Dépourvu de désirs matériels, il est très humble et déterminé. Ayant vaincu les six défauts matériels, dont la colère et la concupiscence, il ne mange pas plus que nécessaire. Toujours sain d'esprit et respectueux, il ne recherche aucun respect pour lui-même. Il est grave, miséricordieux, amical, poète, expert et silencieux.

On trouve également une description du dévot du Seigneur dans le *Śrīmad-Bhāgavatam* (3.25.21), où il est dit être toujours tolérant et miséricordieux. Ami de tous les êtres vivants, il n'a aucun ennemi. Serein, il est doté de toutes les vertus. Voilà quelques attributs d'une personne consciente de Kṛṣṇa.

Le *Śrīmad-Bhāgavatam* dit aussi de celui qui a la chance de servir une grande âme, un *mahātmā,* que le chemin de la libération lui est grand ouvert. Par contre, ceux qui s'attachent aux matérialistes empruntent la voie des ténèbres. Les âmes saintes sont des spiritualistes aussi calmes que paisibles ; la colère leur est étrangère et elles accordent leur amitié à tous les êtres vivants. Le seul fait de fréquenter de telles âmes peut transformer une personne en un dévot de Kṛṣṇa. En vérité, la compagnie des saints dévots s'avère essentielle au développement de l'amour pour Dieu. La voie du progrès spirituel est accessible à quiconque entre en contact avec une sainte personne ; en suivant cette voie, on est sûr de développer sa conscience de Kṛṣṇa dans le cadre du service de dévotion intégral.

Dans le *Śrīmad-Bhāgavatam,* Vasudeva, le père de Kṛṣṇa, s'enquiert auprès de Nārada Muni du bien-êtres des êtres vivants. Nārada lui répond en citant un extrait de l'entretien de Mahārāja Nimi avec neuf grands sages : « Ô saints hommes, dit le roi, je désire seulement m'enquérir de la voie du bien-être pour tous. Or, la compagnie des âmes saintes, même pour un bref moment, est en cette vie le plus grand trésor, car elle ouvre la voie du progrès spirituel. » (*Ś.B.*, 11.2.28) Ce que confirme d'ailleurs un autre passage du *Śrīmad-Bhāgavatam* (3.25.25), où il est dit qu'en recherchant la compagnie de personnes saintes et en discutant avec elles de questions spirituelles, on devient convaincu de la voie à suivre. Bientôt, l'écoute des gloires de Kṛṣṇa devient agréable et commence à combler le cœur. Si, après avoir reçu ces messages spirituels de la bouche de purs dévots ou de personnes saintes, on s'efforce de les appliquer dans sa vie, la voie de la conscience de Kṛṣṇa s'enrichira successivement de la foi, de l'attachement et de la dévotion.

Le Seigneur informa ensuite Sanātana Gosvāmī de la façon dont se conduit le dévot. Le point essentiel de Caitanya est ici qu'il faut fuir toute mauvaise fréquentation. Telle est l'essence de la conduite du dévot. Et, par mauvaise fréquentation, il faut entendre la fréquentation de ceux et celles qui se révèlent trop attachés au sexe opposé ou qui ne sont pas des dévots de Kṛṣṇa. Au même titre qu'on recommande de rechercher la compagnie des saints dévots du Seigneur, il convient d'éviter soigneusement celle des non-dévots. Les purs dévots de Kṛṣṇa se gardent donc bien de fréquenter les deux classes d'individus citées plus haut. Le *Śrīmad-Bhāgavatam* (3.31.33–35) affirme qu'il faut se garder de tout contact avec ceux qui sont le jouet des femmes, car la fréquentation de tels impies nous priverait de toute qualité digne de ce nom, comme la véracité, la pureté, la compassion, la gravité, l'intelligence, la réserve, la beauté, le renom, le pardon, la maîtrise du mental et des sens, ainsi que toutes les excellences qu'acquiert automatiquement le dévot. Rien ne dégrade davantage l'homme que de fréquenter des personnes trop attachées aux femmes.

Dans ce contexte, le Seigneur Caitanya cite également un verset de la *Kātyāyana-saṁhitā :* « Mieux vaut être prisonnier d'une cage entourée d'un brasier ardent que de vivre au contact de ceux qui ne sont pas des dévots du Seigneur. » On conseille d'ailleurs de ne pas même regarder le visage des incroyants ou des êtres dépourvus de dévotion pour l'Être Suprême. Le Seigneur recommande de renoncer scrupuleusement à la compagnie de tout être indésirable et de prendre entièrement refuge en Kṛṣṇa, le Seigneur Suprême. Kṛṣṇa donne Lui-même cette instruction à Arjuna à la fin de la *Bhagavad-gītā :* « Laisse tout et abandonne-toi simplement à Moi. Je prendrai soin de toi et t'affranchirai de toutes les suites de tes fautes. » (*B.g.*, 18.66)

Très bienveillant envers Ses dévots, le Seigneur Se montre aussi très reconnaissant, magnanime et doté de tous les talents. Nous devons ainsi croire en Sa parole et, pour peu que nous soyons aussi intelligents qu'instruits, adhérer à ce principe sans la moindre hésitation. Le *Śrīmad-Bhāgavatam* rapporte les paroles suivantes d'Akrūra à Kṛṣṇa : « Qui s'abandonnerait à quelqu'un d'autre que Toi ? Qui est aussi cher, véridique, amical et reconnaissant que Toi ? Tu es si parfait et complet que, même en Te donnant à Ton dévot, Tu demeures entier. Tu peux donc combler tous les désirs de Ton dévot et même Te livrer à lui. » (*Ś.B.*, 10.48.26)

Une personne intelligente et à même de comprendre la philosophie de la conscience de Kṛṣṇa délaissera naturellement tout pour prendre refuge en Kṛṣṇa. Dans ce contexte, le Seigneur Caitanya récita un verset énoncé par Uddhava dans le *Śrīmad-Bhāgavatam :* « Comment pourrait-on prendre refuge en qui que ce soit d'autre que Kṛṣṇa, Lui si bienveillant ? Bien que la sœur de Bakāsura voulût Le tuer alors qu'Il n'était qu'un enfant, en enduisant son sein de poison pour qu'Il l'aspire avec son lait, cette femme remplie de haine obtint le salut et fut élevée à la même position que la mère de Kṛṣṇa. » (*Ś.B.*, 3.2.23) Ce verset fait allusion au jour où Pūtanā projetait de tuer l'enfant Kṛṣṇa. Acceptant le sein enduit de poison que Lui offrait la sorcière, Kṛṣṇa aspira à la fois son lait et sa vie. Pūtanā fut néanmoins élevée à la même position que la mère de Kṛṣṇa.

Il n'existe aucune différence essentielle entre une âme qui s'abandonne entièrement au Seigneur et une personne établie dans l'ordre du renoncement. La seule différence réside dans le fait que la première dépend entièrement de Kṛṣṇa. Les six critères de l'abandon sont : 1) accepter avec détermination tout ce qui est favorable au service de dévotion ou aux devoirs envers Kṛṣṇa ; 2) rejeter, avec autant de détermination, tout ce qui entrave le service de dévotion ;

3) être fermement convaincu que seul Kṛṣṇa peut nous protéger et qu'Il nous accordera Sa protection. Notons ici que l'impersonnaliste croit que sa véritable identité tient à ne faire qu'Un avec Kṛṣṇa, ou le Seigneur Suprême, mais le dévot n'anéantit pas son identité de cette façon. Il demeure pleinement confiant que Kṛṣṇa le protégera en toutes circonstances ; 4) Le dévot doit toujours voir en Kṛṣṇa son soutien. Ceux qui aspirent aux fruits de l'action espèrent généralement être protégés par les *devas*, mais le dévot ne compte sur la protection d'aucun *deva*, étant fermement convaincu que Kṛṣṇa le protégera de toute condition défavorable; 5) Le dévot a toujours conscience de ce que la satisfaction de ses désirs ne dépend pas que de lui, et qu'à moins d'être comblés par Kṛṣṇa, ils resteront inassouvis; 6) L'être distinct doit toujours se considérer comme la plus déchue de toutes les âmes afin que Kṛṣṇa prenne soin de lui. L'âme ainsi soumise doit chercher refuge dans un lieu saint comme Vṛndāvana, Mathurā, Dvārakā ou Māyāpur, et s'abandonner au Seigneur en disant : « Mon Seigneur, à partir d'aujourd'hui, je T'appartiens. Protège-moi ou tue-moi, comme bon Te semble. » Lorsque le dévot prend refuge en Kṛṣṇa de cette façon, le Seigneur S'en montre si reconnaissant qu'Il l'accepte et le protège de diverses manières. Le *Śrīmad-Bhāgavatam* (11.29.34) le confirme en disant que, si une personne à l'agonie prend totalement refuge en le Seigneur Suprême et Se place sous Son entière protection, elle parviendra alors à l'immortalité et deviendra digne de vivre en la compagnie du Seigneur et de goûter la félicité spirituelle.

Le Seigneur expliqua ensuite à Sanātana Gosvāmī les différentes formes et manifestations du service de dévotion dans la pratique, c'est-à-dire accompli par le biais de nos sens actuels. En réalité, le service dévotionnel représente la fonction éternelle de l'être vivant, et sommeille dans le cœur de chacun. L'apprentissage qui éveille cette dévotion latente est appelé « service de dévotion dans la pratique ». Comprenons ici que, de par sa nature, l'être distinct fait partie intégrante du Seigneur Suprême. On peut comparer Celui-ci au soleil, et les êtres vivants, aux particules lumineuses qui en émanent. Sous l'empire de la puissance d'illusion, l'étincelle spirituelle s'éteint presque entièrement, mais le service de dévotion dans la pratique permet de raviver sa condition originelle. Bref, celui ou celle qui pratique le service de dévotion retourne à sa condition première, normale, d'âme libérée. Et ce service dévotionnel peut être accompli à l'aide des sens sous la direction d'un maître spirituel authentique.

L'écoute s'impose comme la première activité spirituelle à même de favoriser le progrès dans la conscience de Kṛṣṇa, dans le service de dévotion. Comme il s'agit de la plus importante pratique à cet égard, il convient de rechercher avec grand enthousiasme les occasions d'entendre les gloires de

Kṛṣṇa. Délaissant la poursuite du savoir spéculatif et de l'action intéressée, nous devrions simplement pratiquer l'adoration du Seigneur et chercher à développer notre amour pour Lui. Cet amour existe de toute éternité en chacun de nous ; il suffit de l'éveiller par la pratique assidue de l'écoute. L'écoute, puis le chant, incarnent les principales pratiques dévotionnelles. Le service de dévotion peut être pratiqué selon les règles ou par affection spontanée. Or, quiconque n'a pas développé une affection spirituelle pour Kṛṣṇa se doit de mener sa vie selon les règles et principes des Écritures et les instructions du maître spirituel. Dans le *Śrīmad-Bhāgavatam,* Śukadeva Gosvāmī conseille ainsi Mahārāja Parīkṣit : « Ô meilleur des Bhāratas, le premier devoir de quiconque désire s'affranchir de toute crainte consiste à écouter ce qui a trait à Dieu, Hari, à chanter Ses gloires et à toujours se souvenir de Sa Suprême Personne. Méditant sans cesse sur Viṣṇu, le Seigneur, il ne faut jamais L'oublier, ne serait-ce qu'un instant, Lui l'essence même de tous les principes régulateurs. » (*Ś.B.*, 2.1.5) Comprenons ici que les Écritures révélées font état de mille et une règles, de mille et une recommandations et interdictions, si ce n'est que le souvenir du Seigneur Suprême est au fondement même de toutes les prescriptions. Ainsi la réelle mise en pratique du service de dévotion tient-elle au souvenir constant de Dieu en son for intérieur, et cette pratique n'est régie par aucun principe régulateur, ni dépendante de quelque autre activité que ce soit, prescrite ou interdite.

De façon générale, cependant, il convient d'adhérer aux principes suivants dans le cadre du service de dévotion : 1) chercher refuge auprès d'un maître spirituel authentique ; 2) recevoir de lui l'initiation spirituelle ; 3) le servir ; 4) s'enquérir auprès de lui et apprendre de lui à aimer ; 5) suivre la voie tracée par les saints voués au service d'amour sublime du Seigneur ; 6) savoir renoncer à toute forme de plaisir et de tribulation pour la satisfaction de Kṛṣṇa ; 7) vivre, autant que faire se peut, en un lieu où se sont déroulés les divertissements de Kṛṣṇa ; 8) se satisfaire de ce que Kṛṣṇa nous donne pour subvenir à nos besoins, sans chercher à en obtenir davantage ; 9) respecter le jeûne de l'Ekādaśī, soit le onzième jour suivant la pleine lune et la nouvelle lune. Il faut alors s'abstenir de consommer céréales et légumineuses, et ne manger avec modération que légumes et lait tout en accroissant le chant du *mantra* Hare Kṛṣṇa, la lecture des Écritures, etc. ; 10) honorer les dévots, les vaches et les arbres sacrés, dont le banian.

Il s'avère essentiel, pour le dévot néophyte qui commence à suivre la voie du service de dévotion, d'observer ces dix principes. Il doit en outre se garder de commettre les dix offenses suivantes dans le cadre de la pratique du service de dévotion et du chant des Saints Noms de Dieu : 1) blasphémer contre un dévot du Seigneur ; 2) mettre le Seigneur et les *devas* sur un pied d'égalité, ou croire qu'il existe plusieurs dieux ; 3) négliger les instructions du maître spirituel ; 4) minimiser l'autorité des Écritures (les *Vedas*) ; 5) interpréter les Saints Noms du Seigneur ; 6) accomplir des actes coupables en comptant sur le chant des Saints Noms pour en annuler les conséquences ; 7) enseigner les gloires du Nom du Seigneur aux incroyants ; 8) assimiler le chant des Saints Noms à un acte de piété matérielle ; 9) être inattentif en chantant les Saints Noms ; 10) demeurer attaché aux choses matérielles en dépit du chant des Saints Noms.

Il convient également d'observer dix autres règles : 1) s'abstenir de commettre les offenses ci-dessus relativement au service de dévotion et au chant des Saints Noms ; 2) éviter la compagnie des non-dévots impies ; 3) ne pas chercher à faire de nombreux disciples ; 4) éviter de se livrer à l'étude d'ouvrages variés, voire à l'étude sommaire d'un ouvrage donné, ainsi que de débattre de différentes doctrines ; 5) faire preuve d'équanimité dans le gain comme dans la perte ; 6) ne succomber à aucune forme de dépit ; 7) ne manquer de respect envers aucun *deva* ni aucune autre Écriture ; 8) ne pas tolérer qu'on blasphème contre le Seigneur Suprême ou Ses dévots ; 9) se détourner du contenu profane des romans et des œuvres de fiction, sans pour autant ignorer les actualités, qu'aucune interdiction ne frappe ; 10) ne tourmenter aucun être vivant, y compris les insectes. Les dix premiers principes revêtent un caractère incitatif alors que les dix derniers ont valeur d'interdits. Dans la même veine, le *Bhakti-rasāmṛta-sindhu* de Śrī Rūpa Gosvāmī enseigne qu'il convient d'agir de façon très libérale tout en évitant le moindre comportement indésirable. Cela dit, d'entre les vingt règles énoncées ci-dessus, les plus importantes consistent à chercher refuge auprès d'un maître spirituel authentique, à recevoir de lui l'initiation spirituelle et à le servir. La pratique du service de dévotion se compose des éléments suivants : 1) écouter ; 2) chanter (ou réciter) ; 3) se souvenir ; 4) adorer ; 5) prier ; 6) servir ; 7) agir en serviteur ; 8) se montrer amical ; 9) tout offrir ; 10) danser devant la Déité ; 11) entonner des chants ; 12) instruire ; 13) offrir son hommage ; 14) à l'arrivée d'un dévot, se lever en guise de respect ; 15) au départ d'un dévot, le raccompagner jusqu'à la porte ; 16) entrer dans le temple du Seigneur ; 17) accomplir une marche circulaire autour du temple ; 18) lire des prières ; 19) entonner des hymnes ; 20) prendre part au *saṅkīrtana* (chant en congrégation) ; 21) humer l'encens et les fleurs offerts à la Déité ; 22) honorer le *prasāda* (nourriture offerte à Kṛṣṇa) ; 23) assister à l'*ārātrika* (cérémonie d'accueil du Seigneur) ; 24) contempler la Déité ; 25) offrir des mets savoureux au Seigneur ; 26) méditer ; 27) offrir de l'eau à l'arbuste *tulasī ;* 28) offrir son hommage aux *vaiṣṇavas,* ou dévots avancés ; 29) vivre à Mathurā ou Vṛndāvana ; 30) étudier le *Śrīmad-Bhāgavatam ;*

31) tout faire pour atteindre Kṛṣṇa ; 32) espérer la grâce de Kṛṣṇa ; 33) prendre part aux cérémonies à la gloire de Kṛṣṇa en compagnie de Ses dévots ; 34) s'abandonner entièrement ; 35) observer diverses célébrations.

À ces trente-cinq éléments s'en greffent quatre autres : 1) marquer son corps de pulpe de santal pour s'afficher en tant que *vaiṣṇava ;* 2) marquer son corps des Saints Noms du Seigneur ; 3) porter sur soi les châles préalablement offerts à la Déité ; 4) boire le *caraṇāmṛta,* l'eau ayant servi à baigner le Seigneur. Cela fait donc un total de trente-neuf éléments constituant le service de dévotion, dont les plus importants dérivés sont les cinq suivants : 1) fréquenter les dévots ; 2) chanter le Saint Nom du Seigneur ; 3) écouter le *Śrīmad-Bhāgavatam ;* 4) vivre dans un lieu saint comme Mathurā ou Vṛndāvana ; 5) servir la Déité avec une grande dévotion. Rūpa Gosvāmī les a précisément soulignés dans son *Bhakti-rasāmṛta-sindhu.*

Ces cinq derniers éléments, ajoutés aux trente-neuf cités plus haut, en portent le nombre à quarante-quatre. Compte tenu des vingt règles précédemment citées, cela fait un grand total de soixante-quatre principes dévotionnels qu'on peut appliquer avec son corps, son mental et ses sens de manière à purifier graduellement sa pratique du service de dévotion. Certains de ces principes s'avèrent tout à fait distincts alors que d'autres sont identiques et que d'autres encore se recoupent.

Śrīla Rūpa Gosvāmī recommande de vivre en compagnie de personnes qui partagent la même mentalité que soi ; il s'avère dès lors nécessaire de former une quelconque association pour la conscience de Kṛṣṇa et de vivre ensemble dans le but de cultiver la science de Kṛṣṇa et le service de dévotion. Le principe par excellence d'une telle association tient à la compréhension mutuelle de la *Śrīmad Bhagavad-gītā* et du *Śrīmad-Bhāgavatam.* Lorsque foi et dévotion se développent, s'ensuivent l'adoration de la Déité, le chant du Saint Nom et l'établissement en un lieu comme Mathurā ou Vṛndāvana.

Les cinq derniers principes, mentionnés à la suite des trente-neuf premiers, sont tout particulièrement importants, pour ne pas dire essentiels. Il suffit en effet de s'y conformer, fût-ce de façon imparfaite, pour être élevé à la plus haute perfection. Qu'on soit en mesure, selon ses capacités, de se livrer à une ou plusieurs pratiques dévotionnelles, c'est le facteur primordial de l'attachement indéfectible au service de dévotion qui nous fera progresser sur cette voie. De fait, l'histoire révèle que nombre de dévots ont atteint la perfection dévotionnelle par le biais d'une seule pratique, alors que nombre d'autres, à l'instar de Mahārāja Ambarīṣa, les observaient toutes. Suivent les noms de certains dévots qui ont atteint la perfection par le biais d'une seule pratique dévotionnelle. Mahārāja Parīkṣit a obtenu la libération après avoir atteint la perfection absolue par la seule écoute. Śukadeva Gosvāmī a atteint la perfection dévotionnelle et obtenu la libération par le seul chant. Lakṣmī, par le seul service des pieds pareils-au-lotus du Seigneur. Le roi Pṛthu, par la seule adoration. Akrūra, par la seule prière. Hanumān, en se faisant simplement le serviteur du Seigneur Rāma. Arjuna, rien qu'en étant l'ami de Kṛṣṇa. Et Bali Mahārāja, en ne faisant qu'offrir tout ce qu'il possédait au Seigneur.

Mahārāja Ambarīṣa, lui, accomplit toutes les pratiques dévotionnelles : fixant d'abord son esprit sur les pieds pareils-au-lotus de Kṛṣṇa, il consacra ensuite son verbe à la description des attributs sublimes du Seigneur Suprême, puis utilisa ses mains pour nettoyer Son temple, ses oreilles pour écouter les paroles de Kṛṣṇa, ses yeux pour contempler Sa forme dans le temple, ses organes tactiles pour rendre service aux dévots, son odorat pour humer le parfum des fleurs offertes à Kṛṣṇa, sa langue pour goûter les feuilles de *tulasī* offertes à Ses pieds de lotus, ses jambes pour se rendre au temple de Kṛṣṇa et sa tête pour Lui offrir son hommage. Comme tous ses désirs et ses ambitions étaient liés au service dévotionnel du Seigneur, on le considère comme le champion de la pratique diversifiée du service de dévotion.

Quiconque pratique le service de dévotion en pleine conscience de Kṛṣṇa s'acquitte automatiquement de toute dette envers les sages, les *devas* et les ancêtres, envers lesquels nous sommes généralement redevables. Ce que confirme le *Śrīmad-Bhāgavatam* : « Quiconque s'engage pleinement dans le service du Seigneur, ô roi, n'a plus ni devoirs ni obligations envers les *devas*, les sages, sa famille, ses ancêtres, les humains et les êtres vivants en général. » (*Ś.B.*, 11.5.41) Comprenons que, dès sa naissance, chaque humain est à ce point endetté envers tous qu'on attend de lui qu'il accomplisse divers rites prescrits. L'être qui s'abandonne entièrement à Kṛṣṇa est toutefois libéré de toute dette, de toute obligation envers qui que ce soit d'autre. Au demeurant, il convient de noter que quiconque renonce à tous ses devoirs temporels pour se vouer au service exclusif de Kṛṣṇa s'affranchit par le fait même de tout désir personnel et ne risque nullement de commettre quelque péché que ce soit. Si, toutefois, il vient à poser des actes répréhensibles – non pas délibérément, mais par accident – Kṛṣṇa lui accordera Son entière protection, et il ne sera tenu de se purifier en aucune façon, ainsi que le confirme le *Śrīmad-Bhāgavatam* : « Le dévot qui s'engage pleinement dans le service d'amour absolu du Seigneur est protégé par la Personne Suprême. Or si, bien malgré lui, il vient à commettre quelque péché ou se voit contraint de commettre un acte répréhensible dans des circonstances exceptionnelles, le Seigneur, sis en son cœur, lui accordera Son entière protection. » (*Ś.B.*, 11.5.42) Les voies du savoir spéculatif et du renoncement ne sont pas essentielles au parachèvement du service de dévotion. Il n'est pas non plus nécessaire d'adhérer aux principes de la non-violence et de la maîtrise des sens, strictement préconisés par d'autres voies d'élévation. Sans même souscrire à de telles méthodes, le dévot développe toutes ces vertus grâce au seul service dévotionnel du Seigneur. Dans le onzième Chant du *Śrīmad-Bhāgavatam,* le Seigneur dit d'ailleurs Lui-même qu'il n'est pas nécessaire de cultiver le savoir spéculatif et le renoncement lorsqu'on est effectivement engagé dans Son service de dévotion.

CHAPITRE TREIZE

Le service de dévotion empreint d'attachement

Par pure méprise, certains spiritualistes croient que le savoir et le renoncement sont nécessaires pour s'élever au niveau du service de dévotion. Or, il n'en est rien. La culture du savoir et le renoncement à l'action intéressée peuvent s'avérer nécessaires pour distinguer l'existence spirituelle de la conception matérielle de l'existence, mais ils ne font pas partie intégrante du service de dévotion. Les fruits du savoir et de l'action intéressée sont respectivement la libération et la jouissance matérielle. Ils ne sauraient, par conséquent, faire partie intégrante du service dévotionnel ; ils n'ont au contraire aucune valeur intrinsèque dans la pratique d'un tel service. De fait, ce n'est que lorsqu'on s'affranchit de l'asservissement aux fruits du savoir et de l'action intéressée qu'on peut s'établir dans le service de dévotion. Étant non violent par nature et maître de son mental comme de ses sens, le dévot de Kṛṣṇa n'a à faire aucun effort supplémentaire pour obtenir les bienfaits issus de la culture du savoir et de l'action intéressée.

S'adressant à Kṛṣṇa, Śrī Uddhava s'enquit en ces termes des règles, principes et interdits énoncés dans les *Vedas :* « Pourquoi les hymnes védiques incitent-ils à la jouissance matérielle alors que, dans un même temps, l'enseignement des *Vedas* nous affranchit de toute illusion et nous encourage à rechercher la libération ? » Les règles védiques sont censées émaner de Dieu, la Personne Suprême, et pourtant, elles comportent apparemment certaines contradictions ; Uddhava désirait donc savoir comment résoudre de telles contradictions.

En guise de réponse, Kṛṣṇa l'informa de l'incomparable excellence du service de dévotion : « Il n'est ni utile ni requis, pour quiconque est déjà engagé dans Mon service de dévotion et pleinement absorbé en Moi, de pratiquer la culture du savoir et le renoncement. » Le service de dévotion ne dépend d'aucune autre pratique : telle est la conclusion qui s'impose ici. La culture du savoir, le renoncement et la méditation peuvent être d'un certain secours au départ, mais ils ne sauraient être tenus pour nécessaires à l'accomplissement du service de dévotion. En d'autres mots, ce service peut être accompli indépendamment de la culture du savoir et du renoncement. Dans ce contexte, un verset du *Skanda Purāṇa* rapporte les propos suivants de Parvata Muni à un ancien chasseur tribal : « Les qualités qui sont désormais tiennes – la non-violence, entre autres – n'ont rien d'étonnant, car qui pratique le service dévotionnel du Seigneur Suprême ne peut en aucun cas être une source de tourment pour quiconque. »

Après avoir traité de ces points, le Seigneur dit à Sanātana Gosvāmī : « J'ai jusqu'ici décrit la pratique du service de dévotion conformément aux principes régulateurs. Maintenant, Je te l'expliquerai sous l'angle de l'attachement spirituel. »

Les habitants de Vṛndāvana, ou Vrajavāsīs, sont des exemples vivants du service de dévotion. Leur dévotion, qu'on ne retrouve qu'à Vraja-bhūmi, Vṛndāvana, incarne l'idéal du service empreint d'attachement. En cultivant la dévotion et l'attachement suivant leur exemple, on accédera à la *rāga-mārga-bhakti,* ou le service de dévotion empreint d'attachement pour le Seigneur. Selon le *Bhakti-rasāmṛta-sindhu :* « Le service de dévotion empreint d'un attachement extatique pour celui-ci, tel que le dévot vient naturellement à le pratiquer, est qualifié de *rāga,* en ce qu'il est sous le signe de l'attachement spirituel. » Le service de dévotion empreint d'un profond attachement (*rāga*) doublé d'une absorption totale (*ātmikā*) dans l'objet d'amour est ainsi qualifié de *rāgātmikā*. Les activités des habitants de Vraja-bhūmi nous en offrent un exemple, et quiconque conçoit un attrait pour Kṛṣṇa en entendant parler d'un tel attachement jouit certes d'une grande fortune. Lorsqu'on est profondément touché par la dévotion des habitants de Vraja-bhūmi et qu'on s'efforce de marcher sur leurs traces, on ne se soucie guère plus des restrictions ou des règles prescrites dans les Écritures révélées. Tel est le propre de qui pratique la *rāga-bhakti*. Le service de dévotion empreint d'attachement s'avère parfaitement naturel, et celui ou celle qui en ressent l'attrait ne souffre aucun argument contraire à ses convictions, fût-il présenté conformément à l'enseignement des Écritures. Cette inclination naturelle est d'ailleurs elle-même validée par les Écritures, et la personne qui s'attache à cette forme particulière de service dévotionnel à l'égard du Seigneur n'est nullement tenue d'y renoncer sur la simple base d'arguments scripturaires. Notons dans ce contexte que certains pseudo-dévots, appelés *prākṛta-sahajiyās,* s'imaginent incarner eux-mêmes Rādhā et Kṛṣṇa, et donnent libre cours à leurs élucubrations en se livrant à la débauche.

Leur dévotion et leur attachement se trouvent détournés de leur objet véritable, et ils ne font ainsi que glisser vers l'enfer. Telle n'est pas la norme dévotionnelle, ou *rāgātmikā.* En vérité, les *prākṛta-sahajiyās* sont aussi dupes qu'infortunés.

Le service de dévotion empreint d'attachement s'accomplit de deux façons, l'une externe et l'autre interne. Extérieurement, le dévot adhère strictement aux principes régulateurs, à commencer par le chant et l'écoute, tout en méditant intérieurement sur l'attachement qui l'incite à servir le Seigneur Suprême. À vrai dire, il pense constamment à son service et à son attachement dévotionnels. Un tel attachement ne viole en rien les principes régulateurs du service de dévotion, auxquels adhère rigoureusement le vrai dévot, mais sans pour autant en oublier son attachement particulier au Seigneur.

Puisque tous les habitants de Vraja-bhūmi, Vṛndāvana, sont très chers à Kṛṣṇa, le dévot qu'habite un tel attachement en choisit un dont il suit l'exemple afin de parfaire son propre service de dévotion. Le pur dévot qui éprouve de l'attachement pour le Seigneur marche toujours, en son for intérieur, sur les traces d'un habitant de Vraja-bhūmi. Le *Bhakti-rasāmṛta-sindhu* recommande d'ailleurs au pur dévot animé d'un tel attachement dévotionnel de toujours se rappeler des activités d'un habitant précis de Vraja de manière à sans cesse méditer sur Vraja-bhūmi, ou Vṛndāvana, et ce, même s'il ne peut y vivre lui-même.

Les dévots intimement attachés au Seigneur et à Son service sont de divers ordres ; ainsi certains sont-ils Ses serviteurs et d'autres, Ses amis, Ses parents, voire Ses amantes ou Ses conjointes. Or, dans tous les cas, le service de dévotion empreint d'attachement doit être pratiqué suivant l'exemple d'un modèle précis de Vraja-bhūmi.

On lit dans le *Śrīmad-Bhāgavatam :* « Le mot *mat-para* ne peut désigner qu'une personne comblée à l'idée de ne s'attacher qu'à Moi, voyant en Moi son âme, son ami, son fils, son maître, son bienfaiteur, son Dieu et son objectif ultime. Chère mère, ces dévots ne subissent en rien l'influence du temps. » (*Ś.B.*, 3.25.38) L'auteur du *Bhakti-rasāmṛta-sindhu* offre son hommage respectueux à tous ceux et celles qui n'ont de cesse de méditer sur Kṛṣṇa tel qu'Il est, en tant que fils, bienfaiteur, frère, père, ami ou autre. Quiconque honore les principes du service de dévotion empreint d'attachement en suivant l'exemple d'un dévot de Vraja-bhūmi atteint certes, dans cet esprit, la plus haute perfection de l'amour pour Dieu.

Deux traits caractérisent le développement du germe de l'amour pour Dieu, à savoir le *rati,* ou l'attachement, et le *bhāva,* ou l'état d'âme qui précède immédiatement l'amour pour Dieu. Et le Seigneur Suprême, Śrī Kṛṣṇa, Se voit d'emblée conquis par les dévots qui manifestent ces traits préalables à l'apparition des premiers signes de l'amour pour Dieu. Le Seigneur Caitanya donna ces explications à Sanātana Gosvāmī tout en précisant qu'Il ne lui avait donné qu'un aperçu du service de dévotion empreint d'attachement, sujet inépuisable s'il en est.

Puis Il entreprit de définir le but ultime du service de dévotion, celui-là même que doit poursuivre quiconque aspire à la perfection. Quand l'attachement à Kṛṣṇa devient très profond, on accède à ce qu'il est convenu d'appeler l'amour de Dieu, tenu pour être la condition permanente du dévot. Dans ce contexte, Kavirāja Gosvāmī offre son hommage respectueux au Seigneur Caitanya pour nous avoir livré Son sublime enseignement sur l'amour de Dieu. Comme il le dit si bien dans son *Caitanya-caritāmṛta :* « Ô Seigneur Suprême, qui d'autre que Toi a conféré le pur service de dévotion ? Ô incarnation de Dieu magnanime entre toutes, je T'offre quant à moi mon hommage respectueux, Toi qu'on connaît sous le nom de Gaura Kṛṣṇa. » (*C.c., Madhya,* 23.1)

Le *Bhakti-rasāmṛta-sindhu* compare l'amour de Dieu au rayonnement du soleil en ce qu'il ne cesse d'attendrir le cœur du dévot, à jamais établi dans la transcendance, au-delà même de la vertu matérielle. Et le procédé par lequel le cœur se voit de plus en plus purifié sous l'effet du soleil de l'amour divin a pour nom *bhāva*. Rūpa Gosvāmī explique à ce propos que le *bhāva* est tenu pour être l'atout permanent de l'âme distincte, et que le point crucial de l'évolution vers le *bhāva* est celui qu'on qualifie d'amour marginal pour Dieu. C'est lorsque cet état, le *bhāva,* devient de plus en plus profond que les dévots érudits lui donnent le nom d'amour de Dieu. Selon le *Nārada Pañcarātra :* « Quand on est fermement convaincu que Viṣṇu est l'unique objet d'amour et d'adoration, et que nul autre – fût-il un *deva* – n'est digne de dévotion, alors seulement éprouve-t-on un sentiment d'amour intime envers Dieu. Voilà ce qu'en disent des personnages aussi éminents que Bhīṣma, Prahlāda, Uddhava et Nārada. »

Si, du fait de quelque activité pieuse à même de susciter le service de dévotion, l'on devient enclin à servir le Seigneur et à rechercher la compagnie des purs dévots, l'on ne tardera pas à développer un attachement pour le chant et l'écoute. En poursuivant le chant et l'écoute dans cet esprit, l'on progressera toujours davantage dans le service dévotionnel du Seigneur Suprême selon les règles. S'estomperont alors, peu à peu, les attaches et les appréhensions liées à la sphère matérielle. Le dévot qui progresse ainsi dans le chant et l'écoute voit s'affermir sa foi initiale à chaque pas, jusqu'à concevoir un attrait réel pour le service de dévotion qui se transformera graduellement en attachement. Lorsque cet attachement s'épure, il revêt deux caractéristiques, le *bhāva* et le *rati,* qui, lorsqu'il grandit, prend le nom d'amour de Dieu – le but ultime de la vie humaine.

Rūpa Gosvāmī résume ainsi cette évolution dans son *Bhakti-rasāmṛta-sindhu :* « La foi est la première condition requise ; c'est elle qui nous incite à rechercher la compagnie des purs dévots, grâce à laquelle se développe le service de dévotion, à même de dissiper tous nos doutes. Acquérant dès lors une ferme conviction, l'on développe un attrait, puis un attachement pour le service de dévotion qui nous fait adhérer aux principes qui le régissent. Au-delà, on finit par accéder au *bhāva,* à sa condition éternelle. Et cet amour pour Dieu s'accroît et s'approfondit ensuite jusqu'à atteindre son apogée. »

En sanskrit, ce niveau ultime est appelé *prema,* et on le définit comme l'amour de Dieu libre de toute attente. Les mots *prema* et « amour » ne sont pas parfaitement synonymes, mais il est tout de même de mise d'affirmer que le *prema* correspond à la plus haute forme d'amour. Et l'être humain qui atteint ce niveau est sans contredit le plus parfait d'entre tous, ainsi que le confirme le *Śrīmad-Bhāgavatam* (3.25.25) : ce n'est qu'au contact de purs dévots qu'on peut concevoir un attrait pour la conscience de Kṛṣṇa et, en s'efforçant de l'appliquer dans sa vie, atteindre les niveaux du *bhāva* et du *prema.*

Décrivant ensuite les traits d'une personne ayant évolué de la foi jusqu'au *bhāva,* le Seigneur Caitanya précise qu'elle n'est jamais perturbée, et ce, même lorsqu'elle aurait lieu de l'être. Toujours désireuse d'agir dans le cadre de la conscience de Kṛṣṇa, elle ne perd jamais ne serait-ce qu'une seconde de son temps. Même si elle n'a pas d'occupation précise, elle trouve toujours quelque tâche à accomplir pour la satisfaction de Kṛṣṇa. Elle n'aime guère ce qui est sans rapport avec Kṛṣṇa et, bien qu'elle occupe la meilleure position qui soit, elle ne convoite ni honneur ni respect pour elle-même. Confiante en ce qu'elle fait, elle n'a jamais l'impression de ne pas progresser vers le but ultime de l'existence – le retour à Dieu, en sa demeure première. Fermement convaincue qu'elle progresse dans cette voie, elle s'efforce avec une confiance grandissante d'atteindre le but ultime de l'existence. Elle est constamment portée à satisfaire le Seigneur, à chanter ou à écouter Ses gloires, ainsi qu'à décrire en tout temps Ses attributs divins. Elle aspire en outre à vivre en un lieu saint comme Mathurā, Vṛndāvana ou Dvārakā. Telles sont les caractéristiques visibles en la personne parvenue au niveau du *bhāva*. Le roi Parīkṣit nous en offre d'ailleurs un bon exemple. Assis sur la rive du Gange dans l'attente de la mort à laquelle l'avait condamné la malédiction d'un jeune *brāhmaṇa,* il dit : « Sachez, mère Gange et vous tous, *brāhmaṇas* assemblés ici, que je suis une âme tout entière abandonnée à Kṛṣṇa. Que le serpent invoqué par la malédiction du jeune *brāhmaṇa* me morde à l'instant, pourvu que vous continuiez à chanter le message de Kṛṣṇa. » Un tel dévot s'assure toujours de ne pas perdre son temps à quelque activité n'ayant aucun lien avec Kṛṣṇa. N'appréciant nullement les bienfaits liés à l'action intéressée, au *yoga* de la méditation ou à la culture du savoir, il n'a d'attachement que pour les louanges à la gloire de Kṛṣṇa. Le pur dévot du Seigneur Suprême Le prie toujours les yeux baignés de larmes, le mental sans cesse absorbé dans le souvenir de Ses actes et le corps toujours occupé à Lui offrir des hommages. Ainsi trouve-t-il la satisfaction. Tout dévot agissant dans le cadre du service de dévotion consacre entièrement sa vie et son corps à la mission du Seigneur.

Le roi Bharata – en l'honneur de qui l'Inde fut nommée Bhārata-varṣa – était également un pur dévot. Bien qu'encore jeune, il quitta son foyer, son épouse aussi belle que dévouée, son fils, ses amis et son royaume comme on fuit des excréments. Voilà qui est typique d'une personne ayant développé le *bhāva* par la pratique du service de dévotion. Se considérant comme le plus déchu de tous, sa seule satisfaction consiste à penser qu'un jour, Kṛṣṇa lui montrera Sa bonté en l'engageant dans Son service de dévotion. Le *Padma Purāṇa* comporte un autre exemple de dévotion pure : bien qu'il fusse le plus prestigieux des hommes, un roi mendiait de porte en porte et offrait son hommage même aux *caṇḍālas,* ces derniers des hommes.

Ce fut Śrī Sanātana Gosvāmī qui composa ultérieurement le verset suivant : « Pauvre en amour pour Dieu, je n'ai guère d'aptitude à entendre les gloires du service de dévotion. Je ne comprends rien à la science dévotionnelle et n'ai à mon actif ni savoir ni actes pieux. Je n'appartiens pas non plus à une famille aristocratique. Pourtant, ô Bien-aimé des jeunes filles de Vraja, j'espère encore T'atteindre, d'où mon tourment. » Un tel dévot, profondément troublé par son désir immuable, chante sans cesse : Hare Kṛṣṇa, Hare Kṛṣṇa, Kṛṣṇa Kṛṣṇa, Hare Hare / Hare Rāma, Hare Rāma, Rāma Rāma, Hare Hare.

Dans ce contexte, citons le verset suivant du *Kṛṣṇa-karṇāmṛta* de Bilvamaṅgala : « Ô Kṛṣṇa ! Ô Toi qui joues à merveille de Ta flûte ! La beauté de

Tes activités d'enfance est une vraie merveille en ce monde. Tu connais mon instabilité mentale tout autant que je Te connais. Personne n'a conscience de l'intimité de notre relation. Bien que mes yeux brûlent de voir Ton visage et Ta personne, je ne Te vois point. Dis-moi ce que je dois faire, je T'en prie. » On découvre d'ailleurs un passage similaire dans le *Bhakti-rasāmṛta-sindhu* de Rūpa Gosvāmī : « Ô Govinda ! Cette jeune fille verse maintenant des pleurs en chantant Tes gloires d'une voix suave. » D'aussi purs dévots aspirent constamment à glorifier Kṛṣṇa ainsi qu'à vivre là où Il a manifesté Ses divertissements.

Un verset analogue apparaît de même dans le *Kṛṣṇa-karṇāmṛta :* « Le corps de Kṛṣṇa est si sublime et Son visage, si séduisant. Toute Sa personne est aussi suave qu'odorante. » Et dans le *Bhakti-rasāmṛta-sindhu :* « Ô Toi aux yeux de lotus, quand pourrai-je sans cesse chanter Ton Saint Nom et, inspiré par ce chant, danser sur les rives de la Yamunā ? » Toutes ces manifestations du *bhāva* furent énoncées par Caitanya à Sanātana Gosvāmī. Le Seigneur entreprit ensuite de décrire les caractéristiques de l'amour véritable pour Kṛṣṇa, précisant que nul ne peut comprendre celui ou celle qui a développé un tel amour, qu'il s'agisse de ses propos, de ses activités ou de ses attributs. Même le plus grand érudit a du mal à saisir le pur dévot amoureux du Seigneur, ainsi que le confirme le *Bhakti-rasāmṛta-sindhu.*

La personne engagée dans le service de dévotion languit en son cœur lorsqu'elle chante les gloires du Seigneur Suprême. Comme Celui-ci lui est très cher, lorsqu'elle glorifie Son nom, Sa renommée, etc., elle devient comme frappée de folie et, dans cet état, il lui arrive de rire, de pleurer ou de danser, et ce, sans nullement tenir compte de son entourage. En développant graduellement son amour pour Dieu, son affection, son émotion et son extase s'accroissent. Un tel attachement (*mahā-bhāva*) représente l'apogée de l'amour dévotionnel, comparable au sucre candi, la forme la plus raffinée et la plus savoureuse du sucre. L'amour de Dieu se développe ainsi chez le vrai dévot jusqu'à ce que son plaisir transcendantal s'intensifie au plus haut point.

CHAPITRE QUATORZE

L'extase du Seigneur et de Ses dévots

Les manifestations du service de dévotion de haut niveau visibles chez les purs dévots sont parfois imitées par des personnes qui n'en sont pas. C'est ce que rapporte le *Bhakti-rasāmṛta-sindhu*. Exhibées intentionnellement, sans être fondées sur le service de dévotion à Kṛṣṇa, de telles manifestions s'avèrent fallacieuses. Il arrive que des personnes ignorant tout de la science dévotionnelle soient captivées par de telles manifestations et cherchent à les reproduire, mais les dévots érudits qui connaissent cette science savent bien qu'il ne s'agit que d'imitations et que, de toute façon, ces manifestations ne constituent pas une fin en soi, mais plutôt de simples prémices de la dévotion. Selon divers ordres et classifications de dévots, les états d'âme dévotionnels permanents se divisent en cinq catégories : 1) la sérénité, 2) le service à Kṛṣṇa, 3) l'amitié envers Kṛṣṇa, 4) l'affection parentale pour Kṛṣṇa, 5) l'amour intime envers Kṛṣṇa. Chacune comporte une saveur qui lui est propre, et le dévot établi dans l'une ou l'autre s'en voit comblé. Les manifestations caractéristiques chez le pur dévot en sont le rire et les larmes – quand l'émotion se révèle positive, il rit, et quand elle s'avère négative, il pleure.

Au-delà de ces deux formes d'émotion trône cependant le sentiment d'amour durable, qu'on nomme *sthāyi-bhāva*. En d'autres mots, l'attachement à Kṛṣṇa est permanent. Or, ce sentiment d'amour constant s'accompagne parfois de différentes saveurs, appelées *vibhāva, anubhāva* et *vyabhicārī*. Le *vibhāva* correspond à un attrait spécifique pour l'attachement à Kṛṣṇa, et peut se partager en deux catégories du nom d'*ālambana* et d'*uddīpana*. L'*Agni Purāṇa* et d'autres Écrits faisant autorité en la matière qualifient de *vibhāva* ce qui accroît notre amour pour Kṛṣṇa, et lorsque Kṛṣṇa devient l'objectif par excellence, le *vibhāva* s'intensifie en *ālambana,* tandis que l'*uddīpana* correspond à l'émotion dévotionnelle que suscitent les attributs sublimes de Kṛṣṇa, Ses activités, Son adorable visage souriant et le parfum de Son corps, le son de Sa flûte et de Sa conque, les empreintes de Ses pieds, Sa demeure et tout ce qui se rattache à Son service de dévotion (dont les feuilles de *tulasī,* Ses dévots, les célébrations à Sa gloire et l'Ekādaśī). L'*anubhāva* survient quant à lui lorsque les émotions et les sentiments intérieurs du dévot se manifestent extérieurement, que ce soit en dansant, en tombant au sol, en chantant d'une voix forte, en étant pris de convulsions, en baillant ou en respirant bruyamment – tout cela sans se soucier des circonstances.

On désigne du nom d'*udbhāsvara* les manifestations externes de cet ordre, auxquelles s'ajoutent les trente-trois manifestations du *vyabhicārī,* qui portent essentiellement sur le mode d'expression verbale et le comportement physique du dévot. Et lorsque les manifestations externes telles que la danse, les tremblements et le rire se mêlent à celles du *vyabhicārī,* l'ensemble prend le nom de *sañcārī*. Enfin, lorsque s'amalgament les manifestations du *bhāva,* de l'*anubhāva* et du *vyabhicārī,* le dévot se voit plongé dans l'océan de l'immortalité, ou l'océan du pur nectar de la dévotion (*Bhakti-rasāmṛta-sindhu*), et quiconque s'immerge dans ses eaux demeure à jamais transporté d'extase par les vagues et les sons qui en émanent.

Les saveurs particulières que goûtent les dévots baignant dans l'océan du *bhakti-rasāmṛta* sont associées aux sentiments de neutralité, de servitude, d'amitié, d'affection parentale et d'amour intime. Parmi ces saveurs domine celle qui relève de l'amour intime, notamment caractérisée par le fait de parer son corps de manière à attirer Kṛṣṇa. Le sentiment de servitude s'amplifie jusqu'à intégrer les traits de l'affection, de la colère, de la fraternité et de l'attachement. L'amitié s'amplifie jusqu'à intégrer les traits de l'affection, de la colère, de la fraternité, de l'attachement et de la dévotion. L'affection parentale voit l'attachement s'amplifier jusqu'à intégrer les traits de l'affection, de la colère, de la fraternité et de la dévotion. Il existe en outre des saveurs particulières associées à l'amitié pour le Seigneur Suprême, telles que manifestées

Dans le temple du Seigneur Jagannātha, Śrī Caitanya perd conscience

par des amis comme Subala, et où la dévotion s'intensifie jusqu'à atteindre le niveau du *bhāva*.

Les différentes saveurs donnent lieu à deux formes d'extase, dites *yoga* et *viyoga*, respectivement issues de la rencontre et de la séparation. Les sentiments d'amitié et d'affection parentale sont assortis de diverses formes de rencontre et de séparation. Le sentiment d'amour intime revêt deux formes, qualifiées de *rūḍha* et d'*adhirūḍha*. L'amour conjugal des reines de Dvārakā relève du *rūḍha*, et l'amour extramarital des jeunes filles de Vṛndāvana, de l'*adhirūḍha*. La plus haute perfection de l'*adhirūḍha* revêt elle-même deux formes, selon qu'il y ait rencontre (*mādana*) ou séparation (*mohana*). Dans l'extase de la rencontre, il y a notamment échange de baisers, alors que, dans l'extase de la séparation, on retrouve deux manifestations – l'*udghūrṇā* et le *citra-jalpa*, qui comporte lui-même dix divisions et dont la *Bhramara-gītā*, qui fait partie du *Śrīmad-Bhāgavatam*, mentionne d'ailleurs plusieurs variétés.

L'*udghūrṇā* tient quant à lui de la séparation, qui donne parfois lieu à ce qu'on pourrait qualifier de folie transcendantale, en ce qu'elle fait croire à celui qui en est possédé qu'il est lui-même devenu le Seigneur Suprême, et le pousse à imiter de diverses façons les agissements de Kṛṣṇa.

Deux variétés d'atours caractérisent l'amour intime, soit ceux qu'on désigne du nom de *sambhoga*, infinis, et de *vipralambha*, dont il existe quatre formes. L'extase manifestée avant et après la rencontre des amoureux, et l'état d'esprit qui les habitent lorsqu'ils ne peuvent se rencontrer a nom *vipralambha*, et contribue à nourrir le désir de se rencontrer à nouveau. Quand l'amant et sa bien-aimée se rencontrent soudainement et s'enlacent, ils sont transportés d'extase ; leur état d'esprit est qualifié de *sambhoga* et peut, selon la situation, prendre l'un ou l'autre des quatre noms suivants : 1) *saṅkṣipta*, 2) *saṅkīrṇa*, 3) *sampanna* et 4) *samṛddhimān*. Ces états d'âmes peuvent aussi être manifestés dans les rêves. L'état d'esprit qui précède la rencontre a nom *pūrva-rāga*, et les obstacles qui empêchent parfois la rencontre de l'amant et de sa bien-aimée suscitent la colère (*māna*). Quand les amants sont séparés, leur état d'esprit prend le nom de *pravāsa*, et les sentiments de séparation qui surgissent même quand les amants se rencontrent sont quant à eux qualifiés d'angoisses amoureuses. De telles angoisses sont exprimées dans le *Śrīmad-Bhāgavatam* (10.90.15) par les princesses qui veillaient la nuit sur le sommeil de Kṛṣṇa. Craignant d'être séparées de Lui, elles s'entretenaient de la façon dont le sourire et les yeux à la beauté sublime de Kṛṣṇa les avaient touchées.

Kṛṣṇa est l'amant suprême et Il a établi Sa demeure à Vṛndāvana ; Rādhārāṇī, Elle, incarne la bien-aimée par excellence. En Sa qualité d'amant suprême, Kṛṣṇa possède soixante-quatre éminents atouts, dont l'écoute est source de bonheur spirituel pour Son dévot. Le *Bhakti-rasāmṛta-sindhu* en donne la liste suivante : 1) Son corps est merveilleusement constitué ; 2) Il porte en Lui tous les signes d'heureux augure ; 3) Il est d'une grande beauté ; 4) Il est rayonnant ; 5) Il possède une force remarquable ; 6) Il a toujours l'apparence d'un jeune homme de seize ans ; 7) Il maîtrise toutes les langues ; 8) Il est véridique ; 9) Il parle d'agréable manière ; 10) Il est d'une admirable éloquence ; 11) Il jouit de la plus haute érudition ; 12) Il brille d'une intelligence unique ; 13) Il exerce une grande influence ; 14) Il est jovial ; 15) Il fait preuve d'une extrême ingéniosité ; 16) Il est doué d'une grande habileté ; 17) Il sait Se montrer reconnaissant ; 18) Il jouit d'une implacable détermination ; 19) Il sait juger parfaitement du temps et des circonstances ; 20) Il connaît parfaitement les Écritures ; 21) Il est pur ; 22) Il Se place sous le contrôle de Ses dévots ; 23) Il est persévérant ; 24) maître de soi ; 25) indulgent ; 26) grave ; 27) contemplatif ; 28) égal envers tous ; 29) magnanime ; 30) pieux ; 31) héroïque ; 32) compatissant ; 33) respectueux ; 34) compétent ; 35) doux ; 36) modeste ; 37) Il protège les âmes qui s'abandonnent à Lui ; 38) Il est le sauveur ; 39) Il est l'ami des dévots ; 40) Il est dominé par l'amour ; 41) Il est source de toute heureuse fortune ; 42) Il possède une puissance unique ; 43) Il jouit d'une renommée sans limite ; 44) Il Se dévoue pour tous les êtres ; 45) Il est digne de l'adoration de tous ; 46) Il enchante toutes les femmes ; 47) Il favorise Ses dévots ; 48) Il possède toute opulence ; 49) Il est le Suprême ; 50) Il est infiniment riche.

Ces cinquante attributs, ou traits caractéristiques, sont partiellement présents en chaque être vivant. Quand il s'affranchit entièrement par la spiritualité et retrouve sa condition première, l'être humain peut tous les manifester en quantité infime. Au-delà des cinquante attributs mentionnés plus haut, Viṣṇu, le Seigneur Suprême, en possède cinq autres, qui apparaissent partiellement en Śiva, mais non chez le commun des mortels : 1) Il est immuable ; 2) Il est omniscient ; 3) Il jouit d'une perpétuelle fraîcheur ; 4) Il jouit d'une béatitude éternelle ; 5) Il est le maître de toute perfection.

Cinq autres attributs sublimes ne se retrouvent que dans le monde spirituel, et surtout sur les planètes Vaikuṇṭha, dont Nārāyaṇa est la Divinité tutélaire : 1) Il possède d'inconcevables puissances ; 2) Il soutient d'innombrables univers ; 3) Il est la source de tous les *avatāras ;* 4) Il accorde la plus haute perfection aux ennemis qu'Il anéantit ; 5) Il fascine toutes les âmes réalisées. Cependant, au-delà de ces soixante attributs, Kṛṣṇa Lui-même en détient quatre autres : 1) Il manifeste de merveilleux divertissements ; 2) Il joue à merveille de Sa flûte sublime ; 3) Il jouit d'une éternelle jeunesse ; 4) Il jouit d'une beauté incomparable.

Kṛṣṇa possède ainsi soixante-quatre attributs sublimes. Śrīmatī Rādhārāṇī n'en possède que vingt-cinq, mais Kṛṣṇa Lui-même ne peut échapper à l'influence qu'ils exercent. En voici donc la liste : 1) Elle est la douceur même ; 2) Elle jouit d'une jeunesse toujours fraîche ; 3) Ses yeux sont toujours vifs et animés ; 4) Son sourire est toujours radieux ; 5) Elle possède tous les signes d'heureux augure ; 6) La fragrance de Son corps trouble même Kṛṣṇa ; 7) Elle est experte dans l'art du chant ; 8) Ses propos sont charmants ; 9) Elle fait preuve d'une grande féminité ; 10) Elle est aussi modeste que douce ; 11) Elle fait toujours preuve d'une grande compassion ; 12) Elle est d'une ingéniosité sublime ; 13) Elle sait Se vêtir à merveille ; 14) Elle est toujours réservée ; 15) Elle Se montre toujours respectueuse ; 16) Elle est toujours patiente ; 17) Elle est très grave ; 18) Elle fait le bonheur de Kṛṣṇa ; 19) Elle Se situe toujours au plus haut niveau de dévotion ; 20) Elle peut accorder Son refuge à tous les dévots ; 21) Elle est le sanctuaire de l'amour des habitants de Gokula ; 22) Elle a toujours de l'affection pour tous, supérieurs ou autres ; 23) Elle est toujours reconnaissante envers Son entourage ; 24) Elle est la compagne par excellence de Kṛṣṇa ; 25) Elle garde toujours Kṛṣṇa sous Son emprise.

Ainsi Kṛṣṇa et Rādhārāṇī sont-Ils absolument qualifiés, et l'un comme l'autre S'attirent irrésistiblement. Rādhārāṇī n'en demeure pas moins supérieure à Kṛṣṇa, car c'est l'attrait qu'Elle exerce sur Lui qui donne toute sa saveur sublime à l'amour intime. De même, l'amitié, la servitude et les autres relations qu'on peut échanger avec Kṛṣṇa possèdent leur propre saveur transcendantale. En voici d'ailleurs une description, fournie par le *Bhakti-rasāmṛta-sindhu*. L'extase spirituelle de l'attachement – née de pratiques réformatrices présentes et passées – habite le cœur de ceux que la pratique du service de dévotion a lavés de toute souillure et qui, du fait de leur conscience élevée, baignent toujours dans la joie ; de ceux qui désirent ardemment étudier le *Śrīmad-Bhāgavatam* et qui sont toujours heureux en compagnie des dévots ; de ceux qui ont accepté les pieds pareils-au-lotus de Kṛṣṇa comme leur ultime refuge et qui sont attentifs à tous les détails du service de dévotion. Lorsque cette condition est enrichie par l'amour de Kṛṣṇa et l'expérience de la transcendance, on atteint graduellement l'unité accomplie de la vie spirituelle. Une telle spiritualité n'est guère possible pour ceux qui ne sont pas établis dans la conscience de Kṛṣṇa et le service de dévotion.

Ce que corrobore le *Bhakti-rasāmṛta-sindhu :* « Il est très difficile pour le profane de goûter la saveur du service de dévotion. Seul celui qui a pleinement pris refuge des pieds pareils-au-lotus de Kṛṣṇa et dont la vie baigne dans l'océan de la dévotion peut en comprendre les délices spirituels. »

Le Seigneur Caitanya expliqua ainsi le niveau absolu, ou la félicité spirituelle, mais sans entrer dans les détails. Précisant qu'il s'agit là de la cinquième perfection, Il enseigna que le premier pas vers la perfection consiste à pratiquer la religion telle qu'on la connaît dans le monde matériel. Le deuxième pas consiste à acquérir des richesses matérielles. Le troisième serait de parvenir à jouir de ses sens au plus haut point, et le quatrième correspondrait à la connaissance de la libération. Mais au-delà se situent les âmes libérées établies dans la cinquième perfection : la conscience de Kṛṣṇa, ou le service de dévotion au Seigneur. La plus haute perfection dévotionnelle, dans le cadre de la conscience de Kṛṣṇa, permet en effet de goûter l'extase spirituelle.

Le Seigneur informa ensuite Sanātana Gosvāmī qu'Il avait auparavant instruit son frère cadet, Rūpa Gosvāmī, à Prayāga (Allahabad). Il assura Sanātana qu'Il avait conféré pleins pouvoirs à Rūpa pour répandre le savoir qu'Il lui avait donné. Caitanya ordonna ensuite à Sanātana d'écrire des ouvrages sur le service d'amour spirituel du Seigneur, et l'autorisa à redécouvrir les différents sites des divertissements de Kṛṣṇa dans la région de Mathurā. Il lui conseilla également de construire des temples à Vṛndāvana et de rédiger des ouvrages sur les principes du vaiṣṇavisme, tels que sanctionnés par Śrī Caitanya Mahāprabhu. Sanātana réalisa tous les désirs du Seigneur, construisant le temple de Madana-mohana à Vṛndāvana en plus d'écrire des livres sur les principes de la dévotion, dont le *Hari-bhakti-vilāsa*.

Caitanya lui enseigna aussi comment vivre une relation intégrale avec Kṛṣṇa dans l'univers matériel ainsi que la futilité du renoncement aride. Comprenons ici qu'en cet âge, nombreux sont ceux qui adoptent l'ordre du renoncement sans avoir atteint un degré de conscience spirituelle élevé. Le Seigneur Caitanya n'approuvait pas le fait qu'on adopte le *sannyāsa* sans posséder une connaissance parfaite de la conscience de Kṛṣṇa. Nous constatons de fait que les activités de plusieurs soi-disant *sannyāsīs* s'avèrent plus basses que celles du commun des mortels, alors qu'ils prétendent appartenir à l'ordre du renoncement. Caitanya Mahāprabhu n'acceptait pas une telle hypocrisie. Aussi demanda-t-Il à Sanātana Gosvāmī d'écrire de façon élaborée sur la question dans ses différents ouvrages.

La perfection spirituelle, qu'on peut connaître même dans l'univers matériel, est décrite par Kṛṣṇa Lui-même dans la *Bhagavad-gītā* (12.13–20) : « Le dévot, envieux de rien, qui se comporte avec tous en ami bienveillant, qui de rien ne se croit le possesseur, qui est affranchi du faux ego et reste le même dans la joie comme dans la peine, qui pardonne, qui toujours connaît le contentement et s'engage avec détermination dans le service de dévotion, et dont le mental et le corps sont abandonnés au Seigneur Suprême – celui-là M'est très cher. Le dévot qui jamais n'est cause d'agitation pour autrui et que joies et peines n'affectent pas, qui ne dépend en rien des modes de l'action matérielle ; l'être pur, expert en tout, libre de toute anxiété, affranchi de la souffrance, et qui ne recherche point le fruit de ses actes, celui-là M'est très cher. Celui qui ne se saisit ni de la joie ni de la peine, qui ne s'afflige ni ne convoite, qui renonce au favorable comme au défavorable, celui-là M'est très cher. Celui qui se montre égal envers l'ami ou l'ennemi, qui demeure le même dans la gloire ou l'opprobre, la chaleur ou le froid, l'éloge ou le blâme, à jamais pur de toute souillure, toujours silencieux, satisfait de tout, insouciant du gîte, et qui, établi dans la connaissance, Me sert avec amour et dévotion – celui-là M'est très cher. Celui qui, plein de foi, dans cette impérissable voie du service de dévotion s'engage tout entier, faisant de Moi le but suprême, celui-là M'est également très cher. »

La personne qui n'est jamais portée au bonheur, à la haine, à l'affliction et à l'ambition matériels, détachée de toute activité favorable ou néfaste de l'univers de matière et pleinement dédiée à la conscience de Kṛṣṇa, est très chère à Kṛṣṇa. Le dévot qui se montre égal envers les soi-disant amis et ennemis de ce monde, et que ni la chaleur ni le froid ne perturbe de par quelque attachement au corps, qui n'éprouve aucun attachement et demeure équanime qu'on le respecte ou qu'on l'insulte, qui reste toujours grave, satisfait en toute circonstance, sans résidence fixe mais toujours établi dans la conscience de Kṛṣṇa – celui-là est infiniment cher au Seigneur. Même sans être établi dans une position aussi transcendantale, le seul fait d'approuver une telle transcendance nous rendra très cher à Kṛṣṇa.

Un très joli verset du *Śrīmad-Bhāgavatam* (2.2.5) déclare que le dévot doit toujours dépendre de la miséricorde du Seigneur Suprême ; quant à ses besoins matériels, il doit se satisfaire de ce qu'il obtient sans peine. Dans ce contexte, Śukadeva Gosvāmī conseille au dévot de ne jamais solliciter l'aide d'un matérialiste. En ce qui concerne sa subsistance, on peut ramasser les vêtements déchirés qui traînent dans la rue, cueillir les fruits des arbres, boire l'eau des rivières et vivre dans une grotte naturelle. Même dans l'impossibilité d'agir ainsi, on doit néanmoins dépendre entièrement du Seigneur Suprême, réalisant qu'Il procure à tout un chacun gîte et couvert. Ainsi le Seigneur ne manquera-t-Il jamais de sollicitude envers les dévots entièrement abandonnés à Lui. Quoi qu'il advienne, le dévot est toujours protégé et ne doit donc aucunement se soucier de sa survie. Sanātana Gosvāmī s'enquit ainsi de tous les aspects du service de dévotion, et le Seigneur Caitanya lui transmit l'enseignement confidentiel des Écritures faisant autorité en la matière, dont le *Śrīmad-Bhāgavatam*.

Le Seigneur Se référa ensuite au texte védique du *Hari-vaṁśa,* qui traite du royaume spirituel de Kṛṣṇa. Cette information fut dévoilée par Indra lorsqu'il offrit des prières après avoir été vaincu alors qu'il défiait la puissance de Kṛṣṇa. Le *Hari-vaṁśa* affirme donc que même s'ils peuvent voler, ni les oiseaux ni les avions ne peuvent atteindre les systèmes planétaires supérieurs, qui commencent avec le soleil, lequel se situe au centre de l'univers. Au-delà de l'astre solaire existent d'autres systèmes planétaires peuplés d'êtres élevés par leurs rudes austérités. L'univers matériel dans son tout est appelé Devī-dhāma ; au-delà se trouve le Śiva-dhāma, où Śiva et son épouse Pārvatī résident éternellement. Au-delà de ce système planétaire, on découvre le monde spirituel aux innombrables planètes immatérielles nommées Vaikuṇṭha. Au-dessus se trouve la planète de Kṛṣṇa : Goloka. Le mot *goloka* signifie « planète des vaches ». Comme Kṛṣṇa aime beaucoup les vaches, Sa demeure porte le nom de Goloka. Goloka est plus vaste que toutes les planètes matérielles et spirituelles mises ensemble.

Dans la prière contenue dans le *Hari-vaṁśa,* Indra admet ne pas pouvoir comprendre la situation de Goloka même après avoir questionné Brahmā. Les dévots de Nārāyaṇa, l'émanation de Kṛṣṇa, atteignent les planètes Vaikuṇṭha, mais il s'avère très difficile d'atteindre Goloka Vṛndāvana. En réalité, seuls les dévots du Seigneur Caitanya ou de Śrī Kṛṣṇa y parviennent. Indra, s'adressant à Kṛṣṇa, admet donc : « Tu es descendu de la planète Goloka du monde spirituel, et les perturbations que j'ai créées sont toutes dues à ma sottise. » Indra implore ainsi le pardon de Kṛṣṇa.

La dernière phase des divertissements de Kṛṣṇa est décrite dans le *Śrīmad-Bhāgavatam* sous le nom de *mauṣala-līlā ;* elle inclut le mystère de la disparition de Kṛṣṇa hors de cet univers matériel. Dans le cadre de ce divertissement, Kṛṣṇa joue le rôle de victime d'un chasseur. Il existe plusieurs explications fallacieuses de la dernière partie des divertissements de Kṛṣṇa, dont les descriptions de l'incarnation à partir des cheveux de Kṛṣṇa ; mais le Seigneur Caitanya en donne la version authentique.

En ce qui concerne l'incarnation à partir des cheveux de Kṛṣṇa, nous lisons dans le *Śrīmad-Bhāgavatam,* le *Viṣṇu Purāṇa* et le *Mahābhārata* que le Seigneur S'arracha deux cheveux – un gris et un noir – qui pénétrèrent dans le sein de deux reines de la dynastie Yadu : Rohiṇī et Devakī. Il est aussi dit que Kṛṣṇa descend en l'univers matériel pour anéantir tous les êtres démoniaques ; mais selon certains, Kṛṣṇa serait l'incarnation de Viṣṇu qui repose sur l'océan de lait en cet univers. Śrīla Rūpa Gosvāmī et son commentateur, Śrī Baladeva Vidyābhūṣaṇa, ont traité de manière exhaustive de ce point pour rétablir l'exacte vérité. Śrī Jīva Gosvāmī en fit autant dans son *Kṛṣṇa-sandarbha.*

Quand Caitanya conclut Son enseignement à Śrī Sanātana Gosvāmī, celui-ci – désormais investi de pouvoirs et éclairé – était si comblé qu'il se jeta aussitôt aux pieds du Seigneur en disant : « Né d'une famille de très basse condition et ayant fréquenté des gens inférieurs, je suis certes le plus déchu des pécheurs. Pourtant, telle est Ta bonté que Tu m'as enseigné des vérités que même Brahmā, le plus grand des habitants de l'univers, ne comprend pas. Par Ta grâce, j'ai apprécié les conclusions dont Tu m'as fait part, mais telle est ma bassesse que je ne peux même toucher une seule goutte de l'océan de Tes enseignements. Si Tu veux faire danser l'infirme que je suis, aie la bonté de m'accorder Tes bénédictions en plaçant Tes pieds sur ma tête. »

Ainsi pria-t-il le Seigneur de confirmer que Ses enseignements se développeraient en son cœur par Sa grâce. Sinon, il lui serait impossible de les décrire. Comprenons ici que les *ācāryas,* ou maîtres spirituels, sont sanctionnés par des autorités supérieures. L'enseignement à lui seul ne peut rendre une personne compétente. À moins d'être béni par le maître spirituel, ou l'*ācārya,* un tel enseignement ne peut se manifester pleinement. Il faut donc briguer la miséricorde du maître spirituel afin que son enseignement puisse se développer en nous. Après avoir entendu la prière de Sanātana Gosvāmī, le Seigneur Caitanya plaça Ses pieds sur sa tête et le bénit pour que tous Ses enseignements se développent pleinement en son cœur.

Le Seigneur décrit ainsi l'ultime phase de l'amour de Dieu, ajoutant qu'une telle description ne pouvait être faite de façon très élaborée, mais qu'Il lui avait donné autant d'informations que possible.

Conclusion : quiconque écoute attentivement cet enseignement du Seigneur Caitanya à Sanātana Gosvāmī accédera sans délai à la conscience de Kṛṣṇa et s'engagera dans le service de dévotion offert au Seigneur.

CHAPITRE QUINZE

Explication du verset ātmārāma du Śrīmad-Bhāgavatam

Le Seigneur Caitanya expliqua ensuite un verset très célèbre du *Śrīmad-Bhāgavatam* (1.7.10), le verset *ātmārāma,* qui se lit comme suit :

ātmārāmāś ca munayo
nirgranthā apy urukrame
kurvanty ahaitukīṁ bhaktim
ittham-bhūta-guṇo hariḥ

Le sens général en est que les âmes libérées qui puisent en elles-mêmes le contentement deviendront en temps voulu des dévots du Seigneur. Cela s'applique tout spécialement aux impersonnalistes, qui n'ont aucune connaissance de Dieu, la Personne Suprême. Quoiqu'ils s'efforcent de trouver la satisfaction dans le Brahman impersonnel, Kṛṣṇa est si fascinant, si puissant, qu'Il attire leurs pensées. Voilà ce qu'il faut retenir de ce verset.

Ce même verset avait déjà été expliqué à Sārvabhauma Bhaṭṭācārya, un grand védantiste. Après avoir reçu l'enseignement de Caitanya, Sanātana

Gosvāmī fit allusion à cet incident et pria le Seigneur d'expliquer à nouveau le verset *ātmārāma.* Appréciant l'explication du Seigneur, l'auteur du *Caitanya-caritāmṛta* avait glorifié Śrī Caitanya dans ses prières. Se prosternant de tout son long aux pieds du Seigneur, Sanātana Lui demanda donc de réitérer l'explication donnée à Sārvabhauma Bhaṭṭācārya pour qu'il en acquière quelque lumière.

Ainsi prié, le Seigneur répondit : « Je ne comprends pas pourquoi Sārvabhauma a tant apprécié Mon exposé. Quant à Moi, Je ne Me souviens guère de ce que J'ai pu lui dire. Mais puisque tu Me le demandes, J'essaierai d'expliquer tout ce qui Me reviendra en mémoire grâce à ta présence. » Ainsi l'orateur et l'auditoire sont-ils intimement liés, le premier étant éclairé par la présence du second. L'orateur, ou le maître, peut parler avec éloquence de sujets spirituels selon l'entendement de l'auditoire en la matière ; aussi le Seigneur Caitanya dit-Il : « Je ne suis pas généralement apte à expliquer un verset sanskrit, mais J'essaierai tout de même puisque Je bénéficie de ta présence. » Le Seigneur enchaîna en découpant le verset *ātmārāma* en onze éléments : 1) *ātmārāmāḥ,* 2) *ca,* 3) *munayaḥ,* 4) *nirgranthāḥ,* 5) *api,* 6) *urukrame,* 7) *kurvanti,* 8) *ahaitukīm,* 9) *bhaktim,* 10) *ittham-bhūta-guṇaḥ,* 11) *hariḥ.*

Le Seigneur entreprit ensuite d'expliquer chacun de ces éléments. Prenant le terme *ātmārāmā,* Il affirma que le mot *ātmā* sert à désigner : 1) la Vérité Suprême et Absolue, 2) le corps, 3) le mental, 4) l'effort, 5) l'intelligence, 6) la conviction et 7) la nature. En conséquence, quiconque puise sa joie dans la culture du savoir de ces sept principes est qualifié d'*ātmārāma.* Le Seigneur définit ensuite les diverses catégories d'*ātmārāmas,* ou spiritualistes.

Quant au mot *muni,* il désigne les grands penseurs. On l'applique aussi parfois à ceux qui sont très graves, et les grands sages, ascètes, mystiques et doctes érudits comptent également parmi les *munis.* Le mot *nirgrantha* désigne l'affranchissement des chaînes de l'illusion, mais aussi « quiconque n'a aucun lien avec les préceptes scripturaires », *grantha* signifiant « Écritures révélées ». Il existe en effet nombre d'instructions scripturaires à l'égard de la réalisation spirituelle, et ceux qui n'entretiennent aucun lien avec ces règles et principes sont également appelés *nirgrantha. Nir* est un préfixe qui a trois significations : « absence de lien », « construction » et « interdiction ». Nombreux sont les êtres bornés, de basse naissance et de mauvaise conduite qui n'ont pas accès aux Écritures révélées et à leurs préceptes, ce qui leur vaut le nom de *nirgrantha.* Mais puisque *grantha* fait aussi référence à l'accumulation des richesses, *nirgrantha* peut également désigner quiconque demeure privé de richesses bien qu'il ne cesse de songer à en accumuler.

Le terme *urukrama* sert à désigner une personne d'une grande puissance. Le mot *krama* signifie notamment « enjambée », de sorte qu'*urukrama* qualifie une personne dont les enjambées ont une envergure exceptionnelle. L'exemple par excellence en est celui du Seigneur Vāmana-deva, qui couvrit l'univers entier en seulement deux enjambées, et que désigne par conséquent le mot *urukrama*. Ce divertissement peu commun est expliqué comme suit dans le *Śrīmad-Bhāgavatam :* « Personne ne peut évaluer les inconcevables puissances de Viṣṇu. Serait-il capable de compter tous les atomes de l'univers matériel, nul ne peut estimer les différentes énergies du Seigneur Suprême qui, dans Sa forme de Vāmana-deva, couvrit tout l'univers, depuis Brahmaloka jusqu'à Pātāla-loka, et ce, en quelques enjambées. Telle est Sa puissance. » (*Ś.B.*, 2.7.40)

Les énergies inconcevables du Seigneur se diffusent à travers Sa création entière. Omniprésent, Son énergie soutient tous les systèmes planétaires ; et dans un même temps, grâce à Sa puissance de félicité, Il demeure dans Son séjour personnel, Goloka. Le déploiement de Son opulence établit Sa présence sur toutes les planètes Vaikuṇṭha en tant que Nārāyaṇa. Et en déployant Son énergie matérielle, Il crée d'innombrables univers aux astres sans nombre. Ainsi nul ne peut-il évaluer les merveilles qu'accomplit le Seigneur Suprême, d'où le qualificatif d'*urukrama,* ou d'acteur prodigieux, qu'on Lui attribue.

Le dictionnaire *Viśva-prakāśa* définit le mot *krama* comme voulant dire « habile déploiement d'énergies » ou « enjambée fort rapide », et le mot *kurvanti,* « travailler pour autrui ». Un terme semblable sert à désigner les actes accomplis pour la satisfaction de ses propres sens, mais *kurvanti* désigne précisément ceux qu'on accomplit pour la satisfaction du Suprême. Ce mot ne peut ainsi s'appliquer qu'au service spirituel offert au Seigneur.

Le mot *hetu* indique la cause, ou la raison. De façon générale, on s'engage dans des activités spirituelles pour trois raisons, soit pour trouver le bonheur matériel, acquérir des pouvoirs supranormaux ou s'affranchir de l'esclavage matériel. En ce qui concerne les plaisirs matériels, ils s'avèrent si variés que personne ne saurait en dresser la liste. Les pouvoirs supranormaux sont au nombre de dix-huit, et on compte cinq formes de libération. L'état d'être où toutes ces variétés de jouissance brillent par leur absence s'appelle *ahaituki* et cette qualification est spécifiquement citée du fait qu'elle donne d'obtenir la faveur du Seigneur quand on l'applique à Son service.

Le mot *bhakti* peut s'employer de dix façons différentes, dont une désigne la *sādhana-bhakti,* ou la pratique réglementée du service de dévotion. Les neuf autres se regroupent sous le nom de *prema-bhakti,* l'amour de Dieu. Les personnes établies dans la neutralité atteignent le niveau de perfection qu'incarne l'amour de Dieu. Celles qui vivent une relation de serviteur à maître avec Dieu développent leur amour pour Lui jusqu'au stade de l'attachement. Celles qui sont liées au Seigneur par l'amitié développent l'amour de Dieu jusqu'à la fraternité. Celles qui éprouvent un amour parental pour le Seigneur sont élevées jusqu'au point de l'émotion. Mais seules celles liées à l'Être Suprême par l'amour intime, ou conjugal, peuvent connaître la plus haute des extases. Ainsi le mot *bhakti* revêt-il différentes significations.

Le Seigneur expliqua ensuite les différentes significations des termes *ittham-bhūta* et *guṇa*. Par *ittham-bhūta,* on entend essentiellement la plénitude absolue, à côté de laquelle le plaisir transcendantal qu'est le *brahmānanda* fait figure de maigre fétu de paille. D'où ces propos d'un dévot que rapporte le *Hari-bhakti-sudhodaya :* « Ô Seigneur Suprême, le seul fait de Te voir ou de Te connaître procure une telle félicité que celle qu'on qualifie de *brahmānanda* en devient insignifiante. » (14.36) Autrement dit, le bonheur qui découle de la connaissance de Kṛṣṇa tel qu'Il est – en tant que l'infiniment fascinante Source de plaisir et le sanctuaire de toute saveur délectable jouissant de toutes les vertus spirituelles – attire notre attention sur la dévotion à Sa personne. En vertu d'un tel attrait, on peut délaisser l'action intéressée et tout effort en vue de la libération, ou encore l'ardent désir de réussir dans la pratique du *yoga* des pouvoirs supranormaux. L'attrait qu'exerce Kṛṣṇa s'avère si puissant qu'on peut, sans égard à quelque autre voie de réalisation spirituelle, s'abandonner à Dieu, la Personne Suprême. Le terme *guṇa,* pour sa part, désigne essentiellement la forme dite *sac-cid-ānanda* de Kṛṣṇa, aux attributs aussi sublimes qu'infinis. De par Sa félicité, Son savoir et Son éternité, Il est aussi parfait que complet, et Sa perfection s'accroît davantage lorsqu'Il devient subjugué par l'attention de Son dévot. Dieu est si bon, si miséricordieux, qu'Il est capable de Se donner en retour du service que Lui offre Son dévot. Ses qualités sublimes sont telles que la perfection de Sa beauté, la parfaite réciprocité d'amour entre Lui et Ses dévots et la saveur de tous Ses attributs spirituels fascinent divers ordres de spiritualistes et d'âmes libérées quand Il les manifeste de différentes façons.

À titre d'exemple, Il captiva le mental de Sanaka Kumāra grâce aux simples effluves émanant des fleurs qui Lui sont offertes. Le mental de Śukadeva Gosvāmī, lui, fut captivé par les divertissements spirituels de Kṛṣṇa, et celui des jeunes filles de Vṛndāvana, par Sa beauté personnelle. L'attention de Rukmiṇī fut captivée par Ses traits corporels et Ses qualités spirituelles, et le mental de la Déesse de la fortune fut charmé par Son jeu de flûte et Ses autres traits sublimes. Kṛṣṇa séduit l'esprit de toutes les jeunes filles, mais aussi celui des aînées par Ses divertissements d'enfance, ainsi que celui de Ses amis par Ses activités empreintes d'amitié. Lorsqu'Il apparut à Vṛndāvana, Il attira même à Lui les oiseaux, les animaux, les arbres et les plantes. Tous furent attirés par amour et par affection pour Kṛṣṇa.

Quant au mot *hari,* bien qu'on lui attribue différentes significations, deux d'entre elles prédominent. La première veut que le Seigneur soustraie Son dévot à tout ce qui serait funeste ; la deuxième, qu'Il attire le mental de Son dévot en lui conférant l'amour de Dieu. Kṛṣṇa est si fascinant que quiconque S'en souvient d'une façon ou d'une autre est soulagé des quatre conditions de vie misérables. Veillant sur Son dévot avec une sollicitude toute spéciale, le Seigneur bannit en lui les diverses formes d'actes répréhensibles qui entravent le progrès sur la voie de la dévotion. C'est ce qui s'appelle dissiper l'influence de l'ignorance. Le seul fait d'entendre parler du Seigneur nous permet de développer notre amour pour Lui. Tel est le cadeau du Seigneur. D'une part, Il balaie tout élément funeste et, d'autre part, Il confère ce qui s'avère le plus propice. Voilà la signification du mot *hari.*

Quand une personne développe de l'amour pour Dieu, son corps, son mental et tout son être sont attirés par les sublimes attributs du Seigneur. Tel est l'ascendant qu'exercent les qualités spirituelles et les activités empreintes de compassion de Kṛṣṇa. Il est si fascinant que, par attachement, le dévot délaissera les quatre principes de la spiritualité : la piété, l'essor économique, la maîtrise des sens et le salut.

Quant aux mots *api* et *ca,* il s'agit d'adverbes qu'on peut employer pratiquement à toutes fins. Néanmoins, le mot *ca* « et » peut ici prêter sept interprétations différentes à l'entière construction. Le Seigneur établit ainsi la signification des onze éléments du verset *ātmārāma,* après quoi Il entreprit d'en expliquer la portée comme suit. Le mot *brahman* désigne le meilleur en tout. Personne ne surpasse le Seigneur quant à la richesse, la force, la renommée, la beauté, le savoir et le renoncement. Ainsi le mot *brahman* désigne-t-il Dieu, ou Kṛṣṇa, l'Être Suprême. Le *Viṣṇu Purāṇa* (1.12.57) définit ainsi *brahman :* l'infiniment grand, dont la capacité de déploiement n'a pas de limite. On peut essayer d'imaginer la grandeur du Brahman, mais celle-ci s'accroît de telle façon que nul ne peut l'estimer.

On peut réaliser Dieu, l'Être Suprême, sous trois aspects, qui n'en forment pas moins une seule et unique Entité. La Vérité Absolue, la Personne Suprême, Kṛṣṇa, existe de toute éternité. Le *Śrīmad-Bhāgavatam* (2.9.33) affirme qu'Il existait avant la manifestation du cosmos, qu'Il existe durant sa manifestation, et qu'Il continuera d'exister après son annihilation. Aussi est-Il l'Âme de toute chose supérieure. Témoin omniprésent, Il incarne la forme suprême de tout ce qui est. Les Écrits védiques mentionnent trois voies spirituelles pour comprendre et atteindre la perfection suprême qu'est la Vérité Absolue : la quête du savoir, le *yoga* des pouvoirs supranormaux et le service de dévotion. Les adeptes de ces trois voies réalisent la Vérité Absolue selon trois aspects différents. Ceux qui adoptent la première voie réalisent Son aspect impersonnel, appelé Brahman ; ceux qui préfèrent la seconde réalisent Son aspect localisé, nommé Paramātmā ; enfin, ceux qui pratiquent le service de dévotion réalisent que la Vérité Absolue n'est autre que la Personne Suprême, Dieu, Śrī Kṛṣṇa. En d'autres mots, quoique le mot *brahman* désigne Kṛṣṇa et rien d'autre, les spiritualistes découvrent le Seigneur selon trois aspects différents suivant la voie qu'ils empruntent.

Le service de dévotion, lui, se développe en deux temps. On l'aborde d'abord sous l'angle de la *vidhi-bhakti,* de la dévotion régie par les principes régulateurs ; puis, à l'échelon supérieur, on accède au service de dévotion empreint d'amour pur, ou *rāga-bhakti.*

Dieu, la Personne Suprême, incarne la Vérité Absolue, mais Il Se manifeste également par le déploiement de diverses énergies. Ceux qui adhèrent aux principes régulateurs du service dévotionnel atteignent en fin de compte les planètes Vaikuṇṭha du monde spirituel. Mais qui en vient à adhérer aux principes de l'amour dans la pratique d'un tel service rejoint le séjour suprême, Kṛṣṇaloka ou Goloka.

On compte par ailleurs trois ordres de spiritualistes. Le mot *akāma* désigne ceux qui sont dénués de tout désir matériel ; *mokṣa-kāma* désigne ceux qui cherchent à s'affranchir des souffrances issues de la matière, et *sarva-kāma,* ceux qui aspirent à la jouissance matérielle. Le plus intelligent des spiritualistes délaisse toute autre voie pour s'engager dans le service de dévotion du Seigneur, même s'il est saturé de désirs. On ne peut accéder à la plus haute perfection par le biais de quelque activité spirituelle que ce soit, non plus que par l'action intéressée, la culture du savoir ou la pratique du *yoga* des pouvoirs, sans y ajouter un soupçon de dévotion.

Toute voie spirituelle autre que le service de dévotion s'apparente aux appendices charnus qui pendent au cou d'une chèvre. On aura beau presser ces appendices, ils n'en sortira aucun lait. Pour atteindre la vraie perfection, il faut adopter le service de dévotion offert à Kṛṣṇa. Nous lisons, dans la *Bhagavad-gītā* (7.16) que quatre ordres de néophytes aux antécédents vertueux pratiquent le service de dévotion : le malheureux, le curieux, celui ou celle qui poursuit la richesse et le sage, ou *jñānī.* Quand ces quatre catégories d'êtres ont des actes pieux antérieurs à leur actif, ils adoptent le service de dévotion du Seigneur. D'entre les quatre, les malheureux et ceux qui sont en quête de richesses matérielles sont appelés « dévots habités par le désir », alors que les deux autres groupes – les curieux et ceux qui recherchent la sagesse – sont dits « assoiffés de salut ». Mais parce qu'ils adorent Kṛṣṇa, on les tient tous pour très fortunés. Avec le temps, s'ils se défont de tout désir pour devenir de purs dévots du Seigneur Suprême, on les qualifiera d'« extrêmement fortunés ».

Ces bienheureux néophytes ne peuvent s'épanouir qu'au contact de purs dévots de Kṛṣṇa, grâce auxquels on peut soi-même devenir un pur dévot. Ce que confirme le *Śrīmad-Bhāgavatam :* « L'être d'intelligence, par le contact avec des purs dévots, gagne d'entendre les gloires et les activités de Kṛṣṇa. » (*Ś.B.*, 1.10.11) Ces activités s'avèrent si fascinantes que leur écoute ne nous incite guère à délaisser la présence du Seigneur.

Toute fréquentation autre que celle des purs dévots relève de la duperie, ou *kaitava.* Ce que confirme le *Śrīmad-Bhāgavatam* (1.1.2), où il est dit que toute voie trompeuse susceptible d'entraver la réalisation spirituelle doit être rejetée. Le *Bhāgavatam* permet de comprendre la réalité telle qu'elle est, et un tel entendement aide à transcender les trois formes de souffrance matérielle. Compilé par le plus grand des sages, Vyāsadeva, cet ouvrage procède de son propre vécu et de sa grande maturité personnelle. La compréhension du *Śrīmad-Bhāgavatam* et la pratique du service de dévotion permettent de capturer aussitôt le Seigneur Suprême en son cœur.

Le Seigneur Caitanya expliqua ensuite que le mot *projjhita* du verset 1.1.2 signifie « désir de libération ». Un éminent commentateur affirme que la soif de libération représente l'obstacle le plus formidable qui soit sur la voie de la réalisation du Seigneur Suprême. Si, d'une façon ou d'une autre, un être vient à Kṛṣṇa et commence à écouter Ses gloires, Kṛṣṇa, dans Son infinie bonté, lui confère Ses pieds pareils-au-lotus. Doté d'un tel point focal, le dévot, ou spiritualiste, en oublie tout pour s'engager dans le service de dévotion du Seigneur.

Lorsqu'on approche le Seigneur avec dévotion, ou en pleine conscience de Kṛṣṇa, l'Être Suprême devient Lui-même notre récompense. Une fois absorbé dans Son service, on ne demande désormais plus rien, au contraire du malheureux et de ceux et celles qui sont avides de biens matériels. La pratique du service de dévotion, ce service même et la compagnie des purs dévots par la grâce immotivée du Seigneur : ces trois éléments opèrent de façon si merveilleuse que le dévot – serait-il une âme en détresse, en quête de biens matériels ou curieuse, voire un sage qui cultive le savoir – peut délaisser toute activité pour absorber ses pensées en Kṛṣṇa. Pour résumer, Kṛṣṇa seul est désormais sous-entendu dans tous les mots du verset *ātmārāma.* Jusqu'ici, le Seigneur Caitanya n'a fait qu'introduire ce verset. Il en abordera maintenant le sens profond.

Deux classes de spiritualistes s'adonnent à la culture du savoir : la première vénère le Brahman impersonnel et la seconde est en quête de libération. Comme les monistes vouent un culte à l'aspect impersonnel du Brahman, on

Śrī Śrīmad
A.C. Bhaktivedanta Swami Prabhupāda
Ācārya-Fondateur de l'Association Internationale pour la Conscience de Krishna

Śrī Kṛṣṇa Caitanya (au centre) entouré (de gauche à droite) de Son *avatāra* (Śrī Advaita Ācārya), de Son émanation (Śrī Nityānanda), de Son énergie interne (Śrī Gadādhara) et de Son parfait dévot (Śrī Śrīvāsa).

Śrī Caitanya et Śrī Nityānanda apparurent comme le soleil et la lune afin dissiper les ténèbres de l'ignorance et répandre sur tous Leur grâce insigne.

Le temple Yogapīṭha sur les bords du Gange commémore le lieu de naissance du Seigneur Caitanya.

Kṛṣṇa est la source de toutes les incarnations. Sur cette image, en commençant par le coin gauche en haut de la page et en continuant dans le sens des aiguilles d'une montre, nous retrouvons l'*avatāra* poisson Matsya, puis Kalki sur Son cheval blanc, ensuite Buddha, Balarāma, Rāmacandra, Paraśurāma, Vāmana, Nṛsiṁha, Varāha et Kūrma. (Chapitre 7)

Alors en route vers le temple de Bindu-mādhava, le Seigneur Caitanya chantant et dansant, était suivi de milliers de gens. Certains pleuraient ou riaient, d'autres dansaient ou chantaient; d'autres encore se prosternaient même sur le sol, offrant leur hommage au Seigneur. Mais tous, sans exception, chantaient très fort le Saint Nom de Kṛṣṇa. (Chapitre 1)

Personne n'aurait pu dire combien de petits pâtres étaient là, parés de vêtements et d'atours d'une grande variété. En réalité, Brahmā vit chacun des garçons prendre une forme à quatre bras semblable à celle de Nārāyaṇa, la Divinité maîtresse de chaque *brahmāṇḍa*. (Chapitre 9)

Le corps de Kṛṣṇa, qui incarne l'éternelle beauté de la jeunesse, évolue tel les vagues d'un océan de beauté. Son vêtement jaune rappelle l'éclair dans le ciel, et Son teint, les nuages nouvellement formés. Le son de Sa flûte crée un tourbillon qui, de concert avec les vagues de Ses mouvements, fait frémir le cœur des *gopīs*. (Chapitre 10)

«Ô Toi digne d'adoration, vois comme les paons qui regagnent leurs nids Te reçoivent dans l'allégresse. On dirait les jeunes filles de Vraja. Et les coucous perchés sur les branches des arbres T'accueillent aussi à leur façon. Les habitants de Vṛndāvana sont si glorieux qu'ils sont tous prêts à servir le Seigneur avec dévotion.» (Chapitre 16)

Nārada poursuivit sa route et trouva un peu plus loin un chasseur armé d'un arc et de flèches. Le teint d'encre et les yeux de sang, il était aussi menaçant qu'un serviteur de Yamarāja, la mort personnifiée. Nārada Muni s'avança néanmoins vers lui. (Chapitre 16)

Prakāśānanda prit le Seigneur par la main et Lui demanda de bien vouloir venir S'asseoir près de lui. (Chapitre 18)

«Vous êtes tel Nārāyaṇa, et Vos discours sont si agréables qu'ils nous comblent de délice. Nous sommes très reconnaissants de pouvoir Vous entendre et Vous voir. C'est avec patience que nous écouterons et accueillerons toutes Vos paroles.» (Chapitre 19)

Dans le *Padma Purāṇa,* Śiva dit lui-même à Bhāgavatī-devī: «Chère Devī, il arrive que j'enseigne la philosophie *māyāvāda* à ceux qui baignent dans l'ignorance. Mais cette philosophie fera également choir les êtres établis dans la vertu qui viennent à l'entendre, car j'y prétends que l'être vivant et le Seigneur Suprême ne font qu'un.» (Chapitre 19)

C’est ainsi que, touché par les sonorités de la flûte de Kṛṣṇa, Brahmā – le premier et le plus grand des êtres créés de l’univers matériel – reçut l’initiation brahmanique. (Chapitre 31)

Le Seigneur Caitanya sourit et révéla à Rāmānanda Sa forme véritable, soit une combinaison de Rādhā et Kṛṣṇa. En d'autres mots, la forme de Caitanya manifestant l'union de Śrī Rādhā et Kṛṣṇa fut dévoilée à Rāmānanda Rāya. Caitanya est donc bien Śrī Kṛṣṇa Lui-même paré des traits de Śrīmatī Rādhārāṇī. (Chapitre 32)

les dit adorateurs du Brahman. Ceux-ci, à leur tour, se subdivisent en trois ordres : les néophytes, ceux qu'absorbent la réalisation du Brahman et ceux qui ont réalisé être eux-mêmes Brahman. S'il adopte aussi le service de dévotion, celui qui connaît le Brahman peut alors atteindre la libération ; sinon, cela demeure impossible. Quiconque s'engage pleinement dans le service dévotionnel, dans la conscience de Kṛṣṇa, est considéré comme une âme ayant déjà réalisé le Brahman. Telle est la puissance du service de dévotion que même ceux qui sont engagés dans l'adoration du Brahman peuvent être attirés par Kṛṣṇa. Le Seigneur confère la perfection à Son dévot sous la forme d'un corps spirituel, et le dévot s'absorbe éternellement dans la nature transcendantale de Kṛṣṇa. C'est lorsqu'il saisit les attributs sublimes de Kṛṣṇa et qu'il devient fasciné par eux que le dévot s'engage de tout cœur dans le service de dévotion. À titre d'exemple, les quatre Kumāras et Śukadeva Gosvāmī étaient d'emblée des âmes libérées ; ils n'en furent pas moins par la suite fascinés par les divertissements de Kṛṣṇa, si bien qu'ils devinrent Ses dévots. Des dévots comme les Kumāras – dont Sanaka, qui ressentit l'attrait du parfum des fleurs offertes à Kṛṣṇa – furent captivés par les attributs spirituels du Seigneur et adoptèrent donc Son service de dévotion. Les neuf mystiques dont fait mention le onzième Chant du *Śrīmad-Bhāgavatam* sont pour leur part reconnus comme des spiritualistes de naissance en vertu de leur écoute des attributs sublimes de Kṛṣṇa, énoncés par Brahmā, Śiva et Nārada.

On sera parfois fasciné par Kṛṣṇa et Ses attributs spirituels et absolus simplement en contemplant les traits de toute beauté de Son corps transcendantal ; on cessera alors d'aspirer à la libération pour s'engager dans le service de dévotion du Seigneur. Le dévot regrette d'avoir perdu tant de temps à la prétendue culture du savoir et devient sans plus tarder un pur dévot. On compte deux ordres d'âmes libérées, et ce, même si elles sont dotées d'un corps matériel : les âmes libérées par la pratique du service de dévotion et les âmes libérées par la culture du savoir. À la différence que, fascinée par les sublimes attributs de Kṛṣṇa, l'âme libérée dans le cadre de la dévotion s'élève toujours plus ; tandis que celle qui se livre à d'arides spéculations, ne cultivant que le savoir sans la dévotion, choit de sa position du fait de ses multiples offenses. Le *Śrīmad-Bhāgavatam* le confirme en ces termes : « Ô Seigneur, impure demeure l'intelligence de ceux qui se croient libérés mais qui n'ont aucune dévotion. Même s'ils se hissent à l'apogée de la libération à force de rudes pénitences et austérités, ils ne peuvent que sombrer à nouveau dans l'existence matérielle, ayant omis de se centrer sur le lotus de Tes pieds. » (*Ś.B.*, 10.2.32) Ce que confirme également la *Bhagavad-gītā* (18.54) : la personne vraiment établie dans la réalisation du Brahman n'a ainsi pas lieu de s'affliger ni de convoiter quoi que ce soit. Également disposée envers tous, elle est digne de pratiquer le service de dévotion. Ce que reconnut aussi Bilvamaṅgala Ṭhākura qui, à l'automne de sa vie, se lamentait ainsi : « J'adhérais au monisme en vue de ne plus faire qu'un avec le Seigneur Suprême, mais je suis entré en contact, pour une raison quelconque, avec un garçon espiègle dont me voilà devenu le serviteur éternel. » En d'autres mots, les âmes qui se réalisent par la pratique du service de dévotion obtiennent un corps spirituel et, fascinées par les qualités sublimes de Kṛṣṇa, s'absorbent pleinement dans le pur service dévotionnel.

Quiconque n'est pas fasciné par Kṛṣṇa doit être considéré comme subissant encore l'envoûtement de *māyā*. Mais qui cherche à atteindre la libération à travers le service de dévotion est déjà libéré du charme de *māyā*. Le onzième Chant du *Śrīmad-Bhāgavatam* comporte d'ailleurs de nombreux exemples de dévots qui devinrent des âmes libérées de leur vivant, et ce, simplement en pratiquant le service de dévotion.

CHAPITRE SEIZE

Conclusion de l'enseignement à Sanātana Gosvāmī

Les candidats à la libération par l'acquisition du savoir sont de trois ordres : les aspirants au salut, les âmes libérées au sein de l'existence matérielle et les âmes effectivement réalisées. Nombreux sont ceux et celles qui, en ce monde, recherchent la libération, et il s'en trouve parmi eux qui pratiquent à cette fin le service de dévotion. Le *Śrīmad-Bhāgavatam* (1.2.26) confirme que quiconque désire vraiment la libération délaisse le culte des *devas* et, libre de toute envie à leur endroit, concentre ses pensées sur Nārāyaṇa, Dieu, la Personne Suprême. Puis, lorsqu'une telle personne rencontre un pur dévot, elle adopte le service dévotionnel de Kṛṣṇa et renonce à son projet de libération. Il est écrit dans le *Hari-bhakti-sudhodaya :* « Ô âme magnanime, malgré les nombreuses failles inhérentes à cette misérable existence, il est une chose glorieuse, à savoir la compagnie des purs dévots. Recherche donc leur présence, qui a pour effet d'étancher la soif de libération. »

Le *Śrīmad-Bhāgavatam* (11.2.37) enseigne que, chez l'être humain, la peur naît d'une conception matérielle de l'existence et de l'oubli de sa relation éternelle avec le Seigneur Suprême. Sous l'emprise de l'énergie matérielle, il n'a plus, en effet, que des souvenirs dénaturés. Ainsi toute personne dotée d'une intelligence suffisante s'engagera-t-elle pleinement dans le service de dévotion, tenant le Seigneur Suprême pour son guide spirituel et l'objet de son adoration. En conclusion, nul ne peut révolutionner sa vie sans adopter le service du Seigneur. Et ce n'est que lorsqu'on est effectivement lavé de toute souillure matérielle qu'on peut se consacrer entièrement à la conscience de Kṛṣṇa.

Le *Śrīmad-Bhāgavatam* (10.14.4) dit clairement que celui ou celle qui pratique le service de dévotion afin de saisir la réalité telle qu'elle est, mais sans la moindre intention d'embrasser la conscience de Kṛṣṇa, ne récoltera que peines et misères, et sa vie restera dénuée de substance. Tout être vivant fait partie intégrante du Seigneur Suprême et doit par conséquent Le servir, Lui le Tout Absolu. Privé de ce service, l'être ne peut que sombrer dans la fange matérielle.

Le Seigneur Caitanya conclut en disant que les six classes d'*ātmārāmas* adoptent le service dévotionnel de Kṛṣṇa sous une forme ou une autre. En d'autres termes, avec le temps, tous les spiritualistes en viennent à saisir la nécessité de servir Kṛṣṇa avec dévotion et de devenir pleinement conscient de Lui. Cela dit, tout un chacun peut embrasser le service de dévotion du Seigneur, qu'il soit très érudit ou on ne peut plus excentrique.

Les six classes de spiritualistes sont : le néophyte, le spiritualiste confirmé, celui qui est déjà établi dans la transcendance, celui qui aspire à la libération, celui qui est d'ores et déjà libéré, et celui qui agit en harmonie avec sa nature intrinsèque. Tous sont qualifiés d'*ātmārāmas*. Or, lorsqu'on devient *ātmārāma* – un grand penseur sous le signe de la conscience de Kṛṣṇa – on s'engage pleinement dans le service de dévotion. Si l'on s'en tient aux règles grammaticales, il existe différents types d'*ātmārāmas,* mais le mot *ātmārāma* suffit en soi à les englober tous, et au sens collectif, tous les *ātmārāmas* sont portés à adorer Kṛṣṇa, le Seigneur Suprême. Le *yogī* qui adore l'Âme Suprême présente en lui porte également le nom d'*ātmārāma,* et les *ātmārāma-yogīs* se divisent eux-mêmes en deux classes, respectivement appelées *sa-garbha* et *nirgarbha*. Le *Śrīmad-Bhāgavatam* dit à ce sujet : « Certains *yogīs* méditent en leur cœur sur l'aspect localisé de Viṣṇu, dont les quatre mains portent quatre symboles : la conque, le disque, la masse et le lotus. » (*Ś.B.*, 2.2.8) Le *yogī* qui médite sur la forme à quatre bras de Viṣṇu s'absorbe dans l'extase dévotionnelle et manifeste les signes associés à cet état d'âme, tantôt pleurant, tantôt ressentant la séparation du Seigneur. Ainsi baigne-t-il dans la félicité transcendantale et devient-il captif, tel un poisson dans un filet.

On peut encore subdiviser les *sa-garbha-yogīs* et les *nirgarbha-yogīs* en trois classes : les néophytes, ceux qui ont amorcé leur ascension et ceux qui ont déjà atteint la perfection. Ces *yogīs* sont décrits en ces termes dans le sixième chapitre de la *Bhagavad-gītā :* ceux qui cherchent à s'élever sur la voie du *yoga* des pouvoirs sont qualifiés d'*ārurukṣu.* L'*ārurukṣu-yoga* repose sur la pratique de diverses postures et sur la concentration du mental. Mais pour qui s'est d'ores et déjà élevé sur la voie du *yoga,* la méditation et le détachement deviennent les fondements de la progression. Et dès lors qu'on cesse de chercher à satisfaire ses sens, on se libère peu à peu, jusqu'à atteindre un niveau d'extase appelé *yoga-ārūḍha.* Qu'un tel *yogī* entre d'une façon ou d'une autre en contact avec une sainte personne, et il deviendra un dévot de Kṛṣṇa.

Le mot *urukrama,* nous l'avons déjà précisé, désigne le Seigneur Suprême, et tous les *ātmārāmas* pratiquent le service de dévotion offert à Urukrama. Avant qu'ils adoptent cette pratique, ces spiritualistes sont toutefois qualifiés de *śāntas,* ou « dévots sereins ».

Le terme *ātmā* (le soi) est parfois traduit par « mental ». Il arrive que les élucubrateurs présentent diverses théories philosophiques ; mais lorsqu'ils entrent en contact avec des âmes saintes absorbées dans le service de dévotion, ils deviennent eux-mêmes des dévots.

Le *Śrīmad-Bhāgavatam* décrit ainsi les deux classes de *yogīs* dits *sa-garbha* et *nirgarbha :* « Les *yogīs* amorcent leur pratique du *yoga* en focalisant sur l'abdomen, puis en cherchant à concentrer leur attention sur leurs intestins. Graduellement, leur méditation s'élève vers le cœur, et de là jusqu'au sommet de la tête. Qui parvient à ce stade est tenu pour avoir atteint la perfection et n'est plus soumis à la naissance ni à la mort. » (*Ś.B.*, 10.87.18) Or, ces *yogīs* eux-mêmes en viennent à offrir un service de dévotion immotivé au Seigneur lorsqu'ils entrent en contact avec un pur dévot.

Le mot *ātmā* a également le sens d'« effort ». Toute pratique requiert des efforts, et l'ultime effort vise à atteindre la plus haute perfection dévotionnelle. Le *Śrīmad-Bhāgavatam* (1.5.18) enseigne qu'il faut chercher à atteindre le but souverain, qu'on ne trouve dans aucun système planétaire, supérieur ou inférieur. Comprenons ici que souffrances et bonheurs matériels se succèdent naturellement dans tous les systèmes planétaires, mais que la plus haute perfection – le service de dévotion – ne se trouve nulle part sans effort. Aussi le *Nārada Purāṇa* enseigne-t-il que quiconque s'efforce sérieusement d'atteindre la plus haute réalisation dévotionnelle peut réussir en tout grâce à ce seul effort.

On ne peut donc accéder à la plus haute dévotion sans fournir un effort personnel. Comme le dit si bien Kṛṣṇa dans la *Bhagavad-gītā,* Lui qui Se trouve dans le cœur de tous les êtres : « Ceux qui toujours Me servent et M'adorent avec amour et dévotion, Je leur donne l'intelligence par quoi ils pourront venir à Moi. » (*B.g.*, 10.10)

Le mot *ātmā* traduit également les notions de patience et de persévérance, deux éléments qui donnent accès aux cimes de la dévotion. Le terme *muni,* lui, peut aussi signifier « oiseau » ou « bourdon », tandis que le terme *nirgrantha* peut également désigner un « sot ». Il en ressort que même les bourdons, les oiseaux et les sots peuvent embrasser le service de dévotion du Seigneur Suprême s'ils sont touchés par la grâce d'un pur dévot. Le *Śrīmad-Bhāgavatam* affirme d'ailleurs qu'en vérité, les oiseaux sont dévoués au Seigneur Souverain (*Ś.B.*, 10.21.14), et que les bourdons accompagnent toujours Kṛṣṇa et Balarāma (*Ś.B.*, 10.15.6). Dans ce dernier verset, Śrī Kṛṣṇa décrit même le service de dévotion des bourdons et des guêpes : « Ô vertu suprême personnifiée ! Ô divinité originelle [Balarāma] ! Vois donc ces bourdons et ces guêpes qui Te suivent tout en célébrant Tes gloires et en T'adorant. Or, sous cette apparence se cachent en fait de grands sages qui profitent de l'occasion pour adorer l'Âme Suprême. Bien que le commun des mortels ne puisse Te connaître, eux Te reconnaissent et Te suivent afin de Te glorifier. »

Un verset similaire du *Śrīmad-Bhāgavatam* dépeint l'accueil réservé à Kṛṣṇa et Balarāma par les paons : « Ô Toi digne d'adoration, vois comme les paons qui regagnent leurs nids Te reçoivent dans l'allégresse. On dirait les jeunes filles de Vraja. Et les coucous perchés sur les branches des arbres T'accueillent aussi à leur façon. Les habitants de Vṛndāvana sont si glorieux qu'ils sont tous prêts à servir le Seigneur avec dévotion. » (*Ś.B.*, 10.15.7) Toujours dans le *Śrīmad-Bhāgavatam :* « Regarde sur l'onde ces cygnes et ces grues qui chantent les gloires du Seigneur ! En vérité, tout en sillonnant les eaux, ils méditent sur Lui et L'adorent. » (*Ś.B.*, 10.35.11) Et encore dans le *Śrīmad-Bhāgavatam :* « Même les aborigènes et les humains non civilisés, tels les Kirātas, les Hūṇas, les Andhras, les Pulindas, les Pulkaśas, les Ābhīras, les Śumbhas, les Yavanas et les Khasas, ainsi que nombre d'autres de souche inférieure, peuvent tous être purifiés en cherchant refuge auprès des purs dévots du Seigneur. » (*Ś.B.*, 2.4.18) Voilà pourquoi Śukadeva Gosvāmī offre son hommage respectueux au Seigneur, Viṣṇu, dont les dévots réalisent de tels prodiges.

Une autre signification du mot *dhṛti* tient à la « prise de conscience de sa propre élévation », en vertu de laquelle on se sent libre de toute souffrance et parvenu au plus haut plan de l'existence. Ainsi tous les dévots pleinement conscients de Kṛṣṇa sont-ils détachés de toute forme de plaisir matériel. Entièrement absorbés dans le service transcendantal du Seigneur, ils sont toujours joyeux du fait même de leur pratique dévotionnelle. Ils sont en vérité des humains aussi heureux qu'accomplis, et tel est leur bonheur qu'ils n'aspirent même pas à être promus aux planètes spirituelles, ravis qu'ils sont dans toutes les sphères de l'existence. Comblés par le service spirituel du Seigneur, ils ne convoitent ni biens matériels ni plaisirs sensuels. Selon les Gosvāmīs : « Les personnes dont les sens sont ancrés dans le service du Seigneur Suprême peuvent être qualifiés de sereines. »

Le mot *ātmārāma* indique donc que même les oiseaux, les animaux et les sots – bref, tous les êtres – deviennent fascinés par les sublimes attributs de Kṛṣṇa, et s'engagent dès lors à Le servir, finissant ainsi par atteindre la libération.

Une autre signification d'*ātmā* serait « intelligence ». Les personnes dotées d'une intelligence exceptionnelle portent aussi le nom d'*ātmārāma,* et sont de deux ordres : le sage érudit et l'inculte dépourvu de connaissances livresques. L'un comme l'autre peut avoir l'occasion de côtoyer un pur dévot, et même l'*ātmārāma* inculte peut alors tout délaisser pour s'engager dans le pur service de dévotion, en pleine conscience de Kṛṣṇa. Le *Śrīmad-Bhāgavatam* nous dit que le Seigneur incarne l'origine de tout et que toute chose émane de Lui. Or, toute personne vraiment intelligente peut comprendre que Kṛṣṇa, le Seigneur Suprême, est la source de tout, et s'engage donc dans Son service. Nous lisons par ailleurs dans un autre verset du *Śrīmad-Bhāgavatam :* « Que dire des êtres assez intelligents pour étudier les *Vedas,* même ceux qui n'ont pas autant d'intelligence – qu'il s'agisse de simples ouvriers, de Hūṇas, de Śabaras, d'oiseaux ou d'animaux en général – tous peuvent, tant qu'ils sont, atteindre la plus haute perfection. » (*Ś.B.*, 2.7.46) La *Bhagavad-gītā* (10.10) déclare en outre que lorsqu'une personne devient suffisamment intelligente pour s'engager dans la conscience de Kṛṣṇa, le Seigneur Suprême lui donne en retour l'intelligence requise pour atteindre Son séjour divin.

Le Seigneur dit ensuite à Sanātana Gosvāmī que la compagnie de dévots exemplaires, la pratique du service transcendantal offert au Seigneur, l'étude du *Śrīmad-Bhāgavatam,* le chant du Saint Nom du Seigneur et vivre à Vṛndāvana ou Mathurā sont cinq facteurs très importants pour s'élever au plan spirituel. Et que dire de les embrasser tous les cinq, il suffit d'en maîtriser un seul pour à coup sûr être élevé au niveau de l'amour de Dieu. Quoi qu'il en soit, tout être réellement intelligent renoncera aux désirs matériels afin de s'engager dans le sublime service de Kṛṣṇa. Tel est l'ascendant de la dévotion qu'en l'adoptant, profondément touché par les attributs divins du Seigneur, on en vient à renoncer à toute aspiration matérielle pour ne s'attacher de tout son être qu'à Kṛṣṇa. Telle est la beauté que revêt le Seigneur aux yeux de Son dévot.

Le mot *ātmā* peut également signifier « nature ». Le terme *ātmārāma* indique alors que chacun jouit de la nature particulière qu'il a acquise. Néanmoins, l'ultime nature – ou l'éternelle nature – de l'être vivant consiste à servir le Seigneur Suprême, et qui parachève la compréhension de sa nature réelle d'éternel serviteur de Dieu renonce à sa conception désignative (matérielle ou corporelle) de l'existence. Voilà le vrai savoir. Ainsi les êtres en quête de savoir auxquels s'offre l'occasion d'entrer en contact avec un pur dévot s'engagent-ils également dans le service dévotionnel du Seigneur. Bref, aussi bien des sages comme les quatre Kumāras que des sots ou des oiseaux peuvent pratiquer ce service transcendantal. Bénis par la miséricorde immotivée de Kṛṣṇa, tous peuvent être élevés au niveau de la conscience de Kṛṣṇa.

On est d'abord fasciné par les sublimes attributs de Kṛṣṇa, puis on amorce la pratique du service de dévotion. Le *Śrīmad-Bhāgavatam* glorifie Vṛndāvana comme suit : « Cette terre de Vraja-bhūmi est glorifiée au contact de Tes pieds. Touchés par Tes doigts, les lierres Te glorifient également. Lorsque Ton regard se pose sur les collines, les rivières et les animaux dits inférieurs, tous deviennent glorieux, et de même les *gopīs* quand de Tes bras si sublimes Tu les enlaces. » (*Ś.B.*, 10.15.8) Les *gopīs* glorifient quant à elles Vṛndāvana en ces termes : « Chères amies, tous les habitants de Vraja-bhūmi – y compris les oiseaux, les animaux et les arbres – sont glorifiés à la vue de Kṛṣṇa qui, tout en jouant de Sa flûte, part pour les pâturages entouré de Ses amis et de Balarāma. » Le Seigneur affirme que le mot *ātmā* désigne également le « corps ». Les *yogīs* qui pratiquent divers exercices physiques, tenant le corps pour le soi, sont aussi promus au service spirituel du Seigneur s'ils entrent en contact avec de purs dévots. Les très nombreuses personnes qui tiennent le corps pour le soi se livrent à maintes actions intéressées, dont les ablutions rituelles et les activités matérielles de tous les jours. Cependant, au contact d'un pur dévot, elles aussi adoptent le service spirituel et absolu du Seigneur.

On lit dans le *Śrīmad-Bhāgavatam :* « Cher Sūta Gosvāmī, bien que la fumée de nos sacrifices intéressés ait noirci nos corps, tu nous abreuves du nectar des pieds pareils-au-lotus de Kṛṣṇa. » (*Ś.B.*, 1.18.12) Et plus loin : « Les eaux du Gange coulent du bout des pieds de lotus de Kṛṣṇa, et tous – aussi bien les sages que les auteurs d'actes intéressés – peuvent laver leur mental de ses impuretés en s'y baignant. » (*Ś.B.*, 4.21.31)

Même ceux qui identifient le corps au soi, ou nourrissent mille désirs matériels, sont également – dans un sens – *ātmārāma.* Au contact de purs dévots du Seigneur, ils abandonneront en effet leurs aspirations temporelles et deviendront parfaits dans le service du Seigneur. Le *Hari-bhakti-sudhodaya* (7.28) nous en offre le meilleur exemple dans ces mots de Dhruva Mahārāja : « Cher Seigneur, je T'ai adoré dans le but d'obtenir un domaine terrestre, mais par bonheur, je T'ai obtenu, Toi, qui échappes à la perception même des grands sages et des saints. En quête de bouts de verre sans valeur, j'ai découvert un joyau aussi précieux que Toi. Désormais comblé, je n'aspire à rien d'autre. »

Le mot *nirgrantha* peut également signifier « chasseur peu intelligent » ou « homme misérable ». Citons ici, à titre d'exemple, l'histoire d'un chasseur qui trouva le salut et s'engagea dans le service dévotionnel du Seigneur grâce au contact du pur dévot qu'est Nārada. Voici son histoire. Un homme chassant dans la forêt de Prayāga eut le bonheur de rencontrer Nārada. Le sage venait de rendre visite au Seigneur Nārāyaṇa, à Vaikuṇṭha, et se rendait à Prayāga pour faire ses ablutions au confluent du Gange et de la Yamunā. Alors qu'il traversait la forêt, il vit un oiseau gisant au sol à moitié mort, transpercé d'une flèche et pépiant pitoyablement. Plus loin, il aperçut un daim qui se tordait de douleur, puis un sanglier et un lièvre, tous en proie à d'atroces souffrances. Sa compassion ainsi éveillée, il songea : « Mais quel insensé a pu commettre pareils crimes ? » En effet, si les dévots du Seigneur sont généralement sensibles aux souffrances d'autrui, que dire du grand sage Nārada ? Profondément affligé par les scènes désolantes qui s'offraient à sa vue, il poursuivit sa route et trouva un peu plus loin un chasseur armé d'un arc et de flèches. Le teint d'encre et les yeux de sang, il était aussi menaçant qu'un serviteur de Yamarāja, la mort personnifiée. Pénétrant plus avant dans la forêt, Nārada Muni s'avança néanmoins vers lui, et à son approche, tous les animaux prisonniers des pièges du chasseur s'enfuirent. Furieux, ce dernier s'apprêtait à injurier Nārada, si ce n'est que l'influence du saint homme le rendit impuissant à proférer la moindre insulte. Bien au contraire, il lui demanda tout gentiment :

« Pourquoi, sire, être venu ici tandis que je chasse ? Auriez-vous dévié de votre chemin ? Voilà maintenant que se sont enfuis tous les animaux que j'avais capturés.

– J'en suis désolé, répondit Nārada. En quête de ma route j'ai croisé au passage plusieurs animaux – sangliers, daims et lièvres gisant au sol à moitié morts et souffrant l'agonie. En les suivant je suis venu vers toi. Qui donc a pu commettre ces atrocités ?

– Nul autre que moi, et je n'y vois aucun mal, de répondre le chasseur.

– Si c'est toi qui chasses tous ces pauvres animaux, pourquoi ne pas les tuer sur-le-champ ? En ne les tuant qu'à moitié, tu leur fais souffrir l'agonie, et c'est là une grave faute. Si ton intention est bien de leur donner la mort, pourquoi ne pas les tuer complètement ? Pourquoi les laisser mourir se vidant de leur sang ?

– Sache, seigneur, que mon nom est Mṛgāri, l'ennemi des animaux. C'est mon père qui m'a appris à tuer de la sorte, et je m'en tiens simplement à ses directives. Je me réjouis d'ailleurs grandement de voir souffrir ainsi les animaux.

– Je ne te demande qu'une chose, et te prie de me l'accorder, implora Nārada.

– C'est avec plaisir que je vous donnerai tout ce que vous voulez. Si ce sont des peaux que vous désirez, vous n'avez qu'à venir chez moi. J'y garde entre autres de nombreuses peaux de tigres et de daims, et je vous donnerai celle qui vous plaira.

– Merci, mais je ne veux pas de tes peaux. J'ai autre chose en vue. Si tu consens à me l'accorder, je te dirai de quoi il s'agit. Voici : dorénavant, quand tu voudras tuer un animal, ne le laisse pas à moitié mort. Achève-le.

– Pourquoi me demander une chose pareille, sire ? Qu'importe que je le tue ou que je le laisse à moitié mort ?

– En le laissant à moitié mort, tu le fais grandement souffrir, lui expliqua Nārada. Ainsi te rends-tu coupable d'une faute très grave. Le fait de donner la mort à un animal constitue une grave offense, mais pas aussi grave que celle de le laisser à moitié mort. En vérité, tu devras toi-même souffrir de la même manière au cours d'une vie future. »

Bien qu'il fût un grand pécheur, le chasseur vit son cœur s'attendrir au contact du grand dévot Nārada, et il commença à redouter les conséquences de ses fautes. En général, les grands pécheurs n'hésitent nullement à commettre des fautes, mais nous voyons ici que, purifié au contact de Nārada, le chasseur commençait à appréhender les suites de ses actes répréhensibles. D'où sa réponse :

« Cher seigneur, on m'a dès l'enfance enseigné à tuer ainsi les animaux. Ayez donc la bonté de me dire ce que je dois faire pour m'affranchir de tous les péchés et offenses que j'ai pu accumuler. Je m'abandonne à vos pieds et vous demande de m'épargner les suites de toutes mes fautes passées en m'indiquant la juste voie à suivre.

– Si tu es vraiment prêt à suivre mes instructions, je t'indiquerai la voie qui t'affranchira des suites de tes fautes.

– Tout ce que vous me direz de faire, je le ferai sans hésiter, promit le chasseur. » Nārada le pria d'abord de briser son arc, après quoi il lui indiquerait le sentier de la libération.

« Mais si j'accepte, protesta le chasseur, comment pourrai-je subvenir à mes besoins ? – Ne t'inquiète pas, car je t'approvisionnerai en céréales afin que tu puisses survivre », répliqua Nārada.

Le chasseur brisa donc son arc et tomba aux pieds de Nārada, qui l'aida à se relever en lui donnant les directives suivantes : « Rentre chez toi et distribue aux dévots et aux *brāhmaṇas* tout argent et biens de valeur en ta possession. Puis, vêtu d'un seul vêtement, viens et suis-moi. Construis-toi une petite chaumière au bord de la rivière et plante tout à côté un arbuste *tulasī*. Après avoir effectué une marche circulaire autour de l'arbuste, savoure chaque jour une des feuilles tombées. Récite ou chante sans cesse le *mantra* Hare Kṛṣṇa, Hare Kṛṣṇa, Kṛṣṇa Kṛṣṇa, Hare Hare / Hare Rāma, Hare Rāma, Rāma Rāma, Hare Hare. Quant à ta subsistance, je t'enverrai toutes les céréales requises, mais tu n'en prendras que ce qu'il faut pour vous nourrir, toi et ton épouse. »

Nārada ranima ensuite les animaux à moitié morts qui, délivrés de leur horrible condition, s'enfuirent aussitôt. À la vue de ce miracle, le chasseur noir, émerveillé, se prosterna de nouveau aux pieds de Nārada après l'avoir raccompagné.

Une fois chez lui, le chasseur mit en pratique les instructions de Nārada. Entre-temps, la nouvelle se répandit dans tous les villages que le chasseur était devenu un dévot du Seigneur, si bien que tous les villageois rendaient visite au nouveau *vaiṣṇava*. La coutume védique voulant qu'on apporte fruits ou céréales lorsqu'on rend visite à une personne sainte, tous lui apportaient des victuailles. Il recevait ainsi chaque jour des céréales et des fruits en quantité telle qu'il aurait pu nourrir au moins dix à vingt personnes. Et conformément aux directives de Nārada, il ne gardait que ce dont son épouse et lui avaient besoin pour subsister.

Quelques jours plus tard, Nārada dit à son ami, Parvata Muni : « J'ai un nouveau disciple. Allons voir s'il se porte bien. »

Les deux nobles sages étant arrivés en vue de la demeure de l'ex-chasseur, ce dernier reconnut au loin son maître spirituel et se dirigea vers lui avec grand respect. Mais la présence de nombreuses fourmis retardait sa marche et, au moment de se prosterner devant ses visiteurs, il comprit qu'il ne pourrait leur offrir son hommage sans écraser plusieurs insectes ; aussi les écarta-t-il délicatement à l'aide d'un pan de son vêtement. Voyant son disciple chercher ainsi à sauver la vie des fourmis, Nārada se souvint d'un verset du *Skanda Purāṇa :* « N'est-il pas merveilleux que le dévot du Seigneur ne soit enclin à infliger aucune souffrance, fût-ce à une fourmi ? »

Même si le chasseur avait jadis pris grand plaisir à laisser des animaux à moitié morts, désormais grand dévot du Seigneur, il n'était pas disposé à faire souffrir ne serait-ce qu'une fourmi. Accueillant enfin les deux grands sages sous son toit, le chasseur les fit asseoir, lava leurs pieds, leur apporta de l'eau à boire et aspergea ensuite sa tête et celle de sa femme avec l'eau dont il les avait baignés. Alors transportés d'extase, les deux époux se mirent à danser en chantant Hare Kṛṣṇa, Hare Kṛṣṇa, Kṛṣṇa Kṛṣṇa, Hare Hare / Hare Rāma, Hare

Rāma, Rāma Rāma, Hare Hare. Leurs bras étaient tendus vers le ciel et leurs vêtements ondulaient au gré de leurs mouvements.

Témoin des manifestations d'amour extatique pour Dieu chez l'ex-chasseur, Parvata Muni dit à Nārada : « Tu es une véritable pierre philosophale, puisqu'à ton contact, même un redoutable chasseur a pu être transformé en illustre dévot. »

On peut lire dans le *Skanda Purāṇa :* « Cher Devarṣi [Nārada], tu es une âme glorieuse dont la grâce a pu élever le dernier des hommes – un chasseur – au niveau de la dévotion, où il développa un attachement transcendantal pour Kṛṣṇa. »

Nārada demanda finalement au chasseur devenu dévot :

« Manges-tu régulièrement ?

– Tu m'envoies tellement de visiteurs, répondit l'ancien chasseur, et chargés de tant de provisions que nous serions incapables de tout manger.

– Parfait, reprit Nārada. Maintenant, continue de pratiquer ainsi le service de dévotion. » Et sur ces mots, Nārada disparut avec Parvata Muni.

Le Seigneur Caitanya tenait à relater cette histoire afin de montrer que, par l'influence d'un pur dévot, même un chasseur peut adopter le service dévotionnel de Kṛṣṇa.

Reprenant Son explication du verset *ātmārāma,* le Seigneur souligna que le mot *ātmā* désigne également toutes les manifestations de la Personne de Dieu. Généralement, Kṛṣṇa – Dieu Lui-même dans Sa forme personnelle – et Ses différentes émanations sont tous qualifiés d'Être Suprême. Quiconque sert avec dévotion l'une ou l'autre des multiples formes ou émanations de Dieu, la Personne Suprême, est donc aussi nommé *ātmārāma.* Tous ces dévots s'absorbent soit dans le service de dévotion selon les principes régulateurs, soit dans le service de dévotion empreint d'amour spirituel. Et ils se subdivisent eux-mêmes en trois classes : les compagnons du Seigneur, ceux qui ont atteint la perfection du service de dévotion et les nouveaux postulants. Ces derniers se divisent à leur tour en deux groupes selon qu'ils ont ou non développé un attachement pour le Seigneur. Or, compte tenu des deux formes du service de dévotion, à savoir selon les règles ou empreint d'amour transcendantal, ces quatre groupes de dévots en forment huit. Puis, en adhérant aux principes régulateurs de la dévotion, les compagnons accomplis du Seigneur peuvent encore se partager en quatre classes : les serviteurs, les amis, les parents aînés et les fiancées.

Certains dévots atteignent la perfection par la pratique du service de dévotion alors que d'autres sont éternellement parfaits. Ceux qui adhèrent aux principes régulateurs de la dévotion sont de deux ordres – les néophytes et les dévots avancés. Or, dans le cadre du service d'amour spirituel du Seigneur, on dénombre seize variétés de dévots, de sorte que les *ātmārāmas* forment alors trente-deux catégories distinctes. Et lorsqu'on leur adjoint les termes *muni, nirgrantha, ca* et *api,* on obtient cinquante-huit variétés de dévots, qui tous peuvent être regroupés sous un seul vocable : *ātmārāma,* tout comme, même si plusieurs variétés d'arbres forment une forêt, le seul mot « arbre » suffit à les désigner tous.

Ainsi le Seigneur présenta-t-Il soixante interprétations différentes du mot *ātmārāma,* ajoutant de surcroît que le mot *ātmā* désigne « l'être vivant, depuis Brahmā – le premier être créé – jusqu'à la fourmi ». Il cita à cet égard un verset du sixième chapitre du *Viṣṇu Purāṇa* où il est écrit que toutes les énergies du Seigneur sont de nature spirituelle. L'énergie reconnue comme l'origine de l'être vivant est également spirituelle, tandis que l'autre énergie, saturée d'ignorance et manifestée dans l'action matérielle, est appelée « nature matérielle ». Même au sein de la création matérielle, les êtres vivants sont légion, et si, par bonheur, ils fréquentent ici-bas un pur dévot, ils pourront servir Kṛṣṇa avec une dévotion pure. « J'avais jusqu'ici conçu soixante interprétations différentes du mot *ātmārāma,* mais voici qu'une nouvelle définition surgit en Mon esprit du fait de ta présence », dit le Seigneur.

À l'écoute des multiples explications du mot *ātmārāma* offertes par le Seigneur, Sanātana Gosvāmī fut si émerveillé qu'il en tomba aux pieds de Śrī Caitanya dans un élan de dévotion : « Je réalise que Tu es Toi-même Kṛṣṇa, Dieu, la Personne Suprême, et que de Ton souffle émanent les myriades d'Écrits védiques. Maître du *Śrīmad-Bhāgavatam,* Tu connais parfaitement le sens de ses versets. Nul ne peut saisir la portée profonde du *Śrīmad-Bhāgavatam* sans Ta grâce. »

« Ne Me glorifie pas de la sorte, lui répondit alors le Seigneur. Efforce-toi plutôt de comprendre la véritable nature du *Śrīmad-Bhāgavatam,* cette manifestation sonore du Seigneur Suprême, Kṛṣṇa ; non différente de Lui, elle est infinie en chacun de ses mots comme de ses lettres, aux innombrables significations. Comme on ne peut saisir celles-ci qu'au contact des dévots, ne dis point que le *Bhāgavatam* n'est qu'un recueil de questions et de réponses. »

En effet, six questions avaient été posées par les sages de Naimiṣāraṇya à Sūta Gosvāmī, dont les réponses, ou explications, se trouvent dans le *Śrīmad-Bhāgavatam.* On peut lire dans un texte védique les propos suivants de Śiva : « Śukadeva, Vyāsadeva et moi-même connaissons peut-être le *Śrīmad-Bhāgavatam.* Mais il convient de savoir qu'en réalité, il ne peut être compris qu'à travers le service de dévotion, et qu'auprès d'un dévot, car il échappe à l'intelligence et aux commentaires académiques. »

Les sages de Naimiṣāraṇya avaient demandé : « Cher maître, dites-nous si les principes de la spiritualité ont suivi le Seigneur, maintenant qu'Il a regagné Son royaume personnel. Comment retrouver ces principes, désormais ? » Et il leur fut répondu : « Après le départ de Kṛṣṇa pour Son royaume, suivi de tous les principes religieux, Son représentant, le *Śrīmad-Bhāgavatam* – ou *Mahāpurāṇa* – demeure tel un soleil éblouissant et source de lumière. »

Le Seigneur Caitanya dit alors : « C'est ainsi que, comme en proie à la folie, Je t'ai décrit de maintes façons le verset *ātmārāma*. Ne M'en tiens donc pas rigueur si J'ai énoncé quelque extravagance. Mais si quelqu'un, comme Moi, perd la raison, il pourra alors comprendre le véritable message du *Śrīmad-Bhāgavatam,* tel que Je l'ai expliqué. »

Sanātana Gosvāmī se jeta alors aux pieds de Caitanya tout en priant, les mains jointes : « Cher Seigneur, Tu m'as demandé de présenter les principes régulateurs du service de dévotion. Mais comme j'appartiens à la dernière classe sociale, je n'y connais rien. J'ignore comment accomplir une tâche aussi importante. Aie donc la bonté de me donner quelques indications sur la rédaction d'un tel ouvrage qui puissent me qualifier pour cette entreprise. »

Le Seigneur le bénit aussitôt de ces mots : « Quoi que tu écrives, par la grâce de Kṛṣṇa, émanera de ton cœur et sera accepté selon ta prière. Voici quelques données que tu peux noter. Le point essentiel réside dans la nécessité d'accepter un maître spirituel authentique. Ainsi débute la vie spirituelle. »

Le Seigneur Caitanya demanda ensuite à Sanātana Gosvāmī de coucher par écrit les caractéristiques d'un vrai *guru* et d'un vrai dévot, telles qu'elles sont décrites dans le *Padma Purāṇa :* le *brāhmaṇa* qualifié qui manifeste simultanément tous les signes du dévot authentique peut devenir le maître spirituel de n'importe qui, et un tel dévot et maître spirituel doit être respecté au même titre que Dieu Lui-même. Par contre, même issu d'une famille de *brāhmaṇas* très respectés, nul ne peut devenir un maître spirituel authentique sans être aussi dévot du Seigneur. Il ne faut donc pas croire à tort qu'un tel maître doit naître dans une soi-disant famille de *brāhmaṇas.* Comprenons plutôt que le maître spirituel doit être un *brāhmaṇa* qualifié, c'est-à-dire compétent par ses actes.

Le *Śrīmad-Bhāgavatam* le confirme d'ailleurs, où Nārada énonce les différents traits qui caractérisent les quatre divisions sociales. En résumé, il affirme que *brāhmaṇas, kṣatriyas, vaiśyas* et *śūdras* doivent être choisis selon leurs qualifications individuelles. Dans son commentaire, Śrīdhara Svāmī note que le fait de naître dans une famille de *brāhmaṇas* n'implique pas nécessairement que l'on soit un *brāhmaṇa.* Il faut, pour cela, être doté des qualités brahmaniques, décrites dans les *śāstras.* Ṭhākura Narottama et Śyāmānanda Gosvāmī, deux grands *ācāryas* de la succession disciplique qu'est la Gauḍīya *vaiṣṇava sampradāya,* ne sont d'ailleurs pas issus de familles brahmaniques, et plusieurs *brāhmaṇas* de renom – dont Gaṅgā-nārāyaṇa, Rāmakṛṣṇa – les acceptèrent néanmoins comme maîtres spirituels.

Ainsi le dévot en puissance manifeste-t-il certains signes, et le disciple et le maître spirituel doivent mutuellement s'analyser pour déterminer s'ils sont authentiquement aptes à devenir disciple ou maître. Il s'agit ensuite de savoir que le seul objet d'adoration est Dieu, la Personne Suprême, puis d'apprendre les différents *mantras* et chants sacrés. Le Seigneur demanda ensuite à Sanātana de décrire les qualités requises pour recevoir les *mantras,* et comment ceux-ci doivent être compris et parachevés par les pratiques rituelles. Le Seigneur décrivit alors l'initiation, les devoirs matinaux et les règles de propreté – se laver le visage et se brosser les dents – le travail et les prières à réciter matin et soir. Il expliqua également comment vénérer le maître spirituel et marquer son corps de *gopī-candana,* la façon de cueillir les feuilles de *tulasī* et de nettoyer la chambre à coucher et le temple du Seigneur, ainsi que l'art de réveiller Kṛṣṇa après Son sommeil. Puis, Il définit les différents modes d'adoration du Seigneur à l'aide de cinq ou cinquante articles, adoration qui doit comprendre cinq *ārati* quotidiens accompagnés d'offrandes de nourriture à Kṛṣṇa, qu'il faut en outre mettre au lit jour après jour, à l'heure indiquée pour Son repos. Différentes caractéristiques marquent également la forme du Seigneur et le Śālagrāma-śilā. Caitanya expliqua aussi l'importance de visiter les lieux saints, où se trouvent différents temples du Seigneur, et de contempler la forme de Dieu qu'on y adore. Il mentionna en outre la glorification du nom spirituel et absolu du Seigneur, ainsi que les diverses offenses qui peuvent êtres commises au cours de Son adoration. Celle-ci requiert d'ailleurs certains articles et pratiques, dont la conque, l'eau, les fleurs odorantes, les hymnes et les prières, la marche circulaire et l'offrande d'hommages. Il faut aussi adhérer aux principes régulateurs du *puraścaraṇa,* honorer le *kṛṣṇa-prasāda* et rejeter les aliments non offerts à Kṛṣṇa, et encore se garder de diffamer le dévot qui manifeste réellement les caractéristiques dévotionnelles.

N'oublions pas pour autant les caractéristiques d'une personne sainte, la façon de combler un sage et de rejeter la compagnie des êtres indésirables, non plus que l'écoute constante du *Śrīmad-Bhāgavatam,* les devoirs quotidiens, mensuels et bimensuels, dont le jeûne de l'Ekādaśī, la célébration de l'avènement du Seigneur (Janmāṣṭamī) ou les trois jours de jeûne spécifiques que sont le Vāmana-dvādaśī, le Śrī Rāma-navamī et le Nṛsiṁha-caturdaśī. Par ailleurs, lorsque les jours de jeûne chevauchent d'autres jours (*viddhā*), ils favorisent l'évolution du service de dévotion. Le Seigneur Caitanya pria encore Sanātana Gosvāmī de citer des références des *Purāṇas* dans chaque cas. Il mentionna également la façon d'établir des temples du Seigneur, en plus de décrire le comportement général, les caractéristiques, les devoirs et les occupations du *vaiṣṇava*. Ainsi le Seigneur résuma-t-Il toutes les données requises pour rédiger un livre sur les principes régulateurs *vaiṣṇavas*.

Grand dévot du Seigneur, Sanātana Gosvāmī accepta donc la mission de répandre le culte de la *bhakti* par la rédaction de nombreux écrits. Le *Caitanya-candrodaya* décrit Sanātana comme le plus important membre du gouvernement du Nawab Hussain. Son frère, Rūpa Gosvāmī, était également ministre, mais tous deux quittèrent leur poste lucratif pour se faire mendiants et servir le Seigneur Suprême. Extérieurement, les deux frères avaient l'apparence de mendiants ordinaires, mais leur cœur baignait dans le service de dévotion empreint d'un amour infini pour le petit pâtre de Vṛndāvana. Il va sans dire que Sanātana Gosvāmī était cher à tous les purs dévots de son époque.

PARTIE II

CHAPITRE DIX-SEPT

Śrī Caitanya, le Seigneur originel

Marchant sur les traces de Kavirāja Kṛṣṇadāsa Gosvāmī, nous offrons notre hommage respectueux aux pieds pareils-au-lotus du Seigneur Caitanya.

On décrit le Seigneur Caitanya comme l'unique refuge des misérables, ou des plus déchus, et comme le seul espoir des personnes dépourvues de tout savoir spirituel. Penchons-nous maintenant de plus près sur Son immense contribution au service de dévotion.

Le tout-puissant Seigneur Kṛṣṇa Se manifeste par le biais de cinq puissances distinctes. Bien qu'unique et sans second, Il n'en revêt pas moins cinq aspects différents afin de remplir cinq fonctions spirituelles précises. Et cette diversité se veut aussi bien éternelle que pleine de félicité, par contraste avec la monotonie de l'unité indifférenciée. Les Écritures védiques nous apprennent en effet que la Vérité Absolue – Dieu, la Personne Suprême – existe éternellement avec Ses diverses énergies. Or, le Seigneur Caitanya est Lui-même apparu entouré de Ses différentes puissances, au nombre de cinq, si bien qu'on Le dit être Kṛṣṇa entouré de Ses diverses énergies. Il n'existe aucune différence entre l'énergie et sa source, et il en va de même de l'apparition du Seigneur sous la forme de Śrī Caitanya Mahāprabhu entouré de Ses quatre compagnons – Nityānanda Prabhu, Advaita Prabhu, Gadādhara et Śrīvāsa. Aucune différence spirituelle n'existe entre ces manifestations distinctes du Seigneur Suprême en tant qu'incarnation, émanation et énergies. Elles représentent tout simplement cinq aspects de l'unique Vérité Absolue, ainsi déployés afin d'exprimer la richesse des saveurs spirituelles inhérentes à la Vérité Absolue. Il s'agit respectivement de la forme du dévot, de l'identité du dévot, de l'incarnation du dévot, du pur dévot et de l'énergie dévotionnelle.

D'entre ces cinq manifestations de la variété de la Vérité Absolue, la forme de Caitanya est celle du Seigneur originel, Kṛṣṇa. Nityānanda est celle de la première émanation du Seigneur Suprême et, de même, Advaita Prabhu est une incarnation du Seigneur Souverain. Tous trois appartiennent à l'ordre du *viṣṇu-tattva,* soit de la Vérité Suprême et Absolue. Śrīvāsa représente quant à lui le pur dévot, et Gadādhara, l'énergie interne du Seigneur favorisant l'évolution de la pure dévotion. Ainsi, bien qu'ils soient comptés parmi les *viṣṇu-tattva*s, Śrīvāsa et Gadādhara incarnent des énergies distinctes du Seigneur Suprême. En d'autres mots, ils ne diffèrent pas de la source énergétique, mais n'en sont pas moins différemment manifestés afin de permettre divers échanges spirituels. Le service de dévotion gravite en effet tout entier autour de savoureux et sublimes échanges entre l'adorateur et l'objet de son adoration. Sans ces échanges de saveurs spirituelles variées, le service de dévotion perdrait tout son sens. Le texte védique de la *Kaṭha Upaniṣad* comporte un verset qui décrit le Seigneur comme l'Être Suprême entre tous. Il existe des légions, des myriades d'êtres vivants, dont un seul est Dieu, la Personne Suprême et Absolue. La différence entre l'un et les autres réside dans le fait que l'un est le Seigneur de tous les autres. Or, le Seigneur Caitanya est cet Être Suprême, descendu en personne pour rappeler à Lui les cohortes d'âmes déchues. Autrement dit, le but précis de l'avènement de Śrī Caitanya il y a à peine quelques siècles était d'établir la vérité védique selon laquelle Il est un Dieu Suprême qui maintient les innombrables êtres vivants. Les philosophes impersonnalistes (*māyāvādīs*) ne peuvent comprendre cette vérité, et le Seigneur Caitanya est donc Lui-même apparu pour convaincre les masses de la véritable nature de la relation qui unit chaque être au Suprême.

La dernière instruction de Kṛṣṇa dans la *Bhagavad-gītā* est de renoncer à toute autre forme de poursuite pour adopter le service de dévotion. Mais après la disparition de Kṛṣṇa, les êtres de moindre intelligence ont perdu le sens de cette injonction sous l'influence de la philosophie *māyāvāda,* qui a produit un nombre tel de théoriciens que les masses se sont vues induites en erreur quant à la position réelle de l'être distinct et de la Vérité Absolue. Ainsi, bien qu'Il soit Lui-même le Seigneur Suprême – Kṛṣṇa en personne – Caitanya est de nouveau apparu pour enseigner aux âmes déchues de l'univers matériel comment approcher Kṛṣṇa. La philosophie de la *Bhagavad-gītā* est de renoncer à tout et d'en finir avec ce monde fondé sur l'attachement matériel. Il n'existe aucune différence entre un pur dévot de Kṛṣṇa et un adepte de la philosophie de Caitanya, qui est de renoncer à tout pour adorer Dieu, Kṛṣṇa. En Sa qualité d'Être Suprême, Kṛṣṇa enseigna la même chose, indiquant qu'Il était Lui-même le Seigneur, Dieu. Mais les philosophes *māyāvādīs* n'avaient pas compris Son enseignement. Le Seigneur Caitanya réitéra donc le message de Kṛṣṇa : nul ne doit se prétendre l'égal de Kṛṣṇa, mais au contraire L'adorer comme le Seigneur Suprême.

Ce serait une grave erreur que de considérer le Seigneur Caitanya comme une âme conditionnée, puisqu'Il n'est autre que la Vérité Suprême et Absolue, la Personne Divine de Śrī Kṛṣṇa Lui-même. Aussi le *Caitanya-caritāmṛta* dit-il de Caitanya : « Kṛṣṇa est maintenant présent sous la forme de Ses cinq manifestations. » À moins d'être établi dans la pure vertu, il s'avère très difficile de comprendre que Caitanya est Dieu Lui-même, la Personne Suprême. Pour ce faire, il faut donc marcher sur les traces des disciples immédiats du Seigneur Caitanya – les six Gosvāmīs – et surtout fouler le sentier tracé par Śrīla Jīva Gosvāmī.

Le plus étonnant est que Caitanya, bien qu'Il soit Kṛṣṇa, le Seigneur Suprême, ne Se soit jamais déclaré tel. Au contraire, lorsque des dévots particulièrement éclairés découvraient qu'Il était Kṛṣṇa et Le désignaient tel, Il le niait et couvrait même parfois Ses oreilles de Ses mains en protestant que nul ne devrait se laisser qualifier de Seigneur Suprême. Par là, Il enseignait indirectement aux philosophes *māyāvādīs* qu'on ne doit pas à tort se prétendre Dieu et ainsi égarer les gens. Ceux-ci, quant à eux, ne doivent pas non plus être assez bêtes pour accepter n'importe qui comme Dieu, sans d'abord consulter les Écritures et considérer les actes de la personne en question pour vérifier ses prétentions. Cela dit, n'allons pas prendre le Seigneur Caitanya ou Ses cinq manifestations pour des humains ordinaires. Caitanya est Kṛṣṇa Lui-même, Dieu, la Personne Suprême, néanmoins venu tel un grand dévot pour enseigner l'art du service de dévotion à toutes les âmes conditionnées. Voilà ce qui fait Son charme particulier. Les âmes conditionnées qu'attire le service dévotionnel doivent dès lors suivre l'exemple du Seigneur Caitanya pour apprendre comment atteindre Kṛṣṇa. En d'autres mots, le Seigneur en personne enseigne à l'âme conditionnée la façon de L'approcher à travers le service de dévotion. Une étude analytique des cinq manifestations du Seigneur Suprême nous révèle que Śrī Caitanya Mahāprabhu est l'Absolu Suprême et que Śrī Nityānanda est une émanation immédiate de la Vérité Suprême et Absolue. Nous comprenons en outre qu'Advaita Prabhu appartient Lui aussi à l'ordre divin, bien qu'Il soit subordonné au Seigneur Caitanya et à Nityānanda Prabhu. Le Seigneur Suprême et Ses émanations subordonnées immédiates sont dignes de l'adoration des deux autres, à savoir la manifestation de l'énergie interne et celle de l'énergie marginale.

Gadādhara, manifestation de l'énergie interne, représente le pur dévot, et Śrīvāsa, la manifestation de l'énergie marginale, un dévot intime. Ces deux manifestations adorent les trois autres, mais aussi bien les deux manifestations adoratrices que les deux manifestations adorées qui se trouvent au-dessus d'elles s'engagent dans le service transcendantal de Śrī Caitanya Mahāprabhu, Dieu, la Personne Suprême.

Il convient ici d'établir une distinction entre le pur dévot et le dévot intime. Différentes puissances du Seigneur Suprême Le servent dans le cadre de diverses relations spirituelles, soit par amour conjugal, par affection parentale, par amitié ou par esprit de service. Un jugement impartial nous fera découvrir que les puissances internes du Seigneur Suprême, qui échangent des sentiments amoureux avec Lui, sont les plus élevées d'entre les dévots. Ainsi dévots internes et dévots intimes sont-ils captivés par l'amour conjugal de la Vérité Suprême et Absolue, ce qui en fait les plus intimes dévots du Seigneur Caitanya. Les autres purs dévots, plus ou moins attachés à Śrī Nityānanda Prabhu et à Advaita Prabhu, sont quant à eux attirés par d'autres relations spirituelles, sous le signe de l'affection parentale, de l'amitié et de l'attitude de service. Or, lorsque ces dévots en viennent à concevoir un attachement profond pour les activités de Śrī Caitanya, ils deviennent aussitôt des dévots intimes du Seigneur Suprême, liés à Lui par un sentiment amoureux.

Śrī Ṭhākura Narottama dāsa, grand dévot et *ācārya* dans la succession disciplique du Seigneur Caitanya, nous a laissé ce très beau chant : « Quand tout mon corps frémira-t-il à la seule écoute du nom de Gaurāṅga ? Quand de mes yeux jailliront d'incessantes larmes à la seule prononciation du *harer nama* (le nom du Seigneur) ? Quand le Seigneur Nityānanda sera-t-Il miséricordieux envers moi, et quand tous mes désirs de jouissance matérielle deviendront-ils insignifiants ? Quand serai-je purifié par le rejet de toute souillure issue de la jouissance matérielle ? Et quand pourrai-je contempler Vṛndāvana, le royaume transcendantal ? Quand serai-je empressé d'accepter les six Gosvāmīs comme mes principaux guides ? Et quand pourrai-je comprendre l'amour conjugal de Kṛṣṇa ? » En d'autres mots, personne ne doit aspirer à comprendre cet amour des plus intimes sans être dûment formé sous la tutelle des six Gosvāmīs de Vṛndāvana. Le mouvement du *saṅkīrtana* inauguré par Caitanya constitue un divertissement sublime du Seigneur. « À travers lui, Je vis pour prêcher et populariser ce mouvement dans l'univers matériel. » Au sein de ce mouvement du *saṅkīrtana* de Śrī Caitanya, Nityānanda et Advaita sont Ses émanations, tandis que Gadādhara et Śrīvāsa incarnent respectivement Ses énergies interne et marginale. Les êtres vivants sont qualifiés de puissance marginale du fait qu'ils peuvent souscrire à deux tendances, soit celle de s'abandonner à Kṛṣṇa ou celle de chercher à devenir indépendant de Lui en aspirant plutôt à la jouissance matérielle. Lorsqu'un être vivant succombe au désir de jouir de la matière, il s'enlise dans le matérialisme et devient sujet aux trois formes de souffrance. Il ressemble alors à une semence mise en terre qui, pour peu qu'on l'inonde, perd toute chance de fructifier. L'être captivé par la jouissance matérielle peut en effet se voir submergé par un torrent d'activités spirituelles accomplies par amour pour Dieu, et ce, même si la semence de la jouissance habite son cœur, de telle sorte que celle-ci ne puisse fructifier et engendrer une vie de conditionnement matériel. Or, les êtres conditionnés de l'univers matériel, surtout en cet âge de Kali, sont bel et bien submergés par la vague déferlante de l'amour pour Dieu créée par le Seigneur Caitanya et Ses compagnons.

Dans ce contexte, un joli verset du *Śrī Caitanya-candrāmṛta* de Sa Sainteté Prabhodhananda Sarasvatī affirme que les matérialistes sont très enthousiastes à subvenir aux besoins de leur famille, de leur épouse et de leurs enfants, et que nombre de *yogīs* spéculent sur la libération des souffrances liées à l'existence matérielle, se livrant par conséquent à maintes austérités et pénitences. Mais ceux qui ont découvert la plus riche saveur spirituelle dans le mouvement de Śrī Caitanya Mahāprabhu ont quant à eux perdu tout attrait pour de telles activités.

Ceux qui croient que la forme de Dieu, la Personne Suprême, et Son service de dévotion comportent quelque souillure matérielle que ce soit sont appelés *māyāvādīs*. Selon leur spéculation imparfaite, le Brahman impersonnel serait l'unique entité au sein de la manifestation cosmique. Dès qu'il est question de Dieu, la Personne Suprême, ils estiment que Sa personnalité procède de *māyā,* ou l'énergie externe, matérielle, et ils considèrent d'emblée que tous les *avatāras* du Seigneur Suprême sont souillés par la nature matérielle. Selon eux, le corps et les activités matérielles qui caractérisent l'être vivant sont autant de manifestations temporelles, et la libération représente la fin de toute identité individuelle, ou le retour de l'être à l'état pur, non différencié. Autrement dit, l'être libéré ne ferait plus qu'un avec le Brahman Suprême impersonnel.

Selon la doctrine *māyāvāda,* Dieu, Son royaume, Son service de dévotion et Ses dévots émotifs sont tous sous l'emprise de *māyā,* et donc soumis à la condition matérielle. Ceux qui oublient la nature transcendantale du Seigneur

Suprême, de Son séjour absolu, de Son service dévotionnel et de Ses dévots les considèrent tous comme des manifestations matérielles. On nomme *karmīs,* ou auteurs d'actes intéressés, ceux qui souffrent d'un tel oubli. Quand on croit pouvoir débattre de la Transcendance, on devient un agnostique, et quand on se croit à même de critiquer la Transcendance, c'est qu'on est athée. Or, le Seigneur Caitanya désirait accueillir toutes sortes d'agnostiques, d'athées, de sceptiques et d'infidèles pour les engloutir dans Son torrent d'amour pour Dieu. Il adopta d'ailleurs l'ordre du renoncement afin d'attirer tous ces éléments. Le Seigneur Caitanya demeura chef de famille jusqu'à l'âge de vingt-quatre ans seulement, embrassant l'ordre du renoncement dès l'année suivante et attirant dès lors à Lui nombre d'autres *sannyāsīs.* Alors que, chef de famille, Il répandait le mouvement de *saṅkīrtana,* plusieurs *sannyāsīs māyāvādīs* ne Le prenaient pas au sérieux ; mais dès qu'Il adopta le *sannyāsa,* le Seigneur gagna leurs faveurs et put de même délivrer nombre d'athées, d'apprentis théoriciens et d'adeptes de l'action intéressée et de la vaine critique. Le Seigneur était si bienveillant qu'Il accueillit tous ces gens et leur accorda le plus précieux don que la vie puisse offrir : l'amour de Dieu. Afin de remplir Sa mission, qui consistait à octroyer l'amour de Dieu aux âmes conditionnées, le Seigneur Caitanya conçut divers stratagèmes pour attirer les êtres indifférents à cet amour. Entre autres, après qu'Il eut accepté l'ordre du renoncement, tous les agnostiques, critiques, athées et empiristes devinrent Ses élèves et disciples. Des non-hindous et d'autres qui n'adhéraient pas aux principes védiques acceptèrent eux-mêmes le Seigneur Caitanya comme le Précepteur Suprême.

Les seuls à fuir la miséricorde de Śrī Caitanya Mahāprabhu furent les *sannyāsīs* connus sous le nom de philosophes *māyāvādīs* de Bénarès. Leur triste condition est ainsi décrite par Śrī Bhaktisiddhānta Sarasvatī Gosvāmī : « Les philosophes *māyāvādīs* de Bénarès étaient de moindre intelligence, car ils tenaient à tout mesurer par la perception directe, si bien que leur entendement restait confiné à leurs perceptions matérielles. Ainsi ne reconnaissaient-ils aucune variété à la Vérité Absolue, qui est pure Transcendance, persuadés que la variété appartient au seul règne de *māyā.* »

À l'époque de Caitanya Mahāprabhu, il existait d'autres philosophes impersonnalistes, à savoir les *māyāvādīs* de Saranātha. En cet endroit, situé non loin de Bénarès, résidaient en effet des philosophes bouddhistes, et on y aperçoit d'ailleurs encore de nos jours de nombreux *stūpas* érigés par les *māyāvādīs* bouddhistes. Les *māyāvādīs* de Saranātha diffèrent des impersonnalistes voués à la manifestation impersonnelle du Brahman en ce qu'ils ne croient en aucune forme d'existence spirituelle. Cela dit, les uns comme les autres, soit les *māyāvādīs* de Bénarès et les philosophes de Saranātha, demeurent prisonniers de la nature matérielle, et aucun d'eux ne connaît vraiment la nature de la Transcendance Absolue. Plus précisément en ce qui a trait aux philosophes de Bénarès, bien qu'ils acceptent superficiellement les principes védiques et se considèrent eux-mêmes comme des transcendantalistes, ils nient la variété spirituelle. Privés de toute information sur le service de dévotion, on les qualifie de non-dévots, ou de personnes hostiles au service dévotionnel du Seigneur Kṛṣṇa.

Les impersonnalistes spéculent sur Dieu, la Personne Suprême, de même que sur Ses dévots, qu'ils soumettent à l'épreuve de la perception directe. Or, ni le Seigneur, ni Ses dévots, ni Son service de dévotion ne peuvent être appréhendés de cette façon. En d'autres mots, la variété spirituelle reste étrangère à la doctrine *māyāvāda,* et c'est pourquoi tous les philosophes et *sannyāsīs māyāvādīs* reprochaient au Seigneur Caitanya de diriger le mouvement de *saṅkīrtana.* Les *māyāvādīs* s'étonnaient du fait qu'après avoir reçu l'ordre du renoncement de Keśava Bhāratī – qui appartenait lui-même à l'école *māyāvāda* – Caitanya chantait et dansait au lieu de lire ou d'écouter le Vedānta, comme le voulait la tradition. Les philosophes *māyāvādīs* sont en effet friands du Vedānta, qu'ils interprètent d'ailleurs de façon erronée, si bien qu'au lieu de prendre conscience de leur propre position, ils accusaient le Seigneur Caitanya de ne pas être un *sannyāsī* authentique, mais bien un sentimentaliste. Or, toutes ces critiques furent transmises au Seigneur Caitanya alors qu'Il séjournait à Bénarès, et Il ne S'en montra nullement étonné. Elles Le faisaient même sourire. Il n'en évitait pas moins les *sannyāsīs māyāvādīs,* préférant poursuivre seul Sa propre mission. Puis, après quelques jours à Bénarès, Il prit la direction de Mathurā.

CHAPITRE DIX-HUIT

Entretiens avec Prakāśānanda

Les principes des *sannyāsīs māyāvādīs* leur interdisent strictement de chanter, de danser ou de jouer d'un quelconque instrument de musique. En effet, pour eux qui sont censés ne consacrer leur précieux temps qu'à l'étude du Vedānta, il s'agit là d'activités répréhensibles. Ainsi, lorsque les *māyāvādīs* de Bénarès virent le Seigneur Caitanya danser et chanter sans cesse le *mantra* Hare Kṛṣṇa, Hare Kṛṣṇa, Kṛṣṇa Kṛṣṇa, Hare Hare / Hare Rāma, Hare Rāma, Rāma Rāma, Hare Hare au son d'instruments de musique, ils en conclurent qu'Il n'était guère instruit et que, par sentiment, Il égarait Ses partisans. Śaṅkarācārya avait clairement enseigné qu'un *sannyāsī* devait sans cesse s'appliquer à l'étude du Vedānta et n'avoir pour toute possession qu'un seul vêtement. Or, comme Caitanya n'étudiait pas formellement le Vedānta ni ne cessait de chanter et de danser, tous les *sannyāsīs* de Bénarès et leurs disciples mariés Le critiquaient.

Quand le Seigneur Caitanya fut informé de ces critiques par Ses élèves et disciples, Il sourit simplement et partit pour Mathurā et Vṛndāvana. Plus tard, de retour à Bénarès alors qu'Il Se rendait de Mathurā à Jagannātha Purī, Il demeura chez Candraśekhara, dont l'emploi de commis lui valait d'être considéré comme un *śūdra*. Faisant fi de ce fait, Caitanya Mahāprabhu établit Sa résidence sous son toit car, n'établissant aucune distinction entre *brāhmaṇas* et *śūdras,* le Seigneur accueillait dans Son cercle quiconque faisait preuve de dévotion. Habituellement, le *sannyāsī* est censé chercher refuge et prendre ses repas chez un *brāhmaṇa ;* mais Caitanya Mahāprabhu, en Sa qualité d'Être Suprême, fit comme bon Lui semblait et choisit de S'installer chez Candraśekhara.

Abusant de leur héritage, les *brāhmaṇas* de l'époque avaient fait adopter une loi selon laquelle toute personne issue d'une famille autre que brahmanique devait être considérée comme un *śūdra,* si bien que même les *vaidyas* et les *kṣatriyas* étaient tenus pour être des *śūdras*. Censés descendre de pères *brāhmaṇas* et de mères *śūdras,* les *vaidyas* étaient donc eux-mêmes parfois qualifiés de *śūdras*. Aussi Candraśekhara Ācārya, bien qu'issu d'une famille *vaidya,* était-il considéré comme un *śūdra* à Bénarès. Quoi qu'il en soit, pour la durée de Son séjour à Bénarès, le Seigneur Caitanya logea chez Candraśekhara et prit Ses repas chez Tapana Miśra.

Après avoir rencontré le Seigneur à Bénarès, Sanātana Gosvāmī apprit de Lui la pratique et les principes du service de dévotion durant deux mois d'apprentissage continu. Les enseignements de Śrī Caitanya à Sanātana ont été décrits dans la première partie du présent ouvrage et, ayant reçu ces enseignements, Sanātana fut autorisé à diffuser les principes de la dévotion et le *Śrīmad-Bhāgavatam*. C'est alors que Tapana Miśra et Candraśekhara Ācārya, affligés des critiques acerbes dirigées contre Caitanya Mahāprabhu, s'unirent pour prier le Seigneur de rencontrer les *sannyāsīs māyāvādīs*.

« Nous sommes mortifiés d'entendre les critiques méprisantes que T'adressent les *sannyāsīs māyāvādīs,* confièrent-ils au Seigneur. À vrai dire, cela nous est devenu insupportable. » Puis ils demandèrent au Seigneur de faire en sorte que cela cesse.

Sur les entrefaites, un *brāhmaṇa* se présenta et invita le Seigneur Caitanya chez lui, où tous les autres *sannyāsīs* sauf Lui avaient déjà été conviés. Sachant que le Seigneur ne fréquentait pas les *māyāvādīs,* le *brāhmaṇa* se jeta aux pieds de Caitanya Mahāprabhu en L'implorant : « Je sais que Tu n'acceptes aucune invitation, mais je Te prie néanmoins de venir honorer le *prasāda* sous mon toit avec les autres *sannyāsīs*. Tu me ferais ainsi une immense faveur. »

Le Seigneur saisit l'occasion et accepta l'invitation du *brāhmaṇa* afin de rencontrer les *sannyāsīs māyāvādīs*. En fait, le Seigneur avait Lui-même conçu ce concours de circonstances. C'est ainsi que, tout en sachant que le Seigneur n'acceptait aucune invitation, le *brāhmaṇa* avait éprouvé un ardent désir de L'inviter.

Le lendemain, le Seigneur Caitanya Se rendit chez le *brāhmaṇa* et y vit tous les *sannyāsīs māyāvādīs* déjà assis. Il offrit Son hommage à tous, comme le voulait la coutume, puis Il alla Se laver les pieds. Il prit ensuite place près de la cuvette, à quelque distance des autres *sannyāsīs*. Alors qu'Il était assis là, les *māyāvādīs* virent un rayonnement intense émaner de Son corps et, fascinés, ils se levèrent tous en signe de respect. Le chef de tous les *sannyāsīs* impersonnalistes présents s'appelait Prakāśānanda Sarasvatī, et il s'adressa au Seigneur Caitanya avec grande humilité, Le priant de venir S'asseoir parmi eux.

« Cher maître, pourquoi Vous asseoir en ce lieu impur ? demanda-t-il. Joignez-Vous plutôt à nous. »

« J'appartiens à un ordre inférieur de *sannyāsīs,* répondit Caitanya, et Je ne M'estime pas digne de prendre place parmi vous. Permettez-Moi donc de rester ici. »

Étonné d'entendre de tels propos des lèvres d'un si grand érudit, Prakāśānanda prit en vérité le Seigneur par la main et Lui demanda de bien vouloir venir S'asseoir près de lui. Quand Caitanya fut assis, Prakāśānanda Sarasvatī Lui dit : « Je crois savoir que Vous avez pour nom Śrī Kṛṣṇa Caitanya et que Vous appartenez à notre ordre *māyāvāda* pour avoir reçu l'initiation de Keśava Bhāratī, un membre de la *sampradāya* de Śaṅkarācārya. »

L'école de Śaṅkara confère dix noms à ses *sannyāsīs,* dont trois – Tīrtha, Āśrama et Sarasvatī – sont réservés aux plus cultivés et éclairés de tous. Naturellement humble et doux puisqu'Il était un *vaiṣṇava,* Śrī Caitanya voulait céder la meilleure place à Prakāśānanda, qui appartenait à la lignée des Sarasvatīs. Les règles établies par Śaṅkara stipulaient en outre qu'un *brahmacārī* de l'école des Bhāratis devait être nommé Caitanya. Or, bien qu'Il eût reçu le *sannyāsa,* Śrī Kṛṣṇa Caitanya Mahāprabhu avait préféré garder Son nom de *brahmacārī* sans prendre le titre de Bhāratī.

Prakāśānanda dit encore à Śrī Caitanya : « Vous appartenez comme nous à l'école de Śaṅkara et vivez à Bénarès. Pourquoi donc ne Vous mêlez-Vous pas à nous ? Qui plus est, étant *sannyāsī,* Vous êtes censé étudier le Vedānta, mais Vous préférez sans cesse chanter, danser et jouer des instruments de musique. Ce sont là des activités dignes de personnes aussi sentimentales qu'émotives, alors que Vous êtes un *sannyāsī* qualifié. Pourquoi n'étudiez-Vous pas plutôt le Vedānta ? Vous resplendissez comme si Vous étiez Nārāyaṇa en personne, l'Être Suprême, mais Votre conduite ne semble pas conforme à Votre état. Aussi sommes-nous curieux de connaître le pourquoi de Vos agissements. »

Et Caitanya de répondre : « Votre Grâce, sachez que Mon maître spirituel Me considérait comme un insensé, répondit Caitanya. Voilà pourquoi il Me châtia plus ou moins en disant que J'étais inapte à étudier le Vedānta. Puis,

La rencontre de Śrī Caitanya et de Prakāśānanda Sarasvatī à Bénarès

dans sa grande bonté, il M'enjoignit plutôt de chanter le *mantra* Hare Kṛṣṇa, Hare Kṛṣṇa, Kṛṣṇa Kṛṣṇa, Hare Hare / Hare Rāma, Hare Rāma, Rāma Rāma, Hare Hare : « Chante sans fin le *mantra* Hare Kṛṣṇa. Il Te conférera toute perfection. » En réalité, Śrī Caitanya n'était ni insensé ni ignorant des principes du Vedānta. Par ces propos, Il voulait simplement signifier à la société moderne que les sots n'ayant ni austérités ni pénitences à leur actif ne doivent pas chercher à étudier le Vedānta à seule fin de se distraire. Dans Son *Śikṣāṣṭaka,* le Seigneur Caitanya déclare qu'il faut être humble, s'estimer inférieur à un brin d'herbe dans la rue, se montrer plus tolérant qu'un arbre, se défaire de tout sentiment de prestige et être prêt à offrir tous les respects à autrui, et que c'est animé d'un tel esprit qu'on peut sans cesse chanter la philosophie du Vedānta ou le Saint Nom du Seigneur. Il voulait en outre enseigner que quiconque étudie sérieusement la science de l'Absolu doit s'en tenir aux paroles de son maître spirituel. Or, selon l'évaluation de Son maître spirituel, Caitanya avait tout d'un insensé ; aussi Lui avait-il demandé de continuer à chanter le *mantra* Hare Kṛṣṇa au lieu de s'adonner à l'étude du Vedānta, directive qu'Il respecta rigoureusement. Bref, Śrī Caitanya inculqua aux *māyāvādīs* que les instructions du maître spirituel doivent être scrupuleusement honorées, et qu'en y adhérant, on devient parfait en tout.

Il faut savoir que le fin mot du Vedānta, ou du savoir védique, réside dans la compréhension de Kṛṣṇa. *Vedaiś ca sarvair aham eva vedyo :* vraiment comprendre le Vedānta revient à comprendre Kṛṣṇa et la relation qui nous unit à Lui. Qui comprend Kṛṣṇa comprend tout, et qui connaît Kṛṣṇa s'engage toujours dans Son service d'amour spirituel et absolu. Ce que confirme le Seigneur Lui-même dans la *Bhagavad-gītā :* « De tout ce qui est, Je suis la source ; de Moi tout émane. Aussi qui Me connaît parfaitement s'engage-t-il pleinement dans Mon service d'amour transcendantal. » (*B.g.*, 10.8) Une relation de maître à serviteur unit éternellement Kṛṣṇa et l'être vivant, et tant que le service de ce dernier laisse à désirer – en d'autres mots, tant que l'être distinct n'est pas pleinement établi dans la conscience de Kṛṣṇa –, comprenons que son étude du Vedānta reste incomplète. Quiconque ne comprend pas en quoi consiste la conscience de Kṛṣṇa, ou ne sert pas Kṛṣṇa avec un amour purement spirituel, doit être vu comme hostile à l'étude du Vedānta et à la compréhension de Dieu, la Personne Suprême.

La voie tracée par le Seigneur Caitanya quant à l'étude du Vedānta doit être suivie par tous. Une personne infatuée de sa prétendue érudition se trouve dénuée d'humilité et ne recherche donc pas la protection d'un maître spirituel authentique, estimant qu'elle n'en a pas besoin et qu'elle atteindra d'elle-même l'ultime perfection. Elle se révèle ainsi indigne d'étudier le *Vedānta-sūtra.* Les êtres sous l'empire de l'énergie matérielle ne suivent pas les instructions transmises par la succession disciplique, mais cherchent plutôt à élaborer de toute pièce quelque chimère qui les exclut de la sphère d'étude du Vedānta. Un maître spirituel authentique ne peut que réprouver ces élucubrateurs fantaisistes, et lorsqu'il signale la sottise d'un disciple, il convient de n'y chercher aucune autre forme d'interprétation. Autrement dit, on ne peut dire d'une personne sans la moindre notion de la science de Dieu qu'elle est instruite, et, à toute fin utile, quiconque n'est pas conscient de Kṛṣṇa s'expose à la sottise.

Or, la sottise en pousse certains à prendre pour maître spirituel une personne à peine éduquée. Il est pourtant de notre devoir de comprendre Dieu, l'Être Suprême, dont les pieds pareils-au-lotus sont adorés par tous les *Vedas*. Pur insensé que celui qui ignore tout de la Personne Suprême et qui prétend orgueilleusement connaître le Vedānta. La poursuite purement matérielle du savoir spéculatif est elle-même une autre forme de sottise, et tant qu'on ne réalise pas que le cosmos est une manifestation des trois modes d'influence de la nature matérielle, on doit être considéré comme baignant dans les ténèbres de l'ébriété et en proie aux dualités de l'univers matériel. Qui connaît parfaitement le Vedānta sert le Seigneur Suprême, Soutien et Préservateur de l'entière manifestation cosmique. Tant qu'on ne parvient pas à transcender le service de tout ce qui reste limité, on ne saurait accéder au savoir du Vedānta.

Tant et aussi longtemps qu'on évolue dans le cadre restreint de l'action intéressée ou qu'on s'adonne à la spéculation intellectuelle, il se peut qu'on parvienne à étudier, voire à enseigner l'aspect théorique du *Vedānta-sūtra,* mais sans pour autant comprendre la vibration suprême, éternelle et transcendantale (entièrement libre de toute influence matérielle) du *mantra* Hare Kṛṣṇa, Hare Kṛṣṇa, Kṛṣṇa Kṛṣṇa, Hare Hare / Hare Rāma, Hare Rāma, Rāma Rāma, Hare Hare. Ce qui revient à dire que quiconque a su parfaire le chant des vibrations transcendantales de ce *mantra* n'a pas à étudier séparément la philosophie du *Vedānta-sūtra.* Selon l'enseignement de Caitanya Mahāprabhu, maître spirituel authentique par excellence, ceux qui ne comprennent pas que la vibration transcendantale n'est en rien différente du Suprême et qui s'efforcent de devenir des philosophes *māyāvādīs* ou des exégètes du *Vedānta-sūtra* sont tous des sots. L'étude du *Vedānta-sūtra* par la voie ascendante n'est en effet qu'une autre forme de sottise. À l'inverse, celui ou celle qui a développé un attrait pour le chant de la vibration transcendantale a déjà réalisé la conclusion du *Vedānta*. Dans ce contexte, deux versets du *Śrīmad-Bhāgavatam* s'avèrent très instructifs. La teneur du premier tient à ce que quiconque pratique le chant de la vibration transcendantale, fût-il de très basse naissance, a déjà manifestement accompli toutes sortes d'austérités et d'actes de renoncement, offert toutes sortes de sacrifices et étudié tous les *Brahma-sūtras* pour pouvoir ainsi chanter Hare Kṛṣṇa, Hare Kṛṣṇa, Kṛṣṇa Kṛṣṇa, Hare Hare / Hare Rāma, Hare Rāma, Rāma Rāma, Hare Hare. Le second verset souligne pour sa part que quiconque chante ou récite les deux syllabes du mot « Hare » doit être considéré comme ayant étudié les quatre *Vedas,* soit le *Ṛg Veda,* l'*Atharva Veda,* le *Yajur Veda* et le *Sāma Veda.*

Cela dit, nombre de pseudo-dévots croient que le Vedānta n'est pas destiné aux dévots, mais plutôt à une classe d'hommes précise. Ils ignorent que le Vedānta constitue l'unique plate-forme de référence des purs dévots. Tous les grands *ācāryas* des quatre *sampradāyas vaiṣṇavas* ont d'ailleurs rédigé un commentaire sur le *Vedānta-sūtra,* mais les pseudo-dévots que sont les *prākṛta-sahajiyās* ne s'en gardent pas moins scrupuleusement d'étudier le *Vedānta-sūtra,* prenant à tort les purs dévots et les *ācāryas vaiṣṇavas* pour de pieux adeptes de l'action intéressée ou de la spéculation intellectuelle. C'est ainsi qu'ils deviennent des *māyāvādīs* et délaissent le service du Seigneur Suprême.

L'étude du *Vedānta-sūtra* par les voies académiques ne permet en aucun cas de saisir la valeur de la vibration transcendantale. Les esclaves du savoir théorique sont des âmes conditionnées que confondent les réalités du « moi » et du « mien », et c'est pourquoi ils sont incapables de détacher leur mental de l'énergie externe.

En accédant au savoir spirituel, une personne s'affranchit de cette dualité et adopte le service d'amour transcendantal du Seigneur Suprême, seul moyen de se détacher des activités matérielles. La personne dûment initiée par un maître spirituel authentique et chantant le *mantra* Hare Kṛṣṇa, Hare Kṛṣṇa, Kṛṣṇa Kṛṣṇa, Hare Hare / Hare Rāma, Hare Rāma, Rāma Rāma, Hare Hare se libère graduellement des notions de « moi » et de « mien » et s'attache par conséquent au service d'amour spirituel du Seigneur sous le signe de l'une ou l'autre des cinq formes d'échange sublime. Ce service transcende le plan physique, aussi bien grossier que subtil, et ce n'est que lorsqu'on comprend qu'il n'existe aucune différence entre l'Être Suprême et Son nom qu'on peut s'établir dans la conscience de Kṛṣṇa. Il devient dès lors futile de se perdre en analyses grammaticales, et on ne s'intéresse plus qu'à l'objet du propos : « Hare Kṛṣṇa – Ô Seigneur, ô énergie du Seigneur, laissez-moi Vous servir ! » Le Seigneur Caitanya communiqua tout ce qui précède à Prakāśānanda Sarasvatī en précisant qu'Il l'avait entendu mot à mot de la bouche de Son maître spirituel. Il l'informa en outre de ce que ce dernier Lui avait appris que le véritable commentaire du *Vedānta-sūtra* n'est autre que le *Śrīmad-Bhāgavatam,* ainsi que l'affirme d'ailleurs son auteur lui-même, Vyāsadeva, dans le *Bhāgavatam.*

Le disciple est jugé parfait lorsqu'il réalise l'identité du Saint Nom et du Seigneur Suprême. Or, à moins de trouver refuge auprès d'un maître spirituel accompli, le peu de compréhension qu'on peut avoir du Suprême relève de la sottise. Seuls le service et la dévotion donnent de connaître pleinement l'Absolu. Tout en entonnant le *mantra* Hare Kṛṣṇa – aussi appelé *mahāmantra* – sans commettre d'offense, Śrī Caitanya déclara qu'il avait le pouvoir de délivrer sur-le-champ une âme conditionnée de toute souillure matérielle. En cet âge de Kali, il n'y a d'ailleurs pas d'alternative au chant du *mahāmantra,* et il est dit que l'essence de tous les Écrits védiques réside dans le chant du Saint Nom de Kṛṣṇa : Hare Kṛṣṇa, Hare Kṛṣṇa, Kṛṣṇa Kṛṣṇa, Hare Hare / Hare Rāma, Hare Rāma, Rāma Rāma, Hare Hare. Le Seigneur Caitanya dit encore à Prakāśānanda Sarasvatī : « Afin de Me convaincre de cette vérité essentielle du savoir védique, Mon maître spirituel M'a enseigné un verset du *Bṛhan-nāradīya Purāṇa* (38.126) :

harer nāma harer nāma harer nāmaiva kevalam
kalau nāsty eva nāsty eva nāsty eva gatir anyathā

En cet âge de querelle et d'hypocrisie, le seul instrument de délivrance est le chant du Saint Nom du Seigneur. Il n'existe aucune autre voie vers la réussite. »

Dans trois des quatre âges, à savoir le Satya-yuga, le Tretā-yuga et le Dvāpara-yuga, les gens tenaient pour honorable de poursuivre la transcendance par la voie de la succession disciplique. Mais dans l'âge où nous vivons, sous l'influence de Kali, on se désintéresse de la succession disciplique, lui préférant maintes voies inventées de toute pièce sous le signe de la logique et de l'argumentation. Cette approche ascendante à la transcendance n'est toutefois pas sanctionnée par les *Vedas,* car la Vérité Absolue ne peut que descendre du plan absolu. Les Saints Noms du Seigneur – Hare Kṛṣṇa, Hare Kṛṣṇa, Kṛṣṇa Kṛṣṇa, Hare Hare / Hare Rāma, Hare Rāma, Rāma Rāma, Hare Hare – constituent une vibration transcendantale, car ils émanent du plan absolu, du royaume suprême de Kṛṣṇa. Comme il n'y a aucune différence entre Kṛṣṇa et Son nom, celui-ci est aussi pur, parfait et libéré que Kṛṣṇa Lui-même. Ni la logique ni aucune autre forme d'argumentation ne peut donner aux théoriciens de comprendre la nature absolue du Saint Nom du Seigneur. La seule façon de saisir la nature transcendantale du *mantra* Hare Kṛṣṇa, Hare Kṛṣṇa, Kṛṣṇa Kṛṣṇa, Hare Hare / Hare Rāma, Hare Rāma, Rāma Rāma, Hare Hare consiste à chanter ou à réciter ces noms avec foi et attachement, cette pratique ayant pour effet de nous affranchir des conditions dénominatives liées aux corps grossier et subtil.

En cet âge sous le signe de la logique, de l'argumentation et du désaccord, le chant du *mantra* Hare Kṛṣṇa s'impose comme le seul moyen de parvenir à la réalisation spirituelle, et puisque seule cette vibration absolue peut délivrer l'âme conditionnée, on la tient pour l'essence du *Vedānta-sūtra*. Selon la conception matérielle de l'existence, il y a dualité entre le nom, la forme, les attributs, les émotions et les activités d'une personne, et la personne elle-même. Or, aucune limitation de cet ordre ne s'applique à la vibration absolue, car elle descend du monde spirituel, où il n'existe aucune différence entre une personne et l'attribut de cette personne qu'est son nom, même si une telle différence existe bel et bien dans l'univers matériel. Ne pouvant comprendre cela, les philosophes *māyāvādīs* restent incapables d'émettre la vibration transcendantale.

Le Seigneur Caitanya expliqua ensuite à Prakāśānanda Sarasvatī que c'était pour en avoir reçu l'instruction de Son maître spirituel qu'Il chantait constamment le *mantra* Hare Kṛṣṇa, Hare Kṛṣṇa, Kṛṣṇa Kṛṣṇa, Hare Hare / Hare Rāma, Hare Rāma, Rāma Rāma, Hare Hare. « Ce chant, dit le Seigneur, Me rend parfois si fébrile que Je ne peux M'empêcher de danser, de rire ou de pleurer. En vérité, Je deviens comme fou. Me demandant tout d'abord si le chant du *mantra* Hare Kṛṣṇa, Hare Kṛṣṇa, Kṛṣṇa Kṛṣṇa, Hare Hare / Hare Rāma, Hare Rāma, Rāma Rāma, Hare Hare ne M'avait pas fait perdre la raison, J'approchai Mon maître spirituel pour l'informer de la situation et lui demander ce qu'il advenait réellement de Moi. »

Nous lisons dans le *Nārada Pañcarātra* que tous les rites, *mantras* et préceptes védiques sont concentrés dans les huit mots : Hare Kṛṣṇa, Hare Kṛṣṇa, Kṛṣṇa Kṛṣṇa, Hare Hare. De même, la *Kali-santaraṇa Upaniṣad* affirme : « Hare Kṛṣṇa, Hare Kṛṣṇa, Kṛṣṇa Kṛṣṇa, Hare Hare / Hare Rāma, Hare Rāma, Rāma Rāma, Hare Hare – ces seize mots sont spécifiquement destinés à contrecarrer la souillure de Kali. Il n'y a pas d'alternative au chant de ces seize mots pour échapper à cette contamination. »

Le Seigneur Caitanya informa Prakāśānanda Sarasvatī que, voyant Sa condition, Son maître spirituel Lui avait dit : « Telle est la nature transcendantale des Saints Noms – Hare Kṛṣṇa, Hare Kṛṣṇa, Kṛṣṇa Kṛṣṇa, Hare Hare / Hare Rāma, Hare Rāma, Rāma Rāma, Hare Hare : ils transportent l'être humain dans une sorte de folie spirituelle. Quiconque chante ou récite sincèrement ces Saints Noms s'élève rapidement au niveau de l'amour de Dieu, dont il devient fou. Cette condition, née de l'amour pour Dieu, représente la première étape vers la perfection humaine. »

L'être humain s'intéresse généralement à la religion, à l'essor économique, à la satisfaction des sens et à la libération ; or, l'amour pour Dieu se situe au-delà de tout cela. Lorsque le maître spirituel authentique chante les Saints

Noms – Hare Kṛṣṇa, Hare Kṛṣṇa, Kṛṣṇa Kṛṣṇa, Hare Hare / Hare Rāma, Hare Rāma, Rāma Rāma, Hare Hare –, la vibration transcendantale pénètre dans l'oreille du disciple, et si ce dernier marche sur les traces de son maître et chante le Saint Nom avec autant de respect, il en vient à vénérer le Saint Nom. Le Saint Nom répand alors de Lui-même Ses gloires dans le cœur du dévot, et lorsque celui-ci trouve pleinement qualité pour entonner la vibration spirituelle du Saint Nom, il devient digne d'agir à titre de maître spirituel et de délivrer tous les habitants de la terre. Telle est la puissance du chant du Saint Nom qu'il établit progressivement sa suprématie sur tout en ce monde. Le dévot qui pratique ce chant s'établit dans la béatitude spirituelle et, de ce fait, parfois rit, pleure et danse d'extase. Il arrive que des êtres de peu d'intelligence s'opposent au chant du *mahā-mantra* Hare Kṛṣṇa, mais celui qui baigne dans l'amour de Dieu chante le Saint Nom à voix haute pour le bien de tous les intéressés. Il en résulte que tous deviennent initiés au chant des Saints Noms : Hare Kṛṣṇa, Hare Kṛṣṇa, Kṛṣṇa Kṛṣṇa, Hare Hare / Hare Rāma, Hare Rāma, Rāma Rāma, Hare Hare. Et grâce au chant et à l'écoute des Saints Noms de Kṛṣṇa, une personne peut se souvenir de Ses formes et de Ses attributs.

CHAPITRE DIX-NEUF

Suite des entretiens avec Prakāśānanda

L'attachement purement extatique à Kṛṣṇa qui résulte d'une parfaite compréhension de ce que Sa personne et Son nom sont identiques s'appelle *bhāva,* et celui ou celle qui y accède n'est certes plus souillé par la nature matérielle, mais goûte en vérité un bonheur spirituel qui, en s'intensifiant, prend le nom d'amour de Dieu. Or, le Seigneur Caitanya expliqua à Prakāśānanda Sarasvatī que le Saint Nom de Kṛṣṇa, aussi appelé *mahā-mantra* (le grand chant), permet à quiconque le fait vibrer d'atteindre l'amour de Dieu, soit le *bhāva* intensifié. Cet amour incarne l'objet de quête ultime de l'être humain, à côté duquel les autres sources de satisfaction ou d'accomplissement que sont la religion, l'essor économique, la satisfaction des sens et la libération ne font que bien pâle figure. Quiconque reste captivé par une existence temporaire sous le signe de désignations multiples ne peut que convoiter les plaisirs des sens ou la libération. L'amour de Dieu est quant à lui le propre de l'âme et correspond à sa nature éternelle, elle immuable, sans commencement ni fin. Dès lors, ni la satisfaction passagère des sens ni la soif de libération ne soutient la comparaison avec l'amour de Dieu, de nature purement spirituelle, et d'ailleurs qualifié de cinquième dimension de la quête humaine. Comparé à l'océan d'amour et de bonheur spirituel, la réalisation même du Brahman impersonnel n'a guère plus d'importance qu'une goutte d'eau.

Le Seigneur Caitanya expliqua ensuite que Son maître spirituel avait validé l'extase associée à Son chant du Saint Nom de Dieu, et confirmé que l'essence de toutes les Écritures védiques consiste à développer l'amour pour Dieu. Le maître spirituel de Caitanya avait en outre affirmé qu'Il était béni d'avoir atteint ce stade. Quiconque acquiert cet amour transcendantal devient ardemment désireux en son for intérieur d'entrer en contact direct avec le Seigneur. Habité par un tel sentiment, il lui arrive tantôt de rire et tantôt de pleurer, de chanter ou de danser, voire de courir ça et là, comme s'il avait perdu la raison.

Il existe en effet diverses manifestations d'extase, telles les larmes, le changement de teint, la démence, le désespoir, le mutisme, la fierté, la candeur et l'extase à proprement parler. De plus, il arrive souvent à la personne éprise de Dieu de danser, ce qui la plonge dans l'océan nectaré de l'amour pour Kṛṣṇa.

Le Seigneur Caitanya cita ensuite ces paroles de Son maître spirituel : « C'est une excellente chose que Tu aies atteint la perfection de l'amour de Dieu, et je T'en suis infiniment obligé. » Le père est transporté de joie lorsqu'il voit son fils le surpasser, et de même, le maître spirituel se réjouit davantage des progrès de son disciple que des siens propres. Ainsi le maître de Caitanya Le bénit-il en ces termes : « Danse, chante et répand le mouvement du *saṅkīrtana ;* cherche à délivrer les gens de l'ignorance en leur enseignant le message de Kṛṣṇa. »

Le maître spirituel de Śrī Caitanya Lui fit aussi connaître le verset suivant du *Śrīmad-Bhāgavatam :* « Lorsqu'une personne s'engage constamment dans le service de dévotion à Kṛṣṇa en chantant Son Saint Nom, elle devient si attachée à ce chant que son cœur s'adoucit tout naturellement, sans qu'aucun autre effort en ce sens ne soit requis. Apparaissent alors en elle les manifestations de l'extase, si bien qu'il lui arrive tantôt de rire et tantôt de pleurer, de chanter ou de danser – non pas de façon particulièrement artistique, mais plutôt comme si elle avait perdu la raison. » (*Ś.B.*, 11.2.40)

Le Seigneur Caitanya dit encore à Prakāśānanda Sarasvatī : « Ayant pleine foi en ces paroles de Mon maître spirituel, Je chante sans cesse Hare Kṛṣṇa, Hare Kṛṣṇa, Kṛṣṇa Kṛṣṇa, Hare Hare / Hare Rāma, Hare Rāma, Rāma Rāma, Hare Hare. Je ne saurais dire comment, mais le nom de Kṛṣṇa Me fait perdre l'esprit. Je conçois cependant que le bonheur spirituel que procure le chant du *mantra* Hare Kṛṣṇa, Hare Kṛṣṇa, Kṛṣṇa Kṛṣṇa, Hare Hare / Hare Rāma, Hare Rāma, Rāma Rāma, Hare Hare est tel un océan en regard duquel tout autre bonheur – y compris celui de la réalisation impersonnelle – ressemble au maigre filet d'eau d'une rigole. »

Il ressort des propos du Seigneur Caitanya qu'une personne qui perd foi dans les enseignements de son maître spirituel et qui se met à agir de façon indépendante ne peut atteindre le succès visé par le chant du *mantra* Hare Kṛṣṇa. À l'inverse, les Écritures védiques stipulent que la teneur de toute la littérature spirituelle se révèle à la personne douée d'une foi indéfectible en le Seigneur Suprême et en son maître spirituel. Le Seigneur Caitanya croyait fermement en ce que Son maître spirituel Lui avait enseigné, et jamais Il ne mit fin à Son mouvement de *saṅkīrtana* en faisant fi de ses instructions. Ainsi la puissance transcendantale du Saint Nom l'encourageait-elle toujours plus à chanter le *mahā-mantra* Hare Kṛṣṇa. Le Seigneur Caitanya S'empressa alors de faire savoir à Prakāśānanda qu'en cet âge, les gens sont généralement plus ou moins dépourvus d'intelligence spirituelle, et que lorsqu'ils sont soumis à l'influence de la philosophie *māyāvāda* (impersonnaliste) de Śaṅkarācārya avant même d'aborder le très confidentiel *Vedānta-sūtra,* leur tendance naturelle à obéir au Suprême s'en trouve refoulée. La Source ultime de toute chose est naturellement honorée de tous, mais cet élan naturel se voit freiné lorsqu'on embrasse les vues impersonnalistes de Śaṅkara. Aussi le maître spirituel de Caitanya Lui avait-il dit qu'il valait mieux ne pas étudier le *Śārīraka-bhāṣya* de Śaṅkarācārya, cet ouvrage étant des plus néfastes pour le commun des mortels. L'homme moyen n'a d'ailleurs pas l'intelligence requise pour en pénétrer les jongleries verbales. Il est plutôt recommandé de chanter le *mahā-mantra :* Hare Kṛṣṇa, Hare Kṛṣṇa, Kṛṣṇa Kṛṣṇa, Hare Hare / Hare Rāma, Hare Rāma, Rāma Rāma, Hare Hare. De fait, en cet âge de Kali, sous le signe de la discorde, il n'y a pas d'autre voie de réalisation spirituelle qui vaille.

Après avoir entendu les arguments et les propos de Caitanya Mahāprabhu, tous les *sannyāsīs māyāvādīs* présents se trouvèrent apaisés et Lui répondirent d'agréable manière : « Cher maître, tout ce que Vous avez dit est juste. Qui accède à l'amour de Dieu est certes très fortuné, et Vous êtes sans nul doute béni par le destin, puisque Vous avez atteint ce niveau. Mais que reprochez-Vous au Vedānta pour ne pas l'étudier ? N'est-il pas du devoir du *sannyāsī* de le lire et de le comprendre ? »

Par Vedānta, les philosophes *māyāvādīs* entendent le *Śārīraka-bhāṣya,* soit le commentaire qu'en a donné Śaṅkarācārya. Quand les philosophes impersonnalistes traitent du Vedānta et des *Upaniṣads,* c'est toujours selon les commentaires de Śaṅkarācārya, le plus grand maître de la philosophie *māyāvāda.* Après Śaṅkarācārya vint Sadānanda-yogī, selon qui le Vedānta et les *Upaniṣads* devaient être compris à travers les commentaires de Śaṅkarācārya, ce qui est erroné. Les *ācāryas vaiṣṇavas* ont en effet rédigé plusieurs commentaires sur le Vedānta et les *Upaniṣads* qu'on préfère à ceux de Śaṅkarācārya. Toutefois, les philosophes *māyāvādīs* influencés par Śaṅkarācārya n'accordent aucune importance aux différentes approches philosophiques des *vaiṣṇavas.*

Il existe quatre écoles d'*ācāryas vaiṣṇavas,* respectivement nommées Śuddhādvaita, Viśiṣṭādvaita, Dvaitādvaita et Acintya-bhedābheda. Tous les *ācāryas vaiṣṇavas* de ces écoles ont écrit des commentaires sur le *Vedānta-sūtra,* mais les philosophes *māyāvādīs* ne les reconnaissent point. C'est que, établissant une différence entre Kṛṣṇa et Son corps, les *māyāvādīs* ne reconnaissent pas l'adoration de Kṛṣṇa telle que pratiquée par les philosophes *vaiṣṇavas.*

D'où la réponse de Caitanya aux *sannyāsīs māyāvādīs* quant à la raison pour laquelle Il n'étudiait pas le Vedānta : « Ô nobles personnages, J'aimerais certes vous répondre, mais Je crains que vous ne regrettiez votre question. »

« Nous serions très heureux de Vous entendre, répondirent tous les *sannyāsīs.* Vous êtes tel Nārāyaṇa à nos yeux, et Vos discours sont si agréables qu'ils nous comblent de délice. Nous sommes très reconnaissants de pouvoir Vous entendre et Vous voir. C'est avec patience que nous écouterons et accueillerons toutes Vos paroles. »

Le Seigneur entreprit alors de présenter la philosophie du Vedānta comme suit : le *Vedānta-sūtra* a été énoncé par le Seigneur Suprême. C'est Lui-même qui, dans Son incarnation de Vyāsadeva, a compilé ce grand traité de philosophie. En sa qualité d'*avatāra,* on ne saurait comparer Vyāsadeva au commun des mortels, aux âmes conditionnées en proie aux quatre imperfections inhérentes à l'existence matérielle : 1) elles commettent forcément des erreurs ; 2) elle sont forcément sujettes à l'illusion ; 3) elle sont forcément portées à tromper autrui ; 4) leurs sens sont forcément imparfaits. Comprenons que l'*avatāra* transcende ces quatre imperfections. Tout ce qui a été énoncé ou écrit par Vyāsadeva doit dès lors être tenu pour parfait. Les *Upaniṣads* et le *Vedānta-sūtra* visent un même but : la Vérité Suprême et Absolue, et le fait d'accepter directement la teneur de ces Écritures telle qu'elle est nous rend on ne peut plus glorieux. Les commentaires de Śaṅkarācārya, de par leur nature indirecte, s'avèrent quant à eux fort dangereux pour le lecteur moyen, car en abordant le message des *Upaniṣads* de façon aussi indirecte que trouble, on s'interdit pratiquement tout accès à la réalisation spirituelle.

Selon le *Skanda Purāṇa* et le *Vāyu Purāṇa,* le mot *sūtra* désigne une formule condensée dont le sens et la portée sont d'une force incommensurable, et dénués de toute faille. Le mot *vedānta* signifie, lui, « l'ultime conclusion du savoir védique ». En d'autres termes, tout ouvrage qui traite de l'objet même de tous les *Vedas* est qualifié de Vedānta. Citons en exemple la *Bhagavad-gītā,* où le Seigneur déclare que le but ultime de toute recherche védique est Kṛṣṇa. Et de même le *Śrīmad-Bhāgavatam,* entièrement axé sur Kṛṣṇa. L'une comme l'autre sont donc Vedānta. La réalisation spirituelle repose sur trois formes de savoir (*prasthāna-traya*). Le savoir contenu dans les textes védiques avérés, comme les *Upaniṣads,* s'appelle *śruti-prasthāna.* Les ouvrages fondés sur l'objet même des textes védiques et rédigés par des âmes libérées tel Vyāsa, comme la *Bhagavad-gītā,* le *Mahābhārata* et les *Purāṇas,* et tout particulièrement le *Mahā-purāṇa* ou *Śrīmad-Bhāgavatam,* forment le *smṛti-prasthāna.* Les Écrits védiques nous apprennent que les *Vedas* émanent du souffle de Nārāyaṇa, et Vyāsadeva, incarnation de la puissance de Nārāyaṇa, a lui-même compilé le *Vedānta-sūtra,* qualifié de *nyāya-prasthāna ;* mais Śaṅkara, dans son commentaire, attribue également la compilation des aphorismes du Vedānta à un certain Apāntaratamā Ṛṣi. Or, selon le Seigneur Caitanya, les aphorismes du *Pañcarātra* et du Vedānta expriment les mêmes vérités, et puisque le *Vedānta-sūtra* a été compilé par Vyāsadeva, nous devons comprendre qu'il émane de nul autre que Nārāyaṇa. Il ressort en outre de l'ensemble des écrits relatifs au *Vedānta-sūtra* que plusieurs autres *ṛṣis* contemporains de Vyāsadeva en débattaient également, notamment Ātreya, Āśmarathya, Auḍulomi, Kārṣṇājini, Kāśakṛtsna, Jaimini, Bādarī, Pārāśari et Kapardi.

Essentiellement, les deux premiers chapitres du *Vedānta-sūtra* définissent la relation qui unit les êtres vivants au Seigneur Suprême. Le troisième chapitre explique la pratique du service de dévotion, et le quatrième traite de la relation qui résulte de cette pratique. Le *Vedānta-sūtra* a pour commentaire naturel le *Śrīmad-Bhāgavatam.* Les grands *ācāryas* des quatre communautés *vaiṣṇavas* – c'est-à-dire Rāmānujācārya, Madhvācārya, Viṣṇu Svāmī et Nimbārka – ont aussi rédigé des commentaires sur le *Vedānta-sūtra,* conformément aux principes du *Śrīmad-Bhāgavatam.* Et à ce jour, les disciples de tous les *ācāryas* ont eux-mêmes rédigé de nombreux ouvrages en accord avec les principes du *Śrīmad-Bhāgavatam* en tant que commentaire naturel du *Vedānta-sūtra.* Les érudits de l'école impersonnaliste encensent pour leur part le commentaire de Śaṅkara sur le *Vedānta-sūtra,* appelé *Śārīraka-bhāṣya.* Mais tout commentaire du Vedānta écrit dans une optique matérialiste nie entièrement la nature aimante et purement spirituelle du service de dévotion offert au Seigneur. C'est pourquoi le Seigneur Caitanya affirme que les commentaires directs sur les *Upaniṣads* et le *Vedānta-sūtra* sont glorieux, tandis que quiconque souscrit à la voie indirecte du *Śārīraka-bhāṣya* de Śaṅkarācārya court inévitablement à sa perte.

Le Seigneur Caitanya reconnaît que Śaṅkarācārya est une incarnation de Śiva, célébré comme l'un des plus grands dévots, ou *mahājanas,* de l'école

Bhāgavata. On compte douze grandes autorités en matière de dévotion, dont Śiva, si bien qu'on peut se demander pourquoi il aurait adopté la philosophie *māyāvādī* ? La réponse à cette question se trouve dans le *Padma Purāṇa,* où Śiva affirme lui-même : « La philosophie *māyāvāda* est un bouddhisme voilé. » Autrement dit, la philosophie nihiliste de Bouddha est plus ou moins reprise dans la doctrine impersonnaliste des *māyāvādīs,* même si ceux-ci prétendent s'appuyer sur les conclusions védiques. Śiva admet ainsi avoir fabriqué cette philosophie de toutes pièces sous la forme d'un jeune *brāhmaṇa* afin d'égarer les athées de l'âge de Kali. « En vérité, Dieu, la Personne Suprême, possède une forme transcendantale. Mais je Le décris comme étant impersonnel, et j'explique le *Vedānta-sūtra* selon les principes de la philosophie *māyāvāda.* »

Dans le *Śiva Purāṇa,* le Seigneur Suprême dit : « À l'aube du Dvāpara-yuga, suivant Mes directives, plusieurs sages égareront les masses par le biais de la philosophie *māyāvāda.* » Dans le *Padma Purāṇa,* Śiva dit lui-même à Bhāgavatī-devī : « Chère Devī, il arrive que j'enseigne la philosophie *māyāvāda* à ceux qui baignent dans l'ignorance. Mais cette philosophie fera également choir les êtres établis dans la vertu qui viennent à l'entendre, car j'y prétends que l'être vivant et le Seigneur Suprême ne font qu'un. »

Sadānanda-yogī, un des plus grands *ācāryas māyāvādīs,* écrit dans son livre intitulé *Vedānta-sāra :* « La Vérité Absolue, toute d'éternité, de savoir et de félicité, est Brahman. L'ignorance et tout ce qu'elle engendre s'opposent au Brahman. Or, toute création des trois attributs de la nature matérielle est recouverte par l'ignorance, et diffère de la cause et de l'effet suprêmes. Cette ignorance se manifeste de façon aussi bien collective qu'individuelle, et quand l'ignorance collective (*viśuddha-sattva-pradhāna*) prend forme au sein de la nature matérielle, on la désigne du nom de « Seigneur », et Celui-ci produit alors diverses formes d'ignorance. Voilà pourquoi on Le qualifie de *sarva-jña.* » Ainsi, selon la philosophie *māyāvāda,* le Seigneur serait un produit de la nature matérielle, et l'être vivant serait dans l'ignorance la plus profonde. C'est là l'essence même de la philosophie *māyāvāda.*

Or, si nous acceptons sans détours la teneur des *Upaniṣads,* il devient évident que Dieu, l'Être Suprême, est une personne à la puissance infinie. À titre d'exemple, la *Śvetāśvatara Upaniṣad* enseigne que le Dieu Suprême est à l'origine de tout et possède de multiples énergies. « Le Seigneur Souverain transcende la manifestation cosmique alors même qu'Il séjourne dans Son énergie matérielle. Source de toute spiritualité, Il est le Sauveur Suprême et le maître de toutes les excellences. Puissé-je comprendre Dieu, la Personne Suprême, qui, pareil au soleil, diffuse Ses énergies à profusion tout en demeurant caché derrière le nuage de cette manifestation cosmique matérielle. Maître de tous les maîtres, Il est le Souverain de tous les souverains. Connu comme l'Ultime Seigneur, la Personne Divine, Ses énergies et puissances sont multiples et diversement diffusées. » On dit de Viṣṇu qu'Il est le Suprême dont les saints aspirent toujours à contempler les pieds de lotus. L'*Aitareya Upaniṣad* enseigne par ailleurs que la manifestation cosmique est apparue au moment où le Seigneur a posé Son regard sur la nature matérielle, ce que confirme la *Praśna Upaniṣad*.

Les descriptions négatives du Seigneur qu'on trouve dans la littérature védique (comme *apāṇi-pādaḥ*) indiquent qu'Il ne possède ni forme ni corps matériel. Mais Il n'en a pas moins un corps spirituel et absolu et une forme transcendantale. Se méprenant sur Sa nature immatérielle, les philosophes *māyāvādīs* Le disent impersonnel. Le nom, la forme, la nature, l'entourage et la demeure de Dieu appartiennent tous au royaume de la Transcendance. Comment donc pourrait-Il être une transformation de la nature matérielle ? Tout ce qui se rattache au Seigneur Suprême s'avère éternel, extatique et gorgé de savoir.

En réalité, Śaṅkarācārya n'a prêché la philosophie *māyāvāda* qu'afin d'égarer une certaine classe d'athées. Jamais il n'a vraiment tenu Dieu, la Personne Suprême, pour impersonnel ou dépourvu de corps et de forme. Toute personne intelligente a donc intérêt à éviter les conférences portant sur la philosophie *māyāvāda*. Comprenons bien que Viṣṇu, Seigneur et Personne Suprême, n'est pas impersonnel, mais plutôt une personne transcendantale, et que la manifestation cosmique repose fondamentalement sur Son énergie. La philosophie *māyāvāda* ne peut retracer l'énergie du Seigneur Suprême ; mais toutes les Écritures védiques témoignent de Ses diverses manifestations énergétiques. Viṣṇu n'est pas un produit de la nature matérielle ; c'est plutôt elle qui est un produit de Sa puissance. Les philosophes *māyāvādīs* croient que Viṣṇu est issu de la nature matérielle ; s'il en était ainsi, Il compterait parmi les simples *devas*, et quiconque considère Viṣṇu comme tel s'égare à n'en point douter, ainsi que l'explique la *Bhagavad-gītā :* « Mon énergie matérielle est si puissante que même le plus grand des érudits ne peut la dépasser. » (*B.g.*, 7.14)

CHAPITRE VINGT

Le but de l'étude du Vedānta

Il est entendu que Kṛṣṇa, ou Viṣṇu, n'est pas de ce monde de matière, et qu'Il appartient plutôt au monde spirituel. Quiconque Le considère comme un *deva* de l'univers matériel commet une grave offense, un blasphème. Le Seigneur Viṣṇu ne peut donc être perçu par les sens matériels, non plus qu'Il ne peut être réalisé par la spéculation intellectuelle. Il n'existe aucune différence entre le corps et l'âme de Viṣṇu, le Seigneur Suprême, alors qu'en ce monde matériel, l'âme se distingue toujours de l'enveloppe charnelle.

Les êtres vivants tirent jouissance de la matière, c'est-à-dire de la nature matérielle, parce qu'ils lui sont supérieurs. N'étant d'aucune façon touché par la matière, le Seigneur Viṣṇu n'est pas accessible aux sens des êtres distincts, qui ne peuvent davantage Le connaître par le biais de l'intellect. Ainsi Viṣṇu ne peut-Il être un objet de jouissance pour les êtres infinitésimaux ; ce sont plutôt eux qui doivent contribuer à Son plaisir. Seul le plus grand des offenseurs verra en Viṣṇu un objet de jouissance, le pire blasphème consistant à mettre Viṣṇu et les êtres vivants sur un pied d'égalité.

Dieu, Vérité Absolue et Personne Suprême, peut être comparé à un brasier dont les innombrables êtres vivants seraient des étincelles. Bien qu'ils participent tous deux du feu, l'être vivant diffère du Souverain Viṣṇu en ce qu'il n'est qu'une étincelle, infinitésimale, alors que Lui est infini. Cela dit, puisque les âmes infinitésimales émanent de l'Âme originelle et infinie, leur condition première et éternelle ne comporte aucune trace de matière.

Les êtres vivants ne sont jamais les égaux de Nārāyaṇa, Viṣṇu, qui transcende la création matérielle. Même Śaṅkarācārya reconnaît ce fait. En réalité, les êtres vivants n'appartiennent pas plus à la création temporelle que Viṣṇu Lui-même. « Mais pourquoi, au départ, avoir créé d'aussi infimes étincelles spirituelles ? » peut-on se demander. La réponse tient au fait que la Vérité Suprême et Absolue n'est parfaite en tous points que lorsqu'Elle est à la fois infinie et infinitésimale. Si Elle n'était qu'infinie, Elle ne serait pas complètement parfaite. Son aspect infini est le *viṣṇu-tattva,* c'est-à-dire Dieu, l'Être Suprême, alors que les êtres vivants constituent Son aspect infinitésimal.

Les désirs infinis du Seigneur Suprême engendrent le monde spirituel tandis que les désirs infinitésimaux des êtres vivants font naître le monde matériel. Lorsque les êtres infimes cherchent à assouvir leurs désirs limités de jouissance matérielle, on les désigne sous le nom de *jīva-śakti,* alors que lorsqu'ils se lient à l'Infini, on les qualifie d'âmes libérées. On n'a donc pas à se demander pourquoi Dieu a créé les êtres infinitésimaux : ils Lui sont tout simplement complémentaires. Il est en effet essentiel pour l'Infini d'avoir des émanations infinitésimales, des âmes distinctes indissociables de Lui, l'Âme Suprême.

Comme les êtres vivants sont des parties infimes du Suprême, il y a réciprocité de sentiments entre l'Infini et l'infinitésimal. En l'absence des êtres infimes, le Seigneur Suprême serait demeuré inactif, et la vie spirituelle aurait été dépourvue de variété. S'il n'existait pas d'êtres infinitésimaux, la notion de Dieu Suprême perdrait toute signification, de même qu'il ne peut y avoir de roi sans sujets. Le titre de « Seigneur » ne perdrait-il pas son sens s'il n'existait personne sur qui exercer Sa suprématie ? Pour conclure, les êtres vivants sont considérés comme des émanations de l'énergie du Seigneur Suprême, et Dieu, Kṛṣṇa, comme la source énergétique.

Toutes les Écritures védiques, dont la *Bhagavad-gītā* et le *Viṣṇu Purāṇa,* témoignent abondamment de la différence qui existe entre l'énergie et sa Source. La *Bhagavad-gītā* (7.4), par exemple, dit clairement que terre, eau, feu, air et éther sont les cinq éléments bruts fondamentaux de l'univers matériel, tandis que le mental, l'intelligence et le faux ego forment les trois éléments subtils de la matière. L'entière nature matérielle est partagée entre ces huit éléments qui en constituent l'aspect inférieur, et auquel on prête également le nom de *māyā,* ou d'illusion. Au-delà de ces huit éléments inférieurs existe un aspect supérieur appelé *parā prakṛti,* et constitué des innombrables êtres vivants qui peuplent l'univers matériel. Il s'agit ici de comprendre que le Seigneur Suprême est la Vérité Absolue, source d'énergie par excellence, et que lorsque Son énergie se manifeste de façon imparfaite, ou se trouve voilée de quelque façon, elle prend le nom de *māyā-śakti.* Or, la manifestation cosmique est un produit de cette *māyā-śakti.* En réalité, les êtres vivants se situent au-delà de cette énergie inférieure, dénaturée. Ils ont en effet une existence purement spirituelle, une identité pure ainsi que des activités mentales pures, au-delà de la manifestation du cosmos matériel. Mais, bien que le mental, l'intelligence et l'identité de l'être vivant ne soient pas confinés à l'univers matériel, lorsqu'il pénètre en ce monde du fait de son désir de dominer la matière, son mental, son intelligence et son corps originels se voient recouverts par l'énergie matérielle. Et lorsqu'il se dégage à nouveau de ces énergies inférieures ou matérielles, on le dit libéré. Perdant alors son faux ego, son véritable ego reprend vie.

De sots élucubrateurs croient qu'après la libération, l'être perd jusqu'à son identité, mais il n'en est rien. Faisant éternellement partie intégrante de Dieu, l'être vivant parvenu à la libération retrouve l'identité originelle et éternelle qui est la sienne. La réalisation de l'aphorisme *ahaṁ brahmāsmi* « Je ne suis pas ce corps » ne signifie pas que l'être perd son identité. Je crois présentement être matière, mais une fois libéré, je comprendrai que je suis en fait une âme spirituelle, un fragment de l'Infini. Devenir conscient de Kṛṣṇa, ou spirituellement éclairé, et s'engager dans Son service d'amour absolu sont les véritables signes de la libération.

Le *Viṣṇu Purāṇa* dit clairement : « L'énergie du Seigneur Suprême se divise en trois catégories : *parā, kṣetra-jña* et *avidyā.* » (*V.P.*, 6.7.61) L'énergie *parā* est en fait celle du Seigneur Lui-même, tandis que l'énergie *kṣetra-jña* est celle de l'être vivant et l'énergie *avidyā,* celle de l'univers matériel, ou *māyā.* On la qualifie d'*avidyā,* ou d'ignorance, car sous l'empire de l'énergie matérielle, on oublie sa véritable nature de même que la relation qui nous unit au Seigneur Suprême. Pour conclure, les êtres vivants représentent l'une des énergies du Seigneur Souverain ; infimes parties de Lui, on les nomme *jīvas.* Or, en mettant arbitrairement le *jīva* sur un pied d'égalité avec le Suprême Infini – du simple fait qu'ils sont tous deux Brahman, c'est-à-dire de nature spirituelle – on ne peut que semer la confusion.

Les philosophes *māyāvādas* sont généralement perplexes lorsqu'ils sont confrontés à un *vaiṣṇava* érudit, dans la mesure où ils sont incapables d'expliquer la cause de l'asservissement des êtres vivants. « Il résulte de l'ignorance », se contentent-ils d'affirmer, mais sans pouvoir expliquer comment l'ignorance peut recouvrir les êtres, qu'ils tiennent pour suprêmes. La vraie raison, la voici : bien que qualitativement identiques au Suprême, les êtres vivants ne sont pas infinis mais plutôt infimes. S'ils étaient infinis, l'ignorance ne pourrait les recouvrir. Or, étant infinitésimaux, ils peuvent être recouverts par une énergie inférieure. La sottise et l'ignorance des *māyāvādīs* se révèlent dès lors qu'ils cherchent à expliquer comment l'Infini peut être recouvert par l'ignorance. C'est d'ailleurs une offense que de chercher à démontrer que l'Infini peut tomber sous l'emprise de l'ignorance.

Cela dit, bien que Śaṅkara ait cherché à voiler le Seigneur Suprême sous le couvert de sa philosophie *māyāvāda,* il convient de savoir qu'il ne faisait ainsi que se plier aux directives du Seigneur Lui-même. Nous devons en effet comprendre que son enseignement comblait un besoin à l'époque, mais qu'il ne constitue nullement une vérité permanente. Dès l'abord, le *Vedānta-sūtra* établit une distinction entre l'énergie et sa source. Le tout premier aphorisme du *Vedānta-sūtra,* aussi appelé *Brahma-sūtra,* soit *janmādy asya,* explique clairement que la Vérité Suprême et Absolue est l'origine, la source de toutes les émanations. Celles-ci forment dès lors l'énergie du Suprême, Lui-même la source énergétique. Et Śaṅkara de prétendre que si l'on admet la transformation de l'énergie, l'Absolu Suprême ne peut être tenu pour immuable, ce qui est entièrement faux. Pourquoi ne pas simplement admettre que le fait que des énergies infinies émanent sans cesse de l'Absolu ne L'empêche en rien de rester à jamais identique à Lui-même ? Force est de reconnaître que Śaṅkarācārya a fondé sa théorie de l'illusion sur une fausse prémisse. Rāmānujācārya traite admirablement de ce point : « Si vous arguez qu'avant la création de l'univers matériel n'existait qu'une seule et unique Vérité Absolue, comment est-il possible que l'être vivant en ait émané ? Comment, seule, aurait-elle pu produire ou engendrer les êtres infinitésimaux ? » Les *Vedas* stipulent à cet égard que tout procède de la Vérité Absolue, que tout repose sur la Vérité Absolue et qu'après l'annihilation, tout se résorbe en Elle. Il est donc évident, selon cette assertion des *Upaniṣads,* que les êtres vivants retrouvent l'existence suprême lorsqu'ils sont libérés, et qu'ils conservent à jamais leur nature originelle. Rappelons-nous toujours que le Seigneur Suprême joue un rôle créateur et de même les êtres infinitésimaux. Ces derniers ne perdent pas leur capacité créatrice lorsque, libérés, ils pénètrent dans le Suprême après la désintégration de leur corps matériel. Tout au contraire, le rôle créateur de l'être ne se manifeste comme il se doit que dans la libération. Si l'être vivant est bel et bien actif alors que la matière le conditionne, comment ses activités pourraient-elles cesser lorsqu'il atteint la libération spirituelle ? Quant au fait de « pénétrer » dans le Suprême, il s'entend comme l'oiseau qui pénètre dans le vert feuillage, ou l'animal qui pénètre dans la forêt ou l'aéronef qui pénètre dans l'atmosphère.

Dans son explication du premier aphorisme du *Vedānta-sūtra,* Śaṅkara s'est efforcé sans détour et sans cérémonie de définir le Brahman, ou la Vérité Suprême et Absolue, comme étant impersonnel. Et il s'est efforcé avec tout autant d'astuce de transformer la doctrine du sous-produit en celle de la transformation. Or, en vérité, l'Absolu Suprême ne subit aucune transformation ; ce n'est que par Ses inconcevables pouvoirs que naît un sous-produit de Sa personne. On désigne du nom de sous-produit une réalité découlant d'une autre réalité. À titre d'exemple, lorsqu'une chaise est créée à partir de bois brut, on parle d'un sous-produit du bois. Dans un même ordre d'idée, le Brahman, ou la Vérité Suprême et Absolue, demeure immuable, et aussi bien l'être vivant que la manifestation cosmique sont des sous-produits du Suprême, au même titre que le yogourt est un dérivé du lait. Ainsi, pour peu qu'on étudie les êtres vivants et la manifestation cosmique, il appert clairement qu'ils sont de la même nature que l'originelle Vérité Absolue.

Les Écrits védiques nous font comprendre que la Vérité Absolue possède des énergies multiples et variées, et que les êtres vivants, tout comme la manifestation cosmique, ne sont que des manifestations de Ses énergies. Les énergies ne peuvent être séparées de leur source, de sorte que les êtres vivants et le cosmos constituent des vérités indissociables de la Vérité Absolue dont ils émanent et font partie. Toute personne saine d'esprit saura reconnaître le bien-fondé de cette conclusion concernant les vérités absolue et relative.

La Vérité Absolue possède une puissance inconcevable de laquelle procède le cosmos. En d'autres mots, la Vérité Suprême représente la substance dont l'être vivant et la manifestation cosmique ne sont que des dérivés. La *Taittirīya Upaniṣad* dit clairement : *yato vā imāni bhūtāni jāyante* – « La Vérité Absolue est le réservoir originel de tous les ingrédients à partir desquels sont produits l'univers matériel et les êtres vivants. »

Les êtres de moindre intelligence qui ne parviennent pas à saisir la doctrine des sous-produits ne peuvent comprendre comment le cosmos et l'être vivant sont simultanément différents et non différents de la Vérité Absolue. Ils en concluent donc, en proie à une crainte irraisonnée, que l'être vivant et la manifestation cosmique ne sont qu'illusions. Śaṅkarācārya cite à ce propos l'exemple de la corde qu'on prend pour un serpent, ou encore celui de la coquille d'huître qu'on prend pour de l'or ; de tels arguments relèvent certes de la mystification. Selon la *Māṇḍūkya Upaniṣad,* ces deux exemples ont diverses applications et peuvent être compris ainsi : l'être vivant est, de par sa nature première, pur esprit. Lorsque l'être humain s'identifie au corps matériel, on peut donc dire qu'il prend une corde pour un serpent ou une coquille d'huître pour de l'or, et la doctrine de la transformation s'applique lorsqu'on méprend une chose pour une autre. En réalité, le corps n'est pas l'être, et croire qu'il l'est relève bel et bien de la doctrine de la transformation. Toutes les âmes conditionnées sont d'ailleurs à n'en point douter souillées par cette doctrine.

L'existence conditionnée de l'être vivant constitue un état maladif. À l'origine, l'être vivant et la Cause première de la manifestation cosmique existent au-delà de l'état transformationnel. Cela dit, des notions et des arguments erronés peuvent émaner de quiconque oublie les inconcevables énergies et activités du Seigneur Suprême, dont même l'univers matériel comporte de nombreux exemples. Qu'il suffise de mentionner le soleil, source d'énergie infinie et d'innombrables dérivés depuis des temps immémoriaux, sans qu'aucune transformation ne soit venue altérer sa chaleur ou sa température. Si même un objet matériel comme le soleil peut maintenir sa température originelle et néanmoins produire autant de dérivés, pourquoi serait-ce si difficile pour la Vérité Suprême et Absolue de demeurer inchangée malgré les nombreux sous-produits créés par Son inconcevable puissance ? Bref, il ne saurait être question de transformation en ce qui concerne la Vérité Absolue.

Les textes védiques nous révèlent l'existence de la pierre philosophale, dont le seul contact peut transmuer le fer en or. Elle peut ainsi produire une quantité inestimable d'or tout en demeurant inchangée. Seuls ceux qui baignent dans l'ignorance admettent la conclusion des *māyāvādīs* voulant que les êtres vivants et la manifestation cosmique soient faux ou illusoires. Aucune personne saine d'esprit ne chercherait à taxer d'illusion et d'ignorance la Vérité Suprême et Absolue en tout, libre de toute possibilité de transformation, d'ignorance ou d'illusion. Le Brahman Suprême est transcendantal et totalement étranger à toute conception matérielle. Toute forme d'énergie concevable ou non existe dans la Vérité Absolue.

La *Śvetāśvatara Upaniṣad* nous dit que Dieu, Personne Suprême et Absolue, est maître d'énergies inconcevables que nul autre ne possède. Une mauvaise compréhension des inconcevables énergies du Suprême en incite plus d'un à conclure que la Vérité Absolue est impersonnelle. Mais une telle conclusion ne peut résulter que de l'égarement d'un être atteint d'une affection morbide. Le *Śrīmad-Bhāgavatam* (3.33.3) confirme également que le Seigneur, l'*ātmā* Suprême, possède d'innombrables et inconcevables énergies. Et le *Brahma-sūtra* enseigne de même que l'Âme Suprême est riche en énergies aussi diverses qu'inconcevables.

La Vérité Absolue ne peut comporter aucune part d'ignorance. Connaissance et ignorance sont des notions associées à notre monde de dualité ; dans l'Absolu, l'ignorance brille par son absence. Considérer que l'ignorance peut recouvrir la Vérité Absolue relève de la pure sottise. S'il en était ainsi, comment pourrait-on La qualifier d'« absolue » ?

La compréhension de la nature inconcevable de l'Absolu demeure l'unique solution au problème de la dualité. En d'autres mots, l'inconcevable énergie de l'Absolu est à l'origine même de la doctrine de la dualité. De par Ses puissances incompréhensibles, la Vérité Suprême et Absolue peut demeurer inchangée et pourtant produire cette manifestation cosmique avec tous ses êtres vivants, au même titre que la pierre philosophale peut produire de l'or à l'infini tout en demeurant inchangée. Or, puisque la Vérité Absolue possède des énergies aussi inconcevables, l'ignorance matérielle ne peut s'y rattacher. La véritable variété qui existe en l'Absolu résulte de Sa puissance insaisissable. En vérité, on peut conclure avec certitude que la manifestation cosmique n'est qu'un sous-produit des énergies inconcevables du Seigneur Suprême, énergies dont l'acceptation nous fait réaliser l'absence de toute dualité.

Le déploiement de l'énergie du Seigneur est aussi réel que Lui-même, et lors de la manifestation de l'énergie suprême, il ne saurait être question de transformation. Au risque de nous répéter, citons à nouveau l'exemple de la pierre philosophale : même en produisant de l'or à l'infini, elle demeure inchangée. (Ainsi certains sages affirment-ils que l'Être Suprême est l'ingrédient, ou la cause de la manifestation cosmique.)

L'exemple de la corde et du serpent est également pertinent. On doit comprendre que quiconque prend la corde pour un serpent a déjà vu un tel reptile. Sinon, comment pourrait-il être victime d'une telle méprise ? La notion de serpent n'est donc ni fausse ni irréelle en soi. Il s'agit plutôt ici d'une fausse application de cette notion. Quand nous tenons à tort une corde pour un serpent, cette méprise ne fait que révéler notre ignorance. Mais en soi, la notion de serpent ne relève en rien de l'ignorance, pas plus que le mirage de l'eau dans le désert ne signifie que l'eau n'a pas d'existence réelle. L'eau existe bel et bien, mais normalement ailleurs que dans le désert.

La manifestation cosmique n'a donc rien d'irréel, comme le voudrait Śaṅkara. À vrai dire, il n'y a rien d'irréel ici, même si les *māyāvādīs* prétendent le contraire dans leur ignorance. La philosophie *vaiṣṇava* conclut plutôt que la manifestation cosmique est un sous-produit des inconcevables énergies du Seigneur Suprême.

Le *praṇava oṁ-kāra,* vocable primordial des *Vedas,* est la représentation sonore du Seigneur Souverain. Acceptons donc l'*oṁ-kāra* comme le son suprême. Śaṅkara prêche à tort que *tat tvam asi* seraient les vibrations souveraines. L'*oṁ-kāra* incarne le réservoir de toutes les énergies du Seigneur

Suprême. Śaṅkara a tort de soutenir que les sons *tat tvam asi* règnent sur toute autre vibration védique, car ils ne sont que secondaires et ne suggèrent qu'une représentation partielle des *Vedas*. Dans plusieurs passages de la *Bhagavad-gītā* (13.13, 9.17, 17.24), le Seigneur souligne Lui-même l'importance de l'*oṁ-kāra*. Et de même, l'*Atharva Veda* et la *Māṇḍūkya Upaniṣad*.

Śrīla Jīva Gosvāmī accorde une grande importance à l'*oṁ-kāra* dans son *Bhagavat-sandarbha* : « L'*oṁ-kāra* est la manifestation sonore la plus ésotérique du Seigneur Suprême. » La manifestation sonore, ou le nom du Seigneur vaut tout autant que Lui-même. En faisant vibrer le son de l'*oṁ-kāra* ou ceux du *mantra* : Hare Kṛṣṇa, Hare Kṛṣṇa, Kṛṣṇa Kṛṣṇa, Hare Hare / Hare Rāma, Hare Rāma, Rāma Rāma, Hare Hare, on peut être délivré de la souillure associée à l'univers matériel. Étant donné que ces vibrations sonores transcendantales peuvent sauver l'âme conditionnée, on les qualifie de *tara*, ou libératrices.

La vibration sonore du Seigneur Suprême Lui est identique, et le *Nārada Pañcarātra* confirme que lorsque l'âme conditionnée entonne cette vibration spirituelle, le Seigneur Suprême est présent sur sa langue. La *Māṇḍūkya Upaniṣad* enseigne pour sa part que lorsqu'on chante l'*oṁ-kāra*, tout ce qu'on considère comme matériel devient parfaitement spirituel. Le monde spirituel, ou la vision spirituelle n'autorise que l'*oṁ-kāra*, ou l'unique alternative - *om*. Hélas, Śaṅkara a délaissé le vocable principal, l'*oṁ-kāra*, pour lui préférer par fantaisie *tat tvam asi* comme vibration suprême des *Vedas*. En acceptant ce *mantra* secondaire et en écartant la principale vibration, il a renoncé à l'explication directe des Écritures en faveur de sa propre interprétation indirecte.

CHAPITRE VINGT-ET-UN

Les māyāvādīs convertis

Śrīpāda Śaṅkarācārya a obscurci sans cérémonie la conscience de Kṛṣṇa décrite dans le *Vedānta-sūtra* en fabriquant une interprétation indirecte au mépris de l'interprétation directe. À moins d'admettre l'évidence des assertions du *Vedānta-sūtra,* il ne sert à rien d'étudier cet écrit. Interpréter les versets du *Vedānta-sūtra* selon son caprice est à vrai dire le pire tort qu'on puisse faire aux *Vedas,* évidents en soi. Considéré comme l'incarnation sonore de Dieu, la Personne Suprême, l'*oṁ-kāra praṇava* est éternel, infini, transcendantal, suprême et indestructible. Sans commencement, l'*oṁ-kāra* est à la fois le début, le milieu et la fin. Qui le comprend ainsi devient immortel. Sachons donc que l'*oṁ-kāra* est la manifestation du Suprême dans le cœur de chacun. Qui saisit que Viṣṇu et l'*oṁ-kāra* ne font qu'un et sont omniprésents ne s'afflige jamais en l'univers matériel ni ne reste un *śūdra.*

Quoique sans forme matérielle, l'*oṁ-kāra* se déploie à l'infini et possède une forme sans limite. La compréhension de l'*oṁ-kāra* peut nous libérer de la dualité matérielle et nous procurer le savoir absolu. L'*oṁ-kāra* est par conséquent la manifestation la plus propice du Seigneur Suprême. Ainsi le décrit la *Māṇḍūkya Upaniṣad.* N'allons pas sottement interpréter la description de l'*Upaniṣad* et prétendre que, « incapable » d'apparaître Lui-même en l'univers matériel dans Sa forme personnelle, le Seigneur Suprême Se fait remplacer par Sa manifestation sonore (*oṁ-kāra*). Une interprétation aussi erronée projette une vision matérielle de l'*oṁ-kāra,* qu'on glorifie alors à tort comme n'étant plus qu'une expression de Sa valeur. En vérité, l'*oṁ-kāra* vaut tout autant que toute autre incarnation du Seigneur Suprême.

Le Seigneur possède d'innombrables manifestations, dont l'*oṁ-kāra,* Sa manifestation syllabaire. Comme le dit si bien Kṛṣṇa dans la *Bhagavad-gītā :* « Je suis la syllabe *om,* suprême alliance de lettres. » Cela signifie que l'*oṁ-kāra* est identique à Kṛṣṇa. Les impersonnalistes accordent cependant plus d'importance à l'*oṁ-kāra* qu'à Kṛṣṇa, la Personne Divine. Le fait demeure néanmoins que toute incarnation représentative du Seigneur Suprême est non différente de Lui. Une telle incarnation, ou manifestation est l'égale spirituelle du Seigneur Souverain. L'*oṁ-kāra* est ainsi l'ultime manifestation de tous les *Vedas*. Les hymnes, ou *mantras* védiques revêtent une valeur spirituelle parce qu'ils sont précédés de l'*oṁ-kāra.* Voici l'interprétation *vaiṣṇava* de l'*oṁ-kāra :* la lettre « A » désigne Kṛṣṇa, Dieu, la Personne Suprême ; la lettre « U » désigne Śrīmatī Rādhārāṇī, l'éternelle compagne de Kṛṣṇa ; et la lettre « M » désigne les êtres vivants, éternels serviteurs de Dieu. Śaṅkara ne prête guère d'importance à l'*oṁ-kāra*. Or, on le retrouve dans les *Vedas,* le *Rāmāyaṇa,* les *Purāṇas* et le *Mahābhārata,* et ce, depuis la première page jusqu'à la dernière. Ainsi se déclinent les gloires de l'Être Suprême, ce Dieu personnel.

Le Seigneur Caitanya condamna en ces termes toute tentative d'interprétation indirecte du *Vedānta-sūtra,* et tous les *sannyāsīs* présents furent émerveillés par Son exposé. Ayant entendu Son interprétation directe, l'un d'eux déclara aussitôt : « Ô Śrīpāda Caitanya, Votre entière réfutation de l'interprétation indirecte de l'*oṁ-kāra* n'est point vaine. Seule une personne fortunée pourra admettre que Votre interprétation est juste. En vérité, chacun de nous sait désormais que l'interprétation de Śaṅkara est aussi artificielle qu'imaginaire, mais comme nous appartenons à son école, nous tenions pour acquis qu'elle était juste. Nous serions heureux de Vous entendre expliquer davantage le *Vedānta-sūtra* par la voie de l'interprétation directe. »

Ainsi prié, le Seigneur expliqua chaque verset du *Vedānta-sūtra* de façon directe. Il définit le Brahman comme l'infiniment grand, Dieu, la Personne Suprême. Par « infiniment grand », on entend qu'Il possède les six excellences dans leur plénitude. Dieu, la Personne Suprême, est le réservoir de toute richesse, de toute renommée, de toute puissance, de toute beauté, de tout savoir et de tout renoncement. Lorsqu'Il était personnellement présent sur terre, Kṛṣṇa manifesta pleinement ces six excellences. Personne n'était plus riche, plus savant, plus beau, plus fort, plus célèbre ou plus renoncé que Lui. Aussi Kṛṣṇa, l'Être Suprême, est-Il le Brahman Suprême, ce que confirme d'ailleurs Arjuna dans la *Bhagavad-gītā* : « Tu es le *paraṁ brahma,* le Brahman Suprême. » (*B.g.*, 10.12) Le Brahman désigne donc l'Infiniment Grand, Dieu, Kṛṣṇa, la Personne Suprême. *Paraṁ brahma,* Il est le refuge de la Vérité Absolue, la *para-tattva.* Dans un même temps, Ses excellences – opulence, renom, puissance, beauté, savoir et renoncement – n'ont rien de matériel. Toute spiritualité ou transcendance que comportent les versets et hymnes védiques pointe vers Kṛṣṇa, Dieu, la Personne Suprême. Chaque fois que le mot « Brahman » apparaît dans les *Vedas,* comprenons qu'il désigne Kṛṣṇa, le Seigneur Souverain. Une personne intelligente remplacera immédiatement ce mot par le nom de Kṛṣṇa.

Dieu, la Personne Suprême, transcende les attributs de la nature matérielle, mais jouit pleinement d'attributs absolus. En prêtant un caractère impersonnel au Suprême, nous nions la manifestation de Ses énergies spirituelles. Qui n'accepte que la manifestation impersonnelle de l'énergie spirituelle du Brahman, Dieu, la Personne Suprême, ne reconnaît pas pleinement la Vérité Absolue. Pour ce faire, il faut admettre la variété spirituelle qui transcende les influences de la nature matérielle. En omettant de reconnaître la Personne Suprême, Dieu, les impersonnalistes se confinent à une conception incomplète de l'Absolu. La méthode reconnue pour comprendre Kṛṣṇa, Dieu, l'Être Suprême, est le service de dévotion, ainsi que le confirment toutes les Écritures védiques. Le service dévotionnel du Seigneur commence par l'écoute de Ses gloires. D'entre les neuf pratiques dévotionnelles, c'est la principale. L'écoute, le chant, le souvenir et l'adoration font tous partie de la voie d'accès à la plus haute perfection en ce qui a trait à la compréhension de Dieu, la Personne Suprême, voie qu'on nomme *abhidheya,* ou la pratique de la dévotion au sein de l'existence conditionnée.

Nous voyons dans la pratique que quiconque adopte la conscience de Kṛṣṇa ne s'en laisse guère distraire par quelque autre forme de conscience. La conscience de Kṛṣṇa tient au développement de l'amour pour Kṛṣṇa, le Seigneur Suprême. Telle est la cinquième dimension de la vie humaine. Qui embrasse effectivement la voie du service spirituel et absolu savoure de façon directe la relation qui l'unit à Kṛṣṇa. Quand il y a réciprocité d'échanges spirituels, Kṛṣṇa devient graduellement un compagnon personnel du dévot, qui goûte alors l'existence éternelle dans la félicité. Voilà pourquoi le *Vedānta-sūtra* vise à rétablir la relation perdue de l'être vivant avec le Seigneur Suprême, Kṛṣṇa, et à lui permettre d'accomplir le service de dévotion pour atteindre finalement le plus haut but de l'existence : l'amour de Dieu. Ces trois principes de la vie spirituelle – et rien d'autre – sont décrits dans le *Vedānta-sūtra.*

Après que Śrī Caitanya eut expliqué de façon directe les versets du *Vedānta-sūtra,* le principal disciple de Prakāśānanda Sarasvatī se leva et se mit à glorifier Caitanya en Sa qualité de Dieu, la Personne Suprême, Nārāyaṇa. En plus d'apprécier grandement l'exposé sur le *Vedānta-sūtra* du Seigneur, il déclara publiquement que l'explication directe des *Upaniṣads* et du *Vedānta* « s'avère si agréable que, nous oubliant, nous oublions aussi que nous appartenons à l'école *māyāvāda.* » Il est ici admis que les explications de Śaṅkarācārya sur le *Vedānta-sūtra* et les *Upaniṣads* relèvent toutes de l'imagination. Il arrive parfois qu'on souscrive à cette exégèse imaginaire aux fins de débats sectaires, mais elle ne saurait vraiment procurer quelque satisfaction que ce soit. On ne s'affranchit pas de l'enlisement dans la matière simplement en adoptant l'ordre du *sannyāsa.* Mais si nous saisissons vraiment les explications du Seigneur Caitanya, nous y parviendrons beaucoup mieux. À titre d'exemple, quand Il explique la signification de *harer nāma harer nāma harer nāmaiva kevalam,* tous s'en trouvent comblés, puisqu'il est vrai qu'il n'existe aucune alternative au service de dévotion, sans lequel personne ne peut se libérer des griffes de la matière. Et c'est d'autant plus vrai dans cet âge, où nous pouvons accéder à la plus haute forme de libération par le seul chant du *mantra* Hare Kṛṣṇa, Hare Kṛṣṇa, Kṛṣṇa Kṛṣṇa, Hare Hare / Hare Rāma, Hare Rāma, Rāma Rāma, Hare Hare.

Le *Śrīmad-Bhāgavatam* (10.14.4) affirme qu'en délaissant le service de dévotion pour ne poursuivre que le savoir, on ne gagne que le mal qu'on se donne pour saisir la différence entre la matière et l'esprit. Il ne sert à rien de chercher du riz dans l'enveloppe vide du grain. Aussi lisons-nous dans le *Śrīmad-Bhāgavatam* (10.2.32) qu'en rejetant le service d'amour spirituel du Seigneur Suprême tout en croyant superficiellement être une âme libérée, on n'atteint jamais la véritable libération, bien au contraire. Il se peut qu'à force de labeur, d'austérité et de pénitence on parvienne à s'élever jusqu'à la libération, mais faute d'avoir trouvé refuge aux pieds pareils-au-lotus du Seigneur Suprême, on ne peut que retomber dans la souillure matérielle.

On ne saurait admettre que le Brahman Suprême soit impersonnel, sans quoi les six excellences qui caractérisent Dieu, la Personne Suprême, ne pourraient plus être attribuées au Brahman. Tous les *Vedas* et les *Purāṇas* affirment que le Seigneur Suprême est riche en énergies spirituelles, mais les sots rejettent tout simplement cette assertion et dénigrent Ses activités comme Ses divertissements. Ils considèrent à tort le corps spirituel de Kṛṣṇa comme une création de la nature matérielle, ce qui est certes la pire offense, la pire faute. Acceptons simplement les paroles de Caitanya telles qu'énoncées devant cette assemblée.

Le *Śrīmad-Bhāgavatam* définit ainsi la nature personnelle et individuelle de la Vérité Suprême et Absolue : « Ô Seigneur Suprême, Ta forme transcendantale qu'à présent je vois incarne le bonheur spirituel. Éternelle et libre de la souillure associée aux influences matérielles, elle est la manifestation suprême de la Vérité Absolue, infiniment radieuse. Ô Âme de tous les êtres, créateur de la manifestation cosmique et de tous les éléments matériels, je m'en remets à Toi, ô Kṛṣṇa à la forme sublime ! Ô Univers suprêmement propice ! Tu apparais dans Ta forme personnelle première afin de recevoir notre adoration, Toi que nous percevons par la méditation ou l'adoration directe. Les insensés pour l'essentiel souillés par la nature matérielle n'accordent que peu d'importance à Ta forme spirituelle ; aussi glissent-ils vers l'enfer. » (*Ś.B.*, 3.9.3–4)

Ce que confirme la *Bhagavad-gītā* : « Seuls les sots Me dénigrent lorsque sous la forme humaine J'apparais en ce monde. Ils ne savent rien de la valeur intrinsèque de cette forme transcendantale, et ignorent que Je suis le possesseur, le maître et le Seigneur de l'entière création. » (*B.g.*, 9.11) La *Bhagavad-gītā* confirme aussi que les êtres sots et démoniaques iront sur les planètes dites infernales : « Les dénigreurs envieux de Moi et de Mes dévots, Je les plonge dans l'univers matériel sous les formes de vie les plus dégénérées. Ainsi ne peuvent-ils comprendre Dieu, la Personne Suprême. » (*B.g.*, 16.19)

La doctrine des sous-produits, ou *pariṇāma-vāda,* est soutenue dès le tout début du *Vedānta-sūtra,* mais Ācārya Śaṅkara a usé d'artifices pour la voiler afin d'établir la doctrine de la transformation – *vivarta-vāda.* Il a également eu l'audace de prétendre que Vyāsadeva était dans l'erreur. Toutes les Écritures védiques, y compris les *Purāṇas,* confirment que le Seigneur Suprême est au centre de toute énergie et variété spirituelles. Aussi vaniteux qu'incompétent, le philosophe *māyāvādī* ne peut comprendre la variété qui règne au sein de l'énergie spirituelle. Par conséquent, il croit à tort que la variété spirituelle ne diffère pas de la variété matérielle. Mystifié par cette fausse croyance, il dénigre les divertissements de Dieu, la Personne Suprême. Incapables de comprendre les activités spirituelles du Seigneur, de tels sots considèrent Kṛṣṇa comme un produit de la nature matérielle. Voilà la pire offense que puisse commettre l'être humain. Le Seigneur établit donc que Kṛṣṇa est *sac-cid-ānanda-vigraha,* soit la forme parfaite de l'éternité, du savoir et de la béatitude, et qu'Il Se livre toujours à Ses divertissements absolus, riches en variété spirituelle.

Le principal disciple de Prakāśānanda résuma les explications du Seigneur Caitanya et conclut : « Ayant pratiquement abandonné la voie de la réalisation spirituelle, nous ne faisons que discuter d'inepties. Les philosophes *māyāvādīs* désirant sérieusement être bénis doivent pratiquer le service de dévotion à Kṛṣṇa ; mais ils préfèrent s'amuser à de vains propos. Nous reconnaissons d'emblée que l'interprétation de Śaṅkara voile la teneur réelle des textes védiques. Seules les explications de Caitanya sont recevables. Toute autre interprétation est vaine. »

Ayant ainsi défini sa position, le principal disciple de Prakāśānanda Sarasvatī se mit à chanter le *mantra* Hare Kṛṣṇa, Hare Kṛṣṇa, Kṛṣṇa Kṛṣṇa, Hare Hare / Hare Rāma, Hare Rāma, Rāma Rāma, Hare Hare. Voyant cela, Prakāśānanda reconnut l'erreur de Śaṅkarācārya : « Désireux d'établir la doctrine moniste, Ācārya Śaṅkara n'avait d'autre alternative que d'interpréter différemment le *Vedānta-sūtra*. Dès lors qu'on accepte que Dieu est la Personne Suprême, il devient impossible d'établir la philosophie moniste. Voilà pourquoi il a cherché à obscurcir le vrai sens du *Vedānta-sūtra* par le biais d'une érudition trompeuse. Tous les auteurs qui veulent faire valoir leur propre opinion doivent, comme Śaṅkara, élaborer une fausse interprétation du *Vedānta-sūtra*. »

Le Seigneur présenta donc le sens véritable du *Vedānta-sūtra*. Aucune Écriture védique ne doit être abusée par la spéculation indirecte. Outre Śaṅkarācārya, d'autres philosophes matérialistes, dont Kapila, Gautama, Aṣṭāvakra et Patañjali, ont formulé diverses spéculations philosophiques. En vérité, le philosophe Jaimini et ses adeptes – qui sont tous plus ou moins des logiciens – ont délaissé le véritable message des *Vedas* (le service de dévotion) dans leur effort visant à établir que la Vérité Absolue est assujettie à l'univers matériel. Selon eux, si nous nous acquittons de nos devoirs matériels comme il se doit et que Dieu existe, Il en sera satisfait et nous accordera les fruits que nous convoitons par nos actes. De même, Kapila l'athée a cherché à établir qu'une simple combinaison d'éléments matériels est à l'origine de la création. Gautama et Kaṇāda, eux, ont insisté sur l'importance des éléments matériels tout en cherchant à établir que l'énergie atomique est à l'origine de la création. Dans le même ordre d'idées, des impersonnalistes et des monistes tels qu'Aṣṭāvakra ont tenté d'établir que la radiance impersonnelle du *brahma-jyotir* est l'Entité Suprême. Et Patañjali, l'une des plus grandes autorités sur le *yoga*, s'est efforcé de concevoir une forme imaginaire du Seigneur Souverain.

Pour résumer, tous ces philosophes matérialistes ont cherché à écarter Dieu, la Personne Suprême, pour faire valoir leurs propres élucubrations mentales. Or, Vyāsadeva, grand sage et illustre incarnation divine, a minutieusement étudié toutes ces théories fallacieuses avant de composer, en guise de réponse, le *Vedānta-sūtra*, qui établit la relation entre l'être vivant et le Dieu Suprême, ainsi que la pratique du service de dévotion et l'ultime perfection qu'incarne l'amour de Dieu. Le verset *janmādy asya yataḥ,* qui apparaît au tout début du *Vedānta-sūtra,* trouve une explication dans le *Śrīmad-Bhāgavatam,* où Vyāsa lui-même établit d'entrée de jeu que la Source Suprême de tout ce qui existe est une personne consciente et transcendantale.

L'impersonnaliste cherche à expliquer que la radiance impersonnelle du Seigneur Suprême, le *brahma-jyotir,* transcende les modes d'influence de la nature matérielle, tout en cherchant à établir que Dieu, l'Être Suprême, est souillé par ces mêmes influences naturelles. Le *Vedānta-sūtra* stipule que non seulement Dieu transcende la nature matérielle, mais qu'Il possède également d'innombrables attributs et puissances absolues. Tous les philosophes férus d'élucubrations s'accordent pour nier l'existence du Seigneur Souverain Viṣṇu et se montrent très avides de répandre leurs propres théories et d'obtenir la reconnaissance des masses. Dans leur infortune, les gens s'entichent de ces philosophes athées et ne peuvent donc comprendre la vraie nature de la Vérité Absolue. Mieux vaut suivre les traces des grandes âmes que sont les *mahājanas,* et dont les noms sont cités dans le *Śrīmad-Bhāgavatam :* 1) Brahmā, 2) Śiva, 3) Nārada, 4) Vaivasvata Manu, 5) Kapila (non pas l'athée mais le Kapila originel), 6) les Kumāras, 7) Prahlāda, 8) Bhīṣma, 9) Janaka, 10) Bali, 11) Śukadeva Gosvāmī et 12) Yamarāja.

Selon le *Mahābhārata,* rien ne sert de débattre de la Vérité Absolue, car tel est le nombre d'Écritures védiques et de doctrines philosophiques qu'aucun penseur ne parvient à s'entendre avec ses pairs. Comme chacun cherche à faire valoir son propre point de vue à l'exclusion de tout autre, il devient très difficile d'admettre la nécessité fondamentale d'observer des principes religieux. Aussi est-il préférable de marcher sur les traces des grands *mahājanas,* des grandes âmes citées plus haut ; alors pourra-t-on atteindre le succès recherché. Les enseignements du Seigneur Caitanya sont pareils au nectar et renferment tout ce qu'il convient de savoir. La meilleure voie consiste donc à emprunter le sentier qu'Il trace.

CHAPITRE VINGT-DEUX

Le Śrīmad-Bhāgavatam

Après la conversion des *sannyāsīs māyāvādīs* à la voie tracée par Caitanya Mahāprabhu, nombre d'érudits et de personnes avides de savoir rendirent visite au Seigneur à Bénarès. Puisque tous ne pouvaient Le voir à Sa résidence, les gens faisaient la queue pour L'apercevoir en route vers le temple de Viśvanātha et de Bindu-mādhava. Un jour, tout en Se rendant à ce temple avec Ses compagnons – Candraśekhara Ācārya, Paramānanda, Tapana Miśra et Sanātana Gosvāmī, entre autres – le Seigneur chantait :

hari haraye namaḥ kṛṣṇa yādavāya namaḥ
gopāla govinda rāma śrī-madhusūdana

Tandis qu'Il chantait ainsi en dansant, des milliers de personnes L'entouraient et produisaient un son tumultueux en Lui répondant en écho, tant et si bien que Prakāśānanda Sarasvatī, qui se trouvait non loin de là, vint se joindre à la foule avec ses disciples. Dès qu'il vit la forme sublime du Seigneur Caitanya dansant avec Ses compagnons, Prakāśānanda se mit aussi à chanter : « Hari ! Hari ! » Tous les habitants de Bénarès furent émerveillés par la danse extatique de Caitanya qui, notant la présence des *sannyāsīs māyāvādīs,* contint Son extase incessante et cessa de danser. Prakāśānanda se laissa aussitôt tomber aux pieds du Seigneur. Cherchant à l'en empêcher, Śrī Caitanya dit : « Tu es le *jagad-guru,* le maître spirituel du monde entier ; quant à Moi, Je ne suis même pas au niveau de tes disciples. Tu ne peux donc Me vénérer, Moi qui te suis inférieur et pas même à la hauteur des disciples de tes disciples. Tu es l'égal du Brahman Suprême, et ce serait une grave offense de Ma part que d'accepter que tu te prosternes à Mes pieds. Bien que ta vision soit non duelle, tu ne devrais pas te comporter de la sorte pour ne pas égarer les masses. » Prakāśānanda Sarasvatī répliqua : « J'ai jadis dit grand mal de Toi. C'est donc pour m'affranchir des suites de mes offenses que je me prosterne à Tes pieds. » Il cita alors un verset des textes védiques selon lequel même une âme libérée redeviendra la proie de la souillure matérielle si elle vient à commettre une offense envers le Seigneur Suprême. Puis, Prakāśānanda cita un second verset, celui-là tiré du *Śrīmad-Bhāgavatam* (10.34.9), relativement à l'agression de Nanda Mahārāja par un serpent ayant auparavant été Vidyādharārcita. Touché par les pieds pareils-au-lotus de Kṛṣṇa, il retrouva sa forme antérieure et fut délivré des conséquences de ses fautes.

Ainsi mis sur un pied d'égalité avec Kṛṣṇa, Caitanya protesta modérément. Il voulait ainsi nous prévenir qu'il faut se garder de comparer quelque être vivant que ce soit avec le Seigneur Suprême. Bien qu'Il fût Dieu Lui-même, Il S'opposa à pareille comparaison afin de nous instruire par Son exemple. Déclarant qu'il n'était pire offense que de comparer qui que ce soit à Kṛṣṇa, le Seigneur Souverain, Caitanya réaffirma que Viṣṇu, l'Être Suprême, est grand, alors que les êtres vivants demeurent infimes, peu importe leur grandeur relative. Il cita dans ce contexte un verset du tantra *vaiṣṇava* contenu dans le *Padma Purāṇa :* « Qui compare le Seigneur Suprême fût-ce aux plus grands *devas,* comme Brahmā et Śiva, doit être vu comme un athée de tout premier ordre. »

« Je vois bien que Tu es Kṛṣṇa, le Seigneur Suprême, reprit Prakāśānanda, et même si Tu Te présentes comme un dévot, Tu n'en es pas moins digne de ma vénération puisque Tu nous surpasses tous en érudition comme en réalisation. Pour T'avoir blasphémé, nous avons commis la plus odieuse des offenses. Peux-Tu nous pardonner ? »

Le *Śrīmad-Bhāgavatam* explique comment le dévot devient le spiritualiste par excellence : « On compte plusieurs âmes libérées, accomplies, mais le dévot du Dieu Suprême les surpasse toutes. Toujours calmes et sereins, les dévots du Seigneur sont, d'entre des millions de personnes, d'une rare perfection. » (*Ś.B.*, 6.14.5)

Prakāśānanda cita encore un verset (*Ś.B.*, 10.4.46) selon lequel longévité, prospérité, renommée, piété et bénédictions reçues d'autorités supérieures sont toutes perdues dès qu'on offense un dévot du Seigneur. Il cita ensuite de nouveau le *Śrīmad-Bhāgavatam* (7.5.32), qui atteste que toutes les inquiétudes de l'âme conditionnée se dissipent au contact des pieds pareils-au-lotus de Dieu, l'Être Suprême, qu'on ne peut toucher sans la bénédiction que confère la poussière des pieds de lotus de Son pur dévot. En d'autres mots, impossible de devenir un pur dévot sans la grâce d'un tel dévot du Seigneur.

« Je prends maintenant refuge auprès du lotus de Tes pieds, ajouta Prakāśānanda, car j'aspire à être élevé au niveau de la dévotion au Seigneur Suprême. » Ayant dit cela, Prakāśānanda Sarasvatī s'assit à côté du Seigneur Caitanya. « Nous sommes conscients des anomalies que Tu as dénoncées dans la philosophie *māyāvāda,* et nous savons que tous les commentaires sur les Écritures védiques élaborés par les philosophes *māyāvādīs* sont erronés dans leur interprétation. Ceci vaut d'autant plus pour Śaṅkarācārya, dont les interprétations du *Vedānta-sūtra* ne sont que le fruit de son imagination. Contrairement à lui, Tu as expliqué le Vedānta et les *Upaniṣads* tels qu'ils sont. Nous sommes ainsi très heureux d'avoir entendu Ton exposé. Nul autre que le Seigneur Suprême ne peut expliquer ainsi les aphorismes du Vedānta et les *Upaniṣads.* Comme Tu possèdes tous les pouvoirs, puisses-Tu, pour mon bien, pousser plus avant Ton exposé sur le Vedānta », Lui dit-il. Caitanya refusa à nouveau d'être considéré comme le Seigneur Suprême : « Cher maître, J'appartiens au commun des mortels. J'ignore le vrai sens du *Vedānta-sūtra,* mais Vyāsadeva, l'incarnation de Nārāyaṇa, le connaît. Aucun être ordinaire ne peut interpréter le Vedānta selon ses connaissances profanes. Afin de contrer les commentaires d'auteurs sans scrupule sur cet écrit, Vyāsadeva – l'auteur même du Vedānta – l'a d'ores et déjà commenté dans son *Śrīmad-Bhāgavatam.* » En d'autres mots, l'auteur d'un ouvrage est le mieux placé pour en élucider la teneur, car qui d'autre que lui pourrait connaître l'enseignement à tirer de ses propos. Aussi le *Vedānta-sūtra* doit-il être compris à travers le *Śrīmad-Bhāgavatam,* le commentaire de l'auteur même du Vedānta.

L'*oṁ-kāra,* ou *praṇava,* se veut la substance divine de tous les *Vedas.* L'*oṁ-kāra* est élaboré dans le *mantra* Gāyatrī, comme il l'est d'ailleurs dans le *Śrīmad-Bhāgavatam.* Quatre versets ont été rédigés en ce sens, versets qui furent expliqués à Brahmā qui, à son tour, les transmit à Nārada, et celui-ci, à Vyāsa. Ainsi, la teneur des versets du *Śrīmad-Bhāgavatam* est-elle transmise par voie descendante grâce à la succession disciplique. Il n'est pas question que tout un chacun se mette sottement à rédiger son propre commentaire sur le *Vedānta-sūtra* et fourvoie ainsi ses lecteurs. Quiconque désire comprendre le *Vedānta-sūtra* doit lire attentivement le *Śrīmad-Bhāgavatam,* compilé selon les directives de Nārada Muni dans le but d'élucider les aphorismes du *Vedānta-sūtra.* Le *Vedānta-sūtra* fut donc rédigé avant le *Śrīmad-Bhāgavatam.* Ce n'est qu'après avoir reçu l'enseignement de Nārada que Vyāsa commenta le Vedānta. Dans son *Śrīmad-Bhāgavatam,* il rassembla toute l'essence des *Upaniṣads,* dont l'objet avait également été défini dans le *Vedānta,* de sorte que le *Śrīmad-Bhāgavatam* renferme l'essence de l'entière sagesse védique. Les assertions des *Upaniṣads* et du *Vedānta-sūtra* sont d'ailleurs admirablement expliquées dans le *Śrīmad-Bhāgavatam.* Un passage de l'*Īśopaniṣad* apparenté à un verset du *Śrīmad-Bhāgavatam* (8.1.10) affirme que tout phénomène visible de la manifestation cosmique appartient à l'énergie du Seigneur Suprême, non différente de Lui. Par conséquent, Il est le maître, l'ami et le soutien de tous les êtres vivants. Vivons donc de la grâce de Dieu, et ne prenons que ce qui nous revient, sans empiéter sur la part d'autrui. Ainsi pourra-t-on vivre heureux. En d'autres mots, les *Upaniṣads,* le Vedānta et le *Śrīmad-Bhāgavatam* servent un seul et même but. Qui étudie minutieusement le *Śrīmad-Bhāgavatam* réalise que toutes les *Upaniṣads* et le *Vedānta-sūtra* y sont remarquablement expliqués. Le *Bhāgavatam* comporte trois thèmes : comment rétablir notre relation éternelle avec le Seigneur Suprême, comment agir dans le cadre de celle-ci et, enfin, comment en retirer le plus grand bien.

Les quatre versets qui commencent par les mots *aham evāsam evāgre* révèlent l'essence du *Bhāgavatam* tout entier : « Je suis le centre suprême des relations de tous les êtres vivants. Me connaître constitue le roi du savoir. La voie permettant à l'être vivant de M'atteindre se nomme *abhidheya,* et elle confère la plus haute perfection de l'existence, soit l'amour de Dieu. Une fois parvenu au niveau de l'amour pour le Divin, la vie de l'être devient parfaite. » On trouvera une explication détaillée des quatre versets en question dans le *Śrīmad-Bhāgavatam.*

Dans ce contexte, le Seigneur Caitanya donna une courte description des principes sous-jacents à ces versets. Selon Lui, nul ne peut saisir la nature intrinsèque du Seigneur Suprême, soit Sa position, Ses attributs, Ses actes et Ses excellences, tous spirituels et absolus. Ni la spéculation intellectuelle ni l'éducation formelle ne permettent de les appréhender. Seule la grâce du Seigneur y donne accès. Ainsi la personne bénie par la grâce divine peut-elle comprendre toutes ces notions, comme l'enseigne la *Bhagavad-gītā.* Le Seigneur existait avant la création matérielle. Les ingrédients de la matière, la nature et les êtres vivants émanent donc tous de Lui et reposent en Lui après la dissolution. Quand la création est manifestée, Il la soutient. Dans un même temps, toute manifestation visible n'est qu'une transformation de Son énergie externe. Lorsque le Seigneur résorbe celle-ci, tout rentre en Lui. Dans le premier des quatre versets cités, le mot *aham* – Je – revient trois fois pour bien marquer que Dieu, la Personne Suprême, est le maître de toutes les excellences. Le terme *aham* est ainsi répété afin de corriger quiconque Le prétend sans forme du fait de son incapacité à saisir ou à accepter la forme et la nature transcendantales du Seigneur Suprême.

Le Seigneur est le maître des énergies interne, externe, marginale et relative, ainsi que de la manifestation cosmique et des êtres vivants. L'énergie externe est manifestée par les trois modes d'influence, ou *guṇas,* de la nature matérielle. Qui peut comprendre la nature de l'être dans le monde spirituel peut vraiment saisir le savoir parfait, ou *vedyam.* On ne peut appréhender le Seigneur Suprême par la seule analyse de l'énergie matérielle et de l'âme conditionnée ; mais lorsqu'on baigne dans le parfait savoir, on est délivré de l'influence de l'énergie externe. La lune reflète la lumière du soleil ; sans l'astre solaire, la lune ne peut rien éclairer. De même, la manifestation du cosmos matériel n'est que le reflet du monde spirituel.

Une fois libéré de l'envoûtement de l'énergie externe, on peut saisir la nature intrinsèque du Seigneur Suprême. Seul le service de dévotion donne accès au Seigneur ; n'importe qui, en n'importe quel pays et en toutes circonstances, peut l'adopter. Le service de dévotion surpasse les quatre principes de la religion et l'entendement de la libération. Même les pratiques préliminaires d'une telle dévotion transcendent la plus haute réalisation issue de la libération associée à la religion populaire.

Approchons donc un maître spirituel authentique – sans tenir compte de notre position sociale, de notre confession, de notre couleur, de notre pays – pour entendre de lui tout ce qui a trait au service de dévotion. Le véritable but de l'existence consiste à ranimer notre amour latent pour Dieu. En vérité, telle est notre ultime nécessité. Le *Śrīmad-Bhāgavatam* explique comment réaliser cet amour de Dieu. Il existe deux variétés de savoir : la connaissance théorique et la connaissance spécifique, ou assimilée. Le savoir parfait, pleinement réalisé, s'acquiert lorsqu'on intègre les enseignements reçus du maître spirituel.

CHAPITRE VINGT-TROIS

Pourquoi étudier le Vedānta-sūtra

Le savoir consiste en données puisées dans les Écritures, et la science correspond à la réalisation pratique de ce savoir. Le savoir s'avère scientifique lorsqu'il provient des Écritures et qu'on le reçoit d'un maître spirituel authentique l'ayant pleinement réalisé ; interprété de façon spéculative, il n'a qu'une valeur personnelle limitée. En acquérant une compréhension scientifique des données scripturaires par l'entremise d'un maître authentique, on apprend, de par sa propre réalisation, la véritable nature de Dieu, la Personne Suprême. La forme transcendantale du Seigneur diffère des manifestations matérielles et n'est pas sujette aux interactions de la matière. Sans une compréhension scientifique de la forme aussi spirituelle que personnelle de Dieu, on devient un impersonnaliste. La radiance du soleil est elle-même lumière, mais elle diffère de l'astre en soi. Pourtant, le soleil et sa radiance ne peuvent être dissociés car, sans le soleil, il n'y aurait pas de rayonnement solaire, sans lequel le soleil perdrait lui-même toute signification.

À moins d'être libéré de l'influence de l'énergie matérielle, impossible de comprendre le Seigneur Suprême et Ses différentes énergies. Envoûté par l'énergie matérielle, on ne peut pas appréhender la forme spirituelle du Seigneur. À moins de réaliser la forme transcendantale de la Personne Suprême, il ne saurait être question d'amour pour Dieu. Sans cette réalisation, aimer Dieu relève de la fiction, et la vie humaine ne peut connaître de perfection. Cette réalisation s'exprime comme suit : de même que les cinq éléments bruts de la nature – terre, eau, feu, air et éther – existent aussi bien à l'intérieur qu'à l'extérieur de tous les êtres vivant en ce monde, le Seigneur Suprême existe simultanément en tout et en dehors de tout ce qui existe, ainsi que peuvent le réaliser Ses dévots. Les purs dévots savent bien qu'ils doivent servir Dieu, la Personne Suprême, et que tout ce qui existe peut être utilisé dans le cadre de ce service. Béni par l'Être Suprême qui réside en son cœur, le dévot peut Le voir partout où se pose son regard. En vérité, il ne voit rien d'autre. Le *Śrīmad-Bhāgavatam* confirme en ces termes la relation qui unit le dévot au Seigneur : « Si le cœur d'une personne s'attache toujours aux pieds pareils-au-lotus du Seigneur Souverain grâce aux liens de l'amour pour Dieu, le Seigneur ne la quitte jamais. En vérité, même si son souvenir demeure imparfait, on doit la considérer comme la plus élevée au plan de la dévotion. » (*Ś.B.*, 11.2.55) Le *Daśama-skandha* du *Śrīmad-Bhāgavatam* (10.30.4) nous en offre d'ailleurs un exemple. Quand les *gopīs* s'assemblèrent pour prendre part à la danse *rāsa* de Kṛṣṇa, Celui-ci les quitta subitement. Affolées par Sa disparition, les *gopīs* se mirent à chanter Son Saint Nom et s'enquirent auprès des fleurs et des lierres des allées et venues de Kṛṣṇa qui, tel le ciel, est omniprésent.

L'étude du *Śrīmad-Bhāgavatam* nous renseigne sur notre relation éternelle avec le Seigneur Suprême, et nous permet de comprendre le procédé qui permet de L'atteindre, de même que l'ultime réalisation : l'amour de Dieu. Tout en expliquant à Prakāśānanda Sarasvatī comment atteindre Dieu, la Personne Suprême, par la pratique du service de dévotion, Śrī Caitanya cita un verset du *Śrīmad-Bhāgavatam* (11.14.21) où le Seigneur déclare que seul ce service accompli avec amour et foi permet de Le réaliser. Lui seul purifie le cœur du dévot et l'élève jusqu'à l'ultime réalisation de la foi et du service offert au Seigneur Suprême. Même issu d'une famille dite inférieure, de *caṇḍālas* (mangeurs de chien) par exemple, on peut être envahi de symptômes spirituels grâce à la réalisation du niveau suprême de l'amour pour Dieu.

Les symptômes en question sont décrits dans le *Śrīmad-Bhāgavatam :* « Quand les dévots s'entretiennent du Seigneur Suprême, qui peut purifier leur cœur de toutes les suites du péché, ils sont submergés d'extase et manifestent différents symptômes du fait de leur service de dévotion. Leur attachement spontané au Seigneur, lorsqu'ils chantent Son Saint Nom, les fait tantôt pleurer, tantôt rire, danser, etc., sans se soucier d'aucune convention sociale. » (*Ś.B.*, 11.3.31)

Comprenons ainsi que le *Śrīmad-Bhāgavatam* constitue le véritable commentaire du *Brahma-sūtra,* compilé par son auteur même. Nous lisons dans le *Garuḍa Purāṇa :* « Le *Śrīmad-Bhāgavatam* est le commentaire authentique du *Brahma-sūtra* et un complément au *Mahābhārata.* Renfermant l'explication du *mantra* Gāyatrī et l'essence de tout le savoir védique, le *Śrīmad-Bhāgavatam* aux dix-huit mille versets est qualifié de commentaire ultime de l'entière littérature védique. » Dans le premier Chant du *Śrīmad-Bhāgavatam,* les sages de Naimiṣāraṇya demandent à Sūta Gosvāmī comment connaître l'essence des textes védiques. En guise de réponse, Sūta présente le *Śrīmad-Bhāgavatam* comme l'essence de tous les *Vedas,* récits historiques et autres Écrits védiques. Ailleurs dans le *Bhāgavatam* (12.13.15), il est clairement dit que cet ouvrage renferme l'essence de toute la science du Vedānta, et que quiconque apprécie la science du *Bhāgavatam* perd tout attrait pour l'étude de quelque autre littérature que ce soit. Au tout début du *Śrīmad-Bhāgavatam,* la signification et la raison d'être du *mantra* Gāyatrī sont aussi données : « Je rends mon hommage à la Vérité Suprême. » Tel est le verset initial traitant de la Vérité Suprême, décrite dans le *Śrīmad-Bhāgavatam* comme la source de la création, du maintien et de la dissolution de la manifestation cosmique.

Cet hommage à Dieu, à Vāsudeva, s'adresse directement à Śrī Kṛṣṇa, qui est le fils divin de Vasudeva et Devakī, comme le confirmera par la suite le *Śrīmad-Bhāgavatam,* où l'auteur affirme sans détour que Kṛṣṇa est le Seigneur originel, dont toutes les autres formes sont soit des émanations plénières directes ou indirectes, soit des émanations de ces émanations. Śrīla Jīva Gosvāmī, pour sa part, développe davantage la question dans son *Kṛṣṇa-sandarbha,* et Brahmājī, le premier être créé, traite de façon exhaustive de Śrī Kṛṣṇa dans son traité, la *Brahma-saṁhitā.* Le *Sāma Veda* établit également que Śrī Kṛṣṇa est le divin fils de Devakī.

Cette prière de l'auteur du *Bhāgavatam* s'ouvre donc sur l'affirmation de Śrī Kṛṣṇa comme le Seigneur primordial ; si quelque désignation doit s'attacher à la Personne Suprême et Absolue – Dieu – ce doit être par le nom de « Kṛṣṇa », « l'Infiniment fascinant ». Dans plusieurs passages de la *Bhagavad-gītā,* Kṛṣṇa affirme Lui-même être le Seigneur originel ; ce que confirme Arjuna, à l'instar de nombreux grands sages, tels Nārada, Vyāsa et bien d'autres autorités en la matière. Le *Padma Purāṇa* enseigne encore que parmi les innombrables noms de Dieu, celui de Kṛṣṇa prédomine. Ainsi, bien que le nom de « Vāsudeva » désigne également une émanation plénière de Dieu, et que toutes les formes du Seigneur soient non différentes de Vāsudeva, il s'applique principalement ici au divin fils de Vasudeva et Devakī, Śrī Kṛṣṇa, sur qui méditent constamment les *parama-haṁsas,* les plus parfaits d'entre ceux qui ont embrassé l'ordre du renoncement. Vāsudeva, ou Śrī Kṛṣṇa, est la cause première de toutes les causes. Tout ce qui est émane de Lui. Comment ? C'est ce qu'expliqueront les chapitres ultérieurs du *Śrīmad-Bhāgavatam.*

Śrī Caitanya a défini le *Bhagavata Purāṇa* (*Śrīmad-Bhāgavatam*) comme le *Purāṇa* immaculé, car il renferme le récit sublime de ce qui touche au Seigneur Suprême, Śrī Kṛṣṇa. Le *Śrīmad-Bhāgavatam* est remarquable par son histoire glorieuse. C'est Śrī Vyāsadeva qui, après avoir atteint la pleine maturité en matière de savoir spirituel, l'a compilé suivant les directives de Nāradajī, son maître spirituel. Vyāsadeva avait auparavant rassemblé par écrit tous les autres textes védiques – les quatre *Vedas,* le Vedānta ou *Brahma-sūtra,* les *Purāṇas* et le *Mahābhārata.* Cependant, il n'était toujours pas comblé, et Nārada, son maître spirituel, l'avait remarqué ; c'est alors qu'il lui conseilla de décrire les activités spirituelles et absolues du Seigneur, Śrī Kṛṣṇa, tâche qui aboutit dans le dixième Chant du *Bhāgavatam.* Mais pour en tirer la substance profonde, il faut d'abord procéder à une étude graduelle de ses différents thèmes.

Il est naturel, pour un esprit philosophique, de chercher à connaître l'origine de la création. La nuit, sous les étoiles, il imagine aussitôt leur situation cosmique, leurs habitants... De telles réflexions sont le propre de l'être humain, puisqu'il possède un degré de conscience plus élevé que les animaux. Or, l'auteur du *Śrīmad-Bhāgavatam* répond directement à toutes les questions fondamentales : d'abord, Kṛṣṇa est à l'origine de l'entière création, et non seulement est-Il le créateur et le soutien de l'univers, mais Il en est aussi le destructeur. De par Sa volonté, la manifestation cosmique est créée à un moment précis, maintenue pendant un certain temps, puis annihilée. Sa volonté suprême se trouve donc à l'arrière-plan de tous les événements cosmiques.

Bien entendu, les athées de tout genre nient l'existence du créateur, mais cette attitude trahit en réalité leur manque de savoir. Les scientifiques d'aujourd'hui ont créé des navettes spatiales qu'ils lancent par un quelconque procédé dans l'espace, où elles évoluent pendant un certain temps sous leur contrôle, exercé à très grande distance. Dans un même ordre d'idée, tous les univers et leurs innombrables planètes, tels des navettes spatiales, se trouvent sous le contrôle de Dieu.

Les Écritures védiques nous enseignent que la Vérité Absolue, la Personne Divine, est suprême entre toutes les personnes. De Brahmā, le premier être créé, à la plus minuscule fourmi, tous les êtres vivants sont distincts les uns des autres ; certains même, supérieurs à Brahmā, n'en possèdent pas moins eux aussi une individualité propre. Or, l'Être Divin est aussi un être vivant, et comme tous les autres êtres, Il possède une identité propre, mais Son intelligence est suprême, et Il possède une infinie variété d'énergies parfaitement inconcevables. Or, si le cerveau humain peut créer une navette spatiale, il est certes aisé de comprendre qu'un cerveau supérieur soit capable de merveilles infiniment plus grandes encore. Toute personne sensée se rendra aisément à l'évidence, mais il y en aura toujours d'autres pour obstinément refuser d'accepter ces arguments pleins de bon sens.

Śrīla Vyāsadeva, quant à lui, reconnaît sans hésitation que l'intelligence suprême est le *parameśvara,* le Maître Absolu. Il offre donc son hommage à Dieu, la Personne Suprême. Ce *parameśvara* n'est autre que Śrī Kṛṣṇa, ainsi que le confirment la *Bhagavad-gītā* et toutes les autres Écritures dues à Śrīla Vyāsadeva, plus particulièrement le *Śrīmad-Bhāgavatam.* Dans la *Bhagavad-gītā,* le Seigneur affirme qu'il n'est d'autre *para-tattva,* ou summum bonum, que Sa personne. C'est pourquoi l'auteur du *Śrīmad-Bhāgavatam* porte immédiatement son adoration vers le *para-tattva,* dont le dixième Chant de cet ouvrage décrira en détail les divertissement sublimes.

Des êtres sans scrupule passent d'emblée au dixième Chant, et surtout aux cinq chapitres décrivant la danse *rāsa* du Seigneur. Mais la compréhension de cette partie du *Śrīmad-Bhāgavatam,* la plus intime de cette œuvre maîtresse, exige qu'on soit parfaitement accompli dans la connaissance absolue du Seigneur, à défaut de quoi on est assuré de s'égarer sur la nature des vénérables divertissements spirituels du Seigneur que sont la danse *rāsa* et Ses amours avec les *gopīs.* Ces sujets doivent être abordés d'un point de vue hautement spirituel, et seules les âmes libérés qui ont graduellement atteint le niveau de *parama-haṁsa,* nous l'avons déjà dit, peuvent apprécier la vénérable danse *rāsa.*

Pour cette raison, Śrīla Vyāsadeva donne au lecteur la possibilité d'atteindre pas à pas la réalisation spirituelle requise pour véritablement goûter, en temps et lieu, l'essence des divertissements du Seigneur. C'est d'ailleurs à cette fin qu'il invoque le *mantra* Gāyatrī : *dhīmahi,* destiné aux êtres spirituellement évolués. Quand on parfait sa récitation du *mantra* Gāyatrī, on peut saisir la nature transcendantale du Seigneur. Il faut donc acquérir les qualités brahmaniques, c'est-à-dire s'établir parfaitement dans la vertu matérielle, pour tirer pleinement parti du chant du *mantra* Gāyatrī et parvenir à la réalisation sublime du Seigneur, de Son nom, de Sa renommée, de Ses attributs, etc. Le *Śrīmad-Bhāgavatam* décrit la *svarūpa,* ou la forme du Seigneur Suprême, manifestée par Sa puissance interne, laquelle se distingue de Sa puissance externe, qui fait apparaître l'univers matériel dont nous avons l'expérience. Śrīla Vyāsadeva établit une distinction très nette entre les deux puissances dès le premier verset du premier chapitre. Il y affirme que la manifestation de la puissance interne est bien réelle, alors que la manifestation de l'énergie externe, sous la forme de l'existence matérielle, n'est qu'illusoire et temporaire, tel un mirage dans le désert. Le mirage ne contient pas d'eau en soi, mais seulement l'apparence de l'eau. L'eau elle-même se trouve ailleurs. De la même façon, la manifestation de la création cosmique se présente à nous comme la réalité absolue, mais elle n'est en fait que l'ombre de cette réalité, laquelle se trouve ailleurs, dans le monde spirituel, où aucun mirage n'existe. La Vérité Absolue appartient au monde spirituel, et non pas à cet univers matériel où toute vérité n'est que relative, une vérité apparente y dépendant toujours d'une autre vérité apparente. Cette création cosmique résulte de l'interaction des trois modes d'influence matérielle, et les manifestations temporaires qu'on y trouve sont créées de manière à offrir une illusion du réel pour le mental égaré propre à l'âme conditionnée, laquelle s'incarne dans différentes formes de vie, y compris chez les êtres plus évolués que sont les *devas* tels Brahmā, Indra et Candra. Au vrai, il n'est point de réalité dans l'univers de la manifestation, et s'il semble tout de même réel, c'est grâce à l'existence d'une réalité tangible dans le monde spirituel, où le Seigneur vit éternellement avec tout Son entourage.

L'ingénieur en chef d'une construction complexe ne met pas directement la main aux travaux, mais lui seul en connaît tous les aspects, directement et indirectement, car tout s'accomplit sous sa seule direction. De même, le Seigneur Suprême, ingénieur suprême de la création cosmique, en connaît les moindres recoins, bien que tout semble s'accomplir par l'intermédiaire d'autres que Lui. De Brahmā à la plus insignifiante des fourmis, nul n'est indépendant au cœur de la création matérielle. Partout, le Seigneur Suprême étend Sa main. De Lui seul émanent tous les éléments matériels aussi bien que les étincelles spirituelles, et tout ce qui existe en ce monde n'est dû qu'à l'interaction de ces deux énergies, matérielle et spirituelle, contrôlées par la Vérité Absolue, la Personne Suprême, Dieu, Śrī Kṛṣṇa (Vāsudeva).

Un chimiste peut produire de l'eau dans son laboratoire en mélangeant de l'hydrogène et de l'oxygène, mais il agit en fait sous la direction du Seigneur Suprême, sans compter que les éléments qu'il manipule lui sont également fournis par Lui. À ce titre, Dieu connaît tout directement aussi bien qu'indirectement ; Il connaît toutes choses dans leurs plus infimes détails et Il demeure toujours parfaitement indépendant. On Le compare à une mine d'or, et les diverses créations cosmiques, dans leurs formes innombrables, à des articles fabriqués à partir de cet or. L'or de divers objets – anneaux, colliers, etc. – partage les mêmes propriétés que l'or de la mine, ne fait qu'un avec lui sur le plan qualitatif, mais en diffère par la quantité. C'est pourquoi on affirme de la

Vérité Absolue qu'Elle est simultanément différente et non différente de tout ce qui est. Rien n'est absolument égal à la Vérité Absolue, mais dans un même temps, tout en dépend.

Les âmes conditionnées, depuis Brahmā – régent de l'univers où nous vivons – jusqu'à l'infime fourmi, sont engagées sans exception dans l'acte créateur, mais aucune n'est indépendante du Seigneur Suprême. Le matérialiste croit à tort qu'il n'est d'autre créateur que lui-même. C'est ce qu'on appelle *māyā,* ou l'illusion. En raison de son maigre savoir, il ne peut voir au-delà de ce que ses sens imparfaits lui donnent de percevoir, et il en vient ainsi à croire que la matière se forme d'elle-même, sans l'aide d'une intelligence supérieure. Mais Śrīla Vyāsadeva, l'âme libérée qui a compilé le *Bhāgavatam* après avoir accédé à la perfection spirituelle, réfute cet argument dès le premier verset de cet ouvrage faisant autorité. Le Tout Complet, ou la Vérité Absolue, étant la source de tout ce qui existe, rien n'est indépendant de Lui. Toute action et réaction de chaque corps incarné est automatiquement connue du Tout Entier. De même, si l'entière création représente le corps du Tout Absolu, l'Absolu a directement et indirectement connaissance de tout.

Le *śruti-mantra* affirme également que le Tout Absolu, le Brahman, est la source ultime de tout ce qui est. Tout émane de Lui, tout est soutenu par lui et, à la fin, tout se résorbe en Lui seul. Telle est la loi de la nature. Et le *smṛti-mantra* confirme lui-même que la source d'où tout émane au début d'un âge de Brahmā aussi bien que le réservoir auquel tout retourne à la fin de cet âge n'est autre que la Vérité Absolue, le Brahman. Les scientifiques matérialistes tiennent aveuglément pour acquis que la source ultime de notre système planétaire tout entier est le soleil, mais ils ne peuvent expliquer l'origine du soleil. La source ultime de toutes choses est ici dévoilée. Selon les Écritures védiques, Brahmā est le créateur de notre univers ; mais il dut néanmoins se livrer à la méditation pour trouver l'inspiration requise par cette œuvre de création. Il s'ensuit que l'ultime créateur n'est ni Brahmā ni le soleil. Le premier verset du *Śrīmad-Bhāgavatam* établit que Brahmā a reçu le savoir védique du Seigneur en personne. On pourrait ici objecter que Brahmā étant le premier être de l'univers, qui donc aurait bien pu l'inspirer, puisqu'il était seul au monde à l'époque ? Le premier verset du *Śrīmad-Bhāgavatam* répond que c'est le Seigneur Suprême qui a inspiré Brahmā, lequel put alors remplir son rôle de second créateur. Ce qui a été dit plus haut concernant l'ingénieur en chef de l'univers s'applique également ici : l'intelligence réelle derrière tout agent créateur est la Personne Divine et Absolue, Śrī Kṛṣṇa. Dans la *Bhagavad-gītā,* Kṛṣṇa Lui-même affirme être seul à régir l'énergie créatrice, la *prakṛti,* qui représente la totalité de la matière. C'est la raison pour laquelle Śrī Vyāsadeva ne porte son adoration ni vers Brahmā ni vers le soleil, mais bien vers le seul Seigneur Suprême, qui guide les différentes créations de Brahmā et du soleil.

Toujours dans le premier verset du *Śrīmad-Bhāgavatam,* les mots sanskrits *abhijña* et *sva-rāṭ* revêtent une importance particulière en ce qu'ils soulignent la différence entre le Seigneur et tous les autres êtres. Nul être, en effet, hormis l'Être Suprême, Dieu, n'est *abhijña* et *sva-rāṭ* – parfaitement conscient de tout et parfaitement indépendant. Chacun doit acquérir le savoir auprès d'un maître supérieur. Même Brahmā, le premier être de l'univers matériel, doit méditer sur le Seigneur Suprême et obtenir Son aide pour mettre en œuvre son pouvoir créateur. Si ni Brahmā ni le soleil ne peuvent rien créer sans acquérir le savoir nécessaire auprès d'un supérieur, que dire des hommes de science matérialistes qui dépendent de tant d'instruments ? Jagadish Chandra Bose, Isaac Newton, Einstein et autres savants des temps modernes, quoique fiers de leur pouvoir de créer, n'en dépendaient pas moins du Seigneur à mille et un égards. Après tout, leurs cerveaux hautement développés n'étaient certes pas de facture humaine. Si des cerveaux comme ceux de Jagadish Bose ou Newton pouvaient être créés par l'homme, celui-ci en aurait produit à profusion au lieu de glorifier l'intelligence des savants précités. Mais comme aucun scientifique n'y est parvenu, que dire des athées irréfléchis qui méprisent l'autorité du Seigneur ?

Même les *māyāvādīs,* les impersonnalistes qui se flattent d'être devenus Dieu, ne sont ni *abhijña* ni *sva-rāṭ* – parfaitement conscients et indépendants. Ces monistes se soumettent à de rudes ascèses pour apprendre comment se fondre dans l'Absolu, mais ils finissent tous par dépendre de quelque riche disciple à même de leur fournir les fonds nécessaires à la construction de grands temples et monastères. Des champions de l'athéisme comme Rāvaṇa et Hiraṇyakaśipu se soumirent également à de dures pénitences afin de défier l'autorité du Seigneur. Mais réduits à l'impuissance, ils ne purent se sauver quand le Seigneur leur apparut sous la forme de la mort implacable. Et tel sera également le sort des athées modernes, car l'histoire se répète. Dès qu'on néglige l'autorité de Dieu, la nature et ses lois se transforment en agents punitifs. Tous les *śruti-mantras* confirment l'infinie perfection du Seigneur Suprême. Ils nous apprennent en outre que le Seigneur, dans Sa perfection totale, jette un regard sur la matière et crée ainsi les êtres vivants, qui font partie intégrante de Sa personne. Ils sont en effet autant d'étincelles spirituelles dont Il imprègne la vaste création matérielle ; c'est alors que les énergies créatrices se mettent en mouvement pour engendrer tant de merveilles. Un athée prétend que dans ces conditions, Dieu ne serait guère plus qu'un habile horloger à même de produire des mécanismes aussi complexes que délicats. Nous lui répondons que Dieu est supérieur à l'horloger en ce qu'Il crée des « mécanismes » mâles et femelles à même de se reproduire. Les mâles et femelles de différentes espèces engendrent d'innombrables autres « mécanismes » semblables à eux, sans que Dieu ait à intervenir personnellement. Si l'homme savait créer un couple de machines capables d'en produire d'autres indépendamment de son intervention immédiate, on pourrait certes dire que son intelligence égale celle de Dieu. Mais c'est là chose impossible : chacune des machines créées par l'homme doit l'être individuellement, car nul n'est l'égal de Dieu en intelligence. C'est pourquoi on qualifie Celui-ci d'*asamaurdhva :* personne ne Lui est supérieur ni même égal. Chacun connaît quelqu'un qui lui est égal ou supérieur en intelligence ; personne ne peut prétendre le contraire. Or, les *śruti-mantras* enseignent qu'avant la création de l'univers matériel existait le Seigneur, Lui le maître de tout un chacun. Et c'est Lui qui instruisit Brahmā dans le savoir védique. Tous doivent Lui obéir sans réserve, et quiconque aspire à rompre l'esclavage de la matière doit s'abandonner à Lui, ce que confirme également la *Bhagavad-gītā.*

À moins de s'abandonner aux pieds pareils-au-lotus du Seigneur Suprême, on est assuré de sombrer dans l'égarement, serait-on même un grand penseur. Ce n'est que lorsqu'un grand esprit s'abandonne aux pieds de lotus de Vāsudeva et Le reconnaît en pleine conscience comme la Cause de toutes les causes, ainsi que l'enseigne la *Bhagavad-gītā,* qu'il peut devenir un *mahātmā,* une grande âme à l'esprit vraiment large. De telles âmes sont très rares, mais seuls les *mahātmās* peuvent saisir le Seigneur Suprême, l'Absolu, la Cause première de toute création. On Le qualifie de *parama,* de Vérité Ultime, car toute autre vérité Lui est relative, et Il demeure libre de l'illusion qui s'empare de quiconque ne connaît que le relatif.

Certains intellectuels de l'école *māyāvāda* prétendent que le *Śrīmad-Bhāgavatam* n'est pas l'œuvre de Śrī Vyāsadeva. D'autres suggèrent même qu'il s'agirait d'une création moderne due à un certain Vopadeva. La réfutation de ces arguments sans fondement nous vient de Śrīla Śrīdhara Svāmī, lorsqu'il fait remarquer que plusieurs des plus anciens *Purāṇas* font allusion au *Bhāgavatam.* Le premier *śloka,* ou verset du *Śrīmad-Bhāgavatam* s'ouvre sur le *mantra* Gāyatrī, ce que mentionne le *Matsya Purāṇa* (le plus ancien des *Purāṇas*) pour illustrer le fait que plusieurs écrits à valeur d'enseignement spirituel commencent par ce *mantra,* tout en ajoutant que le *Bhāgavatam* renferme également l'histoire de Vṛtrāsura. Quiconque fait don de cette œuvre magistrale un jour de pleine lune accède à la plus haute perfection et retourne auprès de Dieu. D'autres *Purāṇas* soulignent l'ampleur du *Bhāgavatam,* composé de douze Chants et comportant au total 18 000 *ślokas.* Le *Padma Purāṇa* rapporte également une conversation entre Gautama et Mahārāja Ambarīṣa au cours de laquelle le roi se voit conseillé par le sage de lire régulièrement le *Śrīmad-Bhāgavatam* s'il désire s'affranchir des chaînes de la matière. Il ne saurait donc subsister aucun doute quant à l'autorité du *Śrīmad-Bhāgavatam,* ou *Bhāgavat Purāṇa.* Par ailleurs, au cours des cinq cents dernières années, nombre d'érudits, même après l'époque de Śrī Caitanya Mahāprabhu, ont rédigé des commentaires élaborés et d'une érudition remarquable sur cette œuvre. Tout étudiant sérieux ferait d'ailleurs bien de les parcourir s'il veut goûter pleinement le message sublime du *Bhāgavatam.*

Śrīla Viśvanātha Cakravartī Ṭhākura a surtout traité de la psychologie sexuelle dans ce qu'elle a de plus pur (*ādi-rasa*), loin de toute ivresse matérielle. La création matérielle tout entière est mue par le principe du plaisir charnel, et dans la société moderne, toutes les activités ont ce principe pour moteur. Où que l'on se tourne, on voit partout la même prédominance de l'érotisme, de sorte qu'il s'agit bien là d'une réalité. Mais la sexualité matérielle n'est qu'un reflet dénaturé de celle qui existe dans le monde spirituel et qui trouve son origine dans la Vérité Absolue, qui ne saurait dès lors être impersonnelle. Sinon, comment pourrait-Elle être le siège d'une sexualité – mais pure cette fois ? Par suite, en mettant trop l'accent sur l'aspect impersonnel de la Vérité Absolue, la philosophie moniste a indirectement encouragé la déplorable sexualité matérielle, si bien que les humains, ignorant tout de la sexualité dans sa forme pure, spirituelle, s'abandonnent à une sexualité pervertie qu'ils tiennent pour seule réelle. Mais une différence fondamentale existera toujours entre la volupté spirituelle et la vie sexuelle soumise aux conditions dénaturées du monde de la matière. Le *Śrīmad-Bhāgavatam* élèvera graduellement le lecteur sincère, libre de tout préjugé, jusqu'à la plus haute perfection spirituelle, qui transcende les trois formes d'entreprise matérielle que sont l'action intéressée, la spéculation intellectuelle et le culte fonctionnel des divinités tel qu'enseigné par les *Vedas.*

Le *Śrīmad-Bhāgavatam* est l'incarnation même du service de dévotion offert à Kṛṣṇa, Dieu, la Personne Suprême. Aussi surpasse-t-il tous les autres textes védiques. La religion comporte quatre éléments de base : les actes de piété, l'essor économique, la satisfaction des sens et, finalement, la libération hors des chaînes de la matière. L'irréligion, quant à elle, relève de la barbarie. En fait, la vie humaine véritable s'amorce avec la religion. Manger, dormir, se reproduire et se défendre – telles sont les quatre activités propres à la vie animale, que partage également l'homme. Ce qui distingue l'homme de l'animal est donc cette fonction supplémentaire que représente la religion, et sans laquelle la vie humaine ne vaut pas mieux que la vie animale. C'est pourquoi on retrouve, dans toute société civilisée, une certaine forme de religion visant à réaliser le moi spirituel dans le cadre de sa relation éternelle avec Dieu.

Aux échelons inférieurs de la civilisation humaine sévit une lutte constante pour dominer la nature matérielle ou, en d'autres mots, une compétition de chaque instant axée sur la satisfaction des sens. C'est animé d'une telle conscience que la plupart des humains pratiquent la religion – leurs actes pieux et les cérémonies religieuses auxquelles ils prennent part visant le plus souvent l'obtention de quelque bienfait matériel. Mais pour peu qu'ils trouvent d'autres moyens d'obtenir ces bienfaits, ils délaissent aussitôt toute pratique religieuse, comme cela se produit dans la société actuelle. Puisque les aspirations économiques semblent pouvoir être comblées par d'autres moyens, la religion n'intéresse plus guère personne. C'est ainsi que les églises, les temples et les mosquées sont devenus déserts presque en tout temps. Les gens préfèrent se tourner vers les usines, les boutiques et les cinémas plutôt que de fréquenter les lieux de culte construits par les anciens de diverses dénominations religieuses. Cela montre bien que la religion n'est pratiquée qu'afin d'en retirer quelque avantage matériel, l'essor économique étant nécessaire à la satisfaction des sens. Et lorsqu'on devient frustré dans sa quête des plaisirs sensoriels, on emprunte la voie du salut, cherchant alors à ne plus faire qu'un avec le Tout Suprême. Bref, les divers aspects de la religion visent tous un seul et même but : le plaisir des sens.

Les *Vedas* recommandent la pratique des quatre formes d'activité liées à la religion, mais dans le cadre de certaines restrictions régulatrices, de façon à éviter toute vaine compétition en vue de satisfaire les sens. Par contre, le *Śrīmad-Bhāgavatam* se situe tout à fait au-delà des entreprises sensorielles de l'univers matériel. Texte purement spirituel, il ne peut être saisi que par les purs dévots du Seigneur, ceux qui transcendent justement toute recherche compétitive des plaisirs sensoriels. Dans l'univers matériel, une vive concurrence oppose les animaux entre eux, et, de même, les hommes, les sociétés, voire les nations. Mais les dévots du Seigneur s'élèvent au-dessus de telles rivalités. Aucune rivalité ne les oppose aux matérialistes, car ils sont sur la voie du retour à Dieu, auprès de qui la vie est toute d'éternité et de félicité. Ces spiritualistes au cœur pur ne nourrissent ainsi aucune envie. Dans le monde matériel, chacun jalouse ses semblables, d'où tant de rivalités. Or, non seulement les spiritualistes, ou dévots du Seigneur sont-ils affranchis de toute envie matérielle, mais ils font également preuve de bonté envers tous et s'efforcent dans cet esprit d'établir une société sans rivalité, et ayant Dieu pour centre. L'idéal socialiste d'une société sans rivalité reste illusoire car, dans l'état socialiste, il subsiste toujours une rivalité pour le poste de dictateur. Que l'on considère les activités ordinaires de la généralité des humains ou les trois voies d'action préconisées par les *Vedas* – l'action intéressée, accomplie en vue d'atteindre des planètes aux conditions de vie meilleures, voire édéniques ; le culte de différents *devas*, pratiqué dans le même but, soit d'accéder à leurs planètes ; et la réalisation de l'aspect impersonnel de la Vérité Absolue, en vue de ne plus faire qu'un avec Elle – l'existence des matérialistes demeure régie par la quête du plaisir des sens. L'aspect impersonnel de la Vérité Absolue n'est pas le plus élevé. Au-delà se trouve encore l'aspect Paramātmā, ou l'Âme Suprême, puis l'aspect personnel de la Vérité Absolue. Le *Śrīmad-Bhāgavatam* nous fait connaître la Vérité Absolue dans Son aspect personnel, au-delà de l'aspect impersonnel. Aussi se situe-il d'emblée à un stade plus haut que celui visé par toutes les spéculations philosophiques impersonnalistes. Il dépasse même les sections *karma-kāṇḍa, jñāna-kāṇḍa* et *upāsanā-kāṇḍa* des *Vedas,* car il préconise l'adoration du Seigneur Suprême, Śrī Kṛṣṇa, le divin fils de Vāsudeva. La voie du *karma-kāṇḍa* comporte une certaine compétition en vue d'atteindre les planètes édéniques et de jouir ainsi de plus grands plaisirs matériels ; les voies du *jñāna-kāṇḍa* et de l'*upāsanā-kāṇḍa* se fondent elles aussi sur le principe de la rivalité.

Mais le *Śrīmad-Bhāgavatam,* lui, transcende l'ensemble de ces voies parce qu'il est exclusivement centré sur la Vérité Suprême, qui représente la substance fondamentale, la racine, de tout ce qui est. En d'autres mots, par l'étude du *Śrīmad-Bhāgavatam,* on peut en venir à connaître et la substance – la Vérité Absolue, le Seigneur Suprême – et les manifestations relatives, c'est-à-dire toutes Ses émanations, qui sont autant de manifestations relatives de différentes formes d'énergie. Les êtres vivants sont aussi reliés à différentes variétés de Ses énergies, de sorte que rien n'est séparé de la substance fondamentale. Mais dans un même temps, les énergies n'en demeurent pas moins distinctes de cette substance. Le concept corrélatif selon lequel tout est simultanément un et différent ne comporte en fait rien de contradictoire, et le *Śrīmad-Bhāgavatam* donne de comprendre de manière fort explicite cette philosophie, soit celle du *Vedānta-sūtra,* qui débute par l'aphorisme *janmādy asya.*

Ce savoir, qui permet de comprendre que le Seigneur Suprême est à la fois différent et non différent de Ses énergies, protège celui qui le possède contre les théories fallacieuses des élucubrateurs qui s'efforcent d'identifier à tort l'énergie à l'Absolu. Une fois en possession de ce savoir, la vérité devient plus plaisante que les concepts imparfaits du monisme ou du dualisme. Le développement de cette conscience conduit aussitôt à l'affranchissement des trois formes de souffrances : celles causées par notre corps et notre mental, celles causées par les autres entités vivantes, et celles causées par les forces naturelles, contre lesquelles nous demeurons impuissants.

Le *Śrīmad-Bhāgavatam* s'ouvre sur l'abandon du dévot à la Personne Absolue, en pleine conscience de ce qu'il ne fait qu'un avec l'Absolu et de ce que, dans un même temps, il occupe éternellement une position de serviteur par rapport au Seigneur. Sur le plan matériel, l'être distinct se croit faussement le seigneur et maître de tout ce qui l'entoure, et il doit ainsi subir les assauts répétés des trois formes de souffrance. Mais dès qu'il prend conscience de sa condition véritable, celle de serviteur spirituel, il s'affranchit de toutes les souffrances citées plus haut. La nature de serviteur de l'être vivant se trouve corrompue sous l'effet d'une conception matérielle de l'existence. Se croyant à tort le maître, il doit en effet servir les énergies relatives de la matière. Mais lorsque cette attitude de service se porte plutôt vers le Seigneur, en pleine conscience de son identité spirituelle, l'être s'affranchit aussitôt de toute difficulté ou calamité matérielle.

Par-dessus tout, le *Śrīmad-Bhāgavatam* est le commentaire personnel par excellence sur le *Vedānta-sūtra,* de son illustre auteur même, commentaire rédigé par lui après avoir atteint la maturité spirituelle par la grâce de Nārada. Śrī Vyāsadeva est un *avatāra,* une manifestation authentique de Nārāyaṇa, le Seigneur Suprême. Il n'est donc pas question de mettre son autorité en doute. Auteur de tous les textes védiques, il recommande cependant l'étude du *Śrīmad-Bhāgavatam* de préférence à tout autre. D'autres *Purāṇas* présentent diverses méthodes pour rendre un culte aux *devas* ; mais la particularité du *Bhāgavatam* est de ne préconiser l'adoration que du seul Seigneur Suprême. Celui-ci constitue en effet le corps total, dont les *devas* ne représentent que les différents membres. Pour qui adore directement le Seigneur Suprême, il n'est donc point besoin de rendre un culte aux *devas*, car du fait d'une telle adoration, le Seigneur Se fixe aussitôt dans le cœur de l'adorateur. C'est la raison pour laquelle Caitanya Mahāprabhu a qualifié le *Śrīmad-Bhāgavatam* de *Purāṇa* immaculé, le distinguant ainsi de tous les autres *Purāṇas*.

La méthode adéquate pour en recevoir le message spirituel consiste à l'écouter d'une oreille soumise. Une attitude de défiance ne saurait aucunement nous aider à le recevoir ou à le réaliser. Le mot qu'utilise le premier verset du *Śrīmad-Bhāgavatam* pour nous lancer sur la bonne piste est *śuśrūṣu :* l'on doit être habité d'un grand désir d'entendre ce message. Ce désir sincère constitue en effet la première qualité requise pour assimiler le savoir spirituel.

Hélas, certains n'éprouvent aucun intérêt à écouter le *Śrīmad-Bhāgavatam.* La méthode est simple, mais son application s'avère plus difficile. Ces infortunés trouvent du temps pour les vains bavardages et les débats sociaux, politiques ou autres, mais lorsqu'on les invite à entendre le *Śrīmad-Bhāgavatam* des lèvres des *bhaktas,* ils deviennent soudain réticents, ou préfèrent entendre les parties de l'écrit qu'ils ne sont pas prêts à entendre. Les narrateurs professionnels du *Bhāgavatam* s'empressent de plonger dans le récit des divertissements intimes du Seigneur Suprême, qui peuvent rappeler certains ouvrages érotiques. Mais le *Śrīmad-Bhāgavatam* doit être entendu depuis le commencement. Le *Bhāgavatam* (1.1.2) décrit lui-même les êtres en mesure d'assimiler cet ouvrage lorsqu'il déclare qu'on trouve qualité pour l'écouter après avoir accompli de nombreux actes de piété. Et le grand sage Vyāsadeva assure toute personne d'intelligence et de jugement qu'elle pourra directement réaliser la Personne Suprême par l'écoute patiente du *Śrīmad-Bhāgavatam.* Ainsi, sans avoir à franchir les diverses étapes de réalisation spirituelle que mentionnent les *Vedas,* on peut immédiatement s'élever au rang de *parama-haṁsa ;* il suffit d'accepter de recevoir avec patience le message du *Śrīmad-Bhāgavatam.* Les sages de Naimiṣāraṇya informèrent Sūta Gosvāmī de leur désir aussi intense que croissant de comprendre le *Śrīmad-Bhāgavatam.* Écoutant les propos de Sūta Gosvāmī concernant Kṛṣṇa, Dieu, la Personne Suprême, ils n'en étaient jamais rassasiés. C'est que ceux qui montrent un véritable attachement pour Kṛṣṇa ne se lassent jamais d'entendre Ses gloires. Aussi le Seigneur Caitanya donna-t-il le conseil suivant à Prakāśānanda Sarasvatī : « Lis toujours le *Śrīmad-Bhāgavatam* et cherche à en comprendre chaque verset. Tu saisiras alors le sens véritable du *Brahma-sūtra.* Tu te dis très désireux d'étudier le *Vedānta-sūtra,* mais tu ne saurais le comprendre sans un juste entendement du *Śrīmad-Bhāgavatam.* » Le Seigneur lui conseilla également de toujours chanter ou réciter le *mantra :* Hare Kṛṣṇa, Hare Kṛṣṇa, Kṛṣṇa Kṛṣṇa, Hare Hare / Hare Rāma, Hare Rāma, Rāma Rāma, Hare Hare. « Tu obtiendras ainsi très facilement la libération, et pourras ensuite accéder au but souverain de l'existence – l'amour pour Dieu. »

Le Seigneur récita ensuite plusieurs passages d'Écritures faisant autorité, dont le *Śrīmad-Bhāgavatam,* la *Bhagavad-gītā* et le *Nṛsiṁha-tāpanī.* Il cita plus particulièrement un verset de la *Bhagavad-gītā* (18.54), selon lequel qui atteint la réalisation spirituelle, se sachant être Brahman, y trouve la joie et le bonheur. Jamais il ne s'afflige, jamais il n'aspire à quoi que ce soit ; il voit tous les êtres sur un pied d'égalité. Celui-là devient un pur dévot de Dieu, la Personne Suprême. De même, le *Nṛsiṁha-tāpanī* (2.5.16) enseigne qu'une personne vraiment parvenue à la libération peut comprendre les divertissements spirituels et absolus du Seigneur Souverain, et ainsi s'engager dans Son service de dévotion. Le Seigneur Caitanya cita aussi un extrait du second Chant du *Śrīmad-Bhāgavatam* (2.1.9) où Śukadeva Gosvāmī admet que, bien que promu au plan de la libération et délivré des griffes de *māyā,* il ressentait néanmoins l'attrait des divertissements sublimes de Kṛṣṇa. Aussi étudia-t-il le *Śrīmad-Bhāgavatam* auprès de son illustre père, Vyāsadeva. Śrī Caitanya cita également un autre *śloka* du *Śrīmad-Bhāgavatam* (3.15.43), celui-là se rapportant au Kumāras. Quand ceux-ci entrèrent dans le temple du Seigneur, le parfum des fleurs et des feuilles de *tulasī* offertes à Ses pieds pareils-au-lotus avec de la pulpe de santal les attira. L'arôme de ces offrandes tourna les pensées des Kumāras vers le service du Seigneur Suprême, même s'ils étaient d'ores et déjà des âmes libérées. On lit donc dans le *Śrīmad-Bhāgavatam* (1.7.10) que même l'âme libérée et effectivement lavée de la souillure matérielle peut, sans raison manifeste, ressentir l'attrait du service de dévotion offert au Seigneur, et ce, sans être entravé par aucun penchant matériel. Si on nomme Dieu « Kṛṣṇa », c'est qu'Il est fascinant.

Ainsi le Seigneur Caitanya discuta-t-Il du verset *ātmārāma* du *Śrīmad-Bhāgavatam* avec Prakāśānanda Sarasvatī. L'admirateur de Caitanya qu'était le *brāhmaṇa* du Mahārāṣṭrīya rapporta à l'assemblée que le Seigneur avait expliqué ce verset de soixante-quatre façons différentes, et toute l'assemblée se montra très désireuse d'entendre celles-ci à nouveau. Vu leur empressement, le Seigneur Caitanya expliqua l'*ātmārāma-śloka* exactement comme Il l'avait fait pour Sanātana Gosvāmī. Tous ceux qui entendirent l'exposé du Seigneur en furent frappés d'émerveillement. En vérité, ils en conclurent que Caitanya n'était nul autre que Śrī Kṛṣṇa en personne.

CHAPITRE VINGT-QUATRE

Entretiens avec Sārvabhauma Bhaṭṭācārya

Lorsque le Seigneur Caitanya rencontra Sārvabhauma Bhaṭṭācārya à Jagannātha Purī, le Bhaṭṭācārya – qui était le plus éminent logicien de l'époque – désira également Lui enseigner le *Vedānta*. Comme le Bhaṭṭācārya était du même âge que le père de Caitanya, par compassion pour le jeune *sannyāsī,* il Le pria d'apprendre le *Vedānta-sūtra* auprès de lui. Sinon, pensait-il, il serait difficile pour Caitanya de rester un *sannyāsī*. Le Seigneur accédant finalement à sa requête, le Bhaṭṭācārya entreprit de L'instruire dans le temple de Jagannātha, et ce, pendant sept jours consécutifs au cours desquels le Seigneur l'écouta sans prononcer un seul mot. Le huitième jour, le Bhaṭṭācārya dit : « Cela fait une semaine que Tu entends le *Vedānta-sūtra* de ma bouche ; or, comme Tu ne poses aucune question ni ne me laisses savoir ce que Tu penses de mon exposé, je ne peux saisir si Tu comprends ou non ce que je dis. » « Je suis un sot, répondit le Seigneur. Je ne suis pas apte à étudier le *Vedānta-sūtra ;* J'essaie simplement de t'écouter, puisque tu dis que tel est le devoir d'un *sannyāsī,* mais Je ne comprends guère le sens que tu prêtes au *Vedānta.* » En d'autres mots, le Seigneur sous-entend que plusieurs soi-disant *sannyāsīs* de la *māyāvāda sampradāya,* illettrés et dénués d'intelligence, écoutent le *Vedānta-sūtra* auprès de leur maître spirituel par simple formalité, sans en comprendre un traître mot. Le Seigneur Caitanya précise toutefois qu'Il ne saisit pas les explications du Bhaṭṭācārya non pas parce qu'elles dépassent Son entendement, mais plutôt parce qu'Il n'admet pas l'interprétation *māyāvāda* de l'ouvrage.

Après que le Seigneur eut affirmé être un sot inculte, et donc inapte à suivre l'exposé du Bhaṭṭācārya, celui-ci Lui répondit : « Pourquoi alors ne poses-Tu aucune question ? Pourquoi garder le silence ? Je crois comprendre que Tu aimerais Te prononcer sur mon exposé. »

« Cher maître, reprit le Seigneur, Je saisis très bien le sens des aphorismes du *Vedānta.* Mais Je ne peux en dire autant de vos explications. La signification du texte original du *Vedānta-sūtra* n'a rien d'obscur, mais la façon dont vous l'expliquez semble en voiler le sens véritable. Au lieu d'en expliquer le sens direct, vous l'occultez par vos élucubrations. À mon avis, vous cherchez à présenter votre propre doctrine en vous servant des aphorismes du Vedānta. »

Selon la *Muktika Upaniṣad,* il existe 108 *Upaniṣads,* dont : 1) l'*Īśa,* 2) la *Kena,* 3) la *Kaṭha,* 4) la *Praśna,* 5) la *Muṇḍaka,* 6) la *Māṇḍūkya,* 7) la *Taittirīya,* 8) l'*Aitareya,* 9) la *Chāndogya,* 10) la *Bṛhad-āraṇyaka,* 11) la *Brahma,* 12) la *Kaivalya,* 13) la *Jāvāla,* 14) la *Śvetāśvatara,* 15) l'*Haṁsa,* 16) l'*Āruṇi,* 17) la *Garbha* et 18) la *Nārāyaṇa.* Les 108 *Upaniṣads* renferment toute la science de la Vérité Absolue. On nous demande parfois pourquoi notre chapelet se compose de 108 grains. Selon nous, ceux-ci représentent les 108 *Upaniṣads,* où l'on retrouve tout ce qui a trait à la Vérité Absolue. Certains *vaiṣṇavas* croient également que les 108 grains de leur chapelet représentent les 108 compagnes du Seigneur Kṛṣṇa ayant participé à Sa danse *rāsa.*

Le Seigneur Caitanya s'opposait aux fausses interprétations des *Upaniṣads,* rejetant toute explication qui n'en donnait pas le sens direct. L'interprétation directe est qualifiée d'*abhidhā-vṛtti,* alors que l'interprétation indirecte est dite *lakṣaṇā-vṛtti* et ne sert à rien. On dénombre quatre types de compréhension : 1) la compréhension directe, 2) la compréhension hypothétique, 3) la compréhension historique et 4) la compréhension par le son. D'entre elles, la compréhension issue des Écritures védiques (qui sont la manifestation sonore de la Vérité Absolue) est la plus probante. Les étudiants de la tradition védique reconnaissent dès lors l'incomparable excellence de la compréhension par le son. Bien que les *Vedas* tiennent pour impurs les os et les excréments de tous les êtres vivants, ils affirment parallèlement que la conque et la bouse de vache sont on ne peut plus purs. Il semble ici y avoir contradiction, mais puisque les *Vedas* déclarent que la conque et la bouse de vache sont purs, ceux-ci sont reconnus comme tels par les tenants des *Vedas*. Nous ne pouvons modifier les enseignements védiques par le biais d'arguments profanes. Seuls ceux qui cherchent à comprendre ces enseignements par les voies de l'interprétation indirecte remettent en question l'évidence des préceptes védiques. Autrement dit, les codes védiques doivent être acceptés tels qu'ils sont, et non altérés par des interprétations imparfaites, sans quoi ils perdent toute autorité.

Selon le Seigneur Caitanya, ceux qui cherchent à donner leur interprétation personnelle des *Vedas* ne font nullement preuve d'intelligence. Ils égarent tout simplement leurs disciples en inventant leur propre interprétation. En Inde, il existe une classe d'hommes regroupés sous le nom d'Ārya-samāja qui prétendent n'accepter que les *Vedas* originaux, à l'exclusion de tout autre Écrit védique, et dont la seule motivation est en fait de présenter leur propre interprétation des textes. Selon Śrī Caitanya, de telles interprétations ne doivent pas être acceptées, car elles n'ont rien de védiques. Caitanya compare les enseignements védiques des *Upaniṣads* au soleil : tout est clair et très distinctement visible à la lumière du soleil, et il en va de même du contenu des *Vedas*. Les philosophes *māyāvādīs* ne font qu'éclipser le soleil derrière le nuage de leurs fausses interprétations.

Le Seigneur Caitanya ajouta ensuite que tous les axiomes védiques des *Upaniṣads* visent la vérité, aussi appelée le Brahman. Par « Brahman », on entend « ce qu'il y a de plus grand », ce qui désigne aussitôt Dieu, la Personne Suprême, la Source de toutes les émanations. À moins de posséder les six excellences dans leur plénitude, nul ne peut être appelé le plus grand. Ce titre revient au seul Seigneur Suprême, le maître des six excellences. En d'autres mots, le Brahman Suprême n'est autre que Dieu, la Personne Suprême. Dans la *Bhagavad-gītā* (10.12), Kṛṣṇa, Dieu, la Personne Suprême, est d'ailleurs reconnu comme le Brahman Suprême. Les notions de Brahman impersonnel et d'Âme Suprême localisée sont comprises dans la réalisation de la Personne Suprême de Dieu.

Quand nous parlons du Seigneur Suprême, nous ajoutons le mot « Śrī », révélant ainsi qu'Il possède pleinement les six excellences. Autrement dit, Il demeure éternellement une personne ; sinon, les six excellences ne sauraient être présentes dans leur plénitude. Par conséquent, lorsque nous qualifions la Vérité Suprême et Absolue d'impersonnelle, c'est à seule fin d'établir qu'il ne s'agit pas d'une personne appartenant à l'univers matériel. Afin de distinguer Son corps spirituel des corps de matière, certains Le décrivent en effet comme étant impersonnel d'un point de vue matériel. En d'autres mots, toute forme de personnalité matérielle est rejetée au profit d'une personnalité spirituelle en ce qui Le concerne. La *Śvetāśvatara Upaniṣad* (3.19) explique clairement que l'Être Absolu ne possède ni mains ni jambes matérielles, mais qu'Il n'en possède pas moins des mains spirituelles Lui permettant d'accepter tout ce qu'on Lui offre. Il n'a pas non plus d'yeux matériels, mais plutôt des yeux spirituels grâce auxquels Il voit absolument tout. Bien que dénué d'oreilles matérielles, Il peut aussi tout entendre. Ses sens étant parfaits, Il connaît le passé, le présent et le futur. De fait, Il sait tout, mais nul ne peut Le comprendre, car Il échappe aux sens matériels. Source de toutes les émanations, Il est la Personne Suprême, le plus grand de tous les êtres, Dieu.

Plusieurs hymnes védiques établissent de façon irréfutable que la Vérité Suprême et Absolue est une personne, et qu'Elle n'appartient pas à ce monde de matière. À titre d'exemple, le *Hayaśīrṣa Pañcarātra* explique que même si toutes les *Upaniṣads* décrivent d'abord le Brahman Suprême comme impersonnel, elles finissent toutes par reconnaître la forme personnelle du Seigneur Souverain. L'*Īśopaniṣad* (15) nous en offre un exemple dans le *mantra* suivant :

hiraṇmayena pātreṇa
satyasyāpihitaṁ mukham
tat tvaṁ pūṣann apāvṛṇu
satya-dharmāya dṛṣṭaye

Ce verset stipule que tous doivent embrasser le service de dévotion offert au Seigneur Suprême : « Ô mon Seigneur, ô Personne Suprême, Tu es le Soutien de toute vie et de l'univers entier. Voilà pourquoi Ton service de dévotion constitue la vraie religion. Je pratique donc ce service dévotionnel en espérant que Tu me protégeras et m'engageras toujours davantage dans ce service sublime. Car Tu es Dieu, la Personne Suprême, incarnant l'éternelle forme dite *sac-cid-ānanda,* et Ta radiance se répand dans l'entière création, tout comme celle du soleil en ce monde. Et de même que l'aveuglante lumière qui en émane nous cache le disque solaire, Ta forme spirituelle est voilée par le *brahma-jyotir*. Désirant Te découvrir au sein de ce *brahma-jyotir,* je Te prie de retirer cette éblouissante radiance. » Ce verset de l'*Īśopaniṣad* précise que la forme éternelle, toute de savoir et de félicité du Seigneur Suprême se trouve au cœur de la radiance ardente du *brahma-jyotir,* laquelle émane du corps personnel du Seigneur. La forme personnelle du Seigneur est donc la source du *brahma-jyotir,* ainsi que le confirme la *Bhagavad-gītā* (14.27). Le *Hayaśīrṣa Pañcarātra* établit que le Brahman impersonnel est dépendant de la Personne Suprême, et toutes les *Upaniṣads* et les autres Écrits védiques qui traitent d'entrée de jeu du Brahman impersonnel finissent par dévoiler la nature personnelle de la Vérité Absolue. Pour tout dire, comme l'indique l'*Īśopaniṣad,* la Vérité Suprême et

Absolue est, simultanément et éternellement, personnelle et impersonnelle, quoique Son aspect personnel soit plus important que Son aspect impersonnel.

Selon le *mantra yato vā imāni bhūtāni jāyante* de la *Taittirīya Upaniṣad,* la manifestation cosmique n'est qu'une émanation de Dieu, la Vérité Suprême et Absolue, et elle repose par ailleurs en Lui, qui S'impose dès lors en tout comme l'agissant ablatif, causatif et locatif, et par le fait même comme la Personne Suprême, car ce sont bien là les caractéristiques d'une personne. En Sa qualité d'agissant ablatif à l'égard de la manifestation cosmique, Il doit en outre posséder la faculté de penser, de sentir et de vouloir, car sans ces trois attributs psychiques, la manifestation cosmique ne saurait être aussi merveilleusement conçue et agencée. D'autre part, en Sa qualité d'agissant causatif, Il est l'architecte originel du cosmos, et en Sa qualité d'agissant locatif, tout ce qui existe repose sur Son énergie. Bref, tous ces attributs sont clairement ceux d'une personne. Selon la *Chāndogya Upaniṣad* (5.2.3), lorsque Dieu, la Personne Suprême, souhaite Se faire multiple, Il imprègne la nature matérielle, ce que confirme également l'*Aitareya Upaniṣad* (1.1) lorsqu'elle déclare : « Le Seigneur posa Son regard sur la nature matérielle. » La manifestation cosmique n'existait pas avant qu'Il ne pose Son regard sur la nature matérielle ; Son regard, ou Sa vision ne saurait donc être souillé par la matière. Et puisqu'Il voyait avant que n'existe la création matérielle, Son corps lui-même ne saurait être matériel. Ses facultés de penser, de sentir et d'agir revêtent toutes un caractère transcendantal. En d'autres termes, il faut en conclure que le mental du Seigneur, siège de Ses pensées, de Ses sentiments et de Sa volonté, est spirituel et absolu, et de même Ses yeux, dont le regard se pose sur la nature matérielle. Comme tout en Lui existait avant la création matérielle, le Seigneur possède à l'évidence un corps, des sens et un mental parfaitement spirituels et absolus. Telle est la conclusion de l'entière littérature védique. On retrouve le mot Brahman partout dans les *Upaniṣads,* et le *Śrīmad-Bhāgavatam* explique que le Brahman, le Paramātmā et Bhagavān sont autant d'aspects d'une seule et unique Vérité Absolue. Les réalisations du Brahman et du Paramātmā ne sont ainsi que des étapes vers l'ultime réalisation, soit celle de la Personne Suprême de Dieu. Telle est la conclusion de toutes les Écritures védiques.

Ainsi, selon les différents Écrits védiques, Kṛṣṇa, le Seigneur Suprême, représente le but ultime de la réalisation du Brahman. La *Bhagavad-gītā* (7.7) confirme également que rien ni personne ne surpasse Kṛṣṇa. Madhvācārya, l'illustre *ācārya* de la succession disciplique de Brahmā, déclare dans son commentaire sur le *Vedānta-sūtra* que tout peut être vu à travers l'autorité des Écritures. Il cite dans ce contexte un verset du *Bhaviṣya Purāṇa,* où il est dit que les *Ṛg, Sāma* et *Atharva Vedas,* le *Mahābhārata,* le *Pañcarātra* et l'originel

Rāmāyaṇa sont autant d'Écrits védiques avérés qui font autorité, tout comme les *Purāṇas* reconnus par les *vaiṣṇavas*. En vérité, tout ce que contiennent ces Écrits doit, sans argument, être accepté comme l'ultime conclusion. Or, tous ces ouvrages proclament que Kṛṣṇa est Dieu, la Personne Suprême.

CHAPITRE VINGT-CINQ

Réalisations personnelle et impersonnelle

Les *Purāṇas* sont qualifiés de suppléments védiques. Comme la matière des *Vedas* originaux s'avère parfois trop ardue pour le commun des mortels, les *Purāṇas* l'expliquent merveilleusement à l'aide de récits et d'épisodes historiques. Le *Śrīmad-Bhāgavatam* (10.14.32) nous révèle la grande fortune de Mahārāja Nanda, des pâtres et des autres habitants de Vṛndāvana, car le Brahman Suprême, l'Être Divin, tout de félicité, Se livre à Ses divertissements éternels à titre amical en leur compagnie. Selon la *Śvetāśvatara Upaniṣad* (3.19), le *mantra apāṇi-pādo javano grahītā* confirme que même si le Brahman n'a ni mains ni jambes matérielles, Il marche très majestueusement et accepte tout ce qu'on Lui offre. Cela suggère qu'Il possède des membres spirituels, et n'est donc pas de nature impersonnelle. Qui ne comprend pas les principes védiques insiste uniquement sur les traits matériels et impersonnels de la Vérité Suprême et Absolue, et La qualifie indûment d'impersonnelle. Les philosophes impersonnalistes que sont les *māyāvādīs* s'efforcent d'établir la nature impersonnelle de la Vérité Absolue, à l'encontre de la littérature védique. Bien que les Écrits védiques confirment que l'Absolu Suprême possède de multiples énergies, les *māyāvādīs* tentent en effet d'établir qu'il n'en est rien. Le fait demeure cependant que la Vérité Absolue est aussi personnelle que riche en énergies. Il n'est donc guère possible d'établir qu'Elle est impersonnelle.

Selon le *Viṣṇu Purāṇa* (6.7.61–63), les êtres vivants forment l'énergie dite *kṣetra-jña*. Quoique parties intégrantes du Seigneur Suprême et pleinement conscients, les êtres distincts n'en deviennent pas moins prisonniers de la souillure matérielle, et subissent toutes les souffrances inhérentes à celle-ci. Ces êtres vivent différemment selon le degré de leur enlisement dans la nature matérielle. Comprenons ici que l'énergie première du Seigneur Souverain est spirituelle et non différente de Sa Personne Absolue et Suprême. L'être vivant est qualifié d'énergie marginale du Seigneur, et la matière, d'énergie inférieure. Sous l'effet de son inertie et de son ivresse matérielle, l'être vivant – malgré sa position marginale – s'empêtre dans la matière, de nature inférieure. Oubliant alors sa nature spirituelle, il s'identifie à l'énergie matérielle et s'expose par là aux trois formes de souffrance. Toutefois, pour peu qu'il s'affranchisse de la souillure matérielle, il en vient à s'établir à différents niveaux d'existence.

Selon l'enseignement védique, il importe que chaque être vivant comprenne sa nature intrinsèque, celle du Seigneur et celle de l'énergie matérielle, de même que leur interconnexion. Il s'agit d'abord de chercher à saisir la nature véritable de Dieu, la Personne Suprême. Le Seigneur possède un corps éternel, conscient, pleinement heureux, et Son énergie spirituelle se caractérise par l'éternité, le savoir et la félicité. De par Son aspect extatique, Il est la Source de la puissance de félicité. De par Son aspect éternel, Il est la cause de tout ce qui existe. Et de par Son aspect conscient, Il incarne le savoir suprême. Le nom *kṛṣṇa* désigne d'ailleurs ce savoir souverain. En d'autres termes, Kṛṣṇa, la Personne Suprême, est le réservoir de tout savoir, de tout plaisir et de toute éternité. Le savoir suprême de Kṛṣṇa se manifeste à travers trois énergies : l'interne, la marginale et l'externe. Par le biais de Son énergie interne, Il existe en Lui-même avec Son entourage spirituel ; par le biais de Son énergie marginale, Il Se manifeste sous la forme des êtres vivants ; et par le biais de Son énergie externe, Il Se manifeste sous la forme de l'énergie matérielle. Et la manifestation de chacune de ces énergies repose sur un fond d'éternité, de félicité et de savoir. L'âme conditionnée incarne l'énergie marginale sous l'emprise de l'énergie externe. Toutefois, lorsque l'énergie marginale se place plutôt sous le signe de l'énergie spirituelle, elle devient digne de l'amour de Dieu. Le Seigneur Suprême jouit de six excellences, de sorte que nul ne peut établir qu'Il est sans forme ou dépourvu d'énergies. Quiconque le prétend va entièrement à l'encontre de l'enseignement védique. En réalité, Dieu, la Personne Suprême, est le Maître de toutes les énergies, tandis que l'être distinct, fragment infinitésimal de Sa personne, peut être subjugué par l'énergie matérielle. La *Muṇḍaka Upaniṣad* nous offre l'exemple de deux oiseaux perchés sur un même arbre. L'un d'eux en mange les fruits alors que l'autre ne fait que l'observer. Lorsque le premier se tourne vers le second, il s'affranchit de toute angoisse. Telle est la position de l'être infinitésimal. Tant qu'il oublie Dieu, l'Être Suprême, il reste la proie des trois formes de souffrance. Mais dès qu'il se tourne vers le Seigneur Suprême, ou devient Son dévot, il s'affranchit de toute angoisse et souffrance inhérentes à l'existence matérielle.

L'être distinct est éternellement subordonné au Seigneur Souverain, lequel reste à jamais le maître de toutes les énergies, tandis que l'être distinct se trouve toujours sous le contrôle des énergies du Seigneur. Bien que qualitativement identique au Suprême, l'être vivant cherche à dominer la nature matérielle, si ce n'est qu'étant infinitésimal, il est sujet à la domination de la nature matérielle. Aussi le dit-on représenter l'énergie marginale du Seigneur. Du fait qu'il tend à être dominé par la nature matérielle, l'être vivant ne peut à aucun moment faire un avec le Seigneur Suprême. Si l'être distinct était l'égal de Dieu, il ne pourrait jamais être dominé par l'énergie matérielle. La *Bhagavad-gītā* décrit l'être distinct comme l'une des énergies du Seigneur. Bien qu'inséparable de sa source, l'énergie ne peut lui être égale. En d'autres mots, l'être vivant est simultanément différent et non différent du Seigneur Suprême. La *Bhagavad-gītā* (7.4–5) précise que terre, eau, feu, air, éther, mental, intelligence et faux ego sont les huit énergies élémentaires de l'Être Suprême – énergies de qualité inférieure –, tandis que l'être distinct s'avère de qualité supérieure. L'enseignement védique confirme que la forme transcendantale du Seigneur Suprême est éternelle, toute de savoir et de félicité.

La vision impersonnaliste nie les transformations liées aux modes d'influence de la nature matérielle. La forme qui transcende les influences de la nature matérielle ne ressemble guère aux formes de notre univers de matière. Purement spirituelle, elle ne peut être comparée à aucune forme matérielle. Par conséquent, quiconque n'accepte pas la forme spirituelle du Seigneur Suprême est un athée. Puisque Buddha ne reconnaît pas ces principes védiques, les maîtres des *Vedas* voient en lui un athée. Bien que les philosophes *māyāvādīs* prétendent accepter les principes védiques, ils prêchent indirectement la doctrine bouddhiste, ou l'athéisme, et ne reconnaissent pas Dieu, la Personne Suprême. La philosophie *māyāvāda* est cependant inférieure à la doctrine bouddhiste, qui rejette directement l'autorité des *Vedas*. Travestie en philosophie védantiste, la doctrine *māyāvāda* se révèle en effet plus dangereuse que le bouddhisme ou l'athéisme.

Vyāsadeva a composé le *Vedānta-sūtra* pour le bien de tous les êtres vivants, afin qu'ils comprennent la philosophie du *bhakti-yoga.* Hélas, le *Śārīraka-bhāṣya,* soit le commentaire *māyāvāda* sur le Vedānta, est venu en dénaturer la teneur. Rejetant la forme spirituelle et absolue de Dieu, la Personne Suprême, ce commentaire rabaisse le Brahman Suprême au niveau de l'être, ou Brahman distinct. La forme et l'individualité spirituelles du Brahman Suprême et du Brahman distinct s'y trouvent niées, bien que les Écritures enseignent clairement que le Seigneur est l'unique Être Suprême, alors que les êtres distincts sont légion. Il s'avère donc toujours périlleux de lire le commentaire *māyāvāda* sur le *Vedānta-sūtra,* le danger résidant dans la méprise selon laquelle l'être distinct serait l'égal du Seigneur Suprême. L'être peut être ainsi fourvoyé, après quoi il ne peut recouvrer sa position réelle, qui tient à la pratique éternelle du *bhakti-yoga.* Autrement dit, la philosophie *māyāvāda* a causé le pire tort à l'humanité en faisant valoir la conception impersonnelle du Seigneur Suprême. Ainsi les philosophes *māyāvādīs* privent-ils la société humaine du vrai message du *Vedānta-sūtra.*

D'emblée, le *Vedānta-sūtra* admet que la manifestation cosmique n'est qu'un déploiement de l'énergie du Seigneur Suprême. Le tout premier aphorisme – *janmādy asya* – décrit le Brahman Suprême comme la source dont tout émane. Il est le soutien de toute chose et tout se dissout en Lui. Ainsi la Vérité Absolue est-elle la cause de la création, du soutien et de la dissolution. L'arbre étant la cause du fruit, on ne saurait dire qu'il est de nature impersonnelle. Même s'il produit des centaines, voire des milliers de fruits, l'arbre en soi demeure inchangé. Le fruit, lui, se développe et se conserve quelque temps, puis il dépérit et disparaît. Mais cela n'implique nullement que l'arbre disparaît lui aussi. Le *Vedānta-sūtra* expose donc d'entrée de jeu la doctrine des sous-produits. La production, la préservation et la dissolution s'opèrent de par l'inconcevable énergie du Seigneur Suprême. La manifestation cosmique est une transformation de l'énergie du Seigneur, quoique Celui-ci et Son énergie soient non différents et inséparables. La pierre philosophale peut produire de grandes quantités d'or au contact du fer, mais elle demeure inchangée malgré tout. Même s'Il produit la gigantesque manifestation cosmique, le Seigneur Suprême conserve toujours Sa forme transcendantale.

La philosophie *māyāvāda* a l'impudence de rejeter le but visé par Vyāsadeva, tel que défini dans le *Vedānta-sūtra,* et de chercher à établir une doctrine de transformation purement imaginaire. Selon cette doctrine *māyāvāda,* la manifestation cosmique ne serait qu'une transformation de la Vérité Absolue, qui n'aurait aucune existence hors du cosmos. Or, tel n'est pas le message du *Vedānta-sūtra.* Les philosophes *māyāvādīs* définissent cette transformation comme étant illusoire, ce qu'elle n'est pas. Elle n'est que temporaire. La philosophie *māyāvāda* soutient que la Vérité Absolue incarne la seule vérité et que la manifestation cosmique n'a pas de réalité propre. Dans les faits, il n'en est rien. La manifestation matérielle n'est pas exactement illusoire ; en tant que vérité relative, elle n'est que temporaire.

Le *praṇava,* ou l'*oṁ-kāra,* est la principale vibration des hymnes védiques : l'*oṁ-kāra* est considéré comme la forme sonore du Seigneur Suprême. De l'*oṁ-kāra* émanent tous les hymnes védiques de même que l'univers. Les mots *tat tvam asi,* qu'on retrouve aussi dans les hymnes védiques, n'en sont pas les principales vibrations, mais plutôt une définition de la nature intrinsèque de l'être vivant. *Tat tvam asi* signifie en effet que l'être est un fragment spirituel de l'Âme Suprême, mais ce n'est pas là l'objet principal du *Vedānta* ou de la littérature védique. L'*oṁ-kāra* demeure la principale manifestation sonore du Suprême. Toutes ces explications fallacieuses du *Vedānta-sūtra* sont tenues pour athées. Puisqu'ils n'acceptent pas l'éternelle forme spirituelle du Seigneur Suprême, les philosophes *māyāvādīs* sont incapables de vraiment pratiquer le service de dévotion. Aussi demeurent-ils à jamais privés de la conscience de Kṛṣṇa et du service de dévotion à Kṛṣṇa. Le pur dévot de l'Être Divin n'acceptera jamais la philosophie *māyāvāda* comme une véritable voie de réalisation spirituelle. Les philosophes *māyāvādīs* errent sur le plan matériel de la moralité et de l'immoralité associées à la manifestation cosmique ; par conséquent, ils sont toujours occupés à accepter ou à rejeter la jouissance matérielle. Ayant à tort accepté comme spirituel ce qui ne l'est point, ils ont oublié l'éternelle forme spirituelle de Dieu, la Personne Suprême, ainsi que Son nom, Sa nature et Son entourage. Ils considèrent les divertissements, noms, formes et attributs spirituels de l'Être Suprême comme des produits de la nature matérielle. Du fait de leur acceptation et de leur rejet successifs des joies et peines matérielles, les philosophes *māyāvādīs* sont éternellement soumis à la souffrance matérielle.

Les vrais dévots du Seigneur sont différents des philosophes *māyāvādīs.* L'impersonnalisme ne peut d'aucune façon représenter l'éternité, l'extase et le savoir. Établis dans une connaissance imparfaite de la libération, les *māyāvādīs* dénigrent l'éternité, le savoir et la félicité sous l'emprise du matérialisme. Puisqu'ils rejettent le service de dévotion, ils sont dénués d'intelligence et incapables de saisir les fruits du service dévotionnel. Les jongleries verbales auxquelles ils ont recours pour amalgamer la connaissance, le connaissable et le connaissant démontrent simplement leur absence d'intelligence. La doctrine des sous-produits constitue le véritable message du début du *Vedānta-sūtra.* Le Seigneur est le maître d'innombrables énergies infinies ; aussi manifeste-t-Il les sous-produits de ces énergies de diverses façons. Tout est sous Sa domination. Le Seigneur Suprême est également le Maître Suprême, qui Se manifeste en d'innombrables énergies et émanations.

CHAPITRE VINGT-SIX

Conversion du Bhaṭṭācārya

Pour les philosophes nihilistes et impersonnalistes, l'au-delà ne serait qu'un monde inanimé d'éternité et de félicité. Les nihilistes veulent établir qu'en dernière analyse, tout est inanimé, et les impersonnalistes, que dans l'au-delà n'existe que le savoir dissocié de toute activité. En d'autres mots, les assoiffés de salut à l'intelligence réduite cherchent à transposer un savoir imparfait dans la sphère parfaite de l'activité spirituelle. Désenchanté par l'activité matérielle, l'impersonnaliste cherche à établir que la vie spirituelle est dépourvue d'activité, car il n'a aucune compréhension des activités dévotionnelles. L'activité spirituelle dans le cadre du service de dévotion demeure inintelligible pour les impersonnalistes et les philosophes nihilistes. Les philosophes *vaiṣṇavas* savent parfaitement bien que la Vérité Absolue, Dieu, la Personne Suprême, ne peut jamais être impersonnelle, ou néant, puisqu'Elle possède d'innombrables puissances. Elle peut Se présenter sous de multiples formes jouissant d'énergies sans nombre tout en demeurant Dieu, la Personne Suprême et Absolue. Bien qu'Elle Se déploie en de multiples formes et diffuse Ses innombrables énergies, Elle maintient à jamais Sa position transcendantale.

Le Seigneur Caitanya exposa de cette façon les nombreuses failles de la philosophie *māyāvāda*. Même si le Bhaṭṭācārya cherchait à se faire valoir en usant de logique et de jonglerie verbale, Caitanya réussit à parer ses assauts. Le Seigneur établit ainsi que la littérature védique sert trois fins : comprendre notre relation avec l'Absolu, Dieu, la Personne Suprême, agir selon cet entendement et atteindre la plus haute perfection de l'existence : l'amour de Dieu. Quiconque cherche à démontrer que les Écritures védiques visent quelque autre but est forcément victime de sa propre imagination. Le Seigneur cita ensuite quelques versets des *Purāṇas* grâce auxquels Il désirait établir que Śaṅkarācārya avait livré son enseignement sur l'ordre du Seigneur Suprême. Il cita entre autres un verset du *Padma Purāṇa* (62.31), où il est dit que le Seigneur ordonna à Mahādeva – Śiva – de présenter une interprétation contrefaite des textes védiques afin de détourner la masse des gens du véritable sens des *Vedas*. « Ce faisant, tu t'efforceras de les transformer en athées, dit le Seigneur à Śiva, de sorte qu'ils se multiplient. » Le *Padma Purāṇa* ajoute que Śiva expliqua à son épouse, Pārvatī, qu'en l'âge de Kali, il apparaîtrait sous les traits d'un *brāhmaṇa* pour diffuser une interprétation faussée des *Vedas*, interprétation dite *māyāvāda* qui ne serait en fait qu'une version remodelée de la philosophie athée de Buddha.

Abasourdi par ces explications du Seigneur Caitanya, le Bhaṭṭācārya ne dit mot. Après un moment de silence, Caitanya lui dit : « Cher Bhaṭṭācārya, ne sois pas dérouté par Mes propos. Crois-Moi, le service de dévotion du Seigneur Suprême représente la plus haute perfection de l'entendement humain. Il fascine même les âmes libérées qui, de par l'inconcevable puissance de Dieu, la Personne Suprême, deviennent Ses dévots. » On en trouve d'ailleurs de nombreux exemples dans la littérature védique. Ainsi le célèbre verset *ātmārāma* du *Śrīmad-Bhāgavatam* (1.7.10) est-il spécialement destiné aux âmes libérées de tout attachement matériel et fascinées par la réalisation du soi. Ce sont les différentes activités du Seigneur Kṛṣṇa qui poussent ces impersonnalistes libérés vers le service de dévotion. Telle est la nature transcendantale de la Personne Suprême, Dieu. Atteindre la conscience pure, c'est comprendre qu'on est l'éternel serviteur du Seigneur Suprême. Sous l'empire de l'illusion, une personne de moindre intelligence assimile le soi aux corps grossier et subtil, une notion au fondement même de la doctrine du transfert. En vérité, les parties intégrantes du Suprême ne sont pas éternellement soumises à cette notion erronée d'existence corporelle grossière et subtile. Les enveloppes grossières et subtiles de l'être vivant ne constituent pas sa forme éternelle, car elles sont sujettes au changement. Autrement dit, l'être peut s'affranchir d'une telle existence. Mais tant qu'il s'identifie au corps et au mental, il ne fait qu'échanger son identité spirituelle pour une identité matérielle, d'où l'idée de « transfert ». Il va sans dire que les philosophes *māyāvādīs* exploitent cette notion de transfert en prétendant que l'être vivant se leurre en croyant faire partie intégrante du Suprême, et qu'il est en fait lui-même le Suprême. Voilà bien une doctrine insoutenable.

Le Bhaṭṭācārya pria ensuite Caitanya d'expliquer le célèbre verset *ātmārāma,* car il désirait l'entendre de la bouche même du Seigneur. Caitanya répondit au Bhaṭṭācārya qu'il devait d'abord expliquer ce verset selon son propre entendement, après quoi Il lui livrerait Son explication personnelle. Le Bhaṭṭācārya entreprit alors d'expliquer ce *śloka* en s'appuyant sur la logique et la grammaire. Ainsi avança-t-il neuf explications différentes. Appréciant son érudition, le Seigneur lui dit : « Cher Bhaṭṭācārya, Je sais que tu es une manifestation personnelle du docte Bṛhaspati, et que tu es donc apte à expliquer tout passage des *śāstras* de façon remarquable. Pourtant, ton exposé ne repose ni plus ni moins que sur l'érudition formelle. Or, outre cette approche savante, il existe une autre explication. »

C'est alors, à la requête du Bhaṭṭācārya, que le Seigneur Caitanya expliqua l'*ātmārāma-śloka* en analysant les mots qui le composent : 1) *ātmārāmāḥ,* 2) *ca,* 3) *munayaḥ,* 4) *nirgranthāḥ,* 5) *api,* 6) *urukrame,* 7) *kurvanti,* 8) *ahaitukīm,* 9) *bhaktim,* 10) *ittham-bhūta-guṇaḥ* et 11) *hariḥ.*

(Nous avons déjà présenté l'exposé du Seigneur dans Son enseignement à Sanātana Gosvāmī.) L'analyse de Caitanya couvrant les onze mots précités ne reprenait aucune des neuf explications du Bhaṭṭācārya. Ainsi exposa-t-Il soixante et une explications de ce verset. Pour résumer, Il déclara que Dieu, l'Être Suprême, est riche de puissances sans nombre ; nul ne peut estimer la quantité d'attributs spirituels qu'Il possède, attributs qui demeurent toujours inconcevables. Et toutes les voies de réalisation spirituelle visent à percer le mystère des puissances, énergies et attributs du Seigneur Suprême. Ses dévots, cependant, acceptent d'emblée Sa position inconcevable. Caitanya expliqua que même de grandes âmes libérées tels les Kumāras et Śukadeva Gosvāmī ont été fascinées par les attributs sublimes du Seigneur Souverain.

Après avoir entendu l'exposé de Śrī Caitanya, le Bhaṭṭācārya en conclut qu'Il était nul autre que Kṛṣṇa en personne. Il reconnut ensuite sa propre bassesse, puisqu'il avait d'abord considéré Caitanya comme un homme ordinaire, se rendant ainsi coupable d'une offense. Tombant alors aux pieds pareils-au-lotus de Caitanya, tout en se mortifiant, il pria le Seigneur de lui témoigner Sa grâce immotivée. Appréciant l'humilité de ce grand érudit, Śrī Caitanya lui permit de voir Sa propre forme, d'abord à quatre, puis à six bras (*ṣaḍ-bhuja*). Sārvabhauma Bhaṭṭācārya se prosterna de façon répétée aux lotus des pieds du Seigneur et composa diverses prières Le glorifiant. Après avoir été béni de la miséricorde sans cause du Seigneur, lui qui était sans nul doute un grand érudit fut investi du pouvoir d'expliquer Ses activités de diverses façons. À titre d'exemple, il fut à même d'exprimer les bienfaits du chant du *mantra* Hare Kṛṣṇa, Hare Kṛṣṇa, Kṛṣṇa Kṛṣṇa, Hare Hare / Hare Rāma, Hare Rāma, Rāma Rāma, Hare Hare.

On dit que Sārvabhauma Bhaṭṭācārya composa alors cent versets en guise d'appréciation des activités du Seigneur, des versets si merveilleux que même Bṛhaspati – le grand érudit des sphères célestes – n'aurait pu en faire autant. Le Seigneur en fut si comblé qu'Il serra le Bhaṭṭācārya dans Ses bras. Envahi d'extase au contact du Seigneur, le Bhaṭṭācārya s'évanouit pratiquement. Pleurant, tremblant, frissonnant et transpirant, tantôt il dansait, tantôt il chantait ou tombait aux pieds pareils-au-lotus de Caitanya. Gopīnātha Ācārya, le beau-frère de Sārvabhauma, et tous les dévots du Seigneur furent étonnés de voir le Bhaṭṭācārya ainsi transformé en un grand dévot.

Gopīnātha Ācārya entreprit alors de remercier le Seigneur : « Seule Ta grâce a pu transformer le Bhaṭṭācārya et ouvrir son cœur de pierre à une telle dévotion. » Le Seigneur Caitanya de répondre que, par la faveur d'un dévot, un homme de pierre peut devenir un dévot aussi doux qu'une fleur. En réalité, Gopīnātha Ācārya souhaitait sincèrement que son beau-frère, le Bhaṭṭācārya, devienne un dévot du Seigneur. Pour avoir désiré en toute sincérité que le Seigneur le bénisse, il fut heureux de voir son vœu exaucé par Caitanya. En d'autres mots, le dévot du Seigneur se montre plus miséricordieux que Lui. Quand il souhaite faire preuve de compassion envers quelqu'un, le Seigneur intervient et, par Sa grâce, cette personne devient un dévot.

Le Seigneur Caitanya apaisa le Bhaṭṭācārya et le pria de rentrer chez lui. Louant à nouveau le Seigneur, le Bhaṭṭācārya dit : « Tu es descendu sur terre en personne pour délivrer toutes les âmes déchues de l'univers matériel. Une telle entreprise n'est rien pour Toi, mais le fait d'avoir transformé en dévot un homme au cœur de pierre comme moi, voilà qui relève du merveilleux. Quoique très habile à manipuler les arguments logiques et les explications grammaticales conformément aux *Vedas,* j'étais aussi rigide qu'une barre de fer. Néanmoins, Tu m'as fait fondre – telles sont Ton influence et Ton ardeur. »

Le Seigneur Caitanya rentra alors chez Lui, et le Bhaṭṭācārya Lui fit porter par Gopīnātha Ācārya diverses offrandes de *prasāda* du temple de Jagannātha. Le lendemain, le Seigneur Se rendit très tôt au temple de Jagannātha pour assister au *maṅgala ārati.* Les prêtres du temple Lui présentèrent une guirlande de la Déité et différentes offrandes de *prasāda.* Comblé, le Seigneur Se hâta aussitôt vers la maison du Bhaṭṭācārya pour lui offrir les fleurs et le *prasāda* reçus. Malgré l'heure matinale, le Bhaṭṭācārya réalisa que le Seigneur était là, frappant à sa porte. Sortant aussitôt du lit, il dit : « Kṛṣṇa ! Kṛṣṇa ! », et le Seigneur Caitanya l'entendit. En ouvrant la porte, le Bhaṭṭācārya aperçut le Seigneur, et si grande fut sa joie de Le voir à une heure aussi matinale qu'il prit soin de bien Le recevoir. Après Lui avoir offert un siège, le Bhaṭṭācārya s'assit lui-même. Le Seigneur Caitanya lui offrit alors le *prasāda* reçu du temple de Jagannātha, que le Bhaṭṭācārya accepta avec grande joie des mains mêmes du Seigneur. Pour tout dire, il se mit aussitôt à manger sans avoir ni pris son bain, ni accompli ses devoirs quotidiens, ni même brossé ses dents. Désormais affranchi de toute souillure née de l'attachement matériel, il se mit à réciter un verset du *Padma Purāṇa* tout en honorant le *prasāda*.

Le *Padma Purāṇa* enseigne que le *prasāda* doit être mangé aussitôt reçu, fût-il desséché, rassis ou venu de loin, sans se soucier des règles ou devoirs quotidiens. Puisque les *śāstras* prescrivent que le *prasāda* doit immédiatement être honoré, aucune restriction ne vaut quant au moment ou à l'endroit ; ainsi le veut Dieu, la Personne Suprême. En d'autres termes, certaines restrictions s'appliquent quand il s'agit d'accepter de la nourriture offerte par différentes personnes, mais aucune ne nous empêche d'accepter le *prasāda* de la main de quiconque. Toujours transcendantal, le *prasāda* peut être honoré en toutes circonstances.

Le Seigneur Caitanya fut comblé de voir le Bhaṭṭācārya, qui s'en tenait toujours strictement aux règles et principes, accepter le *prasāda* en faisant fi de toute règle et principe. Aussi étreignit-Il le Bhaṭṭācārya, et tous deux se mirent à danser d'extase. Le Seigneur Caitanya S'exclama alors : « Ayant converti une personne comme Sārvabhauma Bhaṭṭācārya, Ma mission à Jagannātha Purī est désormais remplie. »

« Je pourrai désormais atteindre Vaikuṇṭha sans faillir », ajouta le Seigneur. Le but de la mission du dévot consiste à convertir ne serait-ce qu'une personne en pur dévot. Ainsi son admission au royaume spirituel est-elle assurée. Le Seigneur était si content du Bhaṭṭācārya qu'Il le bénit de façon répétée : « Cher Bhaṭṭācārya, te voici désormais un pur dévot de Kṛṣṇa, et Kṛṣṇa est très satisfait de toi. Dès aujourd'hui, te voilà lavé de toute souillure associée à ton corps matériel et affranchi de l'enlisement dans l'énergie matérielle. Tu es maintenant digne de retourner auprès de Dieu, en ta demeure première. »

Le Seigneur cita alors un verset du *Śrīmad-Bhāgavatam :* « Quiconque prend entièrement refuge des pieds pareils-au-lotus du Seigneur Suprême est béni par Lui, qu'on nomme l'Infini. Une telle personne est également autorisée à franchir l'océan de l'ignorance. Celui, toutefois, qui s'identifie à son corps de matière ne saurait recevoir l'appréciation ou la miséricorde sans cause de Dieu, la Personne Suprême. » (*Ś.B.*, 2.7.42)

Après ces événements, le Seigneur Caitanya retourna chez Lui, et le Bhaṭṭācārya devint un dévot aussi pur qu'irréprochable. Comme il était jadis un docte académicien, seule la miséricorde immotivée de Caitanya Mahāprabhu pouvait le convertir. À compter de ce jour, le Bhaṭṭācārya n'expliqua les textes védiques qu'en rapport avec le service de dévotion. Gopīnātha Ācārya, son beau-frère, était si heureux de la transformation du Bhaṭṭācārya qu'il se mit à danser d'extase et à faire vibrer les sonorités spirituelles du *mantra* Hare Kṛṣṇa, Hare Kṛṣṇa, Kṛṣṇa Kṛṣṇa, Hare Hare / Hare Rāma, Hare Rāma, Rāma Rāma, Hare Hare.

Le lendemain, après une visite matinale au temple de Jagannātha, le Bhaṭṭācārya se rendit auprès du Seigneur Caitanya et Lui offrit ses respects en se prosternant devant Lui. Puis, il parla de sa mauvaise conduite antérieure. Quand il pria le Seigneur de dire quelques mots sur le service de dévotion, Caitanya entreprit de lui exposer de façon très explicite le verset du *Bṛhannāradīya Purāṇa* où l'on peut lire les mots *harer nāma harer nāma*. Entendant Son explication, le Bhaṭṭācārya devint de plus en plus extatique. Voyant la condition de son beau-frère, Gopīnātha Ācārya dit : « Cher Bhaṭṭācārya, je disais que celui que bénit le Seigneur Suprême peut comprendre l'art de la dévotion. Aujourd'hui, je vois cela se réaliser. »

Le Bhaṭṭācārya lui présenta ses respects tout en répondant : « Cher Gopīnātha Ācārya, c'est ta grâce qui m'a mérité la miséricorde du Seigneur Suprême. » La grâce de Dieu s'acquiert à travers celle de Son pur dévot. La miséricorde du Seigneur Caitanya fut conférée au Bhaṭṭācārya à cause de la démarche de Gopīnātha Ācārya.

« Tu es un grand dévot du Seigneur, dit le Bhaṭṭācārya à son beau-frère, alors que j'étais aveuglé par mon érudition. Si j'ai obtenu la miséricorde du Seigneur, c'est uniquement grâce à toi. » Le Seigneur fut très heureux d'entendre le Bhaṭṭācārya dire qu'on ne peut s'attirer la grâce du Seigneur que par l'entremise d'un dévot. Appréciant ses paroles, le Seigneur l'étreignit, confirmant ainsi ses propos.

Le Seigneur lui demanda ensuite de se rendre au temple de Jagannātha, ce que fit le Bhaṭṭācārya en compagnie de Jagadānanda et Dāmodara, deux des principaux compagnons de Caitanya. Après avoir visité le temple de Jagannātha, le Bhaṭṭācārya rentra chez lui en emportant une grande quantité de *prasāda* acheté au temple, et qu'il fit porter à Śrī Caitanya par son serviteur, un certain *brāhmaṇa*. Il pria également Jagadānanda de bien vouloir lui rendre service en remettant au Seigneur deux versets qu'il avait écrits sur des feuilles de palmier. Ils retournèrent donc auprès de Caitanya pour Lui offrir le *prasāda* et les versets. Toutefois, avant d'arriver à destination, Mukunda Datta – qui s'était aussi chargé de livrer les versets – les avait d'abord copiés dans un cahier. Dès que le Seigneur Caitanya lut les versets, Il les déchira, parce qu'Il n'aimait guère être glorifié par quiconque. Ces versets nous sont donc parvenus grâce à Mukunda Datta, qui les avait recopiés.

Ils louent Dieu, le Seigneur Suprême et Originel, descendu en ce monde en la personne de Caitanya pour enseigner le détachement, le savoir spirituel et le service de dévotion aux masses. Glorifié comme la Personne Originelle, Dieu, Caitanya y est comparé à un océan de miséricorde. « Puissé-je m'en remettre à Caitanya Mahāprabhu. » On pouvait lire dans l'autre verset : « Ne voyant nulle trace de service dévotionnel, le Seigneur est apparu sous la forme de Caitanya pour prêcher le service de dévotion. Abandonnons-nous tous à Ses pieds pareils-au-lotus et apprenons auprès de Lui en quoi consiste vraiment ce service. » Ces versets, considérés comme des joyaux inestimables par les dévots du Seigneur qui les reçoivent de maître à disciple, ont rendu Sārvabhauma Bhaṭṭācārya célèbre comme le plus grand des dévots.

Ainsi Sārvabhauma fut-il converti en l'un des plus importants dévots du Seigneur, n'ayant désormais d'autre intérêt que de servir Celui-ci. Pensant constamment à Caitanya, cette méditation et le chant du Saint Nom devinrent sa raison d'être. Se présentant un jour devant le Seigneur, Sārvabhauma Lui offrit ses respects puis récita un verset du *Śrīmad-Bhāgavatam* (10.14.8), en vérité une prière de Brahmā au Seigneur. Sārvabhauma Bhaṭṭācārya désirait remplacer le mot *mukti,* qui apparaît dans la dernière ligne de ce verset, par *bhakti*. Voici ce que dit en essence ce verset : même au cœur d'une vie misérable, riche en méfaits antérieurs, la personne qui voue son mental, son corps et ses paroles au service du Seigneur est assurée de la libération. Or, le Bhaṭṭācārya voulait remplacer le mot *mukti* (libération) par *bhakti* (service de dévotion).

« Pourquoi as-tu changé le texte original ? S'enquit le Seigneur. Pourquoi as-tu transformé le mot *mukti* en *bhakti* ? » Et le Bhaṭṭācārya de répondre que la *mukti* n'étant pas aussi précieuse que la *bhakti,* elle représente en réalité une sorte de punition pour le pur dévot. Voilà pourquoi il avait changé le mot *mukti* en *bhakti*. Le Bhaṭṭācārya entreprit alors de révéler sa réalisation de la *bhakti :* « Quiconque n'accepte pas Dieu, la Personne Suprême, et Sa forme transcendantale ne saurait connaître la Vérité Absolue. »

Quiconque ne comprend pas la nature transcendantale du corps de Kṛṣṇa devient Son ennemi et Le dénigre ou Le combat. Le destin de tels ennemis de Kṛṣṇa consiste à se fondre dans la radiance du Seigneur, appelée Brahman.

Cette forme de libération, ou *mukti,* ne convient jamais aux dévots du Seigneur. Bien qu'on compte cinq formes de libération : 1) celle qui donne de vivre sur la même planète que le Seigneur, 2) celle qui donne de vivre en Sa compagnie, 3) celle qui donne une forme transcendantale semblable à celle du Seigneur, 4) celle qui donne de jouir des mêmes opulences que Lui, et 5) celle qui consiste à se fondre dans Son existence, aucune d'elles n'intéresse vraiment le dévot, qui se contente de simplement servir le Seigneur avec amour.

Le dévot répugne spécialement à se fondre dans l'existence du Seigneur et à perdre son identité individuelle. En vérité, le dévot considère cette forme de libération comme infernale. Mais il acceptera l'une ou l'autre des quatre autres formes de libération si elle lui permet de servir le Seigneur. D'entre les deux possibilités de fusion dans la Transcendance – à savoir ne plus faire qu'un avec la radiance du Brahman impersonnel et ne faire qu'un avec la Personne de Dieu – la dernière revêt un caractère plus horrible pour le dévot, lui qui n'a d'autre aspiration que de s'engager dans le service d'amour du Seigneur. Entendant cela, le Seigneur Caitanya informa le Bhaṭṭācārya que le mot *mukti* possède un autre sens. Le mot *mukti-pade* désigne directement la Personne de Dieu. Ultime refuge de la libération (le neuvième objectif), des âmes libérées sans nombre s'affairent à Le servir d'un amour purement spirituel. Dans un sens comme dans l'autre, Kṛṣṇa incarne l'ultime refuge. « Malgré tout, répondit Sārvabhauma Bhaṭṭācārya, je préfère le mot *bhakti* à *mukti*. Même si, selon Vous, le mot *mukti* revêt deux significations, à cause de sa nature équivoque, je lui préfère le mot *bhakti*. Car lorsqu'on entend *mukti,* on pense aussitôt à ne faire qu'un avec le Suprême. Voilà pourquoi je déteste même le prononcer. Mais je suis très enthousiaste à parler de la *bhakti*. » En entendant ces mots, le Seigneur Caitanya Se mit à rire à gorge déployée et étreignit le Bhaṭṭācārya dans un grand élan d'amour. Ainsi le Bhaṭṭācārya, qui aimait jadis enseigner la philosophie *māyāvāda,* devint-il un dévot si loyal qu'il répugnait même à prononcer le mot *mukti*. Cela ne fut possible que par la miséricorde sans cause de Śrī Caitanya. Pareil à la pierre philosophale, le Seigneur peut de Sa grâce transformer le fer en or. Après sa conversion, tous virent la métamorphose du Bhaṭṭācārya, et ils en conclurent que seule l'inconcevable puissance du Seigneur Caitanya avait rendu la chose possible. Ils tinrent donc pour certain que Caitanya était nul autre que Kṛṣṇa, Dieu en personne.

CHAPITRE VINGT-SEPT

Le Seigneur Caitanya et Rāmānanda Rāya

L'auteur du *Caitanya-caritāmṛta* décrit Caitanya Mahāprabhu comme l'océan du savoir spirituel, et Śrī Rāmānanda Rāya, comme le nuage né de cet océan. Rāmānanda était en effet un grand érudit en ce qui a trait au service dévotionnel. Par la grâce du Seigneur Caitanya, il avait absorbé toutes les conclusions transcendantales, à l'instar du nuage qui tire son existence de l'océan. Et tout comme le nuage formé par l'évaporation de l'océan répand son eau de par le monde pour ensuite retourner à l'océan, Rāmānanda Rāya avait accédé, par la grâce du Seigneur, à une connaissance supérieure du service de dévotion, et était allé retrouver Caitanya à Purī après s'être retiré de ses fonctions.

Au moment de visiter le sud de l'Inde, Caitanya Se rendit d'abord au grand temple de Jiyaḍa-nṛsiṁha-kṣetra, situé au sommet d'une colline en un lieu du nom de Siṁhācalam, à huit kilomètres de la gare de Visakhapatnam. On compte plusieurs temples dans la région, mais celui de Jiyaḍa-nṛsiṁha-kṣetra est certes le plus grand, et l'un des plus riches grâce à sa popularité. Admirablement sculpté, il présente d'ailleurs encore un intérêt particulier pour nombre d'étudiants en art. Une inscription y révèle que le roi de Vijayanagara le fit jadis garnir d'or, et qu'il en recouvrit même la Déité. Pour mieux accommoder les visiteurs, le temple met des appartements gratuits à leur disposition, et l'administration en est assurée par des prêtres de l'ordre de Rāmānujācārya. Lorsqu'Il visita ce temple, Śrī Caitanya glorifia la Déité en citant un verset du *Śrīmad-Bhāgavatam :* « Bien que Nṛsiṁha soit très féroce envers les démons et les non-dévots, Il Se montre très bienveillant envers Ses dévots soumis, comme Prahlāda. » (*Ś.B.*, 7.9.1) Nṛsiṁha est apparu comme un *avatāra* de Kṛṣṇa lorsque Prahlāda, enfant dévot du Seigneur, était harcelé par Hiraṇyakaśipu, son père. Tout comme le lion se montre très féroce envers les autres animaux mais très bienveillant et docile à l'égard de ses petits, le Seigneur Nṛsiṁha, bien que redoutable pour Hiraṇyakaśipu, était plein de douceur pour Son dévot Prahlāda.

Après avoir visité le temple de Jiyaḍa-nṛsiṁha, le Seigneur voyagea encore plus au sud, jusqu'à atteindre les rives de la Godāvarī. Là, Il Se souvint de la Yamunā qui coule à Vṛndāvana, si bien que, transporté d'extase, Il confondit les arbres qui bordaient la rivière avec la forêt de Vṛndāvana. Après S'être baigné, le Seigneur S'assit légèrement en retrait de la rive et Se mit à chanter le *mantra :* Hare Kṛṣṇa, Hare Kṛṣṇa, Kṛṣṇa Kṛṣṇa, Hare Hare / Hare Rāma, Hare Rāma, Rāma Rāma, Hare Hare. C'est alors qu'Il vit arriver le gouverneur de la province, Śrī Rāmānanda Rāya, accompagné de son entourage, de nombreux *brāhmaṇas* et de musiciens. Le Seigneur S'était enquis de Rāmānanda auprès de Sārvabhauma Bhaṭṭācārya, qui L'avait prié de rendre visite à ce grand dévot à Kovur. Conscient de ce que l'homme qui s'approchait n'était autre que Rāmānanda, le Seigneur souhaita le rencontrer sur-le-champ. Mais comme Il appartenait à l'ordre du renoncement, Il Se retint d'aller vers lui, qui était un politicien. Grand dévot qu'il était, Rāmānanda fut cependant fasciné par le Seigneur Caitanya, apparu sous les traits d'un *sannyāsī ;* aussi alla-t-il lui-même au-devant du Seigneur. Une fois auprès de Caitanya, Rāmānanda Lui offrit hommages et respects, tombant face contre terre. Le Seigneur l'accueillit en récitant le *mantra :* Hare Kṛṣṇa, Hare Kṛṣṇa, Kṛṣṇa Kṛṣṇa, Hare Hare / Hare Rāma, Hare Rāma, Rāma Rāma, Hare Hare. Quand Rāmānanda déclina son identité, Caitanya l'étreignit, et tous deux furent transportés d'extase. Les *brāhmaṇas* qui accompagnaient Rāmānanda furent pour le moins étonnés de cette manifestation d'extase spontanée. Fermes tenants des rites, ils ne pouvaient saisir la signification de tels symptômes dévotionnels. Pour tout dire, ils furent frappés de stupeur de voir un noble *sannyāsī* toucher un *śūdra,* et Rāmānanda Rāya, l'illustre gouverneur – pour ne pas dire le roi – de cette province, pleurer au seul contact d'un renonçant. Percevant les pensées des *brāhmaṇas,* le Seigneur Caitanya réfréna Ses émotions pour ne pas les troubler davantage.

C'est alors que Caitanya et Rāmānanda s'assirent côte à côte. « Sārvabhauma Bhaṭṭācārya a grandement loué tes qualités, aussi suis-Je venu te voir », dit le Seigneur à Rāmānanda. « Sārvabhauma me considère comme un de ses disciples, répondit Rāmānanda ; c'est pourquoi il T'a conseillé de venir me voir. »

Rāmānanda appréciait grandement le fait que le Seigneur l'ait touché, lui, un homme du monde. Rois, gouverneurs et politiciens sont sans cesse accaparés par des questions politiques et financières ; aussi les *sannyāsīs* les évitent-ils. Sachant toutefois que Rāmānanda était un grand dévot, le Seigneur Caitanya n'hésita ni à le toucher ni à l'étreindre. Étonné par la conduite de Caitanya, Rāmānanda cita un verset du *Śrīmad-Bhāgavatam :* « De grands sages et nobles personnages se rendent chez des hommes du monde seulement pour leur témoigner leur miséricorde. » (*Ś.B.*, 10.8.4)

Le traitement de faveur du Seigneur Caitanya à l'égard de Rāmānanda indique que, bien que ce dernier fût issu d'une famille de non-*brāhmaṇas,* il avait atteint un très haut niveau de savoir et d'activité sur le plan spirituel. Aussi était-il plus vénérable qu'une personne simplement née d'une famille de *brāhmaṇas.* Même si, par humilité, Rāmānanda se considérait comme issu d'une famille de *śūdras,* de rang inférieur, Caitanya l'estimait parvenu au plus haut degré de dévotion spirituelle. Les dévots ne proclament jamais leur grandeur, mais le Seigneur Se montre très empressé de répandre les gloires de Ses dévots. Après cette première rencontre matinale sur les rives de la Godāvarī, Rāmānanda et Caitanya se séparèrent tout en convenant que le premier rejoindrait le second le soir venu.

Ce soir-là, lorsque le Seigneur eut fait Ses ablutions et Se fut assis, Il vit Rāmānanda Rāya s'approcher en compagnie d'un serviteur. Après Lui avoir présenté ses respects, Rāmānanda s'assit lui-même auprès du Seigneur. Avant même que Son visiteur n'ait pu Lui poser la moindre question sur la poursuite du savoir spirituel, le Seigneur dit : « Cite-Moi quelques versets des Écritures traitant du but ultime de la vie humaine. »

Śrī Rāmānanda répondit aussitôt : « La personne qui exécute sincèrement son devoir d'état développera graduellement sa conscience de Dieu. » Il cita dans ce contexte un passage du *Viṣṇu Purāṇa* (3.8.9) selon lequel on adore le Seigneur Suprême en adhérant aux principes de son devoir d'état, et qu'il n'y a pas d'autre façon de Le satisfaire. Comprenons ici que la vie humaine a pour but de comprendre sa relation avec le Seigneur Suprême et d'agir conformément à cet entendement. Tout être humain peut se vouer au service du

Rāmānanda Rāya discute de la conscience de Kṛṣṇa avec Śrī Caitanya

Seigneur en accomplissant ses devoirs prescrits ou en s'acquittant de ses obligations professionnelles. À cette fin, la société humaine peut être divisée en quatre groupes : les intellectuels (*brāhmaṇas*), les administrateurs (*kṣatriyas*), la classe marchande (*vaiśyas*) et la classe ouvrière (*śūdras*). Sont prescrits pour chacune d'elles des règles et principes, ainsi que différents devoirs d'état. Les devoirs prescrits des quatre groupes sociaux sont fort bien décrits dans la *Bhagavad-gītā* (18.42-44), et toute société civilisée et organisée a intérêt à les respecter. Parallèlement, afin de favoriser l'évolution spirituelle, il convient en outre de respecter les quatre *āśramas,* à savoir la vie étudiante (*brahmacarya*), la vie de famille (*gṛhastha*), la retraite (*vānaprastha*) et le renoncement (*sannyāsa*).

Rāmānanda Rāya déclara alors que ceux qui adhèrent rigoureusement aux règles et principes propres à ces huit divisions sociales s'élèvent au plus haut niveau et satisfont effectivement le Seigneur Suprême, alors que ceux qui les ignorent gâchent leur vie humaine et glissent vers l'enfer. On peut de fait paisiblement atteindre le but de la vie humaine en observant les règles et principes propres à son état. Le caractère d'une personne se développe en effet par l'adhésion aux principes dictés par sa naissance, ses relations et son éducation. Car, les divisions sociales sont conçues de telle sorte que tout être humain, quelle que soit sa condition, puisse régler son existence de manière à vivre paisiblement en société tout en assurant son évolution spirituelle.

Les classes sociales peuvent être plus précisément définies comme suit : 1) ceux et celles qui cherchent à comprendre le Seigneur Suprême, Dieu, et qui, à cette fin, se consacrent à l'étude des *Vedas* et d'autres écrits semblables sont appelés des *brāhmaṇas ;* 2) ceux et celles qui ont choisi de faire emploi de la force ou d'exercer des fonctions gouvernementales sont des *kṣatriyas ;* 3) les agriculteurs, les éleveurs, les commercants et les gens d'affaires sont des *vaiśyas ;* 4) ceux et celles qui ne sont spécialisés dans aucun domaine et qui se contentent de servir les trois autres classes sont des *śūdras*. Cela dit, quiconque s'acquitte loyalement de ses devoirs prescrits est assuré d'évoluer vers la perfection. Ainsi une vie réglée est-elle gage de perfection pour tous, perfection qui culmine dans le service de dévotion au Seigneur. Sinon, l'existence n'est que pure perte de temps.

Après avoir entendu Rāmānanda Rāya exposer la valeur d'une vie réglée, le Seigneur Caitanya lui fit remarquer qu'il ne s'agissait là que de considérations externes. Ce faisant, Il invitait indirectement Rāmānanda à énoncer quelque principe d'ordre supérieur, car l'exécution formelle des rites et des principes religieux s'avère inutile si elle ne culmine pas dans la perfection dévotionnelle. Le Seigneur Viṣṇu ne peut en effet être comblé par la seule adhésion rituelle aux préceptes védiques ; Il n'est satisfait que lorsqu'on adopte le service de dévotion.

Selon le verset cité par Rāmānanda Rāya, on peut s'élever jusqu'à la dévotion par l'accomplissement des seuls rites propres aux divisions de la société. Dans la *Bhagavad-gītā,* Śrī Kṛṣṇa – venu en personne délivrer les gens de toute classe – déclare Lui-même que l'humain peut atteindre la plus haute perfection de l'existence en adorant le Seigneur Suprême, dont tout émane, par l'accomplissement de son devoir d'état : « La personne qui s'acquitte de son devoir d'état atteint la plus haute perfection. » (*B.g.*, 18.45-46) Cette voie a d'ailleurs été adoptée par de grands dévots, dont Bodhāyana, Ṭaṅka, Dramiḍa, Guhadeva, Kapardi et Bhāruci. Toutes ces grandes âmes ont emprunté cette voie particulière vers la perfection, que visent également les enseignements védiques. Rāmānanda Rāya désirait exposer ces faits au Seigneur, mais il semble ici que l'exécution des devoirs rituels ne représente pas la perfection ultime. Par conséquent, le Seigneur Caitanya la qualifie d'« externe ». Il veut ainsi souligner que l'humain habité par une conception matérielle de l'existence ne peut atteindre la plus haute perfection, et ce, même en respectant à toutes les règles prescrites.

CHAPITRE VINGT-HUIT

Relation avec le Seigneur Suprême

Le Seigneur Caitanya rejeta l'assertion du *Viṣṇu Purāṇa* citée par Rāmānanda Rāya, souhaitant par là désavouer une classe de philosophes appelés Karma-mīmāṁsā, qui croient Dieu contraint par les œuvres d'une personne. Selon eux, lorsque nous agissons bien, Dieu est tenu de récompenser nos efforts. De fait, le passage en question du *Viṣṇu Purāṇa* est parfois interprété comme signifiant que le Seigneur Suprême, Viṣṇu, n'a aucune indépendance, en ce qu'Il doit accorder un certain résultat à l'agissant. Un tel Dieu serait ainsi soumis à Son adorateur, qui pourrait dès lors lui prêter une nature aussi bien personnelle qu'impersonnelle, selon son bon vouloir, quoique cette philosophie insiste plus ou moins sur l'aspect impersonnel de la Vérité Suprême et Absolue. N'appréciant guère la doctrine impersonnaliste, le Seigneur Caitanya rejeta la proposition de Rāmānanda Rāya en disant : « Si tes connaissances vont au-delà de cette conception de la Vérité Suprême et Absolue, Je t'invite à poursuivre. »

Saisissant l'intention du Seigneur, Rāmānanda affirma qu'il vaut mieux renoncer aux fruits de ses actes. Il cita à ce propos un verset de la *Bhagavad-*

gītā (9.27) où le Seigneur dit que quoi qu'on fasse, quoi qu'on mange, quoi qu'on sacrifie, quoi qu'on donne et quelque austérité qu'on pratique – tout doit être voué au service du Seigneur Suprême. On retrouve un verset analogue dans le *Śrīmad-Bhāgavatam* (11.2.36), où il est stipulé que, sous quelque mode d'influence qu'on se trouve, on doit tout offrir à Dieu, la Personne Suprême, Nārāyaṇa, notamment les fruits de ses actes – qu'ils relèvent du corps, de la parole, du mental, des sens, de l'intelligence ou de l'âme.

Le Seigneur Caitanya rejeta également cette seconde assertion de Rāmānanda Rāya en disant : « Si tu connais quelque principe supérieur, énonce-le. » Tout offrir à Dieu, la Personne Suprême, comme l'enjoignent la *Bhagavad-gītā* et le *Śrīmad-Bhāgavatam,* vaut certes mieux que de souscrire à la notion impersonnelle d'un Dieu contraint par nos actes, mais ne vaut pas l'abandon de toute action à Dieu. L'agissant ne peut s'empêcher de s'identifier à l'existence matérielle sans être dûment guidé, et ses actes intéressés ne peuvent que perpétuer son enchaînement à la matière. On ne lui conseille ici que d'offrir les fruits de ses actes au Seigneur Suprême, sans lui indiquer comment briser ses chaînes. Voilà pourquoi le Seigneur Caitanya rejeta cette proposition.

Après ce double refus, Rāmānanda avança qu'il convient de renoncer à ses devoirs d'état et de miser sur un tel détachement pour s'élever au niveau de la transcendance. Autrement dit, il recommande d'abandonner la vie temporelle, et cite à cet effet deux témoignages des *śāstras*. Dans le *Śrīmad-Bhāgavatam,* le Seigneur dit : « Dans les Saintes Écritures, J'ai décrit les principes ritualistes, mais aussi la façon de s'établir dans le service de dévotion. Et telle est la plus haute perfection de la religion. » (*Ś.B.*, 11.11.32) De même, le Seigneur déclare dans la *Bhagavad-gītā :* « Laisse-là toute forme de religion et abandonne-toi simplement à Moi, Dieu, la Personne Suprême. Toutes les suites de tes fautes, Je t'en préserverai. Tu n'as donc aucune raison de t'affliger. » (*B.g.*, 18.66)

Une fois de plus, le Seigneur Caitanya rejeta cette proposition, afin de démontrer que le renoncement ne suffit pas en soi. Il faut en effet se livrer à une occupation constructive, sans quoi on ne saurait atteindre la plus haute perfection. De façon générale, on compte deux classes de philosophes dans l'ordre du renoncement, soit ceux qui visent le *nirvāṇa* et ceux qui cherchent à se fondre dans la radiance impersonnelle du Brahman. Ces deux classes de philosophes ne peuvent concevoir qu'il est possible d'aller au-delà, ou qu'il existe un monde spirituel riche en planètes Vaikuṇṭhas. Comme le simple renoncement ne permet pas de concevoir les planètes et les activités spirituelles, Caitanya rejeta cette nouvelle proposition.

Rāmānanda Rāya cita alors un autre extrait de la *Bhagavad-gītā* où le Seigneur dit : « Celui à qui la culture du savoir donne de comprendre qu'il n'est pas différent de la Vérité Suprême et Absolue s'en trouve transporté de joie et s'affranchit de toute lamentation comme de tout désir matériel. Il parfait alors sa réalisation du Brahman, et voit désormais tous les êtres sur un pied d'égalité spirituelle. Une telle réalisation peut ensuite l'élever au plan sublime du service de dévotion. » (*B.g.*, 18.54) Après avoir suggéré le service de dévotion empreint de renoncement aux fruits de l'action intéressée, Rāmānanda souligne ainsi la supériorité du service de dévotion sous le signe du parfait savoir et de la réalisation spirituelle.

Le Seigneur Caitanya rejeta toutefois cette nouvelle proposition, car le seul fait de renoncer aux résultats de ses actes matériels dans le cadre de la réalisation du Brahman ne donne d'appréhender ni le monde spirituel ni les activités spirituelles. Bien que ce niveau de réalisation soit libre de toute souillure matérielle, il n'est pas encore sans tache, puisque l'absorption positive dans l'action spirituelle lui fait défaut. Il reste d'ordre mental, et donc superficiel. Le pur être vivant n'est pas tout à fait libéré tant qu'il ne s'engage pas pleinement dans l'action spirituelle. Aussi longtemps qu'il s'absorbe dans des pensées impersonnelles ou nihilistes, son accès à l'existence éternelle, toute de connaissance et de félicité, demeure incomplet. Faute d'être parfaitement établi dans le savoir spirituel, il se verra distrait de toute part dans ses efforts pour vider son mental de toute diversité matérielle. Tel est le lot des impersonnalistes, frustrés dans leurs tentatives de faire le vide par le biais d'une méditation artificielle. Il s'avère en effet on ne peut plus ardu d'épurer le mental de toute notion matérielle. La *Bhagavad-gītā* (12.5) affirme d'ailleurs que, pour ceux qui choisissent de méditer sur le néant ou sur l'impersonnel, le progrès spirituel est fort pénible, et que leur libération éventuelle reste de toute façon incomplète. Voilà pourquoi le Seigneur Caitanya a rejeté cette proposition.

Voyant sa cinquième proposition écartée, Rāmānanda renchérit en disant que le service de dévotion libre de toute quête du savoir et de toute spéculation intellectuelle représente la plus haute perfection. Pour étayer son propos, il cita le *Śrīmad-Bhāgavatam,* où Brahmā dit au Seigneur Suprême : « Cher Seigneur, il faut entièrement renoncer à la spéculation moniste et à la culture du savoir pour plutôt entamer sa vie spirituelle dans le service de dévotion en se familiarisant avec les activités du Seigneur auprès d'un dévot accompli. En cultivant la spiritualité selon ces principes et en vivant de façon honnête, il devient possible de Te conquérir, Toi l'invincible. » (*Ś.B.*, 10.14.3)

Lorsque Rāmānanda Rāya eut soumis cette proposition au Seigneur, Caitanya déclara aussitôt : « Voilà qui est bien. » En clair, la mission de Śrī Caitanya s'énonce comme suit : en cet âge, il n'est possible d'acquérir le savoir spirituel ni par le renoncement, ni par le service de dévotion mixte, ni par l'action intéressée sous le signe de la dévotion mixte, ni par la simple poursuite de la connaissance. Puisque les gens ne sont guère évolués – la plupart étant à vrai dire déchus – et que leur vie est trop courte pour leur permettre de s'élever par une voie graduelle, mieux vaut, selon Caitanya, qu'ils restent tels qu'ils sont, tout en se livrant à l'écoute des faits et gestes du Seigneur Suprême, tels qu'ils sont décrits dans la *Bhagavad-gītā* et le *Śrīmad-Bhāgavatam*. Le message de ces Écritures doit toutefois être reçu des lèvres d'âmes réalisées. Ainsi une personne peut-elle continuer à vivre selon son état et tout de même réaliser des progrès spirituels, sûrement et manifestement, jusqu'à atteindre la pleine conscience de soi et de Dieu, la Personne Suprême.

Ayant favorablement accueilli ces principes, Caitanya pria pourtant Rāmānanda de pousser plus loin sa vision du service de dévotion. Par la grâce du Seigneur, ce dernier avait jusque-là eu l'occasion de traiter graduellement de l'évolution humaine, en partant des principes du *varṇāśrama-dharma* (les quatre classes sociales et les quatre ordres spirituels) puis de l'offrande des fruits de l'action intéressée, après quoi il avait abordé le thème de la connaissance spirituelle. Et le Seigneur Caitanya avait tout rejeté car, dans le cadre du pur service de dévotion, ces principes n'ont guère d'utilité. Sans réalisation spirituelle, aucune pratique dévotionnelle superficielle ne peut en effet être assimilée au pur service de dévotion. Celui-ci, accompli en pleine conscience, diffère complètement de toute autre forme de démarche spirituelle. Le plus haut stade d'engagement spirituel est toujours libre de désirs matériels, d'entreprises intéressées et d'efforts spéculatifs pour acquérir le savoir ; il tient uniquement à l'accomplissement favorable et sans détour du pur service de dévotion.

Rāmānanda Rāya saisit clairement l'intention du Seigneur Caitanya ; aussi affirma-t-il que l'accès au pur amour de Dieu constitue la plus haute perfection. On trouve dans le *Padyāvalī* ce très joli verset attribué à Rāmānanda Rāya : « Tout ce qui se mange et se boit procure certes satisfaction à qui a faim et soif. De même, tout ce qui peut servir à l'adoration du Seigneur Suprême devient une véritable source de bonheur spirituel pour qui est un tant soit peu animé du pur amour de Dieu. » Rāmānanda a aussi composé un autre verset dans lequel il affirme qu'on peut renaître des millions et des millions de fois sans acquérir la moindre notion de dévotion, mais que pour peu qu'on aspire, d'une façon ou d'une autre, au service dévotionnel, le contact d'un pur dévot favorisera l'accomplissement d'un tel désir. Et nous devrions tirer parti de toute occasion qui nous est donnée de cultiver ardemment ce désir de servir le Seigneur. Dans ces deux versets, Rāmānanda traite d'abord du service de dévotion soumis aux principes régulateurs, puis de l'amour accompli pour Dieu. Or, le Seigneur Caitanya voulait précisément l'amener à ce dernier stade et à élaborer sur la question. Cet échange entre Rāmānanda Rāya et le Seigneur Caitanya se poursuivra donc sur la base de l'amour pour Dieu.

Lorsque l'amour pour Dieu s'établit au plan de l'affinité, on le qualifie de *prema-bhakti*. Au départ, aucune relation particulière ne s'installe encore entre le Seigneur Suprême et le dévot ; mais lorsque se développe la *prema-bhakti*, une telle relation prend forme sous le signe de sentiments spirituels variés. Le premier de ces sentiments se traduit par une attitude de service, en vertu de laquelle le Seigneur est perçu comme le maître, et le dévot, comme Son serviteur éternel. Caitanya ayant signifié Son approbation, Rāmānanda décrivit la relation qui unit le serviteur au maître. Le *Śrīmad-Bhāgavatam* (9.5.16) rapporte que Durvāsā Muni, un grand *yogī* qui s'estimait d'ailleurs très évolué, jalousait Mahārāja Ambarīṣa, reconnu comme le plus grand dévot de son temps. Désireux de s'en prendre à lui, Durvāsā courut droit à la catastrophe et fut vaincu par le *sudarśana-cakra* du Seigneur. Admettant sa faute, le *yogī* dit : « Il n'y a rien d'impossible pour un pur dévot, car il est toujours engagé dans le service d'amour spirituel du Seigneur Suprême, dont l'écoute du seul nom suffit à conférer la libération. »

Yāmunācārya écrit pour sa part, dans son *Stotra-ratna* (46) « Mon Seigneur, ceux qui restent à l'écart de Ton service sont impuissants. Œuvrant de leur propre chef, ils n'ont l'appui d'aucune autorité. C'est pourquoi j'aspire au jour où je serai pleinement absorbé dans Ton service d'amour absolu, sans aucun désir de satisfaction matérielle et sans plus errer sur le plan mental. Je ne goûterai la vraie spiritualité que lorsque je pratiquerai ce service de dévotion sans mélange. » À l'écoute de cet énoncé, le Seigneur pria Rāmānanda Rāya d'aller plus loin encore.

CHAPITRE VINGT-NEUF

Le pur amour de Kṛṣṇa

Encouragé par le Seigneur Caitanya, Rāmānanda Rāya continua à parler. Il dit que la relation fraternelle avec Kṛṣṇa se situe à un niveau spirituel encore plus élevé. Il précise ainsi que, lorsque notre relation avec Kṛṣṇa devient plus affectueuse, le sentiment de crainte et la conscience de la supériorité absolue du Seigneur Suprême s'estompent, cédant le pas à une loyauté accrue sous le signe de l'amitié. La relation fraternelle donne ainsi lieu à un sentiment d'égalité entre Kṛṣṇa et Ses amis.

Dans ce contexte, Rāmānanda Rāya cita un verset sublime du *Śrīmad-Bhāgavatam* (10.12.11) dans lequel Śukadeva Gosvāmī décrit le repas de Kṛṣṇa avec Ses amis dans la forêt, où ceux-ci L'avaient suivi pour y jouer avec leurs vaches. Il y est notamment dit qu'un lien de fraternité transcendantale unissait les petits pâtres au Seigneur Suprême, Lui qui est le Brahman impersonnel pour les grands sages, qui est Dieu, la Personne Suprême, pour les dévots, et qui n'est qu'un homme ordinaire pour le commun des mortels. Appréciant grandement cet énoncé, Caitanya affirma néanmoins : « Tu peux aller encore plus loin. » Ainsi prié, Rāmānanda déclara alors que la relation parentale avec Kṛṣṇa se situe à un niveau spirituel encore plus haut.

Selon Rāmānanda Rāya, lorsque le sentiment d'affection qui caractérise la relation fraternelle s'intensifie, il en vient à prendre la forme de la relation qui s'installe entre les parents et leurs enfants. À ce propos, Rāmānanda cita un joli verset du *Śrīmad-Bhāgavatam* (10.8.46) où il est dit que le roi Parīkṣit s'enquit auprès de Śukadeva Gosvāmī de l'ampleur des actes vertueux qu'avait dû accomplir Yaśodā, la mère de Kṛṣṇa, pour que le Seigneur Suprême l'appelle « mère » et tète son sein. Il cita ensuite un autre verset du *Śrīmad-Bhāgavatam* (10.9.20) selon lequel Yaśodā – l'épouse de Nanda – a reçu une telle faveur de Dieu, la Personne Suprême, qu'on ne peut même la comparer à celle conférée à Brahmā – le premier être créé – ou à Śiva, voire à Lakṣmī, la déesse de la fortune qui repose toujours sur la poitrine du Seigneur Viṣṇu.

Le Seigneur Caitanya pria alors Rāmānanda d'aller plus loin encore, pour l'amener à parler de l'amour conjugal. Saisissant la pensée de Caitanya, Rāmānanda répondit séance tenante que la relation conjugale avec Kṛṣṇa était sans conteste la plus élevée de toutes. Bref, notre relation intime avec Kṛṣṇa se développe graduellement, passant d'une conception conventionnelle de Dieu, la Personne Suprême, à une relation de serviteur à maître qui, lorsqu'elle gagne en intimité, se transforme en relation d'amitié, puis en relation parentale. Et lorsque celle-ci devient empreinte du plus haut degré d'amour et d'affection, il en résulte ce qu'on appelle une relation conjugale avec le Seigneur Suprême. Rāmānanda cita à cet égard un autre extrait du *Śrīmad-Bhāgavatam* (10.47.60) affirmant que l'extase spirituelle manifestée durant la danse *rāsa* entre les *gopīs* et Kṛṣṇa n'a jamais été goûtée fût-ce par la déesse de la fortune, qui repose toujours sur la poitrine du Seigneur dans le royaume spirituel. Que dire des femmes ordinaires ?

Rāmānanda Rāya expliqua ensuite le processus graduel qui permet le développement du pur amour pour Kṛṣṇa. Il précisa que, quelle que soit la relation qu'entretient une personne avec le Seigneur Suprême, cette relation lui convient parfaitement. Cela dit, toute relation personnelle avec Dieu débute obligatoirement par un rapport de serviteur à maître pour ensuite, le cas échéant, se développer en amitié, puis en amour parental et enfin en amour conjugal. Quiconque s'établit dans sa relation propre avec Dieu, la Personne Suprême, se trouve dans la meilleure relation qui soit pour lui. Cependant, une analyse des sentiments spirituels qui caractérisent les différentes relations avec le Divin révèle que la relation neutre (*brahma-bhūta*) avec le Seigneur Suprême se trouve au premier échelon. Une réalisation plus poussée de Dieu consiste à Le voir comme son maître puis, au-delà, comme son ami ; et plus élevée encore est la relation dans laquelle on perçoit le Seigneur comme son enfant. La relation parentale est ainsi plus évoluée et d'une qualité supérieure à la relation d'amitié, mais la relation suprême entre toutes est celle où l'on développe un amour conjugal pour le Seigneur Souverain.

La réalisation spirituelle empreinte d'une attitude de service est en soi transcendantale, mais lorsque cette attitude se transforme en sentiment fraternel, la relation s'approfondit davantage. Et quand l'affection s'intensifie, la relation en vient à s'établir au niveau parental. Au bout du compte, l'amour conjugal caractérise toutefois la plus haute relation qui puisse nous unir au Seigneur Suprême. Dans ce contexte, Rāmānanda Rāya cita un verset du *Bhakti-rasāmṛta-sindhu* (2.5.38) affirmant que toute affection spirituelle pour le Seigneur Suprême, à quelque échelon que ce soit, est sans nul doute transcendantale, mais que celle qui est propre à un dévot donné lui est plus délectable qu'à tout autre.

Il convient de noter qu'un pseudo-dévot ne saurait développer une telle relation transcendantale avec le Seigneur Suprême par une quelconque forme d'élucubration mentale. À ce propos, Rūpa Gosvāmī explique dans son *Bhakti-rasāmṛta-sindhu* (1.2.101) que le service de dévotion accompli sans référence aux Écritures védiques et aux principes qu'elles soutiennent n'a aucune validité. Śrīla Bhaktisiddhānta Sarasvatī Gosvāmī Mahārāja souligne en outre que les maîtres spirituels de métier, les spécialistes de la narration du *Bhāgavatam,* les professionnels du *kīrtana* et les adeptes d'une forme de service de dévotion issue de leur imagination n'ont aucune compétence spirituelle. Il existe en effet diverses communautés professionnelles, dont les suivantes : Āula, Bāula, Kartābhajā, Neḍā Daraveśa, Sāni, Ativāḍī, Cūḍādhārī et Gaurāṅga-nāgarī. Quant aux *gosvāmīs* de caste qui héritent de ce titre, ils ne peuvent être reconnus comme des descendants des six Gosvāmīs originaux. Et que dire des pseudo-dévots qui inventent des chants sur le Seigneur Caitanya, des prêtres professionnels et des narrateurs rémunérés des Saintes Écritures. Ceux qui n'adhèrent pas aux principes du *Pañcarātra,* les impersonnalistes et les esclaves du sexe ne se comparent en aucune façon à ceux et celles qui vouent leur vie au service de Kṛṣṇa.

Le pur dévot sans cesse absorbé dans la conscience de Kṛṣṇa peut tout sacrifier pour le service du Seigneur. Quiconque voue sa vie au service du Seigneur Caitanya, de Kṛṣṇa et du maître spirituel, quiconque adhère aux principes de la vie de famille et quiconque honore les principes du renoncement dans la lignée de Caitanya Mahāprabhu est un véritable dévot, et ne saurait être comparé aux professionnels de la dévotion. Lorsqu'on est affranchi de toute souillure matérielle, on peut goûter la saveur transcendantale de toutes les relations avec Kṛṣṇa. À l'inverse, et fort malheureusement, ceux qui n'ont aucune expérience de la science spirituelle ne peuvent apprécier les différentes relations qui unissent les êtres au Seigneur Suprême. Ils croient que toutes ces relations et les explications qui en sont données relèvent de *māyā*. Néanmoins, l'auteur du *Caitanya-caritāmṛta* fournit un exemple concret à ce propos. Il nous dit que les cinq éléments – terre, eau, feu, air et éther – se manifestent de la forme la plus subtile à la plus grossière. Ainsi l'éther est-il le véhicule du son, alors que l'air intègre l'éther et le son, et permet le toucher. Le feu, quant à lui, possède les caractéristiques de l'éther et de l'air, et donne naissance à la forme, tandis que dans l'eau, on retrouve quatre attributs : le son, le toucher, la forme et le goût. Enfin, la terre en comporte cinq : le son, le toucher, la forme, le goût et l'odeur. Tout comme se développent de plus en plus d'attributs lors du passage de l'éther à la terre, l'analyse des différentes relations qui unissent Kṛṣṇa à Son dévot révèlent que les cinq manifestations du sentiment dévotionnel se trouvent réunies dans l'amour conjugal. Ainsi la relation conjugale avec Kṛṣṇa doit-elle être tenue pour incarner la plus haute perfection de l'amour pour Dieu.

Citons ici le *Śrīmad-Bhāgavatam :* « Le service de dévotion envers le Seigneur Suprême représente la vie même de tout être. » (*Ś.B.*, 10.82.44) Kṛṣṇa y informe en outre les jeunes filles de Vraja que leur amour pour Lui, le Seigneur Suprême, leur a seul permis de jouir de Sa compagnie. Il est écrit que Śrī Kṛṣṇa accepte de Ses dévots toute forme de service de dévotion qu'ils Lui rendent selon leurs capacités propres, et que Kṛṣṇa leur répond de façon réciproque. Lorsqu'une personne désire établir une relation de serviteur à maître avec Kṛṣṇa, Celui-ci joue le rôle du maître parfait, et quand on désire avoir Kṛṣṇa pour fils dans le cadre d'une relation parentale, Kṛṣṇa joue le rôle du fils parfait. De même, lorsqu'un dévot souhaite adorer Kṛṣṇa animé d'un sentiment d'amour conjugal, Kṛṣṇa assume à la perfection le rôle d'époux ou d'amant. Cela dit, Il admet Lui-même que la relation conjugale qui L'unit aux jeunes filles de Vraja représente la plus haute perfection.

Le *Śrīmad-Bhāgavatam* rapporte les paroles suivantes de Kṛṣṇa : « Chères *gopīs,* notre relation est purement transcendantale, et il M'est impossible de vous offrir quoi que ce soit en retour de votre amour, fût-ce en de nombreuses vies. Vous avez su renoncer à tout attachement au plaisir matériel pour partir à Ma recherche. Puisque Je suis incapable de vous payer de retour, il vous faut trouver satisfaction dans vos propres activités. » (*Ś.B.*, 10.32.22)

Śrīla Bhaktisiddhānta Sarasvatī Gosvāmī Mahārāja précise qu'une certaine classe d'hommes ordinaires prétend que chacun peut adorer Dieu à son gré, suivant l'approche qui lui plaît, et tout de même atteindre la Personne Suprême. Ils affirment notamment qu'on peut chercher à atteindre le Seigneur Suprême par l'action intéressée, le savoir spéculatif, la méditation ou l'austérité, et que, dans tous les cas, on accédera à la perfection. Pour appuyer leur propos, ils donnent généralement l'exemple d'une personne qui, pour atteindre une destination donnée, peut suivre une variété d'itinéraires. Ils affirment par ailleurs que la Vérité Suprême et Absolue peut indifféremment être adorée sous la forme de la déesse Kālī, de la déesse Durgā, de Śiva, de Gaṇeśa, de Rāma, de Hari ou de Brahmā, et que peu importe le nom qu'on attribue à la Vérité Absolue, cela revient au même. Ils donnent à cet égard l'exemple d'une personne qui a plusieurs noms et qui répond à quiconque l'interpelle sous l'un ou l'autre de ces noms.

Ces fabrications de l'esprit peuvent certes plaire au commun des mortels, mais elles n'en sont pas moins truffées de méprises sur l'objet réel de la spiritualité. Ainsi, une personne qui adore les *devas* sous l'emprise de la concupiscence ne peut atteindre Dieu, l'Être Suprême. L'énergie externe du Seigneur peut lui accorder certains bienfaits matériels du fait de son culte, mais comme l'enseigne la *Bhagavad-gītā* : « Qui n'adore pas directement Dieu, la Personne Suprême, ne peut obtenir Sa compagnie en offrant un culte aux *devas*. » Le Seigneur Souverain ne bénit en effet de Sa présence que ceux qui L'adorent Lui, sans passer par les *devas*. Il est faux de prétendre que tous peuvent atteindre Dieu, la Personne Suprême, en adorant les *devas* de l'univers matériel. On s'étonne dès lors de ce que quelqu'un puisse imaginer atteindre la perfection en rendant un culte aux *devas*. Les fruits du service de dévotion accompli en pleine conscience de Kṛṣṇa ne sauraient être comparés à ceux de l'adoration des différents *devas*, de l'action intéressée ou de la spéculation intellectuelle. Le fait est que l'action intéressée ne permet d'atteindre que les planètes célestes ou les planètes infernales.

CHAPITRE TRENTE

Les divertissements spirituels de Rādhā et Kṛṣṇa

La différence entre les simples pratiques religieuses et le service de dévotion est immense. En accomplissant des rites religieux, on peut obtenir les plus grands bienfaits matériels qui soient, notamment la prospérité, la satisfaction des sens ou la libération – se fondre dans l'existence du Suprême. Mais les fruits du service de dévotion diffèrent totalement de ces bienfaits matériels temporaires. Le service dévotionnel du Seigneur est d'une fraîcheur sans cesse renouvelée et procure une satisfaction spirituelle grandissante. Il y a donc un abîme de différence entre les fruits du service de dévotion et ceux qui découlent des rites religieux. La puissante énergie spirituelle connue sous le nom de *jaḍādhiṣṭhātrī,* ou *mahā-māyā* – qui régit l'univers matériel – les administrateurs responsables des différents secteurs de la création – les *devas* – ainsi que tous les produits de l'énergie externe du Seigneur Suprême ne sont que des reflets dénaturés de l'opulence du Suprême. Les *devas* sont en réalité des serviteurs de Dieu chargés d'assurer sous Ses ordres la gestion de la création matérielle. La *Brahma-saṁhitā* (5.44) stipule par ailleurs que Durgā – la toute-puissante surintendante de l'univers matériel – n'est que l'ombre du Seigneur Suprême. Le soleil, lui, agit comme l'œil du Seigneur, et Brahmā, comme une réflexion de la radiance du Suprême. Ainsi tous ces *devas*, de même que l'énergie externe en personne – Durgādevī – et les responsables des différents secteurs de la création ne sont-ils que des serviteurs du Seigneur Souverain dans l'univers matériel.

Dans le monde spirituel existe une autre énergie, soit l'énergie spirituelle supérieure, ou interne, qui agit sous la direction de la *yogamāyā,* à savoir la puissance interne du Seigneur Suprême, elle-même sous Sa direction, mais dans l'univers spirituel. Lorsque l'être vivant se place sous la tutelle de la *yogamāyā* plutôt que de la *mahā-māyā,* il devient peu à peu, par grâce, un dévot de Kṛṣṇa. Mais ceux qui recherchent l'opulence et le bonheur matériels s'en remettent plutôt à l'énergie matérielle – *mahā-māyā* – ou à des *devas* – tel Śiva. Le *Śrīmad-Bhāgavatam* nous apprend que les *gopīs* de Vṛndāvana, désireuses d'avoir Kṛṣṇa pour époux, prièrent l'énergie spirituelle – *yogamāyā* – d'exaucer leur vœu. Le *Sapta-śatī* mentionne pour sa part que le roi Suratha et un marchand du nom de Samādhi adorèrent la *mahā-māyā* pour accéder à l'opulence matérielle. Il ne faut donc pas commettre l'erreur de mettre la *yogamāyā* et la *mahā-māyā* sur un pied d'égalité.

Puisque le Seigneur est absolu, il n'existe aucune différence entre Son Saint Nom et Sa personne. Et des noms, Il en a beaucoup, dont Paramātmā (l'Âme Suprême), Brahman (l'Absolu), Sṛṣṭi-kartā (le créateur), Nārāyaṇa (le transcendant), Rukmiṇī-ramaṇa (l'époux de Rukmiṇī), Gopīnātha (l'amant des *gopīs*) et Kṛṣṇa. Ainsi le Seigneur possède-t-Il divers noms correspondant à Ses multiples attributs. La perception du Seigneur Suprême en Sa qualité de créateur diffère de celle de Nārāyaṇa, par exemple. Cela dit, certains noms servant à désigner le Seigneur comme le créateur ont été imaginés par des matérialistes, et on ne peut de toute façon saisir pleinement l'essence de Dieu, la Personne Suprême, en Le désignant comme « le créateur », puisque la création matérielle relève de Son énergie externe. Une telle conception de Dieu ne couvre donc que Son aspect externe.

Quant à ceux qui désignent Dieu sous le nom de Brahman, ils n'acquièrent aucune compréhension des six excellences du Seigneur Suprême. En effet, la réalisation du Brahman ne donne pas d'appréhender pleinement les six excellences du Divin, de sorte qu'elle n'en livre pas une entière compréhension, fondée sur la reconnaissance de Ses attributs d'éternité, de félicité et de savoir. La réalisation du Paramātmā, de l'Âme Suprême, reste également incomplète, car l'omniprésence du Seigneur Souverain ne constitue qu'un aspect de Sa grandeur absolue. Même la relation spirituelle qu'entretient un dévot avec Nārāyaṇa à Vaikuṇṭha ne permet pas de saisir la nature d'une relation avec Kṛṣṇa à Goloka Vṛndāvana. Les dévots de Kṛṣṇa n'éprouvent d'ailleurs aucun attrait pour la dévotion à Nārāyaṇa, car le service dévotionnel de Kṛṣṇa est si fascinant qu'ils ne désirent adorer aucune autre forme.

Selon le même ordre d'idées, les *gopīs* de Vṛndāvana n'aiment pas voir en Kṛṣṇa l'époux de Rukmiṇī, si bien qu'elles ne L'appellent jamais Rukmiṇī-ramaṇa. À Vṛndāvana, on désigne plutôt Kṛṣṇa du nom de Rādhā-kṛṣṇa, soit « Kṛṣṇa, propriété de Rādhārāṇī ». Bien qu'à toutes fins utiles l'époux de Rukmiṇī et le Kṛṣṇa de Rādhā soient au même niveau, dans le monde spirituel, ces noms correspondent à des perceptions différentes de la personnalité transcendantale de Kṛṣṇa. Quiconque tient Rukmiṇī-ramaṇa, Rādhā-ramaṇa, Nārāyaṇa et tout autre nom du Seigneur Suprême pour équivalents procède à un mélange indu de saveurs, une erreur techniquement connue sous le nom de *rasābhāsa*. Les dévots accomplis n'admettent pas pareil amalgame de conceptions et de perceptions de Dieu, la Personne Suprême, car elles vont à l'encontre de l'objet même du pur service de dévotion. Cela dit, dès qu'on établit une distinction nuancée entre différentes approches à Dieu, beaucoup d'hommes et de femmes de moindre intelligence n'y voient que du sectarisme.

Bien que Śrī Kṛṣṇa, Dieu, la Personne Suprême, incarne en Soi la beauté et l'excellence ultimes, quand Il Se trouve au milieu des jeunes filles de Vraja, Il devient celui que Ses dévots nomment Gopījana-vallabha, et incarne la plus haute perfection qui soit à leurs yeux. Il est de fait impossible de goûter davantage la beauté du Seigneur Suprême. Le *Śrīmad-Bhāgavatam* (10.33.6) confirme d'ailleurs que, même si Kṛṣṇa, le fils de Devakī, représente le summum de la beauté et de l'excellence, quand Il Se tient parmi les *gopīs,* Il devient tel un joyau incomparable serti d'or d'une finesse que seul le Divin peut produire. Certes, Caitanya reconnut qu'il s'agit là de la plus haute réalisation du Seigneur Suprême en Sa qualité d'Amant Suprême, mais Il pria néanmoins Rāmānanda Rāya d'aller plus loin encore.

Rāmānanda Lui fit alors remarquer que c'était la première fois qu'on lui demandait de pousser son entendement de Kṛṣṇa au-delà de Sa relation avec les *gopīs*. Une intimité transcendantale règne sans nul doute entre les *gopīs* de Vraja et Kṛṣṇa, mais il reste que la relation conjugale qui, d'entre toutes les *gopīs,* unit Śrī Rādhārāṇī à Kṛṣṇa s'impose comme la plus parfaite. Aucun être ordinaire ne peut comprendre l'extase qui caractérise l'amour incommensurable qu'échangent Kṛṣṇa et Rādhārāṇī, pas plus d'ailleurs que la saveur sublime de l'amour qu'échangent Kṛṣṇa et les *gopīs*. Et pourtant, quiconque s'efforce de marcher sur les traces des *gopīs* a la possibilité d'atteindre le plus haut niveau de l'amour spirituel. D'ailleurs, quiconque aspire à s'établir à ce niveau de perfection ultime se doit de suivre l'exemple des jeunes filles de Vraja en leur qualité de servantes des *gopīs*.

Caitanya Mahāprabhu, quant à Lui, vivait et exprimait pleinement le sentiment qu'éprouve Śrīmatī Rādhārāṇī lorsqu'Elle est jointe par Śrī Kṛṣṇa depuis Dvārakā. Un amour aussi parfait et absolu reste inaccessible à l'homme moyen ; aussi faut-il se garder de chercher à l'imiter. Qui désire toutefois partager leur compagnie peut marcher sur les traces des *gopīs*. Nous lisons dans le *Padma Purāṇa* qu'au même titre que Rādhārāṇī, le Rādhā-kuṇḍa (l'étang de Rādhā) est infiniment cher à Kṛṣṇa. Rādhārāṇī est la seule *gopī* qui soit plus chère à Kṛṣṇa que toutes les autres. Le *Śrīmad-Bhāgavatam* (10.30.28) enseigne d'ailleurs que Rādhārāṇī et les *gopīs* offrent le service d'amour le plus parfait au Seigneur, qui en est si comblé qu'Il ne souhaite point quitter la compagnie de Śrīmatī Rādhārāṇī pour aller ailleurs.

Quand le Seigneur Caitanya entendit Rāmānanda Rāya parler des amours de Kṛṣṇa et Rādhārāṇī, Il dit : « Va plus loin, Je t'en prie, parle encore. » Le Seigneur ajouta qu'Il goûtait au plus haut point la description des échanges amoureux entre Kṛṣṇa et les *gopīs :* « C'est comme si une rivière de nectar coulait de tes lèvres. » Alors qu'Il dansait avec toutes les *gopīs,* Kṛṣṇa pensait : « Je ne porte aucune attention spéciale à Rādhārāṇī. » Comme Rādhārāṇī n'était pas vraiment l'objet d'un amour spécial en présence des autres *gopīs,* Kṛṣṇa L'enleva du lieu de la danse *rāsa* pour Lui montrer une faveur particulière. À ces propos de Śrī Caitanya, Rāmānanda Rāya dit : « Goûtons maintenant les amours divins de Rādhā et Kṛṣṇa, amours auxquels rien en l'univers matériel ne peut être comparé. » Lors d'une célébration de la danse *rāsa,* Rādhārāṇī en quitta soudain le cercle comme si Elle était fâchée qu'on ne Lui porte aucune attention spéciale. Désirant la présence de Rādhārāṇī afin d'accomplir le but de la danse *rāsa,* Kṛṣṇa devint très malheureux et partit à Sa recherche. On trouve dans la *Gīta-govinda* un verset selon lequel, Kṛṣṇa, l'ennemi de Kaṁsa, désirait Lui-même Se livrer à des échanges amoureux avec le sexe opposé et enleva ainsi Rādhārāṇī, faussant compagnie aux autres jeunes filles de Vraja.

Très affligé par l'absence de Rādhārāṇī et mentalement angoissé, Kṛṣṇa partit à Sa recherche le long des rives de la Yamunā. Ne la trouvant pas, Il S'enfonca dans les bosquets de Vṛndāvana et laissa s'épancher Son chagrin. Rāmānanda Rāya souligna alors qu'en approfondissant le sens de ces deux versets du *Śrīmad-Bhāgavatam,* on peut savourer le plus pur nectar des amours de Rādhā et Kṛṣṇa.

Malgré la présence de nombreuses *gopīs* prêtes à danser avec Lui, Kṛṣṇa aspirait surtout à danser avec Rādhārāṇī. Dans la danse *rāsa,* Kṛṣṇa Se plaçait entre chaque paire de *gopīs,* mais Il était surtout présent auprès de Rādhārāṇī.

Quoi qu'il en soit, Rādhārāṇī était mécontente de la conduite de Kṛṣṇa. Selon l'*Ujjvala-nīlamaṇi :* « La voie des relations amoureuses est semblable aux mouvements d'un serpent. On retrouve chez les jeunes amoureux deux sortes de mentalité, l'une ayant une cause et l'autre n'en ayant pas. » Ainsi, lorsque Rādhārāṇī quitta le cercle de la danse *rāsa,* furieuse de n'avoir pas reçu un traitement de faveur, Kṛṣṇa regretta grandement Son absence au sein des *gopīs*. La danse *rāsa* était parfaite et complète en présence de Rādhārāṇī, mais en Son absence, Kṛṣṇa estimait cette danse interrompue. Aussi quitta-t-Il le cercle de la danse pour aller à Sa recherche.

Ne La trouvant pas, même après avoir visité plusieurs lieux, Il devint très affligé. Il est donc entendu que Kṛṣṇa ne pouvait goûter Sa puissance de félicité même au milieu de toutes les *gopīs,* alors qu'en présence de Rādhārāṇī, Il était comblé.

Quand Rāmānanda Rāya eût décrit l'amour spirituel entre Kṛṣṇa et Rādhārāṇī, le Seigneur Caitanya admit : « J'étais venu vers toi pour comprendre les amours sublimes de Rādhā et Kṛṣṇa. Je suis très satisfait de ta remarquable description. Je réalise, grâce à tes explications, qu'il s'agit de la plus haute condition amoureuse entre Rādhā et Kṛṣṇa. » Néanmoins, Caitanya s'enquit encore de Rāmānanda : « Quelles sont les caractéristiques transcendantales de Kṛṣṇa et Rādhārāṇī ? Quelles sont celles de leurs sentiments réciproques ? Quel est cet amour qui Les unit ? Si tu M'expliques tout cela, Je t'en serai très reconnaissant. Hormis toi, personne ne peut décrire toutes ces vérités. »

« Je ne sais rien, répondit Rāmānanda en toute humilité. Je ne fais que prononcer les mots que Tu mets dans ma bouche. Je sais que Tu es Kṛṣṇa Lui-même ; pourtant Tu aimes m'entendre parler de Kṛṣṇa. Pardonne donc mon élocution fautive. Je ne cherche qu'à exprimer ce que Tu m'incites à dire. »

« Je suis un *sannyāsī māyāvādī,* protesta Caitanya. Je ne connais rien des caractéristiques transcendantales du service de dévotion. La grâce de Sārvabhauma Bhaṭṭācārya ayant éclairé Mon esprit, Je M'efforce maintenant de comprendre la nature tangible de la dévotion à Kṛṣṇa. Le Bhaṭṭācārya M'a recommandé de te rencontrer afin de comprendre Kṛṣṇa, car selon lui, seul Rāmānanda Rāya maîtrise le sujet de l'amour pour Kṛṣṇa. Je suis en fait ici sur sa recommandation. N'hésite donc pas à Me décrire tous les échanges intimes entre Rādhā et Kṛṣṇa. »

Ainsi le Seigneur Caitanya nous montra-t-Il l'exemple en adoptant une position subordonnée devant Rāmānanda. Voilà qui revêt une grande importance. Quiconque désire sérieusement comprendre la nature absolue de Kṛṣṇa doit approcher une personne vraiment consciente de Kṛṣṇa. Il ne faut pas se montrer orgueilleux de ses origines, de sa richesse, de son éducation et de sa beauté matérielles, et chercher, grâce à elles, à conquérir l'esprit d'un élève évolué dans la conscience de Kṛṣṇa. Celui qui approche une personne consciente de Kṛṣṇa dans cet esprit, pensant qu'il sera favorablement accueilli, s'illusionne sur cette science. Il faut plutôt le faire en toute humilité et poser des questions pertinentes. Si l'on adopte une attitude de défi devant une personne très avancée dans la conscience de Kṛṣṇa, celle-ci ne nous sera d'aucun secours réel. Un être aussi vaniteux que défiant ne peut rien obtenir d'une personne consciente de Kṛṣṇa, et continue nécessairement de croupir dans une conception matérielle de l'existence. Bien qu'issu d'une famille de *brāhmaṇas* respectables et établi dans la perfection ultime du *sannyāsa,* Caitanya montra, par Sa conduite, que même une âme élevée n'hésiterait pas à se faire instruire par Rāmānanda Rāya, alors que celui-ci semblait être un chef de famille au statut social inférieur à celui d'un *brāhmaṇa.*

Ainsi le Seigneur Caitanya montra-t-Il clairement qu'un disciple sincère ne se soucie guère de savoir si son maître spirituel est issu d'une famille de *brāhmaṇas* ou de *kṣatriyas,* ou s'il est un *sannyāsī* de haut rang, un *brahmacārī* ou quoi que ce soit d'autre. Quiconque peut nous enseigner la science de Kṛṣṇa doit être reconnu comme notre *guru.*

CHAPITRE TRENTE ET UN

La perfection suprême

Quel que soit son statut social, toute personne pleinement versée dans la conscience de Kṛṣṇa peut devenir maître spirituel, initiateur ou précepteur authentique de cette science. En d'autres termes, la condition pour devenir un maître spirituel authentique tient à une connaissance confirmée de la science de Kṛṣṇa, soit à la conscience de Kṛṣṇa. Ce rôle ne dépend en rien d'un statut social particulier ni d'origines précises. Telle est la conclusion de Śrī Caitanya Mahāprabhu, conforme aux enseignements védiques. C'est sur cette base que le Seigneur Caitanya, précédemment connu sous le nom de Viśvambhara, accepta Īśvara Purī, un *sannyāsī,* pour maître spirituel. Selon le même ordre d'idées, Nityānanda Prabhu et Śrī Advaita Ācārya acceptèrent eux-mêmes pour maître spirituel un *sannyāsī,* Mādhavendra Purī – aussi connu sous le nom de Lakṣmīpati Tīrtha. Un autre grand *ācārya,* Śrī Rasikānanda, accepta pour sa part Śrī Śyāmānanda pour maître spirituel, et ce, bien que ce dernier ne fût pas issu d'une famille de *brāhmaṇas,* alors que Gaṅgā-nārāyaṇa Cakravartī accepta Dāsa Gadādhara pour maître spirituel. Il y eut même jadis un chasseur du nom de Dharma qui devint le maître spirituel de nombreuses personnes. Bref, le *Mahābhārata* et le *Śrīmad-Bhāgavatam* (7.11.35) enseignent clairement qu'une personne – qu'il s'agisse d'un *brāhmaṇa,* d'un *kṣatriya,* d'un *vaiśya* ou d'un *śūdra* – doit être reconnue selon ses mérites, et non selon ses origines.

Dès lors, si une personne possède les qualités normalement attribuées à un autre groupe social, elle doit être reconnue pour ses attributs, et non confinée à ses origines. À titre d'exemple, si un homme voit le jour dans une famille de *brāhmaṇas* mais manifeste les attributs d'un *śūdra,* il doit être considéré comme un *śūdra*. Et inversement, si un homme issu d'une famille de *śūdras* possède les qualités d'un *brāhmaṇa,* il doit être considéré comme un *brāhmaṇa*. Tous les *śāstras,* de même que les grands sages et les autorités en la matière – tant par leur enseignement que par leur exemple – ont établi qu'un maître spirituel authentique ne provient pas nécessairement d'une famille de *brāhmaṇas*. La seule chose qui importe, c'est qu'il soit versé dans la science – ou la conscience – de Kṛṣṇa. Cette seule qualification le rend parfaitement apte à agir comme maître spirituel. Telle est la conclusion de Śrī Caitanya Mahāprabhu dans le cadre de Ses entretiens avec Rāmānanda Rāya.

Le *Hari-bhakti-vilāsa* stipule qu'en présence de deux maîtres spirituels authentiques, l'un issu d'une famille de *brāhmaṇas* et l'autre d'une famille de *śūdras,* il est préférable de choisir le premier. Cette assertion se veut un compromis aux idées généralement reçues, et ne vise nullement un entendement spirituel de la question. Elle est destinée à ceux et celles qui tiennent le statut social pour plus important que le statut spirituel, et non aux spiritualistes sérieux, qui acceptent d'emblée l'instruction de Caitanya Mahāprabhu selon laquelle toute personne versée dans la science de Kṛṣṇa doit être reconnue comme un maître spirituel, quelle que soit sa position sociale.

Plusieurs passages du *Padma Purāṇa* stipulent qu'un dévot du Seigneur hautement évolué au plan spirituel s'avère toujours être un *bhakta* de premier ordre, et donc un maître spirituel, alors qu'une personne jouissant d'un statut élevé pour avoir vu le jour dans une famille de *brāhmaṇas* n'a pas qualité pour agir comme maître spirituel à moins d'être un dévot du Seigneur. Fût-elle versée dans tous les rites prescrits par les Écritures védiques, elle ne peut devenir maître spirituel à moins d'être un pur dévot du Seigneur. Tous les *śāstras* enseignent que la principale qualification du maître spirituel authentique est d'être versé dans la science de Kṛṣṇa.

Caitanya Mahāprabhu pria donc Rāmānanda Rāya de continuer à L'instruire sur la science de Kṛṣṇa, et de ne pas hésiter à le faire compte tenu de Son statut de *sannyāsī,* établi dans l'ordre du renoncement. Ainsi le Seigneur l'encouragea-t-Il à continuer de parler des divertissements de Rādhā et Kṛṣṇa.

« Puisque Tu me demandes de parler des divertissements de Rādhā et Kṛṣṇa, dit humblement Rāmānanda Rāya, je ne peux que T'obéir et accéder à Ton désir. » Ce faisant, Rāmānanda s'en remettait telle une marionnette au Seigneur Caitanya, le marionnettiste suprême. Il n'aspirait qu'à danser selon la volonté de Caitanya Mahāprabhu. Comparant sa langue à un instrument à cordes, Rāmānanda dit encore : « Et c'est Toi qui joues de cet instrument. » Rāmānanda ne faisait donc que transmettre les sons produits par le jeu de Caitanya.

Il commença par souligner que Kṛṣṇa est Dieu, la Personne Suprême, la source de tous les *avatāras* et la cause de toutes les causes. Innombrables sont les planètes Vaikuṇṭhas, les *avatāras,* les émanations du Seigneur Suprême et les univers. Et Kṛṣṇa, le Seigneur Souverain, en est l'unique source. Son corps absolu est éternel, tout de félicité et de savoir. Connu comme le fils de Mahārāja Nanda, Goloka Vṛndāvana est Sa demeure. Il possède pleinement les six excellences – richesse, force, renom, beauté, savoir et renoncement. La *Brahma-saṁhitā* (5.1) confirme que Kṛṣṇa est l'Être Suprême, le Seigneur de tous les seigneurs, et que Son corps est *sac-cid-ānanda.* Source de tout ce qui est, Il n'a d'autre origine que Lui-même. Cause suprême de toutes les causes, Il réside à Vṛndāvana, et Il est on ne peut plus fascinant, à l'instar de Cupidon. On L'adore par le chant du *mantra kāma-gāyatrī.*

La *Brahma-saṁhitā* décrit Vṛndāvana comme un lieu de nature éternellement spirituelle et peuplé de déesses de la fortune, connues sous le nom de *gopīs.* Toutes sont les bien-aimées de Kṛṣṇa et Lui, leur seul amour. Les arbres y sont tous des arbres-à-souhaits, dont on peut obtenir tout ce qu'on désire, la terre y est constituée de pierre philosophale et l'eau y est nectar. Chaque parole y est un chant, chaque pas y est une danse, et la flûte de Kṛṣṇa y accompagne les gestes de tous les instants. Tout y brille de sa propre lumière, comparable à celle du soleil et de la lune dans l'univers matériel. La forme humaine est tout entière destinée à la compréhension de ce lieu de transcendance qu'est Vṛndāvana, et les âmes fortunées se doivent de cultiver la connaissance de Vṛndāvana et de ses habitants.

Dans ce séjour suprême, les vaches *surabhi* inondent la terre de leur lait. Puisque chaque instant y est utilisé à bon escient, il n'y a ni passé, ni présent, ni avenir. Une manifestation de cette Vṛndāvana, la demeure suprême de Kṛṣṇa, se trouve sur la Terre, et les dévots hautement réalisés la vénèrent au même titre que la Vṛndāvana du monde spirituel. Personne ne peut toutefois apprécier Vṛndāvana sans être profondément accompli dans le savoir spirituel, dans la conscience de Kṛṣṇa. Nos sens nous font voir Vṛndāvana comme un lieu parmi tant d'autres, mais aux yeux du dévot hautement réalisé, elle est non différente de l'originelle Vṛndāvana. Un grand saint, un *ācārya,* chantait : « Quand mon mental sera-t-il purifié de toute souillure, que je puisse voir Vṛndāvana telle qu'elle est ? Quand pourrai-je apprécier les écrits laissés par les Gosvāmīs, et ainsi comprendre les divertissements spirituels de Rādhā et Kṛṣṇa ? »

Les amours de Kṛṣṇa et des *gopīs* à Vṛndāvana sont également de nature spirituelle. Même s'ils ressemblent aux liaisons amoureuses de l'univers matériel, un abîme les sépare. Dans le monde matériel, la concupiscence peut être temporairement éveillée, mais elle se dissipe dès qu'on l'assouvit. Or, dans le monde spirituel, l'amour qu'échangent Kṛṣṇa et les *gopīs* grandit sans cesse. Voilà ce qui distingue l'amour spirituel de la concupiscence matérielle. La concupiscence, ce prétendu amour issu du corps, s'avère aussi éphémère que le corps lui-même, alors que l'amour qui règne dans le monde spirituel se situe au plan transcendantal, soit celui de l'âme éternelle. Aussi cet amour est-il lui-même éternel, d'où le fait qu'on qualifie Kṛṣṇa de « Cupidon à l'éternelle fraîcheur ». On adore Kṛṣṇa par le biais du *mantra* Gāyatrī, ou plus précisément du *kāma-gāyatrī.* Les Écrits védiques expliquent en effet que la vibration sonore qui peut nous élever au-delà des élucubrations mentales a nom Gāyatrī. Le *kāma-gāyatrī* se compose de 24 syllabes : *klīṁ kāma-devāya vidmahe puṣpa-bāṇāya dhīmahi tan no 'naṅgaḥ pracodayāt.*

Ce *mantra,* le *kāma-gāyatrī,* est transmis par le maître spirituel lorsque le disciple a grandement progressé dans son chant du *mantra* Hare Kṛṣṇa, Hare Kṛṣṇa, Kṛṣṇa Kṛṣṇa, Hare Hare / Hare Rāma, Hare Rāma, Rāma Rāma, Hare Hare. En d'autres mots, le *kāma-gāyatrī* et le *saṁskāra* – ou la régénération du parfait *brāhmaṇa* – sont offerts par le maître spirituel à son disciple lorsqu'il constate que ce dernier a atteint un haut degré de savoir spirituel. Et même là, il arrive dans certains cas que le *kāma-gāyatrī* ne soit pas transmis. Quoi qu'il en soit, le chant du mantra Hare Kṛṣṇa suffit pour élever une personne jusqu'au plus haut plan spirituel.

La *Brahma-saṁhitā* nous livre une belle description de la flûte de Kṛṣṇa ; on peut notamment y lire : « Quand Kṛṣṇa Se mit à jouer de Sa flûte, le son pénétra dans l'oreille de Brahmā sous la forme du *mantra* védique *oṁ.* » Ce *oṁ* se compose en fait de trois lettres – A, U et M – et dépeint notre relation avec le Seigneur Suprême par le biais des activités qui mènent à la plus haute perfection de l'amour, soit à l'achèvement de l'amour véritable sur le plan spirituel. Et lorsque le son de la flûte de Kṛṣṇa s'exprima par la bouche de Brahmā, il devint le *mantra* Gāyatrī. C'est ainsi que, touché par les sonorités de la flûte de Kṛṣṇa, Brahmā – le premier et le plus grand des êtres créés de l'univers matériel – reçut l'initiation brahmanique. Ce que confirme Śrīla Jīva Gosvāmī : éclairé par le *mantra* Gāyatrī, reçu à travers la flûte de Kṛṣṇa, Brahmā accéda à l'entière connaissance védique ; et, reconnaissant la bénédiction ainsi offerte par Kṛṣṇa, il devint le premier maître spirituel de tous les êtres vivants.

La *Brahma-saṁhitā* explique que le mot *klīm* ajouté au *mantra* Gāyatrī représente la semence transcendantale de l'amour pour Dieu, ou la semence du *kāma-gāyatrī*. Or, Kṛṣṇa, le Cupidon à l'éternelle fraîcheur, est l'objet de cet amour, si bien qu'en prononçant le *mantra klīm,* on adore Kṛṣṇa. La *Gopāla-tāpanī Upaniṣad* ajoute que lorsqu'on qualifie Kṛṣṇa de Cupidon, il ne s'agit pas de Le confondre avec le Cupidon de l'univers matériel. Nous l'avons déjà expliqué, Vṛndāvana est le séjour spirituel de Kṛṣṇa, et le nom de Cupidon attribué à Kṛṣṇa est aussi spirituel et absolu. Il ne faut donc pas mettre Kṛṣṇa et le Cupidon matériel sur un pied d'égalité, car ce dernier incarne l'attrait de la chair et du corps externe, tandis que le Cupidon spirituel incarne l'attrait qu'exerce l'Âme Suprême sur l'âme distincte. À vrai dire, concupiscence et sexualité font également partie de la vie spirituelle. Néanmoins, lorsque l'âme s'incarne dans les éléments matériels, l'impulsion sexuelle s'exprime à travers le corps matériel, et n'en est plus qu'un reflet dénaturé. Lorsqu'on devient vraiment versé dans la science de la conscience de Kṛṣṇa, on peut comprendre que l'attrait matériel pour la chair est odieux alors que la sexualité spirituelle est tout ce qu'il y a de désirable.

La sexualité spirituelle est de deux ordres, soit en parfait accord avec la nature constitutionnelle du soi ou plutôt axée sur son objet. Quand on connaît la vérité sur la nature réelle de l'existence sans pour autant être entièrement affranchi de toute souillure matérielle, malgré une certaine compréhension de la spiritualité, on ne peut s'établir entièrement dans le séjour absolu de Vṛndāvana. Par contre, dès lors qu'on devient libre des pulsions sexuelles inhérentes au corps matériel, on atteint effectivement la demeure suprême qu'est Vṛndāvana. Et c'est lorsqu'il parvient à ce stade que le disciple peut prononcer le *kāma-gāyatrī* et le *kāma-bīja mantra.*

Rāmānanda Rāya expliqua ensuite que Kṛṣṇa fascine autant les hommes que les femmes, et les êtres mobiles aussi bien qu'immobiles – bref, tous les êtres vivants. Voilà pourquoi on L'appelle le Cupidon absolu. Rāmānanda cita à ce propos un verset du *Śrīmad-Bhāgavatam* (10.32.2) où il est écrit que le Seigneur apparut devant les jeunes filles de Vraja tel Cupidon en personne, souriant et jouant de Sa flûte.

Différents types de dévots jouissent d'aptitudes différentes et de relations différentes avec le Seigneur Suprême. Or, toutes les formes de relations avec l'Absolu se valent, puisque Kṛṣṇa en est le centre. Comme le précise le *Bhakti-rasāmṛta-sindhu :* « Kṛṣṇa est le réservoir de tout plaisir, et Il fascine sans cesse les *gopīs* grâce à l'éclat spirituel de Son corps, et tout particulièrement Tārakā, Pāli, Śyāmā et Lalitā. Mais Il est par-dessus tout cher à Rādhārāṇī, la première des *gopīs*. » Tout comme Kṛṣṇa, les *gopīs* sont glorifiées par Ses divertissements. Autrement dit, on peut établir différentes relations avec Kṛṣṇa, et quiconque est attiré par Kṛṣṇa sous le signe d'un sentiment particulier s'en trouve glorifié.

Kṛṣṇa est d'ailleurs si séduisant, fascinant et transcendantal qu'Il éprouve parfois de l'attrait pour Lui-même. Ce très beau verset apparaît dans la *Gīta-govinda :* « Chère amie, vois-tu comme Kṛṣṇa Se divertit au printemps en accroissant la beauté de Sa forme personnelle. Ses mains et Ses jambes si douces qui évoquent la lune sublime caressent le corps des *gopīs*. Lorsqu'Il étreint différentes parties de leurs corps, Il revêt une telle beauté ! Kṛṣṇa est en fait si séduisant qu'Il fascine même Nārāyaṇa et Sa compagne, la déesse de la fortune. » (*G.g.*, 1.11)

Dans le *Śrīmad-Bhāgavatam,* le Bhūmā-puruṣa dit à ce propos : « Chers Kṛṣṇa et Arjuna, j'ai conduit ces *brāhmaṇas* devant Vous dans le seul but de Vous voir. » (*Ś.B.*, 10.89.58) Arjuna avait cherché à sauver des jeunes gens après avoir eu vent de leur mort prématurée à Dvārakā ; ses efforts ayant échoué, Kṛṣṇa l'emmena auprès du Bhūmā-puruṣa qui, après avoir redonné vie aux jeunes défunts, déclara : « Vous êtes tous deux apparus en ce monde afin de sauvegarder les principes de la spiritualité et d'anéantir les éléments démoniaques. » En d'autres termes, également fasciné par la beauté de Kṛṣṇa, le Bhūmā-puruṣa avait conçu ce divertissement à seule fin de Le voir. Nous lisons dans un autre extrait du *Śrīmad-Bhāgavatam :* « Cher Seigneur, nous ignorons comment ce serpent déchu a obtenu d'être frappé par Tes pieds pareils-au-lotus quand même la déesse de la fortune a dû se livrer à des austérités pendant plusieurs années rien que pour Te voir. » (*Ś.B.*, 10.16.36) Ces propos sont ceux de l'épouse de Kāliya, et se rapportent au châtiment de ce dernier par Kṛṣṇa.

Le *Lalita-mādhava* (8.20) mentionne également que Kṛṣṇa est fasciné par Sa propre beauté. On peut y lire qu'en apercevant Sa propre image, Kṛṣṇa S'est ainsi attendri : « Combien belle et glorieuse est cette image ! Elle M'attire tout comme elle attire Rādhārāṇī. » Kṛṣṇa était donc tout aussi fasciné que Rādhikā – Rādhārāṇī – lorsqu'Elle contemplait cette image. Après avoir brièvement décrit la beauté de Kṛṣṇa, Rāmānanda Rāya entreprit de parler de Son énergie spirituelle, que gouverne Śrīmatī Rādhārāṇī. De Kṛṣṇa émanent d'incommensurables énergies, dont trois prédominent, à savoir les énergies interne, externe et marginale, soit celle à laquelle appartient l'être vivant. Ce que confirme le sixième chapitre du *Viṣṇu Purāṇa,* où il est écrit que Viṣṇu possède une énergie unique, qu'on appelle l'énergie spirituelle et qui se manifeste de trois façons. Lorsque cette énergie spirituelle est recouverte du voile de l'ignorance, on la qualifie d'énergie marginale. Kṛṣṇa étant éternité, félicité et connaissance, l'énergie spirituelle se présente elle-même sous trois formes. Sous l'angle de la félicité et de la sérénité, Son énergie spirituelle devient la puissance de plaisir. L'éternité du Seigneur s'exprime sous la forme de l'énergie phénoménale, et Son savoir, sous celle de la perfection spirituelle. Et comme l'explique le *Viṣṇu Purāṇa :* « La puissance de plaisir de Kṛṣṇa Lui procure un bonheur et une félicité spirituels et absolus. » (*V.P.*, 1.12.69) Ainsi, lorsque Kṛṣṇa désire connaître le plaisir, Il manifeste Sa propre puissance spirituelle, dite *hlādinī.* Dans Sa forme absolue, Kṛṣṇa goûte Son énergie spirituelle : telles sont la somme et l'essence des divertissements de Rādhā et Kṛṣṇa, que seuls peuvent comprendre les dévots hautement évolués. Nous ne devons pas chercher à comprendre la puissance et les divertissements de Rādhā et Kṛṣṇa selon notre perspective humaine, sous peine de les rabaisser à l'échelle matérielle.

Lorsque la puissance de plaisir devient davantage concentrée, elle prend le nom de *mahā-bhāva.* Śrīmatī Rādhārāṇī, la compagne éternelle de Kṛṣṇa, est la personnification de ce *mahā-bhāva* que Rūpa Gosvāmī élucide dans son *Ujjvala-nīlamaṇi* (2.2). Il y déclare que deux concurrentes se disputent l'amour de Kṛṣṇa : Rādhārāṇī et Candrāvalī. Or, lorsqu'on les compare, Rādhārāṇī l'emporte puisqu'Elle est *mahā-bhāva-svarūpa,* la personnification même du *mahā-bhāva,* un apanage qu'elle seule possède.

Tout empreint de la puissance de félicité, le *mahā-bhāva* est la manifestation de la plus haute forme d'amour pour Kṛṣṇa. Aussi Rādhārāṇī est-Elle reconnue à travers le monde comme la bien-aimée de Kṛṣṇa, celle qui Lui est chère entre toutes. Son nom est d'ailleurs toujours associé à celui de Kṛṣṇa, d'où l'expression Rādhā-Kṛṣṇa.

La *Brahma-saṁhitā* (5.37) confirme également que Kṛṣṇa Se multiplie dans le monde spirituel grâce à Sa puissance de félicité, et que les manifestations de cette puissance sont toutes identiques à Lui dans l'Absolu. Quoique Kṛṣṇa goûte toujours la compagnie des émanations de Sa puissance de félicité, Il est omniprésent. Aussi Brahmā offre-t-il son hommage respectueux à Govinda, la cause de toutes les causes. De même que Kṛṣṇa incarne l'ultime perfection spirituelle, Rādhārāṇī est l'incarnation par excellence de la puissance de félicité spirituelle destinée à combler Kṛṣṇa. Celui-ci étant infini, Rādhārāṇī doit Elle-même l'être pour Le satisfaire. La seule vue de Rādhārāṇī suffit à combler Kṛṣṇa, mais Rādhārāṇī Se déploie de telle sorte que Kṛṣṇa désire toujours goûter davantage Sa présence. Incapable d'évaluer la puissance de félicité de Rādhārāṇī, Kṛṣṇa choisit donc d'emprunter Lui-même le rôle de Rādhārāṇī, et Śrī Caitanya Mahāprabhu incarne leur alliance.

Rāmānanda Rāya expliqua ensuite que Rādhārāṇī est l'emblème suprême de la puissance de félicité de Kṛṣṇa, et qu'Elle Se multiplie en différentes formes, soit celles de Lalitā, de Viśākhā et de Ses autres confidentes. Dans son *Ujjvala-nīlamaṇi,* Rūpa Gosvāmī décrit les caractéristiques de Śrīmatī Rādhārāṇī : Son corps représente une manifestation évolutive de la joie transcendantale. Rehaussé de fleurs et d'arômes capiteux, il déborde d'amour spirituel pour Kṛṣṇa. Ainsi personnifie-t-il Sa puissance de félicité. Ce corps sublime prend trois formes d'ablution : la première dans les eaux de la compassion, la seconde dans celles de la beauté accomplie et la troisième dans les eaux de l'éclat juvénile. Après avoir pris ces trois bains, Rādhārāṇī couvre Son corps de vêtements chatoyants et le pare de la beauté personnelle de Kṛṣṇa, comparable à celle que confère le plus parfait maquillage (Sa beauté relevant du plus grand art). Son corps est en outre décoré des manifestations extatiques liées à l'émotion spirituelle : frissons, larmes, stupéfaction et cessation de toute fonction corporelle sous l'effet du plaisir spirituel, sudation, étranglement de la voix, hypertension, démence et chancellement. La puissance de félicité transcendantale révèle neuf attributs décoratifs, dont cinq sont des manifestions directes de Sa beauté personnelle, rehaussée de guirlandes de fleurs. On compare Sa patiente sérénité à une enveloppe de tissus purifiés au camphre. Le tourment que suscite Son désir intime de Kṛṣṇa est Son chignon, et le *tilaka* de Sa grâce brille sur Son front. L'ouïe de Rādhārāṇī est éternellement fixée sur le nom et la renommée de Kṛṣṇa. Les noix de bétel qu'Elle mâche rougissent Ses lèvres, et Son attachement indicible pour Kṛṣṇa noircit le contour de Ses yeux tel un fard appliqué par la nature pour se jouer d'Elle et de Kṛṣṇa. Le sourire de Rādhārāṇī s'apparente au parfum du camphre. La guirlande de la séparation se balance sur Son corps lorsqu'Elle S'allonge sur la couche de l'orgueil, dans le sanctuaire de Ses effluves. Le corsage de la colère que fait naître Son affection extatique pour Kṛṣṇa recouvre Sa poitrine, et l'instrument à cordes qui est le sien témoigne de Sa réputation d'être l'amie par excellence de Kṛṣṇa. Lorsque Kṛṣṇa adopte Sa posture de jouvenceau, Elle pose la main sur Son épaule, et bien qu'Elle possède tant d'attributs sublimes, Elle n'a de cesse de servir Kṛṣṇa.

Śrīmatī Rādhārāṇī est embellie par les émotions propres à l'état qu'on qualifie de *sūddīpta-sāttvika,* qui incluent tantôt l'affliction, tantôt l'apaisement. Toutes ces manifestations d'extase transcendantale sont présentes dans le corps de Śrīmatī Rādhārāṇī. Le *sūddīpta-sāttvika* désigne l'état dans lequel se trouve une personne en proie à l'amour qu'envahissent certains sentiments qu'elle ne peut refouler. D'autres émotions de Rādhārāṇī relèvent du *kila-kiñcita* et revêtent vingt formes différentes. Ces émotions viennent en partie du corps, en partie du mental et en partie des habitudes. En ce qui concerne les émotions liées au corps, elles s'expriment par la posture et le mouvement. Les émotions liées au mental se révèlent dans la beauté, l'éclat, la complexion, les états d'âme, l'élocution, la magnanimité et la patience. Quant aux émotions dites habituelles, elles se manifestent sous forme de divertissements, de plaisir, de préparation et d'oubli. Le *tilaka* de la grâce orne le front de Śrīmatī Rādhārāṇī, qui porte également le médaillon du *prema-vaicittya,* cet état étant celui des amoureux qui se rencontrent mais qui n'en redoutent pas moins la séparation. Śrīmatī Rādhārāṇī est de quinze jours la cadette de Kṛṣṇa. Elle pose constamment la main sur les épaules de Ses amies, et Ses paroles comme Ses pensées ne cessent de porter sur des divertissements passés ou à venir avec Kṛṣṇa. Elle enivre Kṛṣṇa des mots doux qui coulent de Ses lèvres et Elle est toujours disposée à satisfaire Ses moindres désirs. Bref, Elle répond à toutes les attentes de Śrī Kṛṣṇa grâce à Ses attributs peu communs, pour ne pas dire surnaturels.

Le *Govinda-līlāmṛta* contient le verset que voici : « Qui est le foyer d'affection pour Kṛṣṇa ? La réponse : nulle autre que Śrīmatī Rādhikā. Qui est le plus grand objet d'amour pour Kṛṣṇa ? La réponse est encore Śrīmatī Rādhikā, et nulle autre. » Cheveux brillants, yeux humides et seins fermes – tous ces attributs sont présents en la personne de Śrīmatī Rādhikā, qui seule peut ainsi exaucer tous les désirs de Kṛṣṇa, chose impossible pour quelque autre personne que ce soit.

Satyabhāmā est une autre rivale de Śrīmatī Rādhārāṇī, si ce n'est qu'elle aspire toujours à s'élever au même niveau qu'Elle. Si totale est l'expertise de Rādhārāṇī que toutes les jeunes filles de Vraja viennent apprendre auprès d'Elle divers arts. Si sublime Sa beauté que même la déesse de la fortune et Pārvatī, l'épouse de Śiva, désirent posséder la même. Et Arundhatī, reconnue comme la femme la plus chaste de l'univers, désire quant à elle apprendre les principes de la chasteté de Śrīmatī Rādhārāṇī. Puisque même Kṛṣṇa ne peut évaluer les qualités hautement transcendantales de Śrīmatī Rādhārāṇī, comment les êtres ordinaires le pourraient-ils ?

Après avoir écouté Śrī Rāmānanda Rāya décrire les attributs de Rādhā et Kṛṣṇa, le Seigneur Caitanya désirait l'entendre parler de Leurs échanges d'amour réciproques et constants. Rāmānanda qualifia alors Kṛṣṇa de *dhīra-lalita,* qualificatif applicable à un homme très astucieux, d'une fraîcheur juvénile, fort habile à plaisanter, dépourvu de tout souci et toujours soumis à sa bien-aimée. Sans cesse absorbé dans Ses amours avec Rādhārāṇī, Kṛṣṇa Se rend dans les bosquets de Vṛndāvana pour y échanger des tendresses avec Elle. Ainsi assouvit-Il Ses instincts amoureux.

On trouve dans le *Bhakti-rasāmṛta-sindhu* un merveilleux verset qui traite des échanges entre Rādhā et Kṛṣṇa : « Usant de propos à caractère sexuel aussi hardis qu'impudents, Kṛṣṇa obligea Śrīmatī Rādhārāṇī à fermer les yeux. Profitant de la situation, Il peignit alors différentes images sur Ses seins, donnant ainsi matière à plaisanter aux amies de Rādhā. C'est par une succession de tels gestes lascifs que Kṛṣṇa combla Ses années de jeunesse. »

À l'écoute de ces échanges transcendantaux entre Rādhā et Kṛṣṇa, le Seigneur Caitanya dit : « Cher Rāmānanda, la description que tu fais des divertissements spirituels et absolus de Śrī Rādhā et Kṛṣṇa est parfaitement juste. Pourtant, J'aimerais en entendre davantage de ta bouche. »

« Il m'est très difficile d'aller au-delà, de répondre Rāmānanda Rāya. Je ne peux qu'ajouter qu'il existe un état émotionnel du nom de *prema-vilāsa-vivarta,* que je tenterai d'expliquer. Cependant, j'ignore si cela Te plaira ou non. » Le *prema-vilāsa* comporte deux formes d'émotions, respectivement liées à la rencontre et à la séparation. La séparation transcendantale dont il est question s'avère si intense qu'elle est en fait plus extatique que la rencontre. Rāmānanda était très versé dans la compréhension de ces rapports on ne peut plus élevés entre Rādhā et Kṛṣṇa ; aussi composa-t-il un chant sublime qu'il entonna pour le Seigneur. La teneur en est que les amoureux, en l'absence l'un de l'autre, vivent une certaine émotion liée à leurs échanges sublimes, émotion connue sous le nom de *rāga,* ou attrait. Or, Śrīmatī Rādhārāṇī admet que « l'attrait et l'affection qui Nous unissent ont atteint leur apogée ». Bien que Rādhārāṇī soit Elle-même à l'origine de cette attirance, Elle poursuit en disant : « Quelle qu'en soit la cause, l'affection que Nous partageons est telle que Toi et Moi ne faisons plus qu'un. Maintenant que Nous voilà séparés, Je ne peux retracer l'évolution de Notre amour, qui n'a d'autre cause ni médiateur que Notre rencontre même et Nos échanges de sentiments. »

Ces échanges de sentiments entre Kṛṣṇa et Rādhārāṇī sont très difficiles à comprendre pour quiconque n'est pas d'ores et déjà établi au niveau de la pure vertu. Même la vertu matérielle ne permet pas d'appréhender cette réciprocité transcendantale. Il faut donc la dépasser pour y parvenir, car les échanges de sentiments entre Rādhā et Kṛṣṇa ne relèvent pas de l'univers matériel. Même le plus habile raisonneur ne saurait comprendre ce qu'il en est, que ce soit de façon directe ou indirecte. Les activités matérielles se rapportent au corps grossier ou au mental, plus subtil ; or, les échanges de sentiments entre Rādhā et Kṛṣṇa transcendent toute spéculation intellectuelle. Seuls des sens purifiés, dégagés de toutes les désignations propres au monde matériel, peuvent donner de saisir ce savoir spirituel.

Des sens purifiés permettent en effet d'apprécier ces ébats spirituels, alors que les impersonnalistes, privés de la notion même de sens spirituels, ne savent percevoir que ce qui est à la portée de leurs sens matériels, de sorte qu'ils ne peuvent comprendre les échanges ou les ébats fondés sur les sens spirituels. Les détenteurs d'un savoir purement empirique, si développé soit-il, ne peuvent qu'assouvir leurs sens matériels émoussés en se livrant à de grossières activités physiques ou à la spéculation intellectuelle. Tout ce qui procède du corps ou du mental est aussi imparfait que périssable, tandis que les activités spirituelles et absolues sont aussi lumineuses que sublimes. Le pur amour inhérent au plan absolu est le parangon de la pureté, c'est-à-dire libre de toute affection matérielle et entièrement spirituel. L'affection pour la matière se révèle éphémère, ainsi qu'en témoignent les vicissitudes sexuelles de l'univers matériel, lesquelles brillent par leur absence dans le monde spirituel. Les entraves à la satisfaction des sens sont à l'origine de la détresse matérielle, qu'on ne saurait d'ailleurs comparer à la séparation spirituelle, où n'existent ni les défaillances ni les vicissitudes inhérentes à la matière.

Le Seigneur Caitanya reconnut que tel est le plus haut niveau de réciprocité amoureuse d'ordre spirituel, et dit à Rāmānanda Rāya : « Ce n'est que par ta grâce que J'ai pu saisir ce haut niveau de transcendance. Or, comme nul ne saurait s'y établir sans accomplir des activités spirituelles, aurais-tu l'obligeance de M'expliquer comment Je pourrais m'y élever ? »

« Il me serait tout aussi difficile de Te l'expliquer, répondit Rāmānanda. Néanmoins, je peux exprimer ce que Tu veux bien que j'exprime, car nul ne saurait se dérober à Ta volonté suprême. En vérité, personne en ce monde n'échappe à Ton vouloir, et même si les mots semblent sortir de ma bouche, ce n'est pas moi l'orateur, mais bien Toi. Bref, Tu es à la fois l'orateur et l'auditoire. Puissé-je donc parler selon Ton bon désir de ce qu'il faut faire pour atteindre le plus haut niveau spirituel. »

Et Rāmānanda Rāya de poursuivre : « Les échanges spirituels de Rādhā et Kṛṣṇa sont on ne peut plus intimes ; ils demeurent d'ailleurs incompréhensibles dans le cadre des sentiments de serviteur à maître, d'ami à ami ou de parent à enfant envers le Seigneur Suprême. Ce sujet confidentiel ne peut être appréhendé qu'auprès des jeunes filles de Vraja, dont les émotions et les états d'âme sont la source même de ces échanges intimes. Sans elles, nul ne peut nourrir ni chérir l'intelligence de ces activités transcendantales. En d'autres mots, les divertissements intimes de Rādhā et Kṛṣṇa se manifestent par la grâce des jeunes filles de Vraja, et sans leur grâce, il est impossible de les comprendre. Il faut donc marcher sur leurs traces pour accéder à cet entendement. »

Ce n'est qu'une fois acquise cette intelligence qu'on devient apte à apprécier les divertissements intimes de Rādhā et Kṛṣṇa. Aucune autre voie ne permet de les saisir. Ce que confirme le *Govinda-līlāmṛta* (10.17) : « Quoique manifestes, heureux, épanouis et infinis, les échanges affectifs entre Rādhā et Kṛṣṇa ne peuvent être compris que par les jeunes filles de Vraja et ceux qui marchent sur leurs traces. » De même que nul ne peut comprendre le déploiement de l'énergie spirituelle du Seigneur Suprême sans Sa miséricorde immotivée, nul ne peut comprendre la sexualité spirituelle et absolue de Rādhā et Kṛṣṇa sans marcher sur les traces des jeunes filles de Vraja.

L'entourage de Rādhārāṇī se compose de *sakhīs* – Ses compagnes personnelles – et de *mañjarīs* – Ses proches suivantes. Il n'est guère facile d'exprimer leurs rapports avec Kṛṣṇa, car elles n'aspirent pas à Le fréquenter directement ou à jouir personnellement de Sa compagnie, préférant toujours aider Rādhārāṇī à rencontrer Kṛṣṇa. Leur affection pour Rādhā et Kṛṣṇa est si pure qu'elles ne sont heureuses que lorsqu'Ils Se rencontrent, leur plus grande joie étant de Les voir réunis. À vrai dire, la forme de Rādhārāṇī ressemble à celle d'un lierre enlaçant l'arbre qu'est Kṛṣṇa, et les jeunes filles de Vraja, compagnes de Rādhārāṇī, sont telles les feuilles et les fleurs de ce lierre. Or, quand celui-ci enlace l'arbre, les fleurs et les feuilles en font naturellement tout autant.

Le *Govinda-līlāmṛta* (10.16) confirme que Rādhārāṇī est la manifestation de la puissance de félicité de Kṛṣṇa ; on la compare à un lierre dont les compagnes – les *gopīs* de Vraja – seraient les fleurs et les feuilles. Quand Kṛṣṇa et Rādhārāṇī Se divertissent, les jeunes filles de Vraja ressentent plus de plaisir que Rādhārāṇī Elle-même. Quoique les compagnes de Rādhārāṇī n'attendent aucune marque d'attention personnelle de la part de Kṛṣṇa, Rādhārāṇī est si comblée par elles qu'Elle organise des rencontres individuelles entre Kṛṣṇa et les *gopīs* de Vraja, recourant pour ce faire à divers stratagèmes. Elle y trouve d'ailleurs plus de plaisir que dans Ses rendez-vous personnels avec Lui. Et lorsque Kṛṣṇa voit Rādhārāṇī et Ses amies heureuses en Sa compagnie, Sa propre satisfaction s'en trouve accrue. Ces contacts et cette réciprocité empreints d'affection n'ont rien en commun avec la sexualité matérielle. Ce n'est que parce qu'ils ressemblent à l'union matérielle entre hommes et femmes qu'on les qualifie parfois de luxure transcendantale.

Le *Gautamīya-tantra* explique ainsi les rapports qui unissent Rādhārāṇī à Kṛṣṇa : « Par concupiscence, on entend l'attachement à la satisfaction de ses propres sens. Quant à Rādhārāṇī et Ses amies, elles ne désirent aucunement assouvir leurs sens. Leur seul désir est de satisfaire Kṛṣṇa. » Ce que confirme le *Śrīmad-Bhāgavatam* en citant les propos mêmes des *gopīs,* des jeunes filles de Vraja : « Cher Kṛṣṇa, cher ami, Tu erres dans la forêt pieds nus. Or, quand Tu poses Tes pieds si délicats sur nos seins, nous craignons que ceux-ci soient trop durs, tellement Tes pieds sont tendres. Maintenant que Tu parcours la forêt et que Tes pieds foulent des cailloux, nous ignorons ce que Tu peux ressentir. Comme Tu es notre raison d'être, l'inconfort que peut te causer la rudesse du sol nous plonge dans le désarroi. » (*Ś.B.*, 10.31.19) Ces sentiments exprimés par les jeunes filles de Vraja témoignent des plus hautes émotions qui soient dans la conscience de Kṛṣṇa, et quiconque devient captivé par cette conscience progressera vers le plan ultime où évoluent les *gopīs*. On dénombre soixante-quatre formes de service de dévotion régies par des principes dont l'accomplissement permet de s'élever au niveau de la dévotion inconditionnelle des *gopīs*. À ce stade, l'affection pour Kṛṣṇa s'appelle *rāgānuga,* ou amour spontané, et dans le cadre d'une telle relation amoureuse avec Kṛṣṇa, il n'est plus requis d'adhérer aux règles et principes védiques.

Différentes variétés de dévots personnels de Kṛṣṇa peuplent le royaume de la Transcendance. À titre d'exemple, Raktaka et Patraka comptent parmi les amis de Kṛṣṇa, tout comme Śrīdāmā et Sudāmā. Il y a aussi les parents de Kṛṣṇa qui, comme Nanda et Yaśodā, Le servent selon leur état d'âme spirituel respectif. Quiconque désire entrer dans le séjour suprême de Kṛṣṇa peut prendre refuge d'un de ces serviteurs spirituels, puis pratiquer le service d'amour de façon à atteindre les plus hauts sommets de l'affection pour Kṛṣṇa. En d'autres mots, le dévot qui, dans l'univers matériel, pratique le service d'amour conformément aux activités des compagnons éternels de Kṛṣṇa atteindra la même position qu'eux lorsqu'il deviendra parfait.

Les sages cités dans les *Upaniṣads* et la *śruti* aspirent aussi à la position des *gopīs* et marchent sur leurs traces afin d'accéder au but souverain de l'existence. Ainsi que le confirme le *Śrīmad-Bhāgavatam* (10.87.23), les sages pratiquent le *prāṇāyāma* – une forme de transe – en maîtrisant leur respiration, leur mental et leurs sens par la voie du *yoga*. Ainsi cherchent-ils à se fondre dans le Brahman Suprême, but que peuvent d'ailleurs atteindre les athées eux-mêmes, qui nient pourtant l'existence de Dieu. En effet, pour peu qu'ils soient anéantis par un *avatāra* du Seigneur Suprême, ils obtiennent le même résultat, soit de se fondre dans l'aspect Brahman du Suprême. Toutefois, quand les jeunes filles de Vṛndāvana adorent Śrī Kṛṣṇa, c'est comme si elles avaient subi la morsure d'un serpent, auquel on compare le corps de Kṛṣṇa. Le corps du serpent n'est jamais droit, il se love toujours. De même, le corps de Kṛṣṇa dessine toujours trois courbes, et c'est Lui qui a « injecté » l'amour transcendantal aux *gopīs*. Les *gopīs* sont certes supérieures à tous les *yogīs* et autres mystiques qui aspirent à se fondre dans le Brahman Suprême. Les sages de Daṇḍakāraṇya marchent eux-mêmes sur les traces des *gopīs* de Vraja afin d'atteindre une position semblable à la leur, position que l'adhésion aux seuls principes régulateurs ne permet pas d'atteindre. Il faut en plus suivre rigoureusement l'exemple des *gopīs*. Ce que confirme encore le *Śrīmad-Bhāgavatam* (10.9.21), où il est dit que Kṛṣṇa, le fils de Śrīmatī Yaśodā, n'est pas aisément accessible à ceux qui adhèrent aux principes de la spéculation intellectuelle, alors qu'Il Se laisse facilement toucher par les diverses classes d'êtres qui foulent le sentier de la dévotion.

Nombreux sont les pseudo-dévots qui se réclament du mouvement du Seigneur Caitanya et qui se déguisent en jeunes filles de Vraja, ce que n'approuvent nullement les spiritualistes accomplis ou les étudiants avancés dans le service de dévotion. Ce genre de mascarade n'est qu'une autre manifestation de la sotte identification de l'âme au corps. Les adeptes de telles pratiques croient à tort que les corps spirituels de Kṛṣṇa, Rādhārāṇī et Leur entourage, formé des *gopīs* de Vraja, relèvent de la nature matérielle. Or, il importe de bien comprendre que toutes ces manifestations sont des émanations de la félicité et de la connaissance éternelles propres au royaume de la Transcendance. N'ayant rien en commun avec la matière, le corps, les vêtements, les ornements et les activités des jeunes filles de Vṛndāvana n'appartiennent pas à la manifestation cosmique. Les *gopīs* de Vṛndāvana ne sont pas destinées à charmer les habitants de l'univers matériel, mais plutôt l'Infiniment Fascinant, d'où Son nom de Kṛṣṇa. Or, bien qu'Il soit infiniment fascinant, les *gopīs* de Vṛndāvana fascinent même Kṛṣṇa. Elles n'appartiennent donc pas à ce monde de matière.

Quiconque commet l'erreur de croire que le corps matériel est aussi parfait que le corps spirituel et estime ainsi pouvoir imiter les *gopīs* de Vṛndāvana souscrit d'emblée à la philosophie impersonnaliste des *māyāvādīs*. Ceux-ci prônent en outre l'*ahaṁ-grahopāsanā*, soit l'adoration de son propre corps comme étant l'Absolu. C'est animés de cette pensée matérialiste que de pseudo-spiritualistes se déguisent en jeunes filles de Vraja. Or, de telles pratiques sont inadmissibles dans le cadre du service de dévotion, car elles relèvent également de l'*ahaṁ grahopāsanā.*

Śrīla Jīva Gosvāmī, l'*ācārya* par excellence de la Gauḍīya *sampradāya,* condamne pareils imitateurs. La voie de la réalisation spirituelle consiste à marcher sur les traces de l'entourage du Seigneur Suprême ; qui se croit une compagne ou un compagnon immédiat du Seigneur ne peut donc qu'être condamnable. Les principes avérés du *vaiṣṇavisme* veulent qu'on suive l'exemple d'un dévot particulier du Seigneur plutôt que de se considérer soi-même comme un membre de Son entourage immédiat. Ainsi Śrī Rāmānanda Rāya expliqua-t-il qu'il faut embrasser l'état d'âme des *gopīs* de Vraja. Le *Caitanya-caritāmṛta* dit clairement qu'il faut s'inspirer des émotions dévotionnelles, et non emprunter l'habillement des compagnes de Kṛṣṇa, les jeunes filles de Vraja. Il faut en outre méditer sans cesse sur les rapports qu'échangent Rādhā et Kṛṣṇa dans le monde absolu. Il s'agit de penser à Rādhā et Kṛṣṇa jour et nuit, et de Les servir intérieurement, au lieu de simplement changer de vêtement extérieur. C'est là ce qu'on entend par l'état d'âme des amies et compagnes de Rādhārāṇī. En suivant leur exemple, on peut finalement atteindre la perfection qui consiste à être promu à Goloka Vṛndāvana, le séjour transcendantal de Kṛṣṇa.

On nomme *siddha-deha* l'esprit de la quête émotionnelle des *gopīs*. Ce terme fait référence au corps purement spirituel qui existe au-delà des sens, du mental et de l'intelligence. Le terme *siddha-deha* désigne en fait l'âme purifiée, et donc apte à servir le Seigneur Suprême. Personne ne peut servir le Seigneur au sein de Son entourage sans être établi dans sa pure identité spirituelle, entièrement libre de toute souillure matérielle. La *Bhagavad-gītā* enseigne qu'une personne souillée par la matière transmigrera vers un autre corps matériel du fait de sa conscience matérielle. Habitée par des pensées matérielles à l'heure de sa mort, elle se verra transférée dans un autre corps de matière. Selon le même ordre d'idées, lorsqu'on s'établit dans son identité purement spirituelle et qu'on médite sur le service d'amour absolu offert au Seigneur Suprême, on se voit promu au royaume spirituel pour vivre en compagnie de Kṛṣṇa. Autrement dit, en pensant à Kṛṣṇa et à Ses compagnons en pleine conscience de son identité spirituelle, on trouve qualité pour accéder au royaume spirituel. Nul ne peut envisager ou contempler les activités du monde spirituel sans être établi dans sa pure identité spirituelle, appelée *siddha-deha*. Ainsi Rāmānanda Rāya dit-il qu'à moins d'y parvenir, on ne peut ni faire partie de l'entourage des *gopīs* ni servir directement Kṛṣṇa, la Personne Divine, et Sa compagne éternelle, Rādhārāṇī. Il cita à ce propos le *Śrīmad-Bhāgavatam*, où l'on peut lire : « Ni Lakṣmī, la déesse de la fortune, ni même les jeunes nymphes du royaume céleste ne peuvent acquérir les atouts des *gopīs* de Vraja-bhūmi – que dire alors des autres ? » (*Ś.B.*, 10.47.60)

Comblé d'entendre ces propos de Rāmānanda Rāya, le Seigneur Caitanya l'étreignit. Puis, sous l'effet de cette réalisation transcendantale, tous deux se mirent à pleurer d'extase. Ainsi le Seigneur et Rāmānanda discutèrent-ils toute la nuit des divertissements spirituels et absolus de Rādhā et Kṛṣṇa, pour ensuite se séparer le matin venu. Rāmānanda retourna chez lui, et le Seigneur alla faire Ses ablutions. Au moment de leur séparation, Rāmānanda se jeta aux pieds du Seigneur Caitanya en L'implorant : « Cher Seigneur, Tu es venu ici à seule fin de me délivrer de l'océan boueux de l'ignorance. Je Te prie donc de rester au moins dix jours pour purifier mon mental de toute souillure matérielle. Personne d'autre que Toi ne peut conférer l'amour spirituel pour Dieu. »

« Je suis venu vers toi pour Me purifier Moi-même en écoutant de ta bouche les divertissements spirituels et absolus de Rādhā et Kṛṣṇa, répondit le

Seigneur. Je suis très fortuné, car tu es le seul qui puisse enseigner ces divertissements sublimes. Je ne vois personne d'autre en ce monde qui puisse percer le caractère transcendantal des échanges d'amour réciproques entre Rādhā et Kṛṣṇa. Tu me demandes de rester ici dix jours, alors que J'ai envie de demeurer auprès de toi tant que Je vivrai. Viens donc à Jagannātha Purī, où J'ai établi Ma résidence, pour que J'y finisse Mes jours en ta compagnie. Ainsi emploierai-Je le temps qu'il Me reste à mieux comprendre Rādhā et Kṛṣṇa grâce à ta présence. »

Śrīman Rāmānanda Rāya retourna voir le Seigneur le soir suivant, et tous deux discutèrent encore de transcendance. « Quel est le plus haut niveau d'instruction ? », s'enquit d'abord le Seigneur, et Rāmānanda de répondre sans ambages que c'est de connaître la science de Kṛṣṇa. L'éducation matérielle vise la satisfaction des sens, alors que l'éducation spirituelle, au plus haut niveau qui soit, vise à embrasser la science de Kṛṣṇa. Le *Śrīmad-Bhāgavatam* (4.29.49) affirme que la meilleure occupation est celle qui satisfait Dieu, la Personne Suprême, et que la meilleure éducation porte sur la science du savoir qui nous permet de nous établir pleinement dans la conscience de Kṛṣṇa. Dans le même ordre d'idées, Prahlāda Mahārāja, alors qu'il instruisait ses jeunes camarades de classe, déclara que l'écoute et le chant des gloires du Seigneur, le souvenir et l'adoration du Seigneur, et le fait de prier, de servir et de se lier d'amitié avec Kṛṣṇa en Lui offrant tout sont les marques du plus haut savoir spirituel qui soit. « Et en quoi consiste la plus haute forme de renommée ? », demanda le Seigneur Caitanya à Rāmānanda Rāya, qui répondit aussitôt que la personne reconnue pour sa conscience de Kṛṣṇa doit être considérée comme la plus célèbre du monde.

CHAPITRE TRENTE-DEUX

Conclusion

Qui est réputé être conscient de Kṛṣṇa jouit d'une renommée éternelle. Dans l'univers matériel, chacun poursuit trois objectifs : il veut voir son nom perpétué, il souhaite que ses gloires soient diffusées à travers le monde entier et il désire tirer profit de ses activités matérielles. Mais tous ignorent que renommée, popularité et richesse sont liées au corps éphémère et qu'elles disparaîtront avec lui. Ce n'est que par ignorance que tous s'efforcent d'acquérir la renommée, la popularité et la richesse matérielles, et il est déplorable de chercher à devenir célèbre sur le plan corporel, voire en tant que spiritualiste évolué, sans aucune connaissance de l'Âme Suprême, Viṣṇu. La véritable renommée ne s'acquiert qu'en devenant conscient de Kṛṣṇa en cette vie même. Le *Śrīmad-Bhāgavatam* nomme douze autorités par excellence, toutes reconnues pour leur grande dévotion au Seigneur : Brahmā, Nārada, Śiva, Manu, Kapila, Prahlāda, Janaka, Bhīṣma, Śukadeva Gosvāmī, Bali, Yamarāja et les Kumāras. Si l'on se souvient encore aujourd'hui de ces sommités, c'est en raison de leur grande dévotion au Seigneur. Le *Garuḍa Purāṇa* affirme que, dans l'âge de Kali, il est encore plus rare de devenir un illustre dévot du Seigneur Suprême qu'un *deva* tel Brahmā ou Śiva. Faisant référence à un entretien entre Nārada et Puṇḍarīka, Yudhiṣṭhira dit : « Quiconque, après de très nombreuses naissances, comprend être le serviteur de Vāsudeva devient on ne peut plus célèbre, et peut dès lors délivrer tous ses semblables. » Dans un même ordre d'idées, la *Bhagavad-gītā* enseigne : « Quiconque comprend que Vāsudeva incarne tout ce qui est, et s'abandonne à Lui, est certes le plus sage, le plus érudit de tous. » (*B.g.*, 7.19) On lit dans l'*Ādi Purāṇa* que la libération et la vie transcendantale attendent tous les dévots du Seigneur. Le *Bṛhan-nāradīya Purāṇa* ajoute que même des personnages aussi éminents que Brahmā et les autres *devas* ignorent la valeur d'un dévot de Dieu, la Personne Suprême. Le *Garuḍa Purāṇa* souligne pour sa part que parmi des milliers de *brāhmaṇas,* un seul se distingue par sa maîtrise des rites sacrificiels ; que parmi des milliers de *brāhmaṇas* ainsi accomplis, celui qui est versé dans la connaissance du *Vedānta-sūtra* s'impose comme le plus célèbre ; et que parmi des milliers et des milliers de védantistes, le plus célèbre est sans nul doute le dévot du Seigneur Viṣṇu. Et parmi les nombreux dévots de Viṣṇu, celui dont la dévotion est inébranlable devient digne d'entrer dans le royaume de Dieu. Le *Śrīmad-Bhāgavatam* (3.13.4) ajoute que nombreux sont ceux qui étudient les *Vedas,* mais que celui qui pense toujours à Dieu, la Personne Suprême, dans son cœur les surpasse tous. Dans les prières à Nārāyaṇa, il est dit que, faute d'être un dévot du Seigneur, même le grand Brahmā serait insignifiant, tandis qu'un simple microbe dévoué au Seigneur devient digne de renom.

Le Seigneur Caitanya demanda ensuite à Rāmānanda Rāya : « Quel est l'objet le plus précieux en ce monde ? » Rāmānanda répondit que quiconque est riche d'amour pour Rādhā-Kṛṣṇa possède le plus précieux des joyaux, le plus grand des trésors. Qui est esclave des plaisirs sensoriels ou de l'opulence matérielle ne peut obtenir pareille richesse. Quand on accède au niveau spirituel de la conscience de Kṛṣṇa, on comprend qu'aucun trésor n'a autant de valeur que l'amour de Rādhā-Kṛṣṇa. Le *Śrīmad-Bhāgavatam* rapporte que Mahārāja Dhruva recherchait le Seigneur Suprême en vue d'acquérir un domaine ; or, lorsqu'il vit enfin Kṛṣṇa, il dit : « Je ne désire plus rien, car je suis comblé. » La *Bhagavad-gītā* affirme également que la personne qui trouve refuge en Dieu, la Personne Suprême, ou s'élève au niveau suprême de l'amour pour Dieu n'a plus rien à convoiter. Même s'ils peuvent obtenir tout ce qu'ils désirent du Seigneur, les purs dévots ne Lui demandent rien.

Quand le Seigneur Caitanya demanda à Rāmānanda ce qu'il considérait comme le pire tourment, celui-ci répondit que le fait d'être privé de la présence d'un pur dévot constitue la plus grande douleur qui soit en ce monde. Autrement dit, là où il n'y a aucun dévot connu du Seigneur, la société devient affligée et le commerce des humains, pénible. Le *Śrīmad-Bhāgavatam* (3.30.7) enseigne en effet que celui qui, en l'absence d'un pur dévot, cherche le bonheur dans les relations sociales, amicales et amoureuses dénuées de conscience de Kṛṣṇa doit être tenu pour le plus malheureux des hommes.

Śrī Caitanya S'enquit ensuite auprès de Śrī Rāmānanda Rāya : « De toutes les âmes dites libérées, qui l'est vraiment ? »

Rāmānanda répondit que la personne débordante d'affection dévotionnelle pour Rādhā et Kṛṣṇa doit être considérée comme l'âme libérée par excellence. Dans le cinquième Chant du *Śrīmad-Bhāgavatam,* il est écrit que la compagnie d'un pur dévot est plus désirable que la vie même, et qu'en son absence, on ne saurait connaître un instant de bonheur. De même, on lit dans le *Śrīmad-Bhāgavatam* (6.14.5) : parmi des millions d'êtres, extrêmement rare est le dévot de Nārāyaṇa.

« De tous les chants, lequel estimes-tu être le meilleur ? », demanda ensuite Caitanya Mahāprabhu à Śrī Rāmānanda Rāya.

Et celui-ci de répondre que c'est le chant qui décrit les divertissements de Śrī Rādhā et Kṛṣṇa. Telle est la nature de l'âme conditionnée que chacun est fasciné par la sexualité. Toutes les œuvres de fiction – drames et romans – décrivent l'amour entre homme et femme. Or, comme les gens sont si friands de ce genre d'écrit, Kṛṣṇa est apparu dans l'univers matériel pour y manifester Ses amours spirituels avec les *gopīs ;* il existe d'ailleurs une immense littérature axée sur ce thème, et quiconque s'absorbe dans l'histoire de Rādhā et Kṛṣṇa peut goûter au vrai bonheur. Le *Śrīmad-Bhāgavatam* (10.33.36) enseigne que le Seigneur manifesta Ses divertissements à Vṛndāvana afin de dévoiler Sa vraie vie, et que la personne intelligente qui s'efforce de comprendre les divertissements de Rādhā et Kṛṣṇa est bénie entre toutes. Les chants et récits qui relatent ces divertissements surpassent donc tous les autres.

Le Seigneur Caitanya demanda ensuite : « Quelle est la chose la plus profitable en ce monde, l'essence même de tout événement heureux ? » Rāmānanda Rāya répondit que rien n'est aussi profitable que la compagnie des purs dévots du Seigneur.

« À quoi recommandes-tu qu'une personne pense ? », S'enquit alors le Seigneur Caitanya. Śrī Rāmānanda répondit qu'on doit toujours penser aux divertissements de Kṛṣṇa. Telle est la conscience de Kṛṣṇa. Kṛṣṇa accomplit de multiples activités décrites dans les nombreuses Écritures védiques, et il faut sans cesse penser à tous ces divertissements. Telle est la plus haute forme de pensée, source de l'extase suprême. Dans le *Śrīmad-Bhāgavatam* (2.2.36), Śukadeva Gosvāmī confirme qu'il faut toujours penser à Dieu, l'Être Suprême, en plus de chanter et d'écouter Son nom, Sa renommée et Ses gloires.

« Quelle est la forme de méditation par excellence ? », demanda le Seigneur Caitanya. « La méditation constante sur les pieds pareils-au-lotus de Rādhā et Kṛṣṇa », répondit Rāmānanda Rāya. Ce que confirme le *Śrīmad-Bhāgavatam :* « Dieu, la Personne Suprême, et nul autre, est le maître de tous les dévots, Lui dont le nom doit toujours être chanté et qu'on doit régulièrement adorer en plus de méditer sans cesse sur Lui. » (*Ś.B.*, 1.2.14)

« Où doit-on vivre, délaissant tout autre plaisir ? », demanda ensuite le Seigneur Caitanya.

Rāmānanda Rāya répondit qu'on doit délaisser tout autre plaisir pour vivre à Vṛndāvana, où Kṛṣṇa Se livre à de nombreux divertissements. Dans le *Śrīmad-Bhāgavatam* (10.47.61), Uddhava affirme que même si c'est sous la forme d'un lierre ou d'une plante, il vaut mieux vivre à Vṛndāvana, là où vécut le Seigneur Suprême et où les *gopīs* L'adorèrent, Lui, le but ultime de tout le savoir védique.

« Quel est le meilleur sujet d'écoute ? », S'enquit Caitanya Mahāprabhu.

« Les divertissements de Rādhā et Kṛṣṇa », de répondre Rāmānanda. De fait, lorsqu'on entend ces divertissements des lèvres d'une source autorisée, on atteint aussitôt la libération. Hélas, il arrive parfois que certains ne reçoivent pas ces divertissements d'une âme réalisée, d'où leur égarement. Selon le *Śrīmad-Bhāgavatam* (10.33.39), l'écoute des divertissements de Kṛṣṇa avec les *gopīs* permet d'accéder au plus haut niveau du service de dévotion et de s'affranchir de la concupiscence matérielle qui submerge le cœur de tout un chacun. En d'autres termes, l'écoute des divertissements de Rādhā et Kṛṣṇa nous débarrasse de toute luxure matérielle. Ceux qui ne parviennent pas à s'affranchir de la concupiscence doivent éviter d'écouter ces divertissements. Et à moins de les entendre d'une source autorisée, on ne pourra qu'en détourner le sens et s'égarer en les tenant pour de simples échanges entre homme et femme.

« Quelle Divinité est la plus digne d'adoration ? », demanda Caitanya Mahāprabhu. Rāmānanda Rāya répondit sur-le-champ que le couple transcendantal que forment Śrī Rādhā et Kṛṣṇa incarne l'ultime objet d'adoration. Il existe plusieurs objets dignes d'adoration. Les impersonnalistes, par exemple, vénèrent le *brahma-jyotir*. Or, un tel culte prive une personne de toute activité vitale, si bien qu'elle devient tel un arbre ou quelque autre être immobile. Un sort identique est d'ailleurs réservé à ceux qui vénèrent le Néant. Quant à ceux qui recherchent la jouissance matérielle (*bhukti*), ils rendent un culte aux *devas* et atteignent leurs planètes, où ils jouissent de délices matérielles. Le Seigneur Caitanya S'enquit ensuite des assoiffés de bonheur matériel et de libération : « Quelle est leur ultime destination ? » Rāmānanda répondit que certains seront finalement changés en arbres tandis que d'autres seront promus aux planètes célestes pour y goûter le bonheur matériel.

Rāmānanda Rāya poursuivit en disant que ceux qui n'éprouvent aucun attrait pour la conscience de Kṛṣṇa ou la spiritualité sont comme le corbeau, qui aime manger le fruit amer du margousier, alors que le poétique coucou lui préfère les graines du manguier. Les spiritualistes infortunés ne font que se bercer d'arides philosophies, tandis que les spiritualistes amoureux de Rādhā et Kṛṣṇa se délectent à l'instar du coucou. Ainsi les dévots de Rādhā et Kṛṣṇa sont-ils on ne peut plus fortunés. Rāmānanda compare la spéculation intellectuelle au fruit amer du margousier, qui n'a rien de comestible et qui ne peut convenir qu'aux arides philosophes pareils au corbeau. Au contraire, les graines du manguier sont fort délicieuses, et ceux qui pratiquent le service de dévotion à Rādhā et Kṛṣṇa ressemblent au coucou qui s'en délecte.

Ainsi Rāmānanda Rāya et Caitanya Mahāprabhu passèrent-ils toute la nuit ensemble, tantôt dansant, tantôt chantant et tantôt pleurant. À l'aube, Rāmānanda rentra chez lui. Mais le soir venu, il rejoignit de nouveau Caitanya Mahāprabhu. Après avoir parlé de Kṛṣṇa pendant quelque temps, Rāmānanda se jeta aux pieds de Caitanya en disant : « Cher Seigneur, telle est Ta bonté envers moi que Tu m'as révélé la science de Kṛṣṇa et Rādhārāṇī ainsi que Leurs échanges amoureux et Leurs divertissements, dont la danse *rāsa*. Je n'aurais jamais cru pouvoir discourir sur ce sujet. Tu m'as enseigné comme jadis Tu as transmis les *Vedas* à Brahmā. »

Voilà comment l'Âme Suprême nous instruit. Invisible de l'extérieur, Elle parle au dévot de l'intérieur. Ce que confirme la *Bhagavad-gītā :* le Seigneur inspire de l'intérieur quiconque s'engage sincèrement dans Son service, et Il agit de façon à ce que cette personne puisse finalement atteindre le but suprême de l'existence. Quand naquit Brahmā, il n'y avait personne pour l'instruire ; aussi les textes védiques nous informent-ils que le Seigneur Suprême lui inculqua Lui-même le savoir védique de l'intérieur de son cœur. Śukadeva Gosvāmī confirme, dans le *Śrīmad-Bhāgavatam* (2.4.22) que le *mantra* Gāyatrī a d'abord été transmis à Brahmā en son cœur par le Suprême. Et Śukadeva pria de même le Seigneur de l'aider à énoncer le *Śrīmad-Bhāgavatam* à Mahārāja Parīkṣit.

Le premier verset du premier Chant du *Śrīmad-Bhāgavatam* décrit la Vérité Absolue comme Celui qui instruisit Brahmā en son cœur. L'auteur, Vyāsadeva, y déclare : « Je rends mon hommage respectueux à Śrī Kṛṣṇa, Dieu, la Personne Suprême, Cause de la manifestation cosmique, de son soutien et de sa destruction. » En cherchant soigneusement à comprendre la Vérité Suprême, on réalise que l'Absolu est directement et indirectement conscient de tout. Il est l'unique Personne Suprême, Lui seul est parfaitement indépendant, et Lui seul, en tant qu'Âme Suprême, a instruit Brahmā en son for intérieur. Même le plus grand érudit se trouve confondu lorsqu'il cherche à comprendre la Vérité Suprême, car l'entière manifestation cosmique perceptible repose en Lui. Bien que la manifestation matérielle procède du feu, de l'eau et de la terre, elle semble en effet constituer l'unique réalité. Or, c'est en Lui seul que reposent les manifestations spirituelle et matérielle, ainsi que les êtres vivants. Aussi est-Il la Vérité Suprême.

Śrī Rāmānanda Rāya dit encore au Seigneur Caitanya : « Je T'ai d'abord vu sous l'aspect d'un *sannyāsī,* puis sous les traits d'un jeune pâtre ; et je vois maintenant devant Toi une figure en or dont la présence fait briller Ton teint d'un éclat doré. Je constate pourtant tout à la fois que Ton teint est sombre et Ton aspect, celui d'un petit pâtre. Peux-Tu m'expliquer ce qu'il en est exactement ? »

« C'est la nature des dévots de haut niveau de voir Kṛṣṇa en toute chose, répondit Caitanya. Quoi qu'ils voient, ce n'est pas cette forme particulière qu'ils aperçoivent, mais bien Kṛṣṇa. » Ce que confirme le *Śrīmad-Bhāgavatam :* « L'être fort avancé dans le service de dévotion voit l'Âme Suprême, Kṛṣṇa, l'âme de toutes les âmes distinctes. » (*Ś.B.*, 11.2.45) Un passage semblable du même ouvrage (10.35.9) souligne en outre que tous les lierres, plantes et arbres ployaient d'extase, chargés de fruits et de fleurs, par amour pour Kṛṣṇa, l'âme de leur âme. Mais après Son départ, ces mêmes arbres et plantes se couvraient d'épines. « Tu possèdes la plus haute conception des divertissements de Rādhā et Kṛṣṇa », poursuivit Śrī Caitanya. « Aussi Les vois-tu partout. »

Rāmānanda Rāya répondit : « Je Te prie de ne pas chercher à cacher Ton identité. Je comprends que Tu as emprunté la complexion et le mode de pensée de Śrīmatī Rādhārāṇī, et que Tu cherches à Te comprendre Toi-même en adoptant Son point de vue. Voilà pourquoi Tu es apparu en ce monde. Quoique Tu T'incarnes surtout pour comprendre Ta propre personne, Tu distribues simultanément l'amour de Kṛṣṇa au monde entier. Et voilà que Tu es venu ici pour me délivrer. Je T'implore de ne pas chercher à me tromper, car cela ne Te sied guère. »

Comblé, le Seigneur Caitanya sourit et révéla à Rāmānanda Sa forme véritable, soit une combinaison de Rādhā et Kṛṣṇa. En d'autres mots, la forme de Caitanya manifestant l'union de Śrī Rādhā et Kṛṣṇa fut d'abord dévoilée à Rāmānanda Rāya. Caitanya est donc bien Śrī Kṛṣṇa Lui-même paré des traits de Śrīmatī Rādhārāṇī. Son habileté transcendantale à Se faire deux pour redevenir un a ainsi pu être constatée par Rāmānanda. Les personnes assez fortunées pour comprendre le Seigneur Caitanya ainsi que les divertissements de Rādhā et Kṛṣṇa à Vṛndāvana peuvent de même, par la grâce de Śrī Rūpa Gosvāmī, connaître la véritable identité de Śrī Kṛṣṇa Caitanya Mahāprabhu.

En voyant cet aspect unique du Seigneur Caitanya, Rāmānanda Rāya tomba au sol, inconscient. Le Seigneur le toucha simplement, et il revint à lui. Rāmānanda fut alors étonné de voir Caitanya vêtu en mendiant. Caitanya l'étreignit et l'apaisa en l'informant qu'il était le seul à avoir vu cette forme. « Puisque tu as compris la raison d'être de Mon incarnation, tu as eu le privilège de contempler cet aspect particulier de Ma personnalité, lui dit le Seigneur. Cher Rāmānanda, Je ne suis pas un être distinct au teint clair du nom de Gaura-puruṣa. Je suis Kṛṣṇa Lui-même, le fils de Mahārāja Nanda qui, au contact du corps de Śrīmatī Rādhārāṇī, a maintenant assumé cette forme. Śrīmatī Rādhārāṇī ne touche que Kṛṣṇa ; aussi Sa complexion, Son esprit et Ses paroles M'ont-ils pénétré, et Je ne cherche qu'à comprendre la saveur transcendantale de Sa relation avec Kṛṣṇa. » Personne ne peut donc séparer Caitanya de Śrī Kṛṣṇa.

Le fait est que Kṛṣṇa et le Seigneur Caitanya sont Dieu, la Personne originelle. Dans Sa forme de Śrī Kṛṣṇa, Il est le jouissant suprême, et dans Sa forme de Śrī Caitanya, l'objet de jouissance suprême. Nul ne peut être plus parfaitement fascinant que Śrī Kṛṣṇa, et nul autre que Kṛṣṇa ne peut jouir de la forme suprême de la dévotion qu'est rīmatī Rādhārāṇī, un trait qui fait défaut à toutes les formes de Viṣṇu. C'est ce que révèle la description du Seigneur Suprême qu'on trouve dans le *Caitanya-caritāmṛta,* où il est écrit que Śrīmatī Rādhārāṇī est la seule personne à même d'instiller la félicité transcendantale en Śrī Kṛṣṇa. Aussi Rādhārāṇī est-Elle suprême entre toutes les jeunes filles de Vraja qui aiment Govinda, le Seigneur Suprême, Śrī Kṛṣṇa. « Sois sûr que Je n'ai rien à te cacher, dit Caitanya à Rāmānanda. Même si J'essayais de te cacher Mon identité, tu es un dévot si avancé que tu peux tout comprendre de Mon secret. Mais Je te prie de ne rien dire à personne, sinon, on Me prendra pour un fou. Les faits que Je t'ai dévoilés ne sont pas à la portée des matérialistes ; s'ils les entendaient, ils se moqueraient de Moi. Quant à toi, Tu peux les apprécier et en garder le secret. À l'image du dévot qui devient comme fou dans son extase d'amour pour Kṛṣṇa, toi et Moi ne valons pas mieux que des fous aux yeux des matérialistes. Ne révèle donc pas ces faits au commun des hommes, sans quoi ils se moqueront de Moi. »

Le Seigneur Caitanya passa ainsi dix nuits avec Rāmānanda Rāya, goûtant sa compagnie et discutant avec lui des divertissements de Rādhā et Kṛṣṇa. Leurs échanges se situaient au plus haut niveau de l'amour pour Kṛṣṇa. Certains ont été rapportés, mais la plupart ne sauraient l'être. Le *Caitanya-caritāmṛta* compare cela à un traité de métallurgie, où les métaux sont abordés dans l'ordre suivant : 1) le cuivre, 2) le bronze, 3) l'argent, 4) l'or et 5) la pierre philosophale. Les discussions préliminaires entre le Seigneur Caitanya et Rāmānanda Rāya sont ainsi comparées à l'étude du cuivre, alors que les échanges plus poussés relèvent de l'or. La cinquième dimension de leurs entretiens est cependant comparée à la pierre philosophale. Qui désire parvenir à la plus haute compréhension de la métallurgie doit d'abord s'enquérir de la différence entre le cuivre et le bronze, puis entre le bronze et l'argent, et ainsi de suite.

Le lendemain, le Seigneur Caitanya pria Rāmānanda Rāya de Lui permettre de regagner Jagannātha Purī en disant : « Nous écoulerons le reste de nos jours à Purī et passerons notre temps à parler de Kṛṣṇa. » Le Seigneur serra alors Rāmānanda dans Ses bras et le renvoya chez lui. Le matin suivant, le Seigneur reprit la route. Il rencontra Rāmānanda Rāya dans un temple de Hanumān sur la berge d'une rivière et, après avoir visité ce temple, Il repartit. Tant que Caitanya Mahāprabhu demeura à Kovur, plusieurs personnes Le rencontrèrent, et par Sa grâce, tous devinrent des dévots du Seigneur Suprême.

Après le départ du Seigneur, submergé par un sentiment de séparation vis-à-vis de Caitanya, Rāmānanda décida d'abandonner son poste et de Le rejoindre à Jagannātha Purī. Ces échanges entre Rāmānanda Rāya et Śrī Caitanya reflètent la forme la plus concentrée de service dévotionnel. Les écouter permet de comprendre les divertissements de Śrī Rādhā et Kṛṣṇa, ainsi que le rôle confidentiel du Seigneur Caitanya. Et quiconque a l'heureuse fortune de mettre sa foi dans ces échanges pourra partager la compagnie transcendantale de Rādhā et Kṛṣṇa.

Appendice

L'auteur

Sa Divine Grâce A.C. Bhaktivedanta Swami Prabhupāda naquit à Calcutta en 1896. Il reçut de ses parents le nom de Abhay Charan, ce qui veut dire: "Celui qui, ayant pris refuge aux pieds pareils-au-lotus de Kṛṣṇa, ignore la crainte."

En 1922, après avoir mené à bien ses études à l'Université de Calcutta et participé activement au mouvement non-violent de Gandhi, il assista pour la première fois à une conférence tenue par Śrīla Bhaktisiddhānta Sarasvatī Ṭhākura, l'un des plus grands maîtres et érudits en matière de connaissance védique. Après le discours, Abhay Charan fut introduit auprès du maître qui lui demanda de faire connaître la philosophie de la *Bhagavad-gītā* en l'Occident. Abhay Charan ne put immédiatement satisfaire la requête de Śrīla Bhaktisiddhānta Sarasvatī. Il n'oublia jamais, cependant, cet entretien, et onze ans plus tard, il accepta officiellement ce dernier comme maître spirituel. En 1936, quelques jours avant de quitter ce monde, Śrīla Bhaktisiddhānta formula à nouveau son désir de le voir transmettre le message de la *Bhagavad-gītā* aux contrées occidentales.

Alors qu'Abhay Charan résidait encore en Inde, son maître spirituel lui apparaissait souvent en songe, renouvelant toujours la même demande. En 1959, encouragé par l'un de ses frères spirituels, il décida de prendre l'ordre du renoncement (le *sannyāsa*); c'est alors que lui fut attribué le nom de A.C. Bhaktivedanta Swami. Abandonnant sa vie familiale et sociale, il se retira à Vṛndāvana, lieu de l'avènement de Śrī Kṛṣṇa il y a 5000 ans, pour y traduire en langue anglaise le *Śrīmad-Bhāgavatam,* et plusieurs autres textes sanskrits.

En 1965 il s'embarqua sur un cargo à destination des États-Unis, avec pour toute fortune 40 roupies. Seul à New-York, il se rendait chaque jour dans un parc et chantait le *mantra* Hare Kṛṣṇa. De nombreux jeunes furent attirés par sa personnalité; ils chantaient avec lui les *mantras* védiques et assistaient régulièrement à ses cours sur le *bhakti-yoga.* Quelque temps plus tard, il ouvrit son premier temple de Kṛṣṇa dans une petite boutique désaffectée.

Bientôt, ses disciples établirent des temples à Los Angeles, San Francisco, puis Londres et Paris; aujourd'hui, le Mouvement pour la Conscience de Kṛṣṇa, avec ses milliers de *bhaktas,* est présent en chaque grande ville de la planète, et Sa Divine Grâce A.C. Bhaktivedanta Swami Prabhupāda est devenu l'auteur de philosophie védique le plus lu et le plus apprécié dans le monde. Il a maintenant publié nombre d'ouvrages essentiels, tels que *La Bhagavad-gītā, Le Śrīmad-Bhāgavatam, Le Nectar de la Dévotion, Le Livre de Kṛṣṇa,* et *Le Śrī Caitanya-caritāmṛta.* Par souci de garder intact le sens premier des textes anciens, A.C. Bhaktivedanta Swami Prabhupāda donne, pour chacun de ces ouvrages, le sanskrit original, la traduction mot à mot puis la traduction littéraire; il précise ensuite la teneur et portée à la lumière d'enseignements millénaires de maîtres appartenant à une filiation spirituelle remontant à Kṛṣṇa Lui-même *(guru-paramparā).*

Aujourd'hui, ses livres servent d'ouvrages de référence aux étudiants en philosophies orientales de la plupart des grandes universités du monde. Infatigable, Sa Divine Grâce A.C. Bhaktivedanta Swami Prabhupāda voyagea d'un bout à l'autre de la terre : il s'adressa chaque jour à un vaste auditoire et avec constance, instruisit ses disciples, transmettant son héritage spirituel, afin qu'à leur tour ils puissent offrir à tous cette sagesse védique dans sa pureté originelle.

Références

Les explications élaborées données dans les teneurs et portées de chaque verset de *L'enseignement de Śrī Caitanya* sont confirmées par des textes védiques de tradition autorisée. En voici la liste :

Ādi Purāṇa

Agni Purāṇa

Aitareya Upaniṣad

Atharva Veda

Bhagavad-gītā

Bhagavat-sandarbha

Bhakti-rasāmṛta-sindhu

Brahma-saṁhitā

Bṛhan-nāradīya Purāṇa

Caitanya-candrāmṛta

Caitanya-candrodaya

Caitanya-caritāmṛta

Chāndogya Upaniṣad

Gautamīya-tantra

Gīta-govinda

Gopāla-tāpanī Upaniṣad

Govinda-līlāmṛta

Hari-bhakti-sudhodaya

Hari-bhakti-vilāsa

Hari-vaṁśa

Hayaśīrṣa Pañcarātra

Īśopaniṣad

Kali-santaraṇa Upaniṣad

Kaṭha Upaniṣad

Kātyāyana-saṁhitā

Kṛṣṇa-karṇāmṛta

Kṛṣṇa-sandarbha

Laghu-bhāgavatāmṛta

Lalita-mādhava

Mahābhārata

Māṇḍūkya Upaniṣad

Mārkaṇḍeya Purāṇa

Matsya Purāṇa

Muktika Upaniṣad

Muṇḍaka Upaniṣad

Nārada-bhakti-sūtra

Nārada Pañcarātra

Nṛsiṁha-tāpanī Upaniṣad

Padma Purāṇa

Padyāvalī

Praśna Upaniṣad

Rāmāyaṇa

Ṛg Veda

Sāma Veda

Siddhārtha-saṁhitā

Śiva Purāṇa

Śrīmad-Bhāgavatam

Stotra-ratna

Śvetāśvatara Upaniṣad

Taittirīya Upaniṣad

Ujjvala-nīlamaṇi

Vāyu Purāṇa

Vedānta-sūtra

Viṣṇu Purāṇa

Viśva-prakāśa

Glossaire

A

Abhidhā-vṛtti : Interprétation directe des mots.

Abhidheya : Étape d'amour pour Dieu où l'on agit dans le cadre de notre relation personnelle avec Lui.

Ācārya : Maître spirituel authentique qui enseigne par l'exemple.

Acintya-bhedābheda-tattva : Doctrine de "l'inconcevable unité et multiplicité simultanées" enseignée par le Seigneur Caitanya.

Acyuta : Le Seigneur infaillible.

Adhibhautika : Souffrances infligées par les autres êtres vivants.

Adhidaivika : Catastrophes naturelles provoquées par les devas.

Adhirūḍha : Un symptôme élevé de *mahā-bhāva* existant uniquement chez les *gopīs*.

Adhyātmika : Souffrances venant de notre corps et de notre mental.
Advaita : Non duel.
Ahaṁ-grahopāsanā : Culte de soi.
Akāma : Dépourvu de désir.
Amṛta : Nectar.
Ānanda : Félicité spirituelle.
Anubhāva : Diverses transformations qui apparaissent sur le corps du *bhakta* animé d'un amour extatique pour Kṛṣṇa.
Āryan : Celui qui croit au progrès dans la vie spirituelle.
Avatāra : Manifestation divine dans le monde matériel.
Āveśa-rūpa : Être vivant particulièrement doté de connaissance et de force par le Seigneur.
Avidyā : Énergie matérielle, ou ignorance.
Avyakta : L'énergie matérielle non manifestée.

B

Bhakti-rasāmṛta-sindhu : Ouvrage écrit en sanskrit au seizième siècle par Śrīla Rūpa Gosvāmī et traitant du service de dévotion
Bhāva : Phase préliminaire de l'amour transcendantal pour Dieu.
Bhukti : Plaisir matériel.
Brahmacārī : Étudiant célibataire.
Brahma-jyotir : Radiance impersonnelle qui émane du corps de Kṛṣṇa.
Brahmāṇḍa : L'univers.

C

Caitanya : Force vivante.
Caṇḍālas : Les mangeurs de chiens.
Caraṇāmṛta : L'eau de bain des *mūrtis,* mélangée à du yaourt et du sucre.

D

Dāsya-rasa : Relation d'amour avec Kṛṣṇa, en tant que Son serviteur.
Dhīra : Une personne sobre.
Dhṛti : Patience; une *vyabhicārī-bhāva.*

G

Goloka Vṛndāvana : Autre nom de Kṛṣṇaloka, le royaume de Dieu.
Gopīs : Pures dévotes de Kṛṣṇa, jeunes pastourelles qui sont Ses bien-aimées.
Gṛhastha : Quelqu'un de marié, conscient de Dieu.
Guṇa-avatāras : Incarnations en charge des influences matérielles (*guṇas*).
Guṇas : Les trois modes d'influence de la nature matérielle : *sattva-guṇa* (vertu), *rajo-guṇa* (passion) et *tamo-guṇa* (ignorance).
Guru : Maître spirituel.

H

Hlādinī : Puissance de plaisir de Kṛṣṇa.

J

Jagad-guru : Le maître spirituel du monde entier.
Jñāna : Connaissance.
Jñānī : Ceux qui cultivent la connaissance.

K

Karma-kāṇḍa : Voie de l'action intéressée.
Kīrtana : Chanter les gloires du Seigneur, une des neuf activités spirituelles du service de dévotion.
Kṛṣṇa-bhakta : Un dévot de Kṛṣṇa.
Kṛṣṇaloka (Goloka Vṛndāvana) : Planète spirituelle où Kṛṣṇa réside éternellement en la compagnie de Ses purs dévots.
Kṣetra-jña : L'être vivant, connaisseur du corps.

L

Līlā-avatāra : Manifestation divine qui descend dans le monde matériel pour y dévoiler des divertissements spirituels.

M

Mādana : Catégorie d'extase très élevée où les amants se rencontrent, s'embrassent et où il y a beaucoup d'autres symptômes.
Madana-mohana : Nom de Kṛṣṇa signifiant "Celui qui séduit Cupidon."
Madhura-rasa : Lien d'amour conjugal unissant le dévot à Kṛṣṇa.
Mahā-bhāva : Le plus haut stade de l'amour de Dieu.
Mahā-raurava : Enfer où sont envoyés les tueurs d'animaux.
Mahātmā : Une grande âme.
Mahat-tattva : L'énergie matérielle totale.
Manv-antara-avatāras : Incarnations de Manus.
Mauṣala-līlā : Divertissement de la disparition de Śrī Kṛṣṇa et de la dynastie Yadu.
Māyā : Énergie externe et illusoire du Seigneur, qui incite l'être vivant à L'oublier.
Māyāvādī : Celui pour qui la Vérité Absolue est impersonnelle, c'est-à-dire dépourvue de forme, de personnalité, d'intelligence, de sens... et pour qui la perfection consiste à se fondre dans le Brahman pour ne plus faire qu'un avec lui.
Mohana : Extase très élevée où les amants sont séparés; elle se divise en *udghūrṇā* et *citra-jalpa.*
Mokṣa-kāma : Celui qui désire la libération.
Mukti : Libération de l'existence matérielle.
Muni : Un sage ou une âme ayant conscience de son identité spirituelle.

N

Nirguṇa : Non souillé par les trois *guṇas.*
Nirvāṇa : Cessation des activités matérielles.

P

Parama-haṁsa : Dévot du plus haut niveau.
Paramparā : Succession de maîtres spirituels, dont le premier est Kṛṣṇa.
Parā prakṛti : Voir énergie spirituelle.
Para-tattva : Vérité Absolue.
Pariṇāma-vāda : Théorie de la transformation du Brahman.

Patita-pāvana : Le Seigneur Caitanya, le sauveur des âmes déchues.
Pauganḍa : L'âge entre cinq et dix ans
Pradhāna : Éléments de la nature matérielle.
Prākṛta-sahajiyā : Un dévot matérialiste.
Prasāda : Nourriture sanctifiée offerte à Kṛṣṇa.
Prema : Pur amour pour Dieu.
Puruṣa-avatāras : Manifestations divines qui créent, maintiennent et détruisent les univers matériels.

R

Rāga-mārga : Voie de l'amour spontané dans le service de dévotion.
Rāgānuga : La pratique du service de dévotion de façon spontannée.
Rasa : Relation spirituelle.
Rasābhāsa : Mélange incompatible de sentiments spirituels.
Rati : Grand attrait dans l'amour extatique pour Dieu.

S

Sac-cid-ānanda-vigraha : Forme transcendantale du Seigneur, éternelle, pleine de connaissance et de félicité.
Sādhana-bhakti : Pratique qui consiste à suivre les règles du service dévotionnel en vue de développer un amour naturel pour Kṛṣṇa.
Sakhī : Celle qui accroît l'amour conjugal de Kṛṣṇa ainsi que Son plaisir à Se divertir avec les *gopīs*.
Sakhya-rasa : Relation directe d'amitié avec Kṛṣṇa.
Saṁskāra : Rites védiques purificatoires.
Saṅkīrtana : Chant congrégationnel, en public, du Saint Nom du Seigneur.
Sannyāsa : Ordre du renoncement.
Sannyāsīs : Ceux qui ont adopté l'ordre du renoncement.
Śānta-rasa : Relation neutre avec Kṛṣṇa.
Sarva-kāma : Celui qui désire la perfection matérielle.
Siddha-deha : Un corps spirituel parfait.
Śūdras : Catégorie sociale regroupant les ouvriers, ceux qui servent les autres groupes sociaux.
Surabhis : Vaches de Goloka Vṛndāvana. Elles donnent leur lait sans mesure.
Svayam-rūpa : Forme originelle de Kṛṣṇa en tant que pâtre à Vṛndāvana.

T

Tad-ekātmā-rūpa : Formes du Seigneur non différentes de Sa forme originelle, mais ayant des traits corporels différents et des divertissements spécifiques.

Tilaka : Marques propitiatoires sur le corps d'un *vaiṣṇava,* faites avec de l'argile sacrée.

Titikṣā : Tolérance face aux peines.

Try-adhīśvara : Maître des trois mondes.

U

Udbhāsvara : Symptôme d'extase extérieur ou transformation corporelle indiquant des émotions extatiques dans le mental.

V

Vaiṣṇava : Dévot du Seigneur Suprême, Viṣṇu ou Kṛṣṇa.

Vaiśyas : Catégorie sociale regroupant les hommes qui s'occupent de l'agriculture et du commerce.

Vānaprastha : Vie de retraite où l'on voyage dans les lieux saints afin de se préparer à une vie de renoncement.

Varṇāśrama-dharma : Les quatre différentes castes et les quatre étapes de la vie spirituelle.

Vātsalya-rasa : Relation d'amour parental avec Kṛṣṇa.

Vibhāva : Les signes, ou causes, caractéristiques de l'extase.

Viṣṇu-tattva : Ayant toutes les caractéristiques de Dieu.

Viśrambha : Service de dévotion dénué de respect envers le Seigneur.

Vivarta-vāda : Interprétation du Vedānta par les *māyāvādīs* selon laquelle le Seigneur Suprême Se transforme lorsqu'Il Se multiplie.

Y

Yajña : Sacrifice.

Yuga-avatāras : Manifestations divines apparaissant dans chaque âge pour y enseigner la méthode de réalisation spirituelle qui lui est propre.

Guide de prononciation du sanskrit

À travers les siècles, la langue sanskrite a été écrite dans toute une variété d'alphabets. Cependant, le mode d'écriture le plus largement utilisé dans l'Inde entière est le *devanāgarī,* terme qui signifie littéralement l'écriture en usage « dans les cités des *devas* ». L'alphabet *devanāgarī* consiste en quarante-huit caractères: 13 voyelles et 35 consonnes.

Les grammairiens sanskritistes de l'antiquité ont agencé cet alphabet selon des principes linguistiques pragmatiques reconnus par tous les érudits occidentaux.

Le système de translittération présenté ici est conforme à celui que les linguistes ont adopté depuis les cinquantes dernières années pour indiquer la prononciation des mots sanskrits.

Les voyelles se prononcent comme suit :

a — comme le **o** de r**o**be.
ā — comme dans p**â**tre.
ai — comme dans **ai**l.
au — par la combinaison du **a** immédiatement suivi du son **ou**.
e — comme dans cl**é**.
i — comme dans p**i**c.
ī — comme dans cr**i**.
ḷ — entre **lri** et **lre**.
o — comme dans p**o**t.
ṛ — (r roulé) entre le **ri** de **riz** et le **re** de **re**belle.
u — comme dans b**ou**le.
ū — comme dans l**ou**p.

Les consonnes se prononcent comme suit :

Gutturales
k — comme dans **k**épi.
kh — comme dans **kh**ol (en aspirant le h).
g — comme dans **g**ai.
gh — comme dans **gh**etto (en aspirant le h).
ṅ — comme le **ng** de Tcha**ng.**

Palatales
c — comme dans **tch**èque.
ch — même prononciation que tchèque, avec un h aspiré.
j — comme dans **dj**inn.
jh — même prononciation que djinn, avec un h aspiré.
ñ — comme dans Ke**ny**a.

Dentales : t, th, d, dh, n
(en appuyant le bout de la langue contre les dents)

Labiales : p, ph, b, bh, m
Prononcées avec les lèvres

Cérébrales : ṭ, ṭh, ḍ, ḍh, ṇ
(en appuyant le bout de la langue contre la partie antérieure de la voûte du palais)

Les semi-voyelles
y — comme dans **y**oga.
r — comme dans **r**ien (r roulé).
l — comme dans **l**umière.
v — comme dans **v**ache.

Lettre Aspirée
Les **h** sont aspirés.

Anusvāra
ṁ — se prononce comme dans le **on** de bon, (avec l'accent du midi).

Les sifflantes
ś — comme dans **sch**lamm.
ṣ — comme dans **ch**at.
s — comme dans **s**oleil.

Visarga
ḥ — se prononce **aha** lorsque placé à la fin d'un mot finissant par **aḥ**.

Centres de bhakti-yoga dans les pays francophones

FRANCE

Luçay-le-Mâle : Temple La Nouvelle Mayapur, Association Radha Govinda Madhava (association cultuelle loi 1901–1905) Domaine d'Oublaisse, 36360 Luçay-le-Mâle ; Tél : +33 (0)2.54.40.23.95

Paris : Temple Radha Krishna (Ile de France) Association Parisienne de Bhakti Yoga (association cultuelle loi 1901–1905), 236 Avenue de la Division Leclerc, 95200 Sarcelles ; www.krishnaparis.com ; Tél : +33 (0)1.43.03.09.51

SUISSE

Zurich : Bergstrasse 54, 8032 Zurich ; Tél : +41-44-262-3388 ; Fax : +41-44-262-3114 ; kgs@pamho.net ; www.krishna.ch

BELGIQUE

Durbuy : Radhadesh, Château de Petite Somme, 6940 Durbuy ; Tél : +32-86-322926 ; www.radhadesh.com

CANADA

Ashcroft : Saranagati, Case Postale 99, Ashcroft, Colombie-Britannique, V0K 1A0

Brampton : Unit 20 & 21, 1030 Kamato Road, Mississuaga, Ontario, L4W 4B6 ; Tel : +1-905-790-9972 ; www.iskconbrampton.ca

Calgary : 313-4th St. N.E., Calgary, Alberta, T2E 3S3 ; Tél : +1-403-265-3302 ; Fax : +1-403-230-1545 ; www.calgary.iskcon.ca ; vamanstones@shaw.ca

Edmonton : 9353-35th Ave, Edmonton, Alberta, T6E 5R5 ; Tél : +1-780-439-9999 ; www.edmonton.iskcon.ca

Halifax : Tél : +1-902-431-8580 ; www.iskconhalifax.com; info@iskconhalifax.com

Montréal : 1626 Pie-IX Blvd., Montréal, Québec, H1V 2C5 ; Tél : +1-514-521-1301 ; Fax : +1-514-596-1423 ; www.montrealkrishna.com ; iskcon.montreal@pamho.net

Ottawa : 212 Somerset St. E., Ottawa, Ontario, K1N 6V4 ; Tél : +1-613-565-6544 ; www.ottawa.iskcon.ca

Regina : 1279 Retallack St., Regina, Saskatchewan, S4T 2H8 ; Tél : +1-306-525-1640

Toronto : 243 Avenue Rd., Toronto, Ontario, M5R 2J6 ; Tél : +1-416-922-5415 ; www.toronto.iskcon.ca

Vancouver : 5462 Marine Dr., Burnaby, Vancouver, Colombie-Britannique V5J 3G8 ; Tél : +1-604-433-9728 ; Fax : +1-604-648-8715 ; www.vancouver.iskcon.ca ; vancouver@iskcon.ca

Winnipeg : 11 Alloway Ave., Winnipeg, Manitoba, R3G 0Z7 ; Tél : +1-204-633-1487 ou +204-947-0289 ; www.krishnakrishna.ca ; harekrishna@mts.net

ÎLE MAURICE

Bon Accueil : ISKCON Vedic Farm, Hare Krishna Road, Vrindavan, Bon Accueil ; Tél : +230-418-3955 ; Fax : +230-418-3185 ; www.iskconmauritius.com

Phoenix : Sri Sri Radha Golokananda Mandir, Hare Krishna Land, Pont Fer, Phoenix ; Tél : +230-696-5804 ; Fax : +230-698-7393 ; iskcon.phoenix@intnet.mu

Port Louis : ISKCON Public Relation & Communication Office, 6th Floor, Stratton Court 39, Crn Poudrière and Lislet Geoffroy Street, Port Louis ; Tél : +230-210-7959 ; Fax : +230-213-0732 ; iskconpr@intnet.mu

RD CONGO

Kinshasa : AICK, 16ème Rue, Quartier Résidentiel, Avenue Mobutu 16, Commune de Limete, Ville de Kinshasa ; Tél : +243-997132360 ou +243-993016083 ; srikrishnardcongo@yahoo.fr

La Bhagavad-gītā telle qu'elle est

par Śrī Śrīmad A. C. Bhaktivedanta Swami Prabhupāda

La *Bhagavad-gītā telle qu'elle est* présente en un ouvrage concis l'ancienne sagesse védique de l'Inde. C'est l'édition la plus largement diffusée dans le monde, aussi bien parmi les particuliers que dans le domaine enseignant.

Elle inclut le texte sanskrit original, la translittération en caractères romains, l'équivalent français de chaque terme sanskrit et la traduction en prose de chaque verset, suivie d'un commentaire élaboré.

La *Bhagavad-gītā* traite de façon rationnelle et détaillée de l'Être Suprême (Dieu), de l'âme, du *karma* (l'action), du temps, de la création, de la conscience et de l'univers.

Couverture rigide, 992 pages
16 illustrations en couleur
ISBN 978-1-84599-057-2

Europe
BLS
Petite Somme 2
6940 Durbuy
Belgique
Tél: +32-86-323280
Fax: +32-86-322029
bls.orders@pamho.net
www.blservices.com

Canada
ISKCON
1626 Pie-IX Blvd., Montréal
H1V 2C5 Québec
Canada
Tél: +1-514-521-1301
iskcon.montreal@pamho.net

Île Maurice
ISKCON Vedic Farm
Vrindavana, Bon Accueil
Île Maurice
Tél: +230-210-7959
Fax: +230-418-3185
www.iskconmauritius.com